清代财政史四种

清朝嘉道关税研究

第二版

倪玉平/著

科学出版社

内 容 简 介

传统学界对清朝嘉道时期的社会经济评价较低，所依据的史料也较为粗放和零碎。针对有学者提出的嘉道时期关税征收数量下降且前后期原因迥异的“道光萧条”说，本书充分利用藏于中国第一历史档案馆的朱批、录副、上谕等第一手档案史料，对这一时期的关税征收问题，做了全面系统的梳理和研究。本书按地理分布，对这一时期的税关大致区分为边疆边贸关、运河长江关和沿海关三种类型，在分析各个税关详情的基础上，汇总其各自趋势。全书正文分为绪论、边疆边贸各关、运河长江沿线各关、沿海各关、嘉道关税与相关问题，附录部分则提供了所有数据的详细信息。本书首次为学界提供了嘉庆道光时期关税征收的完整序列，为研究这一时期的财政史、商业史提供了扎实可靠的基础。通过研究，本书认为，嘉道时期的关税征收总体平稳，仍然保持在每年500万两的征收水平。

本书适合历史学和经济学领域的相关研究人员，对清代历史感兴趣的人士也可阅读使用。

图书在版编目(CIP)数据

清朝嘉道关税研究 / 倪玉平著. —2版. —北京：科学出版社，2017.3

ISBN 978-7-03-052142-2

Ⅰ. ①清… Ⅱ. ①倪… Ⅲ. ①关税-经济史-研究-中国-清代 Ⅳ. ①F752. 59

中国版本图书馆 CIP 数据核字（2017）第053465号

责任编辑：李春伶 / 责任校对：李 影
责任印制：张 伟 / 封面设计：黄华斌
编辑部电话：010-64005207
E-mail:lichunling@mail. sciencep.com

科学出版社 出版
北京东黄城根北街16号
邮政编码：100717
http://www.sciencep.com

北京京华虎彩印刷有限公司 印刷
科学出版社发行 各地新华书店经销
（2010年4月北京师范大学出版社第一版）
2017年3月第 二 版 开本：720×1000 1/16
2017年3月第一次印刷 印张：24 1/4
字数：326 000

定价：98.00元

（如有印装质量问题，我社负责调换）

再版序言

《清朝嘉道关税研究》一书，原由北京师范大学出版社于2010年出版。

这一研究的缘起，实受惠于吴承明先生。吴承明先生提出“道光萧条”的著名论断，引起了我的高度关注，成为我近十余年来学术研究的重点。《清朝嘉道关税研究》即是对此问题的回应之一。

本书首次为学界提供了嘉道时期关税征收的完整序列。本书通过研究认为，这一时期的关税征收总体平稳，仍然保持在每年500万两的征收水平。应该说，这一结论和传统的学界认识是不一样的。这说明，只要埋头把工作做细，就会有所收获；传统经济史研究中的许多论断，仍有值得进一步探讨的空间；目前经济史研究中的扎实统计分析，不是太多，而是太少了。

本书出版后，陆续得到了学界师长的积极反馈，如岸本美绪教授、林满红教授、何汉威教授、周育民教授、许檀教授等。本书还于2012年获得第十一届励耘优秀文科学术成果奖一等奖。在此向各位师友深表谢意！

在本书出版之后，我又对有清一代的整体关税情况进行梳理。研究的最终成果是2016年11月在Brill出版社出版的专著*Customs Duties in the Qing Dynasty, ca. 1644—1911*。该书的中文版也在紧张翻译之中，希望能在国内尽快问世。

近些年来，学术出版规范发生了很大的变化。此次修订再版，首先是针对注释做了全新补充，尤其是对每条档案的档案号进行了标注。相信通过这一调整，可以更加方便学者的核对和使用。

需要说明的是，除特殊标记外，本书所引档案都藏于北京的中国第一历史档案馆，其中凡以02开头的档案号，系指《户科题本•税课类•关税》；以03开头的档案号，系指《军机处录副奏折》；以04开头的档案号，系指《宫中档朱批奏折》。

对于原书中的错误之处，此次修订也尽可能地做了修改。

此次修订本的出版，有赖于科学出版社陈亮先生、李春伶女士等的大力支持和高效率工作，在此深表感谢！

本书肯定还存在很多不足之处，真诚地希望能得到大家的批评和建议。

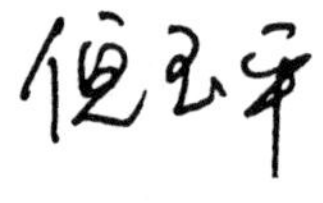

2017年1月

目录

CONTENTS

绪　论

一、缘起

经济周期是清代经济史研究中一个非常重要的内容，而关税是反映社会经济活动的重要指标。不管是“驼峰”论，还是“翘尾巴”论，都认为嘉道时期的社会经济发展水平（包括关税征收），相较于乾隆时期，处于一个较低的水平。[①] 有学者还以此为重要根据，来论证“道光萧条”的存在。[②] 关于“道光萧条”，论者认为：“这次萧条是在清国势已衰，农业生产不景气，财政拮据的情况下发生的。”[③] 谈到关税征收，他们表示，从嘉庆时期起，清廷的关税收入即在减少，这一时期“有九年白莲教战争，对四川、

① 参见方行《对清代经济的一些看法》（第12—13页）、戴逸《在清代经济宏观趋势与总体评价学术研讨会上的发言》（第14—17页），均见《清史研究》2008年第3期。

② 吴承明先生在数篇文章中都表示，清代前期存在着两次经济萧条，一次是“康熙萧条”，一次则是“道光萧条”，参见吴承明著《中国的现代化：市场与社会（代序）》《传统经济·市场经济·现代化》《16与17世纪的中国市场》和《18与19世纪上叶的中国市场》诸文，均载吴承明著论文集《中国的现代化：市场与社会》，北京：三联书店，2001年。以下引吴承明著作均见此书。持类似观点的还有日本学者岸本美绪，参见岸本美绪：The Kangxi Depression and Early Qing Local Markets，*Modern China*，1984，10（2）：227-256；《康熙年间的谷贱问题》，载刘俊文主编：《日本中青年学者论中国史·宋元明清卷》，上海：上海古籍出版社，1995年，第493—538页。在《18与19世纪上叶的中国市场》一文中，吴承明先生开篇即称：“17世纪下叶，在国家统一、生产恢复中，曾出现商业凋敝、市场萧条局面，物价剧跌，农民窘困。……进入19世纪不久，发生第二次市场萧条，三四十年代达于低谷。其影响面广，较前次为严重。惟五十年代即转入复苏，形成近代市场，交易空前扩大。这两次市场萧条，考其基本原因，概属经济因素，与战乱、灾荒无关，故可视为经济周期。”为论证这次道光萧条，吴先生分别从人口与耕地、价格（田价、粮价、棉价、布价、丝价）和商税（盐课、关税和地方商税）等诸多方面 加以论证。

③ 吴承明：《中国的现代化：市场与社会》，北京：生活·读书·新知三联书店，2001年，第240页。

湖北、陕西等地经济造成破坏，货运或受影响。但此时国库存银至少减少3 500万两，而整个战费支出达2亿两，大量购买力投入市场，不会出现萧条。这时关税收入下降，主要是占关税近半数的粮食长途贩运减少了（回程货也相应减少）。一般认为粮产区因人口增加减少粮食输出，以及运河淤塞妨碍运输”。而关于道光时期关税收入之下降，则称“显系受市场不景气影响”。他们还认为王庆云《石渠余纪》中关于1845年关税收入551万两的数字高得令人“可疑”。① 简言之,“道光萧条”论者认为，自嘉庆时期起，清政府的关税收入即开始下降，但嘉庆时期的政府开支较大，故社会开支大，其关税收入下降的原因主要是国内粮食贸易受阻；而道光时期的原因则不同，主要是受到市场萧条的影响。② 这是一个牵涉到对清代社会经济整体评价，以及中外经济周期波动比较研究的重大理论问题，实有深入研究的必要。本书即欲围绕着此问题展开研究，在搞清楚嘉道关税问题的同时，进而对“道光萧条”做出某种回应。

当然，研究嘉道时期的关税，其意义还并不止于此。众所周知，关税是财政收入的重要组成部分，而财政是国家政权得以生存，国家机器赖以运转的经济基础。国家政权通过税收及其他手段取得社会剩余产品的一部分，用以养军、养官、司法、行政，以及兴作工程、提供社会公共服务等。在实施定额制的清代，关税作为最重要的可扩张性的税种，最能反映清代财政制度及社会经济的变化。

长期以来，学术界研究清前期者，多不涉及嘉道；近代史研究者则又往往从鸦片战争开始。而长达55年的嘉道时期，续康乾盛世余响，启近代屈辱先声，是清朝历史上承前启后的重要时期，具有重要的研究价值。目前学术界对嘉道时期的总体评价是“中衰”，认为包括关税在内的财政体

① 吴承明:《中国的现代化：市场与社会》，北京：生活・读书・新知三联书店，2001年，第274页。

② 吴承明先生的分析可能存在两个问题：其一，嘉庆、道光时期的关税额是否真的下降了？其二，如果嘉庆朝与道光朝关税下降了，从哪些方面可以看出嘉庆朝的关税下降原因是由于粮食运输，而道光时期的下降是由于市场萧条？

系，相较康雍乾时期都发生了大规模的下滑和疲软，但所依据的资料又往往集中于《大清会典》《汇核嘉庆十七年各直省钱粮出入清单》及王庆云《石渠余纪》等几种文献中的个别年份记载，尚未出现根据档案资料做出的连续性系统统计，此项研究也是这一努力的尝试。

二、沿革

清朝继承历代“关市之征”，在水陆冲要及商品集散地设置税关，对过往货物和船只征税，即为“关税”。关有户关、工关之别，前者隶于户部，税款岁输户部供国用；后者隶于工部，主要征收竹木税和船税，税款专佐工部营缮之需。

从顺治二年（1645 年）开始，清廷在明代钞关的基础上，通过合并、划拨、裁革商关，先后重建和新增了京师的崇文门、左翼、右翼，直隶的天津、张家口、龙泉，辽东的奉天，山西的杀虎口，山东的临清关，江南的淮安关、凤阳关、芜湖关、扬州关、西新关、浒墅关，浙江的北新关，江西的九江、赣关，福建的闽安关等 19 个户部钞关。康熙年间增建直隶的坐粮厅、山海关，辽东的中江，湖北的武昌，四川的打箭炉、夔关，广东的太平关、粤海关，江苏的江海关，浙江的浙海关，福建的闽海关等 11 处；雍正年间增加了广西的梧州、浔州 2 处；乾隆年间分别增建了山西的归化城、多伦诺尔 2 处，以上皆为户部关，共计 34 处。[①]

不过，发展至嘉庆时期，情况又有了变化。据嘉庆《大清会典》卷十六《户部·贵州清吏司》记载，至嘉庆年间，户部贵州清吏司所辖榷关为崇文门、左翼、右翼、坐粮厅、天津关、张家口、山海关、杀虎口、归化城、临清关、江海关、浒墅关、淮安关（兼庙湾）、扬州关（兼由闸）、西新关、凤阳关、芜湖关、九江关、赣关、闽海关、浙海关、北新关、粤

① 郭蕴静：《清代商业史》，沈阳：辽宁人民出版社，1994 年，第 53—54 页。

海关和太平关，共计24处。选择贵州清吏司作为主管，是因为贵州司的事务较简，容易管理。但一般人容易忽略的是，除了贵州清吏司，户部还有其他的几个清吏司，也管理着户部的关：福建清吏司所属的天津海税，山东清吏司所属的奉天牛马税、凤凰城中江，湖北清吏司所属武昌游湖关，四川清吏司所属夔关、打箭炉，广东清吏司所属梧、浔二厂，共计户部关有32处。

不仅管理部门有差别，这两类关的税银管理及使用也存在着差异。贵州清吏司下各关的税款，“除以火耗及存留陋规银作为经费之外，其正项税银逐款分析，或留地方以充兵饷，或解送京师之户部及内务府”，也就是说，实际上正项税款的用途分两部分，一部分存留地方作为兵饷发放，一部分上交国库或内务府。山东司所属的奉天凤凰城中江等税款“报解盛京户部”，其他如湖广司、四川司、广西司所属“诸关税银全部解送藩库，作为官吏养廉及兵饷之用，奏销附入地丁钱粮奏销册”，说明这部分税款主要用于处理地方事务。[①] 可见，从税银的使用来看，这几个关可以算做“地方关”。

户部关之外，还有工部关。户关来源于明代的钞关，而工关则源于明代的工部抽分。据《大清会典事例》可知，当时工关为山东临清、江苏龙江、安徽芜湖关、浙江南新关、湖北荆关、湖南辰关、四川渝关等，“钦定工关赢余银两数目，辰关三千八百两，武元城一千二百六十九两，临清关三千八百两，宿迁关七千八百两，芜湖关四万七千两，龙江关五万五千两，荆关一万三千两，通永道三千九百两。渝关、由闸关、南新关、潘桃口、古北口、杀虎口六处木税，正额之外，向无赢余”[②]。据此可知工部关共有14处。在此之外，还有盛京木税、吉林木税、伊犁木税，分管若干处小税口，均征木植。以上合计户工两关，共为49处。[③] 需要指出的是，因为由闸关

---

① 何本方：《清代户部诸关初探》，《南开学报》1984年第3期，第36—44页。

②（清）李鸿章等纂：光绪《大清会典事例》卷942《工部八十一》，上海：商务印书馆，光绪三十四年石印本，第798页。

③ 此外还有诸如山东东海关、陕西潼关等零星征收之处，如东海关尽收尽解；又如迁安、抚宁、临榆、昌黎、乐亭5县共额征银1 700两，每年汇交通永道；天津县、宁河县、文安县、通州、武清及京城共六处小口木税银1 200两。因纷繁复杂，数额又极少，并未受到清廷重视，不在此一一列入。

例与扬州关合计，宿迁关例与淮安关合计，杀虎口木税归入户关内一并奏报，所以可以将嘉道时期的户工关认为是 46 处。

第一次鸦片战争后，清廷被迫打开广州、上海、厦门、福州和宁波五口通商，征收洋税，其中广州洋税例入粤海关内奏销，福州又例入厦门合并奏销，所以在道光晚期，应有 49 处税关征税。

“各关征税，国初定有正额，后货盛商多，遂有盈余”①。顺治二年（1645 年），“令各关津税银，俱照前朝万历年间会计录原额征解”。② 此后各个关的正税银数曾经历过调整，但变化的幅度不大，总数在 190 万余两（相关数据见下表）。除正税银外，有些关还有铜斤水脚费用，即各关关差采办铜斤所需的水脚银（差旅费）。康熙四十五年（1706 年）关差停止办铜以后，此项水脚仍旧存留下来，作为正额的一部分。据《大清会典》记载，有铜斤水脚的关为崇文门 7 692 两有奇（遇闰为 8 536 两有奇），天津关、临清关（户关）、扬州关、西新关各为 7 692 两有奇，江海关 2 500 两，浒墅关 22 442 两有奇，淮安关 15 384 两有奇，凤阳关 10 320 两有奇，芜湖关 18 423 两有奇，九江关 18 392 两有奇，赣关 5 346 两有奇，闽海关 7 000 两，浙海关 3 750 两有奇，北新关 15 384 两有奇，太平关 5 846 两有奇，以上合计 163 247 两有奇。又粤海关的铜斤水脚则包括在正税银内。③ 因为铜斤水脚的征收已经视为正额，所以在后文的分析中，笔者将其作为正额的一部分，一并计算，不再分开。

盈余银是各关征收税款超过正额的部分，仍属于中央政府的关税收入。由于正额之外是巨大的盈余，数量难以估计清楚，乾隆朝以后历次厘定关税税额，都是就盈余银两而言。清廷对盈余银的认定，经过了一个从肯定到否定又到肯定的变化过程。各关盈余初本无定额，乾隆初年定制以雍正

① （清）姚元之：《竹叶亭杂记》卷 2，北京：中华书局，1997 年，第 118 页。
② （清）伊龄阿等：《续纂淮关统志》卷 6《令甲》见杜琳等修：《淮关统志》，台北：成文出版社，1970 年，第 77 页。
③ （清）昆冈等撰：光绪《大清会典》卷 23《户部》，影印本，北京：中华书局，1990 年，第 203 页。

十三年（1735 年）之盈余数为定额，其后，随着商口流通规模的扩大，各关盈余银两远远超过雍正十三年的数额。乾隆中叶，清朝更定各关监督考成方法，将本届征收税银与前三届中的最高数额相比较，如有不敷责成经征人员赔补。三年比较之法，并不是一种合理的制度选择，其中不顾实际情况的一刀切问责制度，尤为时人所诟病。至乾隆末年，由于全国经济布局和流通布局的变化，各关税收增减变化很大，沿江、沿海各关税额多有较大增长，而运河沿线的部分税关则出现连年征不足额的现象，导致三年比较之法的弊端更为彰显。因而，到了嘉庆四年（1799 年），清廷被迫对相关政策做出调整，即对各关定额进行调整，按照实际征收的多寡，重新确定各关盈余银的定额，从而成为清代关税征收史上的重要事件。

在确定盈余之前，户部将头三年之盈余数量上奏，以便作为新规定的参考。① 嘉庆四年三月十八日内阁奉上谕："向来各关征税，于正额之外将赢余一项，比较上三届征收最多年分，如有不敷，即著征收之员赔补，以致司榷各员借端苛敛，而赔缴之项仍未能如数完交，徒属有名无实，因思各关情形不同，所有赢余数目自应酌中定制，以归核实而示体恤，已于户部所奏各关赢余银数清单，内经朕查照往年加多之数，分别核减，自此次定额之后，倘各关每年盈余于新定之数，再有短少者，即行著落赔补，如于定数或有多余，亦即尽收尽解，其三年比较之例，著永行停止。至工部船料竹木等税，除渝关赢余向无定额，及由闸等关，并无赢余外，其余亦经分别减定嗣后即一律办理，毋庸再行比较，单并发。" ②

当时确定的数据如下：坐粮厅 6 000 两，天津关 20 000 两，临清户关 11 000 两，江海关 42 000 两，浒墅关 235 000 两，淮安关 111 000 两，海关

① 中国第一历史档案馆藏《军机处录副奏折 · 嘉庆朝 · 财政类 · 关税项》，户部折，清单，档案号：03-1767-077。（以下同类文献均省略收藏单位。）关于停止上三年比较之例，有人分析道："司榷者竞苛取以求胜，于是，赢余一项更有比较上三届最多年分之例。见好者固日渐加增，缺数者亦时多赔累。上洞悉其弊，嘉庆已未三月分别减核，著为定额。"见（清）姚元之：《竹叶亭杂记》卷 2，北京：中华书局，1997 年，第 46 页。

②《嘉庆道光两朝上谕档》（第 4 册），嘉庆四年三月十八日，桂林：广西师范大学出版社，2000 年，第 105 页。

庙湾口 2 200 两，扬州关（兼由闸）68 000 两，西新关 29 000 两，凤阳关 15 000 两，芜湖户关 73 000 两，九江关 347 800 两，赣关 38 000 两，闽海关 113 000 两，浙海关 39 000 两，北新关 65 000 两，武昌关 12 000 两，夔关 110 000 两，粤海关 855 500 两，太平关 75 500 两，梧州厂 7 500 两，浔州厂 5 200 两，归化城 1 600 两，山海关 49 487 两，杀虎口 15 414 两，张家口 40 561 两，打箭炉尽收尽解。以上所定的总数为 2 387 762 两。

随着时间的变化，至嘉庆九年（1804 年），清廷又对个别户部关的盈余数额进行调整。当时户部的考虑是："臣等将各关节年征收盈余数目通行核算，如粤海、天津、北新、赣关等处，与钦定数目增多几至一倍，较之嘉庆三年（1798 年）所收数目俱有盈无绌。数年以来，既已次第增多，嗣后自不虞其再有短缺。至江海、太平、武昌、归化城等处，与钦定数目增多一千余两至一万余两不等，较之嘉庆三年银数尚属不甚悬殊。坐粮厅、芜湖、梧州、浔州、打箭炉并淮安兼管之海关庙湾口，与钦定数目增多不过数两至二千余两，而较之嘉庆三年所征数目俱有短绌。闽海关嘉庆四、五、六、七、八等年所收盈余较之钦定数目多自九千四百二十余两至四万一千余两不等。……惟浙海、扬州、凤阳、西新、九江、浒墅、淮安、夔关，迩年间有收不足数之时，临清关竟至三年全数亏短，虽偶因地方偏灾，货物到关稀少，究由该监督等经理不善所致。……浙海等八关可否仍照嘉庆三年盈余数目征收，如有短少，责令赔补。"[①]据此嘉庆帝发布上谕，借"酌减"之名，上调了几个关的盈余数量，即浙海关调整为 44 000 两，扬州关为 71 000 两，凤阳关为 17 000 两，西新关为 33 000 两，九江关为 367 000 两，浒墅关为 250 000 两，淮安关为 131 000 两，其余各关的盈余数据保持不变。这样一来，盈余总数增加为 2 455 962 两。[②]

① 《军机处录副奏折·嘉庆朝·财政类·关税项》，嘉庆九年六月十一日，户部尚书禄康等折，档案号：03-1767-064。

② （清）李鸿章等纂：（光绪）《大清会典事例》卷 238《户部八七·关税》，上海：商务印书馆，光绪三十四年石印本，第 801—802 页。

至道光十一年（1831年）八月，考虑到淮安关与浒墅关时常征不足额，清廷又将其盈余分别削减21 000两和20 000两，实各存盈余11万两、23万两（详见表1）。上谕还称："自此次裁减之后，不特将嘉庆九年（1804年）加增之数全行减去，并较嘉庆四年（1799年）原定之数格外减少。"①至此，清代的盈余数基本固定下来。至于道光晚期，随着五口通商，出现了江海洋关、浙海洋关、厦门洋关和福州洋关，但其关税额系新增项目，并无具体规定。

表1　道光朝各关税收额度一览表　　（单位：两）

关名	正额	盈余	应征总数	说明
崇文门	102 175	212 789	314 964	系无闰年情况
左翼	10 008	18 000	28 008	
右翼	10 005.12	7 321.4	17 326.52	
坐粮厅	6 339.26	6 000	12 339.26	
淮安关（含宿迁）	254 363.602	110 000	364 363.602	变化见前文
浒墅关	191 151.388	230 000	421 151.388	变化见前文
扬州关	92 791.3	71 000	163 791.3	
芜湖户关	156 919.08	73 000	229 919.08	
西新关	41 376.325	33 000	74 376.325	
凤阳关	90 159.6	17 000	107 159.6	
江海关	23 980.33	42 000	65 980.33	
天津关	48 156.313	20 000	68 156.313	
临清户关	37 376.313	11 000	48 376.313	
九江关	172 281.306	367 000	539 281.306	
赣关	46 470	38 000	84 470	
北新关	123 053.65	65 000	188 053.65	
浙海关	35 908.23	44 000	79 908.23	
闽海关	73 549.547	113 000	186 549.547	
太平关	52 675	75 500	128 175	
粤海关	43 564	855 500	899 064	
山海关	61 642.379	49 487	111 129.379	
张家口	20 004	40 561	60 565	

①《嘉庆道光两朝上谕档》（第36册），道光十一年八月十三日，桂林：广西师范大学出版社，2000年，第351页。

续表

关名	正额	盈余	应征总数	说明
杀虎口	16 919.95	15 414	32 333.95	
归化城	15 000 [1]	1 600	16 600	
天津海税	26 000	14 000	40 000	
奉天牛马税	3 307		3 307	
凤凰城中江	4 000	1 000	5 000	
武昌游湖关	33 000	12 000	45 000	
夔关	73 740.491	110 000	183 740.491	
打箭炉	20 000		20 000	
梧厂	60 913	7 821	68 734	
浔厂	43 741	5 565	49 306	
辰关	12 500	3 800	16 300	
武元城	1 231	2 [2]	1 233	
临清工关	4 572.74	3 800	8 372.74	
芜湖工关	70 146.16	47 000	117 146.16	
龙江关	57 607.225	55 000	112 607.225	
荆州关	17 687.156	13 000	30 687.156	
通永道	7 115	3 900	11 015	
渝关	5 000		5 000	
南新关	30 247.5	−77.981 [3]	30 169.519	
古北口	1 212.51		1 212.51	
盛京木税	2 000		2 000	
吉林木税	656		656	
潘桃口木税	6 445		6 445	
伊犁木税				无定额
合计	2 206 991.475	2 792 982.419	4 999 973.894	未含归化城钱数

资料来源：中国社会科学院经济研究所藏《清代关税收支报告表》第六本《各常关》；中国第一历史档案馆藏《军机处录副奏折》《朱批奏折》，《大清会典》之工部与户部

[1] 另有正额钱 9 000 串，盈余钱 137 串 610 文

[2] 武元城之盈余，嘉庆四年先定为 1 269 两，是年复减至二两

[3] 应征 3 922.019 两，于北新关拨补 4 000 两，故为负数

以上数据并不全面，因为除钦定正额及其盈余外，有些关还有额外盈余。比如，天津关每年例向内务府交纳 12 000 余两；辰关也于额定盈余 3 800 两之外，又征收额外盈余 11 411 两，随正征收耗羡银 2 771 两，内除

开支关书人等辛工饭食银790两外，存银1 980两，归入额外盈余汇解。[①]不过，这些数据都会出现于后文各关的统计表格之中，所以可以补此缺漏。

三、说明

关于本项研究，还有以下几点需要说明。

第一，资料征引。目前关于榷关的资料浩如烟海，考虑到连《汇核嘉庆十七年各直省钱粮出入清单》及王庆云《石渠余纪》这样非常有史料价值的资料都存在着很大的问题，[②]所以笔者在确定各关收入的时候，将主要以藏于中国第一历史档案馆的《宫中档朱批奏折·财政类·关税》（胶片号20、21）、《军机处录副奏折·财政类·关税项》（胶片号126、218—219）、《户科题本·税课类·关税》，中国第一历史档案馆编《嘉庆道光两朝上谕档》（广西师范大学出版社，2000年），以及20世纪30年代由汤象龙等人主持整理的《清代关税收支报告表（第六册）》（现藏中国社会科学院经济研究所，以下简称“中国社科院经济所抄档”）为准。

又考虑到本项研究系以解决嘉道时期的关税收入为目的，在找不到原始档案资料的情况下，《汇核嘉庆十七年各直省钱粮出入清单》及《石渠余纪》相较其他资料仍有特定的优势，故仍酌量加以参考。具体来说，参考过《汇核嘉庆十七年各直省钱粮出入清单》中嘉庆十六、十七年数据的为赣关、归化城、太平关和坐粮厅。参考过《石渠余纪》道光二十一、二十二、二十五和二十九年数据的为崇文门、归化城、太平关和坐粮厅，赣关参考过道光二十二、二十五、二十九年，淮安关参考过道光二十二年，临清户关参考道光二十二年，临清工关参考过道光二十五年，张家口参考

① 《宫中档朱批奏折·财政类·关税》，嘉庆十二年四月十三日，湖南巡抚景安折，档案号：04-01-35-0364-029。

② 参见拙文《〈汇核嘉庆十七年各直省钱粮出入清单〉所载关税额辨析》，《历史研究》2008年第5期，第184—189页；《王庆云〈石渠余纪〉所载道光关税额辨析》，《近代史研究》2008年第5期，第98—105页。

过道光二十五、二十九年数据。另外，江海洋关（上海关）之道光三十年数据，参考了太平天国历史博物馆编《吴煦档案选编》（第七辑）（江苏人民出版社，1983年，第82页）。

第二，关期。清代关税奏销，例于关期内奏报，关税征收截止日期，例为本度年的关税。由于各个关的开征与截止时间差异极大，这种通融的办法也是学术界的共识。[①]试举一例，某关道光十六年正月十五日起征，至道光十七年正月十四日截止，那么关期则为道光十七年份。

清代以固定月份为关期的共有崇文门（例于八月初三至次年八月初二日）和打箭炉（起初以每年四月二十一日一年为满，分别遇闰不遇闰比较征税情况，嘉庆四年确定盈余数量后，即改为以12个月计算）。道光十三年（1833年），杀虎口税务监督工部郎中祥麟因丁忧，奏明于服满后补足穿孝日期，计多征1个月零17天。此后，杀虎口关期随之而变。天津海关（道光末年一度延长次年）、临清工关例于每年开河至封冻为本年度征收关期。另外，在第一次鸦片战争期间，闽海关、浙海关等因受到战争袭扰，一度封关。由于各个关的关税年度时间并不相同，时间差别很大。由此而产生的问题是，通常意义上的年度关税收入，并不是指在此年份内各个关所征收的关税收入，而是各个关在本年度关期内，所征收关税的总和。

由于大部分榷关征税向以十二个月起征，而随着闰月的积累，也有个别年份出现了两个关期的情况。当然，出现两个关期需要具备两个条件，即上一个征收关期以正月结束，而本年度又出现了闰月情况。由于一年出现两个关期的情况，导致统计只能当作本年次的税收收入。具体说来，在笔者根据资料而统计的数据中，出现了两个关期是张家口（道光二年）、山海关（嘉庆十九年、道光二十六年）、凤阳关（嘉庆二年、道光十年）、杀虎口（道光十年、道光十五年）、左翼（道光七年）、右翼（道光七年）、浒

① 参见祁美琴：《清代榷关制度研究》，呼和浩特：内蒙古大学出版社，2004年，第448页。

墅关（嘉庆八年、道光十五年）、临清户关（嘉庆十九年、道光二十六年）、九江关（道光元年）、天津关（道光七年）、龙江工关（道光四年）、西新户关（道光四年）、荆州关（嘉庆五年）、扬州关（嘉庆十九年、道光二十七年）、闽海关（嘉庆十九年、道光二十六年）、芜湖户关（嘉庆五年、道光十一年）、芜湖工关（嘉庆五年、道光十一年）、淮安关（嘉庆五年、道光十二年）、北新关（嘉庆十年、道光十八年）、南新关（嘉庆五年、道光十二年）、浙海关（嘉庆十九年）、江海关（嘉庆八年、道光十四年）、粤海关（嘉庆十九年、道光二十六年）。[①] 需要指出的是，在做统计时，两个关期的数据均会归入一个年份中，但在做收入曲线示意图时，则仍然按关期来划分，以便于看清趋势。

第三，关于附加税。附加税是政府规定各关在征收正额、盈余之外加征的银两，包括火耗、并平、平余、饭食、笔墨、纸张、解费等名目，诸如九江关之平余、闽海关之并封、罚俸等，名目不同，实质一样。在分析各关的具体情况时，笔者会尽可能详细地做出统计，但在最后的嘉道关税收入统计时则一并略之，以求中央所收正额之实际情况。另外，闽海关之琉球之漂失免税，亦与此类似处理。不过，由此而带来的问题是，实际税收情况要多于奏销数据。[②]

第四，关于税收变化及原因。清代关税奏销，在征税足额及多收时，并不提及原因；只有在歉收时，才做出较为详细的说明，这为全面分析嘉道时期的关税收入变化原因，带来不少遗憾。不过，由于本研究系以“道光萧条”为中心，主要是分析关税收入是否减少及减少的原因，故可以在很大程度上弥补这种缺陷。这也是为什么，在碰到档案中涉及含混的内容时，诸如“十余年来皆有盈无绌”，表格均以征收定额补此年度的数额，遵

① 由于部分关长期没有征税数据，其间可能隐藏着的两个关期，此外并未能详加推算。

② 根据邓亦兵的研究，清代各关的附加税占正额部分的 11%—24%，“应该是比较低的”（参见氏著《清代前期关税制度研究》，北京：北京燕山出版社，2008 年，第 173 页）。

守“取少不取多”的原则。

第五，清代关数繁多，只能大略进行分类，以便做同类型分析。笔者大致将各关分为边疆边贸各关、运河长江沿线各关和沿海各关三种类型。

具体来说，属于边疆边贸各关的有：武元城、古北口、通永道、直隶潘桃口、盛京木税、吉林木税、伊犁木税、打箭炉、梧厂、浔厂、山海关、张家口、杀虎口、归化城、奉天牛马税、凤凰城中江、辰关，共计17处。

属于运河长江沿线各关的有：崇文门、左翼、右翼、坐粮厅、淮安关、浒墅关、扬州关、芜湖户关、芜湖工关、龙江关、西新关、凤阳关、临清户关、临清工关、九江关、赣关、北新关、南新关、渝关、夔关、太平关、武昌游湖关、荆州关，共计23处。

属于沿海各关的有：天津关、天津海税、江海关、浙海关、闽海关、粤海关、江海洋关、厦门福州洋关、浙海洋关，共计9处。

当然，以上只是一个极为简单的分类，纯为方便统计起见。

第一章

边疆边贸各关

一、山海关

山海关位于河北省东北部，渤海湾西岸，地理位置险要，“关据山海，拱卫京师。东通三省，远接朝鲜。洵畿辅之咽喉，两都之锁钥。边疆商旅，下国共球，出入往来，云集波驶”，因此之故，“严盘诘，征商贾，亦以重国课，昭法守云尔”①。

山海关税关设于明嘉靖年间，当时太监李能请于山海关榷商税，每季抽银900余两，但很快导致商贾之行大减于往昔。嘉靖八年（1529年）山海关主事邬阅奏请裁革，“议罢关税以重国体，以通货财，以安灾伤地方。”奉旨称“山海关并广宁等处抽分原非旧例，委的商人重困，边民受害，都革了。敢有仍前巧为添设，侵夺民利者，各该抚按官指名来说。”②其后有所反复。至清朝康熙十九年（1680年）设官抽分，二十一年又停差。正式设关，则在康熙三十三年，即“差官管税”，差监督与笔帖式一人收税。次年，定山海关每年税额银25 000两。“除大关外，置有若干旱口、海口，最初对海口几乎没有注意到，对于从牛庄或其他地方来的商船没有课税”，以

①《临榆县志》卷十二《建置编（下）》，载《山海关历代旧志校注》，天津：天津人民出版社，1999年，第608页。

②（清）詹荣纂修：《山海关志》卷2《关隘》，嘉靖十四年刻本，第3、5页。

致“越关所漏之货船，皆从海上直抵关外，沿海牛庄等处起卸，每船不下百余车”[①]。康熙四十六年，议准山海关外金州、牛庄，税课即形充裕。康熙五十四年议准九官台、清河、松岭子等处交与山海关监督巡察收税，增课银3 000两。康熙五十九年令横城口税归山海关兼管，增税1 000两，共32 200两作为定额。经过雍正时期的增加，至乾隆三十年（1765年），山海关每年所征正项及盈余约计10万两，其中正额内支放山海关驻防官兵俸饷银及各役工食共22 600两，盈余银内解盛京户部奉天府各衙门养廉等银10 800两，余银解京。

山海关所辖关口30余处，嘉道时期以锦州和牛庄征税为多，盈余银数原无定额，每年按照实际征收数额直接向皇帝奏报。嘉庆四年（1799年）二月初四日，管理山海关税务监督钱保按户部指示将该关历年征收盈余银的情况上报，称山海关奏报盈余，自雍正五年（1727年）起至嘉庆三年逐年均有盈余，数目不同，雍正五年硕色任内盈余16 000余两，至乾隆四十三年额尔登布盈余69 000余两，仍系多寡不一，至嘉庆二年德新任内奏盈余75 000余两，三年承露任内交49 000余两。[②]

通过档案可知，至嘉庆四年时，山海关的盈余定为49 487两，正额银则系仍系32 200两，又因山海关另有鲍家马头等口税银1 309.141两，黄豆豆饼税银28 133.238两，合计为61 642.379两。同时，因为此处每年还征收数量不一的人参税银，一般也与正额合在一起奏报，故每年正额银情况有所变化。[③]这些银两的分配，额内支给山海关驻防官兵俸饷银22 000两，本署吏役工食银188两，余银解往圆明园。

嘉庆四年，任山海关监督的御史德新曾上奏请增加定额，称“山海关

①〔日〕加藤原：《中国经济史考证》第三卷，北京：商务印书馆，1973年，第131—132页。

②《宫中档朱批奏折·财政类·关税》，嘉庆四年二月初四日，管理山海关税务监督钱保折，档案号：04-01-35-0359-018。

③ 祁美琴根据《大清会典》认定山海关每年正额为32 200两，不确，参见祁美琴：《清代榷关制度研究》，呼和浩特：内蒙古大学出版社，2004年，第27页。

新奉减定盈余四万九千四百余两，较历年所解短至两万五千余两，恐盈余银既有定制，未必尽收尽解，徒损国帑而肥胥吏。请将山海关盈余再增二万两。其余各处仿此酌增，余者尽收尽解”。但嘉庆帝认为所奏“殊属非是”，在他看来，山海关税额，“全视海船所到多寡为征收赢缩，若遇少到年份既不能多有盈余。此等情形朕在藩邸时知之甚悉。该御史前任山海关监督时征解盈余七万五千八百余两，亦系适值收税丰旺年份，岂得援为常例！”①这也反映出嘉庆帝对于税关征银数量的某种态度。

嘉道时期山海关的征税情况及资料来源见附录。需要说明的是，正如前文已经指出的，因山海关以十二个月为关期，随着嘉道时期闰月的积累，导致嘉庆十九年（1814 年）、道光二十六年（1846 年）两个年份中，分别出现了两个关期的情况，下面的曲线示意图仍分别标示，但在统计全国各关的收入时，则合并到同一年份中。通过对数据实征总数做曲线分布，可以得到如图 1-1 所示。

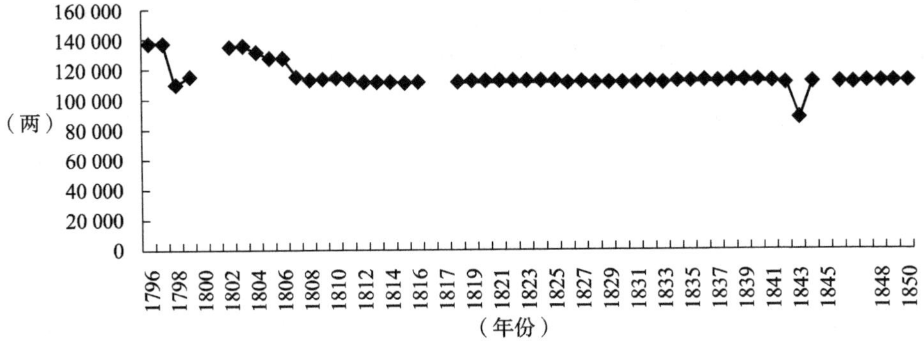

图 1-1　嘉道时期山海关税收示意图

从图 1-1 可以清楚地看出，嘉庆、道光时期的山海关征税趋势。除嘉庆前期有过较大的波动，最高峰值为嘉庆二年，达到了 137 700 余两；此后，从嘉庆十年以后，整个走势都较为平稳，只是在道光二十三年出现了一次

① （清）刘锦藻：《清朝续文献通考》卷 29《征榷考一》，上海：商务印务馆，1936 年，考 7808。

下降，跌落至 87 900 余两。

关于道光二十三年（1843 年）的这一次下降，时任山海关税务监督的工部营缮司郎中书元称，山海关税务情形全赖海船商船，其征税紧要之海口，惟牛庄之没沟营、锦州之天桥厂，向有江浙闽广各省商船春秋往来奉天各城贸易，征额藉以充盈。而所致之商船，又以上海之沙船为最，该处商贾殷富，货物充实。查没沟营历年所到上海沙船计有一千六七百只，天桥厂计到鸟船三百余只。“本年因以江浙夷扰”，自己任内春季到船 700 余只，已经歉收，尚望秋征盈裕，“讵自五月间，上海失事以来，商船不能通行，由五月至九月十一日，仅陆续到船二百余只，并无上海沙船”。其他海口历年征额，原亦无几，本年尤属短少。“今自夏间逆夷滋扰以来，所有商贾尽皆隐避”，即便“夷务肃清，上海沙船约须秋末冬初，方能照常通行”。① 可见，第一次鸦片战争已经将其影响扩大到了山海关一带。

另外，“山海关征收税课，全赖各海口商船往来货物”②。尽管山海关征税，在嘉道时期也出现过包纳关税之事③，但从总体上说，仍然比较平稳。关于嘉道时期山海关保持长时期平衡税收的原因，据时人分析：“大关所收车载马驮烟酒、芝麻、棉花等税为数无多，其各海口商船贩运南货到口售卖，全凭装载高粮、黄豆南贩，该商等希图有货贩回，往来尚属流通”。嘉道时期，奉天省高粮、芝麻、黄豆、棉花连获丰登，“是以历年应征正盈银两均无亏欠”。④

简言之，总体看来，我们似乎还难以根据嘉道时期山海关的税收情况，来论证“道光萧条”的存在。

①《军机处录副奏折·道光朝·财政类·关税项》，道光二十二年十月初一日，管理山海关税务工部营缮司郎中书元折，档案号：03-3166-016。

②《军机处录副奏折·道光朝·财政类·关税项》，道光六年十月初四日，管理山海关税务珠尔杭阿折，档案号：03-3159-079。

③ 据奏折可知，道光中期，曾有报满税书曹良玉，私自开店，“包纳关税，已属大干法纪，复私挪课银至六千余两之多，尤属不成事体”。参见《宫中档朱批奏折·财政类·关税》（道光十五年六月初三日，山海关副都统孟魁折，档案号：04-01-35-0378-015）。

④《宫中档朱批奏折·财政类·关税》，道光四年七月二十七日，管理山海关税务步军统领衙门员外郎海忠折，档案号：04-01-35-0373-036。

二、张家口

张家口“为上谷要地，即古长城为关，关上旧有市台，为南北交易之所，凡内地之牛马驼羊多取给于此。贾多山右人，率出口以茶布兑换而归。又有直往恰克图地方交易者，所货物多紫貂、猞猁、银针、海貂、海骝、银鼠、灰鼠诸皮以及哈喇明镜、阿敦绸等物。”①又据何秋涛《朔方备乘》记载：“其内地商民至恰克图贸易者，强半皆山西人，由张家口贩运烟、茶、缎、布、杂货前往，易换各色皮张、毡片等物。”在清前期，张家口以中俄贸易、汉蒙贸易为契机，成为我国北方地区最重要的商业城市之一。

张家口在明代即设有市场，进行商口交易。顺治元年（1644 年），定“张家口差满官收税”②，表明此时已经演变成为税关。张家口原额银10 000两，康熙二年（1663 年）减4 000两，十六年增6 000两，十七年增763两，二十四年增2236两，是为15 000两。后来经过调整，至嘉庆四年（1799年）确定为正额20 004两余两，盈余40 561两。在清代，张家口税务向以南茶并恰克图皮毛等货为出入大宗，其次为进口牲畜。因为进出口贸易发达，生意兴隆，张家口是以税课丰旺，成为北方地区重要的榷关。需要指出的是，张家口关仅税中国商人，而不税俄罗斯人。

关于嘉道时期张家口税收管理制度方面的变化，笔者在相关档案材料中只发现了如下线索。道光五年（1825 年），张家口税务监督英文称，清代旧例，恰克图、库伦等处商贩皮张及牛马驼羊，“令多伦诺尔同往查诘，明白于票内注明，赴张家口照例纳税进关，不准绕越，致滋偷漏等语”。但他自到任以来，体察商税情形，南来茶布、口外牛马驼羊，俱系照例报税，“惟圈内商人贩置恰克图等处皮张，进关并不照例纳税，亦不呈验原票”。统俟四五月间出售时，始行陆续投税。考虑到圈城系在关内，其货物进关

① （清）秦武域：《闻见瓣香录》，甲卷“张家口”，嘉庆八年刻本，第20页。
② （清）赵尔巽：《清史稿》卷125《食货志六》，北京：中华书局，1977年，第3673页。

既不将货单呈验存贮之所，又不听监督稽查，“其中不为无弊”，于是仍令该商等于货物到关时呈验货单，照例纳税，再行进关入圈。①

与山海关的情况相似，道光二年（1822年）张家口也出现两个征收关期。仍据附表中的张家口实征总数做曲线分布，可以得到如图1-2所示。

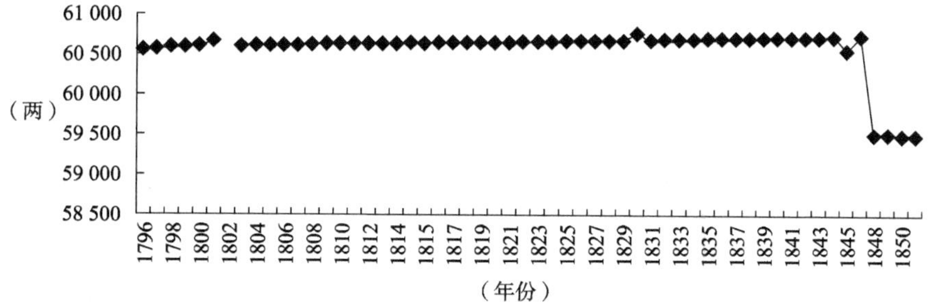

图1-2　嘉道时期张家口税收示意图

通过图1-2可以看出，表中的数据从嘉庆初年至道光二十六年（1846年）之间，一直都有着小幅度上升，随后则出现了下降。但如果我们把同一时期以钱折银的因素考虑到其中，则可以肯定，张家口税收并没有下降。张家口征收税款，系银、钱并纳。在嘉道时期，张家口征收的税钱数量在2 000串左右，而张家口税务监督通常的办法是将其中的大部分折成银两，与征收的税银一并计算，使得征税略有盈余；剩余的少部分钱文，则作为各口巡役巡查各口往返盘费、署内饭食其他零散开销，不入奏销册。以上示意图中征收税钱幅度的下降，是因为相关奏报官员在奏报最后几年的数据时，没有将2 000多千文的钱折成银子，而是直接奏报了事。如果考虑这一因素，则可以发现，嘉道时期的张家口税收较为平稳，没有大的波动。

三、杀虎口

杀虎口位于今山西与内蒙古交界处之右玉县北，口外即为蒙古地区的

① 《军机处录副奏折·道光朝·财政类·关税项》，道光五年三月十五日，张家口税务监督英文折，档案号：03-3159-009。

呼和浩特（归化城），是明代防御北方蒙古诸部南下的边陲要塞之一，原名“杀胡口”。

杀虎口“为内地边城总汇，自南出口自北进口，一切货物俱有应征税课”。明朝在此建有边墙，开设马市，“楼台座下，设阁门四层，门洞低狭，只可单身行旅徒步出入”。清朝入关后，“口外归化城即为贸易之所，商民往来交易日盛。顺治八年遂设监督一员，于此经收税。阁门之西有大河一道，其源头自平鲁县之三层洞老蛇沟、右玉县之贺兰山响水沟、洞子沟、马营河等处之水，俱归此河流出口外兔毛河，直通佛爷沟以及脱脱城而入于黄河者也”①。

乾隆三十二年（1767年），议准副都统绩福条奏，派理藩院章京查收税务，于是杀虎口正式开始设关派专差收税。杀虎口经常性税收有口外进来的牲畜、绒毛、皮张等物，出口以烟、茶、布匹、杂货为大宗。杀虎口之关期与任期虽皆为一年，但因起始日不同，导致一年关期中必历经二任监督征收。各任监督到差时间大约是关期的下半期，卸任监督将所征的前半期税收造册移交下任，故每任监督差满后，亲赍到京上缴的盈余银，是结合了前任的下半关期与本任的上半关期所征。若在一个征税关期中，发生监督病故、临时他调或因事更换等，必须再补，就有一年三任或三任以上监督就任的现象。但一个关期的算法是以实际日数摊算，连闰扣足，不受监督更换的影响。清代别的榷关，倒是很少发生杀虎口这么复杂的情况，通常是一任一个关期。

“朔平五属地皆边塞，无山泽之产，惟右玉杀虎一口通道北藩，为牛、羊、驼、马、皮革、木植之所出，商贾称络绎焉。其司抽分税课者，有钦差监督以领其事，非有司之责也。至各属市厘所贸易者，牛、羊常畜而外，物不多见其税课，盖亦仅矣。”②清中叶以后，税关移至归化城，朔平府杀虎

① 中国第一历史档案馆编：《雍正朝汉文朱批奏折汇编》（11），南京：江苏古籍出版社，1991年，第455—457页。据李鸿章等撰光绪朝《钦定大清会典事例》则称，“顺治七年定独石口、杀虎口差满洲笔帖式收税”（卷236《户部・关税》，光绪二十五年石印本），可备一说。

② （清）刘士铭撰：《朔平府志》卷7《赋役志・税课》，雍正十一年刊本，第29页。

口管理商贸税收的作用降低，地位下降。根据档案可知，杀虎口关常态性税收每年应解项目有户部正税银 16 919 两，嘉庆四年（1799 年）钦定盈余 15 414 两，又随征经费银 3 358 两；另外还需要解交工部大青山大税盈余 7 200 两，归化城落地木税 446 两，故共计每个关期需征银 43 338 两以上。例行开销项，主要有当差书役人等饭食钱、解送钱粮往返盘缠、前后任监督署一年用度等。

杀虎口的税收盈余，主要解往内务府。试以一条嘉庆朝中期的折片为例：嘉庆十八年（1813 年）份，监督那木萨尔扎布所得盈余 17 732 两，交内务府 16 000 两，其余赏给他本人；十九年份监督恒安所得盈余 17 760 两，交内务府 16 000 两，其余赏给他本人；二十年份监督恒桂所得盈余 17 800 两，仍是赏给内务府 16 000 两，其余赏给他本人。①

还需要说明的是，道光十年（1830 年）、十五年（1835 年），杀虎口均有两个征税关期。根据附录表格，可以做出如图 1-3 所示。

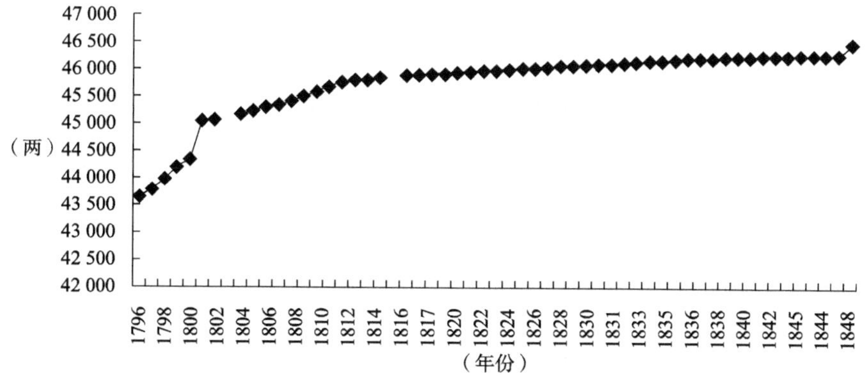

图 1-3　嘉道时期杀虎口税收示意图

通过示意图可以看出，在整个嘉道时期，杀虎口的税收收入均保持在一个很稳定的水平上。其中的一次较大幅度的波动，正如前文已经指出的，

①《军机处录副奏折·嘉庆朝·财政类·关税项》，嘉庆二十年三月十九日，管理杀虎口税务恒桂折，档案号：03-1770-120。

系因工部郎中祥麟丁忧，奏明于服满后补足穿孝日期，计多征 1 个月零 17 天，此后，杀虎口关期随之而变。简言之，嘉道时期的杀虎口征税，可以视为整体平衡，难与萧条论相挂钩。

四、其他

（一）归化城

归化城亦称呼和浩特，始建于明朝隆庆六年（1572 年），万历三年（1575 年）建成，明廷赐名“归化”。归化城地处蒙古，但与内地交界，成为蒙汉杂居的商业城市。在康熙年间有买卖马匹牲畜设立记档之例，但尚无商业贸易税。后因蒙古地方种烟叶杂粮、制造油烟酒等项，渐成行市。乾隆二十六年（1761 年）起，将烟油酒三项与皮张杂货等附于落地木税，按则抽纳；乾隆三十一年定归化城税务派理藩院司员征收；乾隆三十四年以后，改归山西巡抚兼管，渐设分局。乾隆三十八年以后，由归绥道兼管成为定例。

归化城税额，杀虎口监督兼管时每年征银七八千两，设监督后定额银 15 000 两，钱 9 000 串。嘉庆四年，钦定盈余 1 600 两，又有盈余钱 137 串 610 文，奏销系交山西藩库，再押解户部。此条奏折还称：道光四年之前，“近年以来，杀虎口、归化城除按额征收之外，均有盈余。尽数解交，并无短绌。”①

在嘉道时期的关税档案中，笔者还找到直接与归化城相关的档案，即《宫中档朱批奏折・财政类・关税》道光十三年（1833 年）四月初六日，山西巡抚尹济源折。具体内容是：“归化城十二年五月十三日至十三年四月十二日，应到一年关期。护归绥道珠澜管理认真，再管一年。”据

① 参见《宫中档朱批奏折・财政类・关税》，道光四年二月二十八日，山西巡抚邱树棠折，档案号：04-01-35-0373-012。

此可以看出，归化城以十二个月为一个应征关期，并由归绥道管理。仅此而已。

据《军机处录副奏折·嘉庆朝·财政类·关税项》（户部折，清单，档案号：03-1767-077）可知。归化城嘉庆元年（1796年）份共征银17 873两，二年份共征17 875两，三年份共征17 878两。根据《汇核嘉庆十七年各直省钱粮出入清单》可知，嘉庆十七年份共征收26 666.1两，较之十六年份26 767.5两，少收101.4两。又据王庆云《石渠余纪》卷六可知，道光二十一年、二十二年、二十五年、二十九年份征收情况：23 565两、24 036两、23 418两和22 749两。为统计方便，归化城之折钱，将以1 500文折银1两的方式，统一折银6 091.74两。

作为中俄边贸的纽带及内地与蒙古交流的枢纽，根据北方其他几个关的情况，可以大致推测，归化城之每年的征税情况，应该比较稳定，至少不会发生“道光萧条”论所推测的情况。

（二）打箭炉关

打箭炉关设于康熙四十年（1701年），派部院员外郎一人监督税务。乾隆四十二年（1777年），户部以“打箭炉界近边陲，嗣后税差请照山海等关之例，于宗人府正副理事官及各部院郎中员外郎等官内拣选保送，庶于榷务弹压有裨”①。四十五年，定荆关、打箭炉两处征收税务，交该督抚照临清等关之例，派委妥员管理。四十七年奉旨停差监督，改委同知征收。

打箭炉税源主要为茶税，每运茶100斛为一引，纳税银1钱8分。当时定每年茶引邛州各商运销茶20 300引，容经县各商运销茶23 314引，雅安县各商运销茶27 860引，天全州各商运销茶27 020引。外加四州县代销名山县茶引，合共四州县每年共运销边引部茶100 304道，应征引茶税

①（清）戴衢亨等修：《清朝文献通考》卷27《征榷二》，杭州：浙江古籍出版社，2000年，第5095页。

18 058.32 两。后经过调整，到嘉庆时，每年额行打箭炉茶边引 105 324 引，每引征收税 1 钱 8 分，计征银 18 958.32 两。嘉庆二十五年查办天全州茶引滞销案，减去 9 009 引，计应少征税 1621.62 两，仍征 17 326.7 两。

打箭炉关期起初以每年四月二十一日一年为满，分别遇闰、不遇闰比较征税情况，而不是统以十二个月为准。至嘉庆四年（1799 年）确定盈余数量后，即改为以 12 个月计算。道光六年（1826 年），四川总督戴三锡曾奏称，因自嘉庆四年以来遇闰十次，导致每年征茶税趱前一月，截至道光五年（1825 年）份，已趱至该年六月内造报题销，商人甫于三月内领引，距六月题销之期仅止三月，"引张尚未全行，本难即将税银全交，因额定所关，不得不令垫纳"，但照此下去，将引未领而税须先交，"既于事势有所勉强，而于政体亦属未协"，请仍按盐税方式，按年征引，朱批为"部议"①。

打箭炉定正额为 2 万两，盈余尽收尽解。据《军机处录副奏折·嘉庆朝·财政类·关税项》（户部折，清单，档案号：03-1767-077）可知，嘉庆元年（1796 年）份共收 21 296 两，二年份共收 23 409 两，三年份共收 23 996 两。又根据《宫中档朱批奏折·财政类·关税》（嘉庆五年十二月（缺日），四川总督勒保折，档案号：04-01-35-0360-031）可知，嘉庆四年份打箭炉征税银 21 341 两，五年份征税银 20 392 两，六年份征税银 20 238 两。此后的情况较为模糊，但据《军机处录副奏折·道光朝·财政类·关税项》（道光六年六月十六日，四川总督戴三锡折，档案号：03-3159-074）可知，"打箭炉地处边隅，仅通西藏一路，夷人带货进口，例免抽税，其商贾销售货物，常年不致悬殊"，而历年所征，也基本保持平衡，"无甚甚少之时"。我们大致可以确定，至道光六年（1826 年）时，打箭炉每年应仍征收 2 万两左右。

① 《军机处录副奏折·道光朝·财政类·关税项》，道光六年六月十六日，四川总督戴三锡折，档案号：03-3159-074。

（三）梧浔厂

广西梧州为三江总汇，明正德十六年（1521 年）初置盐榷厂，清初定税额 10 976 两有奇。雍正四年（1726 年），令梧、浔二厂税收税银，“令该抚将实在征收之数详悉察核，委廉能官监收，每月尽收尽解，一年之后视收过税银，于旧定解额外赢余若干，据实议奏”①。后有反复，至嘉庆核定盈余之数时，梧厂每年收正额银 60 913 两，盈余 7 821 两，浔厂正额 43 741 两，盈余 5 565 两。②

不过，梧浔二厂之征收实数，又远不止于此。除额解之数外，又每年另交额外盈余六七万两，“向解巡抚衙门代办贡品之用”。嘉庆九年（1804 年），当清廷欲将此项额外盈余固定时，广西巡抚百龄奏称，此地客商“平素行使花银市平，纳课时均须加增平色，且间有以钱代银者，银贵则收钱必多，钱贵则计银有剩，日积月累，其数自有盈余”。嘉庆五年、六年，巡抚谢启昆多提银 16 000 两，“系因彼时东省米价增昂，西省客商坌集，税课偶值丰盈，是以呈出公用”，“并非年年有此盈余”。现在两厂所解正项税银及额定盈余并额外盈余，统计已有十七八万两之多，“厂地盈缩人所共知，断不能征多报少”，“亦不能于六万两之外，再有盈余”。此外，又每年于额外盈余 6 万两之外，尚各有银 2 000 两，“留为该处书院膏火孤贫口粮，及巡卡役食等项之用”。③

梧州府厂向来征收税银“惟米谷数目较多”，每谷一石征税银 7 厘 8 毫，每米一石征税银 1 分 5 厘 6 毫，每年征收米谷税银 10 300 余两至 12 000 余两不等。浔州府厂亦以米谷数目较多，每谷一石，北厂征税银 1.62 分，南

①（清）李鸿章等纂：光绪《大清会典事例》卷236《户部八五・关税》，上海：商务印书馆，光绪三十四年石印本，第 106 页。

②《军机处录副奏折・嘉庆朝・财政类・关税项》，户部折，清单，档案号：03-1767-077。所提供之正额与此有异，存疑。

③《宫中档朱批奏折・财政类・关税》，嘉庆九年七月初六日，广西巡抚百龄折，档案号：04-01-35-0362-022。

厂征税银 1.44 分，每年征收米谷税银 6 000 余两至 7 100 余两不等。除此两厂之外，桂林府厂每年各项所收税银 5 460 两，“作为拨支养廉兵饷之用”，该厂并无过关米税，每谷一石纳税银 4 厘 8 毫，每年过关谷核计十余万石，该税银六七百两不等。平乐府厂每年各项所收税银 7 520 两，该厂每年米谷船只过关，“只征船头税银”，每谷船一只征船头 1 钱 2 分，每米船一只征船头银 1 钱 6 分，每年所收米谷税银自十余两至七八十两不等。以上桂平梧浔四府厂统计每年应征正税共银 131 000 余两，约征米谷税银 16 000 余两至 19 000 两不等。① 据此可见当时广西粮食贸易之大概情形。

据《军机处录副奏折 · 嘉庆朝 · 财政类 · 关税项》（户部折，清单，档案号：03-3159-074）可知，梧、浔二厂嘉庆元年份共征 124 289 两，嘉庆二年份共征 124 291 两，嘉庆三年份共征 124 292 两。又据道光年间的奏折可知，广西除此之关之外，尚有南宁、庆远各府及富川、贺县、怀集等处可以征税。虽然说“粤西地处极边，右通楚广，左达滇黔，河道则滩高水小，陆路则山岭崎岖，素无远来大商贸贩，而本省土产瘠薄，亦惟米谷豆麦转输纳课”，但统计广西之税，“每年额征银九万六百三十两零，遇闰加增四百九十两零，盈余十万二百七十两零，遇闰加增一千一百九十两零”，且“梧、浔二厂历有定章，年清年款，从无亏短”，亦因此之故，广西巡抚毓岱才敢于说当地榷关征收“立法已周”②。以此推测，至道光四年之前，此地征收当在 191 390 两以上。

（四）辰关

湖南辰关为工部关，向征收木税，辰关商税原定正额银 12 500 两，嘉庆四年定盈余为 3 800 两。嘉庆五年，辰关“于新定盈余原额外，每月尚有

① 《军机处录副奏折 · 嘉庆朝 · 财政类 · 关税项》，嘉庆十六年六月二十八日，广西巡抚成林折，档案号：03-1769-088。

② 《军机处录副奏折 · 道光朝 · 财政类 · 关税》，道光四年二月十三日，广西巡抚毓岱折，档案号：03-3158-021。

盈余一万数千余两"[①]。自嘉庆十二年为始，将此项额外盈余银，除部分作为定额支销，"其余一千九百八十两零，尽数归入额外盈余项下，作正报拨"[②]。这个议案是由湖南巡抚景安提出的，他在奏折中所提供的具体数据如下：征收额外盈余 11 411 两，随正征收耗羡银 2 771 两，内除开支关书人等辛工饭食银 790 两外，存银 1 980 两，归入额外盈余汇解。[③]计征收正额盈余并额外盈余共 29 692 两零。

与辰关一并征税的还有宝庆关，均由该府知府管理。宝庆"带征商税，每年正额银 3 730 两零，遇闰之年加增银 4 两 2 钱零。每年额征盈余银 839 两零。"两关合计共应征银 30 531 两零，且该二关至道光三年时，仍然"所征正额盈余银两历年造册提报核销，均属有盈无绌"[④]。据此补入相关年份数据。

（五）史料缺失较多诸关

武元城木税银 1 231 两有奇，赢余银 2 两。嘉庆四年定赢余银 1 269 两，是年复减至 2 两。据题本可知，嘉庆七年份、九年份和道光七年份数据。又据朱批可知，武元城"历年俱系按额征收，并无短绌"，惟自道光二年六月初一至三年五月底一年计短收银 198 两，分赔。[⑤]据此补入表格。

奉天凤凰城中江税差，系二、八两月马市，在中江地方收税，朝鲜人贸易在凤凰城边门征收税银。[⑥]乾隆十二年，题准中江税银以 3 307 两为定额，如有多余，尽收尽解。此外，中江税向随每两正税征收 6 厘耗羡，专充津贴之用。所得盈余，尽充边饷。[⑦]根据档案，可以补入相关年份数据。

---

① （清）锡珍等纂：光绪《钦定工部则例》卷 80《关税》，光绪十年刻本，第 8 页。

② （清）托津等：《钦定大清会典事例》卷 710《工部·关税·关税考核》，嘉庆二十五年刻本，第 5 页。

③《宫中档朱批奏折·财政类·关税》，嘉庆十二年四月十三日，湖南巡抚景安折，档案号：04-01-35-0364-029。

④《宫中档朱批奏折·财政类·关税》，道光三年十月十六日，湖南巡抚嵩孚折，档案号：04-01-35-0372-041。

⑤《宫中档朱批奏折·财政类·关税》，道光四年二月二十八日，山西巡抚邱树棠折，档案号：04-01-35-0373-012。

⑥ （清）倭仁等修：《钦定户部则例》卷 39，同治四年刻本。

⑦ 王树枬等修：《奉天通志》卷 146《财政·税捐》1937 年刊本，第 3428 页。

奉天牛马税。清初奉天设牛马税，雍正五年题准税差例于盛京五部将军衙门郎中、员外郎、主事等委用，后改由京部院衙门俸深官选用。乾隆三十三年（1768 年）定盛京牛马税交盛京户部侍郎兼管。嘉庆六年改由盛京五部侍郎衔名开例。乾隆四十五年定盛京牛马税正额银 4 000 两，盈余银 1 000 余两，内除监督盘费银 260 两外，其余盈余银两作为奉天官员养廉之用。[①] 根据档案，可以补入相关年份数据。

直隶潘桃口税银 6 445 两有奇，木植十分取一，核价折征。后又加增枋榔等项税银 241 两有奇。根据档案，可以补入相关年份数据。

通永道额征板木船窑税银 7 115 两有奇，嘉庆四年定（1799 年）赢余 3 900 两，合计共应征正额盈余 11 015.76 两。又附收迁安、抚宁、临榆、昌黎、乐亭 5 县共额征银 1 700 两，每年汇交通永道。又附收天津县、宁河县、文安县、通州、武清及京城共六处小口木税银 1 200 两。据奏称，通永道自高丽沟木植禁止贩运，税收“即行短绌”。且自嘉庆十三年（1808 年）以来，每年缺银六、七、八百两及一千余两不等。道光二十年（1804 年）“商贩不通”，短收木税银 5 424.64 两，短收米税银 2 037.8 两。[②]

又据光绪朝《钦定大清会典事例卷》九百四十一《工部八十・关税一》可知，以下几个关的情况：

盛京木税。包括浑河、大小凌河等取，征收木植，十五取一，以备三陵陆续取用。其不堪应用者，随时变价。征银 2 000 余两。

吉林所属辉发穆钦等处木税，十分取一，木植变价，额银 370 两。宁古塔木税银 158 两。三姓木税银 128 两。合计吉林木税额银 656 两。据同治四年将额银酌加十倍的情况来看，嘉道时期的盈余数量不会在少数。

新疆伊犁木税，南北山场设立商头，官给验票，抽分木植。每百根抽分

① （清）托津等：《钦定大清会典事例》卷 236《户部八五・关税》，嘉庆二十五年刻本，第 4 页。
②《军机处录副奏折・道光朝・财政类・关税项》，道光二十一年二月十八日，直隶总督讷尔经额折，档案号：03-3165-085。

七根，存为该处各项工程之用，如有余剩，即行估变，按年奏报，核实题销。

古北口木植十分取一，折银征收。松木松板定价及折算递增，均与潘桃口同。雍正七年定额征银 40 341.5 两。雍正八年，因古北口一路近年木植进关甚少，重新确定为 1 012.51 两。

山西杀虎口木税银 7 200 两，并入户关一并奏销。

五、小结

根据前文的统计数据，可以总结出嘉道时期边疆边贸各关的征税趋势。

由于这一时期边疆边贸各关的资料缺失较多，其实征数据难以反映真实的征税情况，故此处对各关数据缺失的年份，补以该关的应征额数，以求其趋势。

通过示意图 1-4 可以看出，这一时期的边疆边贸关实征税银在 20 万至 50 万两之间浮动，尤其集中于 30 万两至 40 万两区间。补全后的数据，则较为稳定地保持在 40 万两至 50 万两之间。这说明，嘉道时期的边疆边贸各关，总体征收情况较为平稳，没有发生大规模的下滑，也不存在前后期的明显不同，似难以论证“道光萧条”的存在。

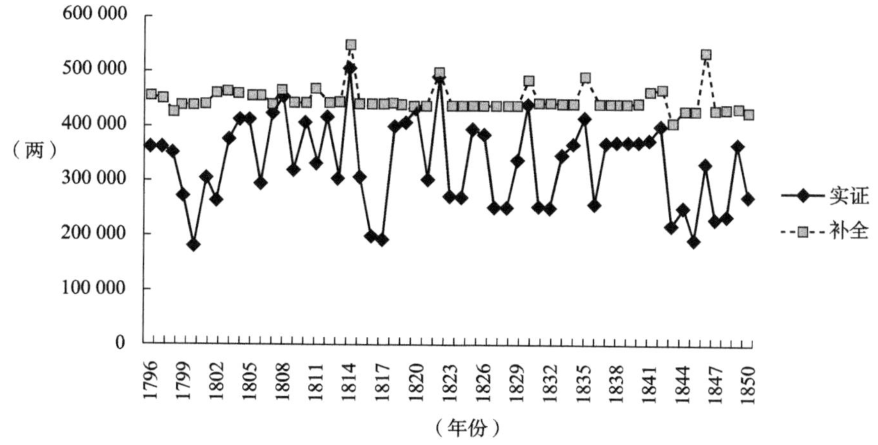

图 1-4　嘉道时期边疆边贸关税收汇总示意图

除此之外，边疆边贸各关每年40余万两的征收水平，相较于每年500万两的关税征收总量而言，只约占10%的比例。这充分说明，在嘉庆、道光时期，我国边疆地区的商品贸易水平仍有很大的拓展空间，经济发展水平仍然处在很低的水平，同内陆和沿海地区的差距仍然非常大。

第二章

运河长江沿线各关

一、崇文门

崇文门是京城掌管进京货物税收的重要机构，“燕京为都会之所，致天下之民，聚天下之货，熙熙攘攘，骈阗辐辏，驵坐之徒，群萃杂出。于是设关吏，定课则……不务取盈，盖度支所赖，初不系乎征榷，而豪强擅山海之利，故约取之，以示崇本抑末之意”[①]。

关于崇文门税关的设置，光绪《顺天府志》之《京师志·关榷》称“设自国初”，隶属于户部。而岑大利则称，系沿袭明代而为，因为明代的崇文门专责商税。[②]康熙五年（1666年）令各税关均交地方官管理，崇文门归顺天府治中兼理。康熙七年令从各部中挑选廉洁能干的满汉官员担任崇文门和左右翼的收税官，永行差遣，不用更换。雍正二年（1724年），清廷再次下令将各关税务交地方关管理，“惟崇文门无地方官可交，仍差内务府官”管理。乾隆二十七年（1762年），改为税差期满，由户部开列满、蒙大学士、尚书、都统、侍郎、副都统等职名，请简更代，遂为定制。其分口税局，令派胥役家人分任其事。至道光二年（1822年），“特简重臣为正副

①（清）周家楣：光绪《顺天府志》卷11《关榷》，光绪十二年刻本，第1页。
② 岑大利：《清代京城崇文门税务总局初探》，《清史研究》2001年第1期，第49页。

监督，奉派司官二员，文则用印稿司员，武则用印务参佐，总理一切”①。为加强监督，清廷还派有满汉御史二人，专司总局稽查。道光二十三年八月，又将御史裁撤。②

崇文门税务总局其管辖的税关最初有卢沟桥、东坝、板桥和海淀，后来增加穆家峪、石匣、半壁店、南口、张家口数处，最终又裁撤板桥和南口，仍留七处税关。崇文门税源主要是商税，即“凡直省商货入京，均分地道，按数课税”③，其中尤以茶酒烟布为大宗。额税原额银85 099两，康熙二十五年增9 384两，核定正税银94 483两，铜斤水脚7 692两，盈余无定数，由监督自行奏闻。④崇文门关期例为前年八月初三日至本年八月初二日，遇闰则本年度关期以13个月计。

关于崇文门之具体收入及开支，可以嘉庆二十四年份之奏销情况为例。嘉庆二十三年八月初三日至嘉庆二十四年八月初二日，崇文门共收正额银110 539.432两，收正额钱合银167.93两，共收110 707.362两。收盈余银208 838.428两，收盈余钱合银799.432两。收并平余银1 937.34两，收各项钱平余银609.02两，共收盈余银212 184.22两。以上共收322 891.582两。除交正额银110 707.362两，加平饭银3 346.13两，净余银208 838.09两。照例支发各项：上驷院传办小马七匹银175两，赏普济堂1 000两，赏功德林1 000两，赏太监银2 500两，赏茶膳房2 000两，南府景山人等领恩赏银200两，武备院领500两，翰林院庶吉士饭银80两，军机处官员饭银455两。内阁官员饭银200两，内务府笔帖式饭银200两，户部户科河南道饭食等项银1 871.4两，步军统领衙门领暑汤冰水银995.59两，署中神祠供献香仪等项银202.2两，署中饭食心红纸张等项银1 943.1两，四科房书吏

① （清）周家楣：光绪《顺天府志》卷11《关榷》，光绪十二年刻本，第3页。
② 《嘉庆道光两朝上谕档》（第48册），道光二十三年八月初七日，桂林：广西师范大学出版社，2000年，第423页。
③ （清）托津等：《钦定大清会典事例》卷234《户部八三・关税》，嘉庆二十五年刻本，第6页。
④ （清）周家楣：光绪《顺天府志》卷11《关榷》，第2页。光绪十二年刻本。

等项饭食并贴写人役工食等项 4 000 两，各门稽察书役人等饭食银 3 830 两。交广储司给发南府景山人等月粮银 9 000 两，共用银 30 152.29 两，下余银 178 685.8 两。除此之外，又收罚项银 112.46 两，赏查拏人役银 56.23 两，存公银 56.23 两，一并解交户税。又另收海淀钱粮除交正税外余银 1 212.62 两，征收药材钱粮除交正税外余银 553.82 两，征收烧酒粮除交正税外余银 3 863.27 两，三项共 5 629.71 两，恭进银鱼、冬笋、佛手、节画并卢沟桥海淀委员、东坝委员等公费饭食膳房厨役以及巡役人等饭食等项共用 2 290.05 两，净余银 3 339.66 两。再查同乐园节省银 8 000 两，交造办处外尚多 2 000 两，一并交造办处。①

根据附表可以做出嘉庆时期的税收曲线，如图 2-1 所示。

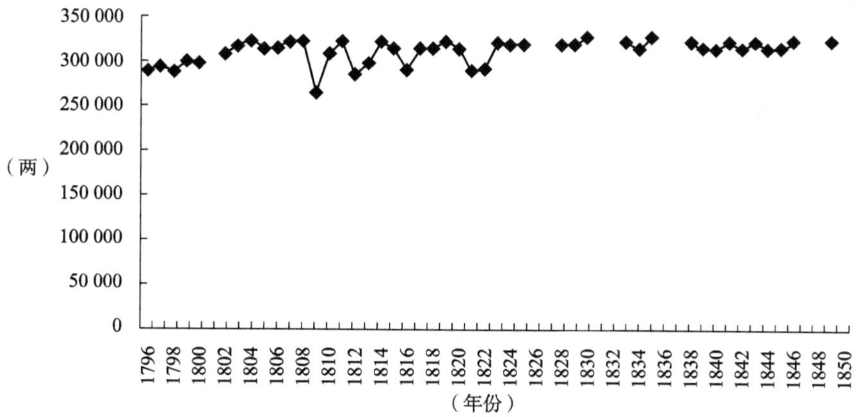

图 2-1　嘉道时期崇文门税收示意图

从图 2-1 可以看出，嘉道时期崇文门之征税数据缺失较多，起伏变化也很大。崇文门税关嘉道时期个别年份征收亏欠的原因，有如下资料可资利用：

嘉庆十八年（1813 年）份征收短欠，崇文门税务吉纶等谈到其中的原因是，前三季均属有盈无绌，“惟自六月以后，逐日征收数目陡形”，“缘每

① 《军机处录副奏折・嘉庆朝・财政类・关税项》，嘉庆二十四年八月十一日，崇文门税务和宁、裕恩折，档案号：03-1771-070。

年夏秋为南货踵至之时，内茶叶一项应收钱粮，即不下二万两。上年自六月间已收茶税，今年至七月底南货尚未到京”……“今年南粮到通较迟，运河催趱军船，在在吃紧，货船不免留滞，屡经迎探消息，尚俱停泊临清口内，未能克期北上”。① 可见关税征收与运河不通导致漕船不行，而漕船不行则商船更是无从往返。

道光元年份之征收又少，据奏称系“今年南来绸缎并各项客货到京甚少，直隶所产烟布烧酒又未能及时运京”。②

道光二年份之短收，据奏系“因夏间雨水阻滞，商货未能及时运京”。③

从以上论述中，可以明显看到嘉道时期崇文门的关税征收，与运河通畅及南北商旅往来密切相关。不过，从曲线示意图中，我们却难以看到明显的下降趋势，以及据此推断“道光萧条”。

二、左、右翼

京城左、右翼与崇文门一样，设于清初，均各派监督管理。其中左翼税局负责东部安定、东直、朝阳、东便、广渠、左安六个门的税收。右翼税局负责西部德胜、西直、阜成、西便、广安、右安、永定七门的税收。

嘉庆二年（1797年）一度将左翼、右翼归并一人管理，但两年后又恢复旧制。当左右翼税差期满，户部题请更换时，又得到谕旨：左翼税务著丹巴多尔济去，右翼税务著孟佳去。同时规定，嗣后左右翼税差，均拣派二人。④

左翼原额银6 000两，康熙二年（1663年）增4 000两，康熙二十五年核定正税银10 000两，盈余无定数。后定正税银10 008两，盈余银18 000

①《军机处录副奏折·嘉庆朝·财政类·关税项》，嘉庆十八年八月十三日，崇文门税务吉纶、玉麟折，档案号：03-1770-050。

②《军机处录副奏折·道光朝·财政类·关税项》，道光元年八月十一日，崇文门税务监督晋昌、舒明阿折，档案号：03-3155-032。

③《军机处录副奏折·道光朝·财政类·关税项》，道光二年八月初八日，崇文门税务监督博启图、松筠折，档案号：03-3156-028。

④（清）托津等：《钦定大清会典事例》卷236《户部八五·关税》，嘉庆二十五年刻本，第4页。

两，合计 28 008 两，随征经费银 6 145 两有奇。[①] 同时，左翼每年例征房地税银若干两，一并奏报，但为杂税，不计入关税收入项下。

左翼的征税数据，因资料不足，除根据朱批奏折、军机处录副奏折和《经济研究所抄档》外，主要是根据《嘉庆道光两朝上谕档》做推算。做相关推算时，随征经费银系按 6 145 两计算，加上正税银 10 008 两，再加提交的盈余情况，即可以大致估出征收数实。需要指出的是，随征经费银 6 145 两系额定数，实际开支均较此要大。[②]但为数据的稳妥起见，仍以此数为准，虽不太准确，但至少可以确保实征额要较此数为大。

图 2-2 是左翼的征税示意图。

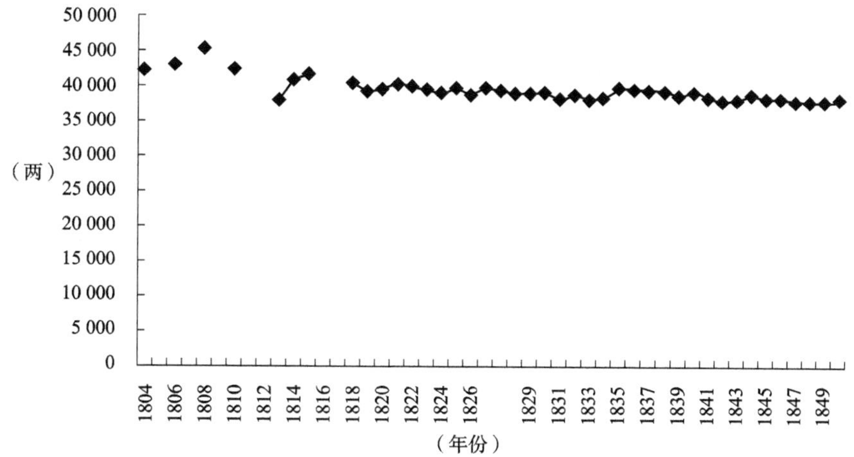

图 2-2　嘉道时期左翼征税示意图

图 2-2 的数据线，除了嘉庆四年和十八年外，其余时间均保持平稳。值得注意的是，即便是嘉庆四年和十八年，其征收数字亦不过减少了几千两

① （清）周家楣：光绪《顺天府志》卷 11《关榷》，光绪十二年刻本，第 7 页。

② 试举一例，左翼嘉庆十年八月十三日至十一年八月十二日，所开支的经费银为 6252.22 两。具体分布为：向例发过牺牲所一所草豆银 800 两，河南道刷卷饭银 132 两，户部广东司更差饭银 50 两，户部贵州司付咨饭银 72 两，交户部钱粮随项饭银 106.98 两，署中书役饭食等项银 3765.24 两，署中心红纸张银 191.5 两，照例常书吏公费银 940 两，张家口南口书役人等盘费银 194.5 两。见《军机处录副奏折·嘉庆朝·财政类·关税项》，嘉庆十一年九月初七日，左翼税务文宁折，档案号：03-1768-014。本表在推算过程中，取其小者。

而已，可见从总体上说，整个嘉道时期的关税征收，并无大的起伏。

再来看右翼的情况。

右翼原额 6 000 两，康熙二年（1663 年）增加 4 000 两，康熙二十年（1681 年）核定正税银为 10 000 两，盈余无定数。后定正税银 10 005.12 两，盈余 7 321.4 两，合计 17 326.52 两。随征经费银 6 216 两有奇。① 同时，右翼每年例征房地税银若干两，一并奏报，但为杂税，不计入关税收入项下。

与左翼的情况类似，对于《嘉庆道光两朝上谕档》中出现的资料，推算的依据是，按随征经费银 6 216 两计算，加上正税银 10 005.12 两，再加提交的盈余情况，即可推算出来。与左翼的情况一样，随征经费银 6 216 两系额定数，实际开支均较此要大。② 但为数据的稳妥起见，仍持此数，至少可以确保实征实额要较此数稍大。图 2-3 是右翼的征税示意图。

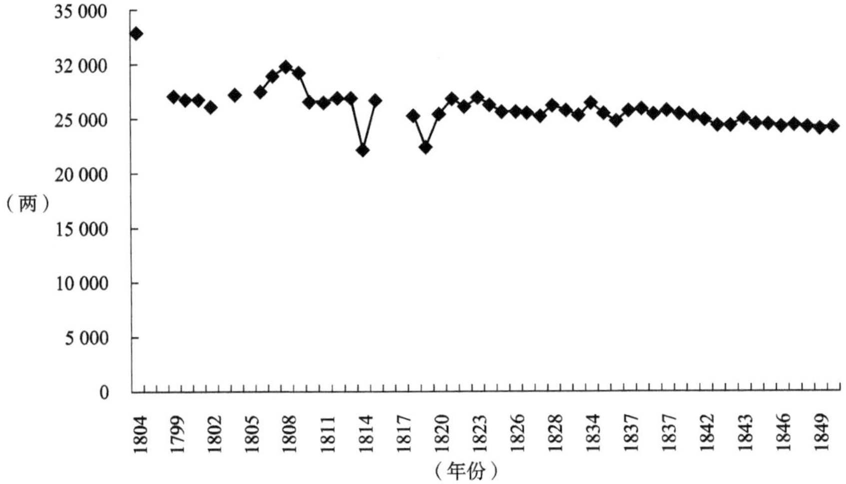

图 2-3　嘉道时期右翼征税示意图

① （清）周家楣：光绪《顺天府志》卷 11《关榷》，光绪十二年刻本，第 6 页。

② 例如，右翼嘉庆十年八月十三日至十一年八月十二日，所开支的经费银为 6305.545 两。具体分布为：照例动用过牺牲所一所草豆银 800 两，河南道刷卷饭银 132 两，户部广东司更差饭银 50 两，户部贵州司付咨饭银 72 两，交户部钱粮随项饭银 88.495 两，署中书役饭食等项银 4054.91 两，署中心红纸张银 128 两，照例常书吏公费银 858 两，张家口南口书役人等盘费银 122 两。见《军机处录副奏折・嘉庆朝・财政类・关税项》，嘉庆十一年九月初七日，右翼税务珠尔杭阿折，档案号：03-1768-013。

与左翼情况类似，嘉道时期的右翼征税情况基本平稳，难以据此判断“道光萧条”的存在。

三、坐粮厅

坐粮厅由明代的空运分司演变而来。在明代，例差户部主事一员，负责造船、浚河，及东西两河运务，兼收税银。清代裁革，“税务归并通永道，而无江西两河运务”①。康熙三十九年（1700年），改归坐粮厅征税，差官满汉监督二人。乾隆三十三年（1768年），交由仓场侍郎兼管。坐粮厅所辖税口为通州东西南北四门，杨富店、洪仁桥、浮桥、张家湾、新河口、崔家楼、东岳庙、南北鹅房、晏公桥，其中晏公桥只止粮税，并报税于新河口。②

根据《清会典事例》卷二三四《户部八三·关税》可知，其税则与税额如下：凡水陆货物，按价值贵贱，分别落地、起京计数科税。旧例计价科税，落地货每价银1两征税8厘，运京货征银3厘。乾隆四十一年更定新例，糯米按石，牲畜按数，油按斤，面按块，分别稽税。

坐粮厅可资利用的材料很少，祁美琴根据已经出版的档案，在书中列出乾隆及光绪两朝的各关税收情况，然并无坐粮厅的材料。③笔者根据检索嘉庆、道光两朝的朱批奏折、军机处录副奏折及《经济研究所抄档》，亦只找到以下这条直接与坐粮厅征税相关的材料：

> 坐粮厅双寿称，坐粮厅自嘉庆元年八月九日起，连闰扣至二年七月初八日止，收过杂税银11 839.284两，又豆麦税银1 321.132两，共银13 160.416两，除正额银6 339.26两外，盈余银6 821.156。查上年

---

①（清）吴存礼修，陆茂腾纂：《通州志》卷三《漕运志》，影印康熙三十六年刻本，上海：上海书店，2002年。

②（清）周家楣：《光绪顺天府志》卷11《关榷》，光绪十二年刻本，第7页。

③ 祁美琴：《清代榷关制度研究》，呼和浩特：内蒙古大学出版社，2004年，第445—452页。

共收 13 157 两，除正额银 6 339.26 两外，实盈余银 6 818.356 两。[①]

据此可知，坐粮厅税关是以 12 个月为征收关期，正额银为 6 339.26 两。从嘉庆元年、二年的盈余情况，以及嘉庆四年出台盈余定额的情况来看，坐粮厅在嘉庆初年的盈余数量应当是比较稳定在保持在 6 000 两以上的水平。

至嘉庆九年，户部在再次讨论各关盈余时，亦提到了坐粮厅："坐粮厅……与钦定数目增多不过数两……而较之嘉庆三年所征数目俱有短绌。"[②] 那么嘉庆三年的盈余数量是多少呢？根据《军机处录副奏折·嘉庆朝·财政类·关税项》（户部折，清单，档案号：03-1767-077）提供的情况如表 2-1 所示。

表 2-1 嘉庆元年至三年坐粮厅盈余情况表 （单位：两）

关名	正额银	元年盈余银	二年盈余银	三年盈余银
坐粮厅	6 339	6 818	6 821	6 823

再结合最初引的史料可知，户部在奏折中所提供的数据，系将各年的盈余小数点后面的数据除去，而嘉庆三年的盈余数为 6 823 两。在此基础上，我们大致可以较为保险地认定，从嘉庆四年至九年之间的坐粮厅征收的盈余数量，应在 6 000 两以上。

通过本书附录表 11 可以看出，坐粮厅之征税，在嘉道时期仍然保持平稳，极少波动。

四、淮安关（含宿迁）

淮安关始设于明宣德四年（1429 年）。顺治二年（1645 年），清廷照明

① 《宫中档朱批奏折·财政类·关税》，嘉庆三年二月初一日，仓场侍郎宜兴、刘秉恬折，档案号：04-01-35-0359-005。

② 《军机处录副奏折·嘉庆朝·财政类·关税项》，嘉庆九年六月十一日，户部尚书禄康等折，档案号：03-1767-064。

例设立钞关，驻扎板闸，为户部专司衙门。但清代的淮安关是明末清初关、仓、厂三关合而为一的结果。淮安仓、清江厂设于明末，康熙九年（1670年）应漕督之请，将仓、厂归并淮关，雍正五年（1727年）又将工部关之宿迁关归关淮关，七年将原属江海关的庙湾口（海关）也并入淮关。

淮安关差，明末系由南京户部派一员一年更代，顺治年间先是满汉兼差，继则特简内府人员，不由户推。康熙六年（1667年），议定淮关及直省各关税务俱委专员管理；康熙五十八年，议准淮关税务于两河同知内差一人管理；康熙六十年，议准交内江苏巡抚管理。从雍正二年（1724年）起，仍差部员管理。乾隆四年（1739年），添设笔帖式二员来关帮办，名曰"委员"；乾隆三十九年（1774年），题准板闸设巡检一员。

淮安关税额，明末为77 875两有奇，顺治三年裁定原额50 047两有奇。顺治八年始征解溢额银8 252两有奇，此后每岁解银58 300两。康熙二十九年，因办铜不敷，加银10 769两，岁额遂为69 069两，又节省铜斤水脚银15 384两有奇，景山兴庆阁教习艺业处公费银5 000两，翰林院庶吉士银70两，解抵光禄寺行户拖欠银3万两，共银119 523两。康熙四十五年，归并淮安仓、清江厂原额并溢额银，又经过若干次调整，最终定为正额银201 639.602两。宿迁关为工部关，乾隆六年定为每年额征银48 884两，庙湾口则由原额税银1 536两改为3 840两。以上各项包括宿迁关在内，统计正额银254 363.602两。

嘉庆四年定盈余额数，淮关101 000两，庙湾口2 200两，宿迁关7 800两，合计为111 000两。嘉庆九年淮关又改为121 000两，道光十一年八月，裁去21 000两，仍征10万两。与宿迁关合计共征11万两。以上淮宿海三关统共应征正额及盈余银364 363两有奇。

需要指出的是，淮安三关分属户关与工关（宿迁关为工部关，淮安关与海关为户部关），理应区别对待，但因三关统一管理的原因，导致各关的奏销往往混杂奏报，难以做出一一对应的表格。另外，淮安关还有淮仓茶税和海船梁头钞银若干，例不比较，随征随解，因系同表奏报，一并附入；又因系杂税，故在最后的总表中将不予列入。

图 2-4 是嘉道时期淮、宿、海三关的征税总数示意图。

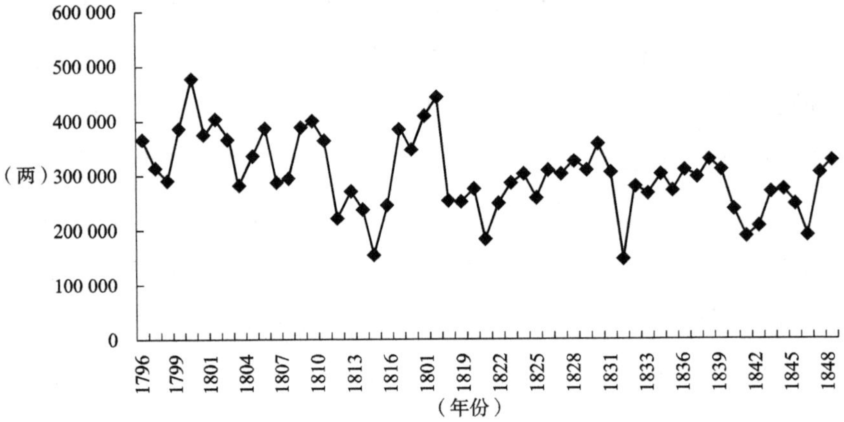

图 2-4　嘉道时期淮安关征税示意图

从图 2-4 中可以看到非常明显的下降趋势。

淮关税收亏短原因，光绪时有人称："淮安为南北冲衢，舟车挽运，万商咸出其途。初无海道通行之事，内河来源既旺，税课自丰。迨后时事变迁，迥非昔比。如黄河北徙，陆路绕越，其亏一；轮船通行，货多航海，其亏二；粮艘停运，北货稀来，其亏三、各省土药改为统捐，其亏四；而最为大亏者，莫如洋税之侵占。"[①] 此为大略之原因，而根据相关档案奏折，则可以得到每年较为详细的分析：

嘉庆元年份："因江以南连年丰稔，各项粮价平减，豆船运至邵伯获利甚微，守候待价，不免耽延。"[②] 系因粮食流通不畅所致。

嘉庆二年份："上年自七月后，因黄河漫溢断流，（东河、南河）两河船

① 中国第一历史档案馆编：《光绪朝朱批奏折》，光绪三十二年三月初七日，署两江总督周馥折，北京：中华书局，1995 年，第 74 辑第 755 页。

②《军机处录副奏折 · 嘉庆朝 · 财政类 · 关税项》，嘉庆元年二月二十三日，淮安关监督刘朴折，档案号：03-1766-006。

只不能到来通关……又淮北附近一带被水淹浸。”① 系因黄河决口断流所致。

嘉庆三年份：“上年七月间又逢曹汛黄水漫溢，两河船不能到来，淮北附近徐属一带被水漫溢，黄豆亦有歉收之处。”②系因黄河决口断流及农业歉收所致。

嘉庆四年份收支正常，嘉庆帝还特意朱批：“勉赎前咎，以等新恩，切戒高兴。”③ 嘉庆五至七年份仍然保持多收。

嘉庆八年份又出现短收，盖淮宿海三关向以西北两河豆载为大宗，商贩络绎而来，钱粮自能充裕，“迩年江浙丰登，粮价已属平减，河南秋熟间有歉收之处，豆价不无昂长，本贵利微，是以商贩稀少”。兼之上年冬春之交，天气严寒，河水冰冻，货船未能南下，及至夏间又遇河水漫淤，重载必须迁驳，往返较为迟滞。“迨九十月间，正应钱粮增盛之时，适缘豫省黄水漫堤，淮河口门因此淤浅。十月下旬淤浅渐通，又值回空尾帮粮艘昼夜趱紧，过关虽有商船，亦不敢拥挤前进。”④系因黄河决口淤塞、商船避让漕船，以及粮食流通不畅所致。

嘉庆八年份关期欠缺 8 万余两，导致嘉庆帝对德庆之解释不能全信，又特意于闰十二月初三日下旨清查：“闻得近日各监督等率以关税系一年差使，或将经征银两潜行装运回家，以饱私囊，及至报满，以征收短少一奏塞责，既著落分赔，亦不至倾囊完缴。此种情弊或所不免。此次淮宿海三关缺额银两著陈大文密行查核，明确据实密奏。再德庆到任不及一月，自非伊一人之咎，前任内有无情弊，无所容其回护，亦著据实查奏。将此传谕知之。”结果德庆仍回复：“查淮宿海三关税额，淮关为最，宿关次之，

① 《军机处录副奏折·嘉庆朝·财政类·关税项》，嘉庆二年二月十八日，淮安关监督刘朴折，档案号：03-1766-036。

② 《军机处录副奏折·嘉庆朝·财政类·关税项》，嘉庆三年正月二十一日，淮安关监督刘朴折，档案号：03-1766-080。

③ 《宫中档朱批奏折·财政类·关税》，嘉庆四年五月二十二日，淮安关监督巴宁阿折，档案号：04-01-35-0359-033。

④ 《宫中档朱批奏折·财政类·关税》，嘉庆八年十一月二十二日，淮安关监督德庆折，档案号：04-01-35-0361-047。

海关又次之。”除本年海关课钞尚属敷额外，其余两次均称商船少，而盈余不敷，“并称现有商税船钞根票及客贩亲填簿册，可以按款确查”。淮安关每遇课税足额之年，豆货商船约报五千五、六百只不等，而此一年止统计共报3 800余只。今春又冻至二月中旬始能通行，九月初回空漕船仅过数帮，“民船竟不能前进”。[①]随后，两江总督陈大文亦称：关于淮关短少上谕之事，派新任淮安知府周锷查。得知上年黄河口门、春秋两次淤浅，“客货驳载盘坝，处处耽搁。向来重载投行二三次者，只能到得一次。此较往年船只计少十分之二三。委无侵欺入己情弊。且历查该督等每每竭力设法招徕，缘势处于人力难施，亦非经理不善之故。”[②]

嘉庆九年，嘉庆帝借“酌减盈余”之名，增加了淮安关之盈余额数，即由101 000两变为121 000两。但九年份之征收仍少收4万余两。其原因是：“去秋豫省豆收歉薄，自三月间衡工合龙后，春夏商贩稍稀。”八月初九日河口又值淤浅，“回空粮艘连樯停泊，以致北河货载寥寥，即西南两河，豆货船只亦因惠济等闸蓄水济运，不能直抵闸前。”[③]

嘉庆十年份多收2 200余两。至嘉庆十一年份，又开始出现9万余两的短缺，其原因是：“上年冬令挑挖淮运河淤沙，堵闭御黄坝，商贩闻信停动。”嘉庆十一年交秋以后，黄河上游万锦滩、沁河两处水势“陡长二丈有余，实为数十年来未有之盛涨，以致江境沿河早熟豆田俱被淹浸……复于七月下旬宿南厅属周汛三堡土堤漫水……八月初郭家房漫水……以致下正河淤浅，西河豆船无术南来。”[④]仍是因为黄河决口导致大灾所致。又因为这几年实系大水所致，故而所欠关税只是让相关官员赔偿一半。

---

①《宫中档朱批奏折·财政类·关税》，嘉庆八年十二月二十日，淮安关监督德庆折，档案号：04-01-35-0361-051。

②《宫中档朱批奏折·财政类·关税》，嘉庆九年正月十七日，两江总督陈大文折，档案号：04-01-35-0362-001。

③《宫中档朱批奏折·财政类·关税》，嘉庆九年十一月十七日，淮安关监督德庆折，档案号：04-01-35-0362-039。

④《宫中档朱批奏折·财政类·关税》，嘉庆十一年十月十八日，淮安关监督七十四折，档案号：04-01-35-0364-001。

嘉庆十二年份仍是少收9万余两。原因是："淮关税课以西河豆载为大宗，而船只之往来全凭河道之通顺。上年新季开征，其时郭家房漫口，王营减坝尚未合龙，商贩稀少。"上年山东、河南晚豆秋收原有六七八成不等，"因今春亢旱日久，各村庄豆货皆藏，预防歉岁，未肯南来"。嘉庆十二年夏间"黄水倒灌，运河日渐淤浅，船只难通，自五月至七月，洪泽湖清水甚微，运河断溜，所有江广各帮漕船业经奉旨截留，商船并无往来"。另外，淮关豆税少则宿关船钞亦少，"其海关各口坐落安东、阜宁、盐城等处，前因云梯关外陈家浦黄水归海，该关各口漫溢，税局至今淹没，因此征收短缺"。①仍是因为大水之后有大灾所致。

嘉庆十三年份出现盈余。据奏称，本来六月初三日以后运河堤工漫溢，各处连次缺口，"商载难行"，但因头三季业已征完，"牵算通年尚属有盈无绌"②。嘉庆十四至十五年份仍保持盈余状态。

嘉庆十六年份歉收16万余两。据称上年山东河南二省，"春旱秋潦，豆菽收成歉薄，不能远贩出境。兼之运河自去秋庙湾漫口，三坝掣通河道干涸，迨今年重运漕船过竣，煞坝挑河，商船停运数月，近又有减坝棉拐山、李家楼等处漫口，河路益觉梗滞，商贩必须盘坝前来。"因盈余缺失太多，而各关人役房租饭食未便停止，"缘无盈余可拨，实于征正银内动支"。③面对16万余两的亏欠，嘉庆帝亦令两江总督密查，结果据报实因运河等事，并无其他，"舒监督以收税短少，焦急异常，曾密遣人前赴东豫两省出豆市镇查探。……无如福分浅薄，不能承受天恩"④。

嘉庆十七年份亦少收11万余两，据称"去秋李家楼漫工，黄河断溜，

---

①《宫中档朱批奏折·财政类·关税》，嘉庆十二年十月二十二日，淮安关监督祥绍折，档案号：04-01-35-0365-001。

②《军机处录副奏折·嘉庆朝·财政类·关税项》，嘉庆十三年九月十六日，淮安关监督祥绍折，档案号：03-1768-088。

③《宫中档朱批奏折·财政类·关税》，嘉庆十六年八月二十二日，淮安关监督舒明阿折，档案号：04-01-35-0366-024。

④《宫中档朱批奏折·财政类·关税》，嘉庆十六年十月三十日，两江总督百龄折，档案号：04-01-35-0366-028。

大宗豆载不能南下”。[1]上谕严查，但回复仍是黄河断流所致。[2]

嘉庆十八年份又少收14万两，所称“外河御黄坝坚闭两月，开放束清坝后，漕船北上。豫少地方亦多有被旱之区。”[3]仍系水利因素所致。

嘉庆十九年份少收22.9万两，是新的歉收高峰。据奏称，三关上年八月开征时，正值秋收之际，商船络绎而来，“讵意豫东及凤颍等处秋收歉薄，豆载稀少，九月间睢工漫溢，黄河断流，至今不通舟楫，凡数百余里，宿迁两关竟成虚设。……又以上年豫东邪匪滋事，凡从南往北商贾货物未免观望，畏葸不前。今春邳宿运河缺水，重运壅滞，各闸拗板商船闻风愈为退缩”。[4]原因则系因为水利、农业歉收及李文成起义所致。

因这几年淮安关连续出现大规模的亏欠，淮安关方面也在想办法弥补。淮安关监督元成特意奏请变通关口征收税银章程。他称“淮关分设上一铺、下一铺二口稽查”，此二处原对本地产货物收税打七折，导致商人偷越到这个地方纳税。但后来两江总督百龄表示反对：“查榷税之法，固在禁越贩以杜偷漏，而通商之道，亦贵昭宽恤以示招徕。”原以体恤零星小贩，百石以下的才打七折，大货断不能掩人耳目。元成又奏称海关庙湾口一处，近年豆粮南贩者颇多，因海关税则较轻，每有向应淮办理税豆粮，今由黄河北岸横渡绕越，请嗣后豆粮若系庄收在本境销卖者，取具行户切结，照旧征税。其南贩绕越豆石，照淮关额数报解。对于元成之苦心，百龄亦表示理解：查元成自嘉庆十六年当任，是年即值李家楼渡口黄河贯水，商贾不通，十七、十八两年豫省歉收，而十八年睢工漫溢，今年二月始得合龙，计黄

---

①《宫中档朱批奏折·财政类·关税》，嘉庆十七年八月二十二日，淮安关监督元成折，档案号：04-01-35-0367-007。

②《军机处录副奏折·嘉庆朝·财政类·关税项》，嘉庆十七年十月十八日，两江总督百龄折，档案号：03-1770-022。

③《宫中档朱批奏折·财政类·关税》，嘉庆十八年八月二十七日，淮安关监督元成折，档案号：04-01-35-0367-047。

④《军机处录副奏折·嘉庆朝·财政类·关税项》，嘉庆十九年七月二十五日，淮安关监督元成折，档案号：03-1770-094。

河断流几及两载。[①]

由于连续几年短收，嘉庆二十年八月十四日，清廷又特发布上谕：元成淮关短少至 15 万之多，上年豫东二省秋收丰稔，本年南河水势充盈，足资浮送，商船往来自不致过少。仍然短少，责令密查，“或系该监督有经理不善之处，亦即据实奏明更换，勿因同系内务府人，意存瞻徇，朕必重惩不怠。”百龄回称，元成提议更改课税章程，“该监督前奏各条虽为杜弊裕课起见，但核与各关原定税则本意不符，未便增税病商，仍于税课无益。奴才窃以税榷之道，既须严查弊窦，尤宜设法招徕。亏短之由，实因豫省歉收，睢工漫溢。”[②]

嘉庆二十年份少收 15 万两，据奏原因系上年自新季开征以来，“豫东豆收稍歉，而黄河又未能早为挽运，货载不能通运”，秋收以后，将及春载，又遇重运粮船衔尾前进。[③]简言之，仍是农业歉收及水利方面的原因。

嘉庆二十一至二十四年份较为平稳，甚至还有多收的情况。嘉庆二十五年份，则又因水利而出现 10 万两的亏损：“上年八九月间豫省兰仪武陟先后漫溢，本年武陟合龙，南岸仪封三堡复有漫溢之事。宿迁一带至今黄水断流，西河豆船不能运载来关，是以税课日见短绌。”上届西河船过关 2 648 只，收银 181 000 余两，今届西河过关船 328 只，收银 21 000 余两，故歉收在所难免。[④]

以上是嘉庆时期的大致情况，可见黄河决口及农业歉收是导致淮安关征收不足额的主要原因，尤其是黄水决口导致河道淤塞，漕船先行，影响尤为明显。那么，道光时期的情况呢？

---

①《军机处录副奏折·嘉庆朝·财政类·关税项》，嘉庆二十年七月二十四日，两江总督百龄折，档案号：03-1771-001。

②《宫中档朱批奏折·财政类·关税》，嘉庆二十年九月初七日，两江总督百龄折，档案号：03-1771-011。

③《军机处录副奏折·嘉庆朝·财政类·关税项》，嘉庆二十年八月十四日，淮安关监督元成折，档案号：03-1771-006。

④《军机处录副奏折·嘉庆朝·财政类·关税项》，嘉庆二十五年五月二十五日，淮安关监督达三折，档案号：03-1771-108。

道光元年份少收 13 万两，据称系因上年五月十二日开征后，预省仪工尚未合龙，龙西河豆船不能运载来关，至十二月初八日仪工合龙，计日半载有余。而合龙之际，时值隆冬，冰凌未解，船只不能通行。①

道光二年份少收 10 万两，缘上年入夏以后，“豫东等省阴雨连绵，货载船只稀少。八九月间淮徐等处阴雨过多，积潦难疏，较夏间尤甚”。②

道光三年份少收 20 万两。原因是上年豫东两省及江境各处收成歉薄，“来关豆载甚属寥寥。又因邻境同被偏灾，就近分济民食，商贩赴南销售无多。”查嘉庆二十四年（1819 年）档册，西河船共过关 2 648 只，是年税课丰余。本年西河船过关 1 073 只，少至 1 500 余只，银数遂少至十余万两。③

道光四年份少收 13 万两，原因仍是频年积歉，灾地未尽复业，“又因直省水潦，就近分济民食，赴南销售无多”。④

道光四年十一月十三日，淮安高堰之十三堡等处骤遇非常风暴，塌通大堤，漫水下注。洪泽湖为淮关一带运河来源，“该处大堤现经漫水，湖潴日耗，东清坝势难畅出、入运浮送商船。豆载船只吃水较重，行走维艰，又下游各闸坝业经全行启放，运口现无清水外注，连日关前水势逐渐消落，商船愈形浅搁。”⑤高堰决口事件，导致五年份淮关少收 9 万两。而当淮安关监督奏报“河道淤浅封船接运漕粮，关税短征”，为通漕运，“严饬各帮毋许揽装客货，即有装载者亦在江口起卸”。道光帝即朱批：“孙玉庭等误国之罪，实难枚举，所奏已悉，然不可因此征收不力，其勉之。”⑥

①《宫中档朱批奏折·财政类·关税》，道光元年五月二十八日，淮安关监督达三折，档案号：04-01-35-0371-031。

②《宫中档朱批奏折·财政类·关税》，道光二年四月二十八日，淮安关监督阿勒精阿折，档案号：03-371-057。

③《宫中档朱批奏折·财政类·关税》，道光三年四月二十六日，淮安关监督广亮折，档案号：04-01-35-0372-019。

④《宫中档朱批奏折·财政类·关税》，道光四年四月二十八日，淮安关监督文连折，档案号：04-01-35-0373-028。

⑤《宫中档朱批奏折·财政类·关税》，道光四年十二月初二日，淮安关监督文连折，档案号：04-01-35-0373-051。

⑥《宫中档朱批奏折·财政类·关税》，道光五年六月初三日，淮安关监督文连折，档案号：04-01-35-0374-012。

道光六年份少收 8 万两，系因上年三月下旬封雇商船接运漕粮，其时河路淤浅，军船仍在磨浅挽行，间有封余民船亦难夹档前进。①

道光七年份少收 12 万两，据称上年泗河船只先因封雇剥运，江南淮徐等府秋禾被潦，“向来产豆各处非昆连灾地，即坐落灾区”。本年二月初旬重运北上，停待启坝渡黄，运河拥挤，商船行走维艰。②

道光八年份少收 7 万两，原因系上年豫东江南等处“昆连灾地，未尽复业”，或以接济民食贩运无多，或以船只较少守候装载。十一月以后黄河聚有冰凌，兼之大雪频仍，腊正两月“船载寥寥”。③

道光九年份少收 8 万两，系因豫省前岁秋收丰稔，夏季之前并未按往常惯例征收，“豆载络绎来关，至夏季尚未见亏”。不料淮徐各处灾地昆连，商贩接济民食，“投税无多”④，因而总体少收。

道光十年份少收 6 万两，十一年少收 7 万两，究其原因，则是“十一月以后，黄河聚有冰凌，十二月份连次大雪，淮扬运河冻阻，船载寥寥”。⑤

道光十一年，考虑到淮安关长期征不足数，清廷特意将其盈余减少 2 万两。十二年仍少收 2 万两，但相较以往已很有起色，至于歉收原因，仍系“十二月初旬旋值大雪频仍，非常寒，湖河一律冻结，竟无船只过关”。⑥

道光十二年八月二十二日，桃南厅属于家湾地方，“有奸民夤夜强挖大堤，塌通过水，旬余以来，龙富汛一带河道浅阻，溜势旁趋，商船不能行

---

①《宫中档朱批奏折·财政类·关税》，道光六年三月二十七日，淮安关监督文连折，档案号：04-01-35-0374-034。

②《宫中档朱批奏折·财政类·关税》，道光七年三月二十九日，淮安关监督中祥，档案号：04-01-35-0374-054。

③《宫中档朱批奏折·财政类·关税》，道光八年三月初三日，淮安关监督中祥，档案号：04-01-35-0375-015。

④《宫中档朱批奏折·财政类·关税》，道光九年三月初六日，淮安关监督中祥折，档案号：04-01-35-0375-047。

⑤《军机处录副奏折·道光朝·财政类·关税项》，道光十一年二月初六日，淮安关监督荣桂折，档案号：03-3161-005。

⑥《军机处录副奏折·嘉庆朝·财政类·关税项》，嘉庆十二年二月初六日，淮安关监督福泰折，档案号：03-1768-030。

走”。这直接导致了征收额的下滑。①

道光十三年份少收21万两，七月即遭阴雨，“河滩早豆被伤”，迨九、十月间，又复“重阴积晦，雷雨叠施，晚豆收成歉薄”，安徽一带被水，并无由洪湖南下之载，南来绸布各货较常年愈加稀少。海关本年又因坝水下注，甚至被灾无征。②

道光十四年份仍少收，原因系上年豫东、江安等省收成丰稔，三关钱粮较十三年份，系多收银132 000余两，已属大有起色，但欠较定额有缺，实因“近年正河商贩绕越外洋，奴才严密稽查，未能收得实效”。③

道光十五年份少收9万两，原因是山东、山西两省大旱，上游地方粮价较昂，“各处商贩就近售卖，并不南下，又江省船户多半揽装票盐，以致过关正税较少”。④

道光十六年份少收6万两，系因七月至十月，豆粮价平，商船较少，“又值回空漕船灌塘南下，昼夜催趱，民载船只仅能插档行走，旋届严寒，大河冰凌，上游商贩封载停运”。⑤

此后朱批奏折与军机处录副奏折中的相关资料缺欠，无法详知底细。至道光二十三年份，据档案可知，本年份少收，系桃江萧家庄漫口缓堵，“黄河断流，兼以江浙两省撤防，兵船络绎”⑥，可见鸦片战争的影响。

道光二十四年份少收15万两。系因“上年桃北萧家庄未合龙，本年河

---

①《军机处录副奏折·道光朝·财政类·关税项》，道光十二年九月十五日，淮安关监督福泰折，档案号：03-3163-033。

②《宫中档朱批奏折·财政类·关税》，道光十四年正月初八日，淮安关监督庆琛折，档案号：04-01-35-0377-039。

③《宫中档朱批奏折·财政类·关税》，道光十五年正月初十日，淮安关监督明伦折，档案号：04-01-35-0378-001。

④《宫中档朱批奏折·财政类·关税》，道光十五年十二月初十日，淮安关监督那崑折，档案号：04-01-35-0378-038。

⑤《宫中档朱批奏折·财政类·关税》，道光十六年十二月十一日，淮安关监督那崑折，档案号：04-01-35-0379-001。

⑥《军机处录副奏折·道光朝·财政类·关税项》，道光二十三年九月十三日，淮安关监督景福折，档案号：03-3166-047。

路自豫省至江南久成平陆”，后来又漕运重运，导致征税大不如前。[①]

道光二十六年份少收9万两，则系“上年冬令冻寒，黄运两河上下冻结”。[②]

道光二十七年份少收，据称系“河南通省荒旱，货无来源，关税短征”。另外，淮安关监督还另奏，豫江两省交界之处，地名刘家口，行栈数十家，每一户房屋至百余间，向来豫省饼豆囤积该处，各商贩运南下，“上年因荒旱灾及全省，各府州县均无出境粮食，以致刘家口行栈空虚，商贩均行涣散”。江苏淮徐地区之饼豆本属无多，又因办运济豫赈米，豫江两省封雇大小船只，商贩不能分用，以致淮宿两关逐日并无粮食货船南下；又每年苏松太二府一州，重空运船经过淮宿两关，共收税银数千余两，“本年改由海运，此项即属缺征”。[③]

道光二十八年份少收17万两，原因系上年河南全省被灾，“安徽亢旱，收成歉薄”。又因本年海运漕粮带货免税，“南来淮亦复稀少”。[④]

道光二十九年份少收5万两，系因本年春夏以来，“阴雨过多，江河泛涨，水势较上年更甚”。[⑤]因为道光晚期淮关一带运河淤垫，清水阻碍隔，关税短征，道光二十八年十月以后运河水势顿即消落，河底均已垫高。[⑥]道光三十年份仍少收3万两，自然亦受此种影响。

如果对以上原因做简单化处理，则可以发现，因为黄河漫口及水利失

---

①《军机处录副奏折·道光朝·财政类·关税项》，道光二十四年九月初六日，淮安关监督和昇折，档案号：03-3167-039。

②《军机处录副奏折·道光朝·财政类·关税项》，道光二十六年八月初六日，淮安关监督德浩折，档案号：03-3168-035。

③《宫中档朱批奏折·财政类·关税》，道光二十八年二月初九日，淮安关监督文光折，档案号：04-01-35-0380-062。

④《宫中档朱批奏折·财政类·关税》，道光二十八年八月初十日，淮安关监督文光折，档案号：04-01-35-0381-007。

⑤《宫中档朱批奏折·财政类·关税》，道光二十九年七月十一日，淮安关监督文勋折，档案号：04-01-35-0381-035。

⑥《军机处录副奏折·道光朝·财政类·关税项》，道光二十九年十一月十七日，淮安关监督文勋折，档案号：03-3169-037。

修导致河道难行者，有嘉庆二年、三年、八年、九年、十一年、十二年、十六年至二十年、二十五年，以及道光元年、五年、六年、十二年、十六年、二十三年[①]、二十四年和二十六年，共计20处；因自然灾害引起农业歉收或因农业丰收而引起粮食流通不畅的有嘉庆元年、道光二年至四年、七年至十一年、十三年至十五年、二十七年至三十年，共计16处；而征收较为正常的则是嘉庆四年至七年、十年、十三年至十五年、二十一年至二十四年，共计12处。另外，因朱批与录副档案欠缺而无资料者为道光十七年至二十二年、二十五年，共计7处。

简言之，嘉道时期淮安关税收之减少，主要是受到两方面因素的影响：一是自然灾害，二是黄河决口以及愈来愈严重的运河淤塞所致。很难说前期系粮食流通所致，后者系经济萧条所致，更不能说这是“道光萧条”的表现。

除了上面所提到的征收正额数外，淮安关还有其他几项经费收入：

第一、提存办公银。淮安三关每关期提存办公银1万两，其中除固定支取养廉银892.8两，实存9 107.2两，此部分银两全部解交内务府。

第二、火耗节余银。征收火耗银，照例开支经费银，如有节余，例交内务府。

第三、漏报货税罚倍银、饭食银。淮安关向有饭食、罚倍二项，经部定议留充公用并添补经费不敷等项。所有节余亦例交内务府。

表2-2是嘉庆时期淮安关之火耗节余、罚倍银及饭食银经提用后交纳给内务府的情况。

值得注意的是，此三项银两合计有1万—2万两，每年定期解交内务府，实为内务府之固定收入。虽然在统计关税收入时，不会将其计入，但若从内务府财政收入的角度考虑，则似应另当别论。

① 兼有鸦片战争影响，即“江浙两省撤防，兵船络绎”，参见《军机处录副奏折·道光朝·财政类·关税项》，道光二十三年九月十三日，淮安关监督景福折，档案号：03-3166-047。

表 2-2 淮关嘉庆道光朝杂税收入表 （单位：两）

关期	火耗	支用	盈余	饭食银	罚倍银	饭食罚倍节余
嘉庆元年份				8 735	6 630	5 616
四年份	35 414.831	32 503.767	2 911.064	9 019.892	8 204.034	5 979.607
五年份	34 107.147	32 593.977	1 513.17	8 572.755	8 300.881	5 609.824
七年份	33 288.661	32 281.144	1 007.517	8 859.295	10 836.157	5 547.416
八年份			5 728	6 007.638	7 040.982	3 465.277
九年份			1 143.177	7 887.482 1	11 759.841	4 180.847
十年份	35 646.824	32 635.956	3 010.868	9 533.026	13 165.259	5 511.717
十一年份				6 213.537	8 820.875	3 530.292
十二年份				5 903.487	7 280.954	3 501.5
十四年份				9 995.596	14 993.613	5 181.981
十五年份				8 774.746	7 961.189	4 774.099
十六年份				3 811.882	9 010.083	813.382
十七年份				5 398.196	9 803.409	1 039.779
十八年份				4 868.188	8 433.982	1 070
二十年份				4 114.446	7 200.979	861.5
二十三年份				9 552.686	11 410.294	2 223.139
二十四年份	41 133.303	40 680.025	453.278	9 942.269	12 440.365	2 587.244
二十五年份				4 895.436	7 830.515	775.473
道光元年份				5 376.395	7 105.585	682.031
二年份				5 526.306	6 155.969	729.293
三年份				4 939.543	5 964.561	634
四年份				5 312.029	7 446.875	664.21
五年份				6 520.641	6 052.771	729.523
八年份				6 886.898	4 012.807	577.196
九年份				6 676.667	2 739.329	495.938
十年份				7 586.171	3 358.486	558.475
十四年份				6 107.7	2 285.464	264.01
十五年份				5 323.147	3 627.769	474.184
十七年份				5 865.001	2 741.436	332.35
十九年份				6 403.052	7 211.314	351.752
二十年份				4 114.446	7 200.979	861.5
二十一年份				6 438.278	8 669.63	432.034
二十二年份				3 055.451	6 193.236	172.456
二十四年份				3 991.125	7 559.739	329.778
二十八年份				2 849.271	5 329.837	167.88
二十九年份				6 813.628	8 660.402	420.287
三十年份				6 605.998	2 299.321	264.851

资料来源：朱批奏折、军机处副录奏折与经济所抄档

五、浒墅关

明代宣德四年（1429 年）设立浒墅钞关，征收船料，“差御史及户部官监收，国朝因之，每岁轮差部属督理”①。顺治二年，照明例差户部主事一员，四年派满汉官二员，笔帖式一员；九年派汉官一员，十二年仍遣满官笔帖式，十四年又改差汉官一员。以后屡经反复，雍正元年归并江苏巡抚委地方官监收，二年改归苏州织造管理。乾隆六年（1741 年）布政司兼管，十一年巡抚代管，乾隆二十七年（1762 年）后仍归织造兼理。②

浒墅关位于苏州府长州县，“为扬关、浙关、浙海关等处中道，凡南货北行，北商南贩，最为衡衢”③。此处为“商贾辐辏之地，上达苏、松、嘉、湖各府，下由常州、镇江一带，出口皆系必经之路”④。即以苏州府而论，浒墅关也是处在诸水向心汇聚的交通枢纽上，扼控新塘桥港、黄埭港、射渎港、枫桥港等处往来商船。

顺治初年，浒墅关额税征收船料银 113 946 两有奇，十三年增加银 35 053 两有奇，康熙二十五年增 19 709 两，二十九年前共征 168 709 两。后又核定共银 149 000 余两，因采买铜斤，内扣银 23 000 两。乾隆年间浒墅关正羡税银 50 余万两。⑤嘉庆四年，在调整全国榷关盈余银的过程中，清廷将浒墅关正额银定为 191 151.383 两，盈余银为 235 000 两。嘉庆九年，清廷又将浒墅关盈余银调整为 250 000 两，合计正额盈余银 441 151.383 两。至道光十一年八月，因浒墅关常年征不足数，又将浒墅关之盈余酌减 2 万

①（清）尹继善等修：《江南通志》卷 79《食货志·关税》，台北：京华书局，1967 年，第 1356 页。
②（清）凌寿祺：《浒墅关志》卷 6《榷使》，南京：江苏古籍出版社，1992 年，第 124 页。
③《宫中档朱批奏折·财政类·关税》，乾隆四年三月初六日，两江总督那苏图折，档案号：04-01-35-0310-014。
④《宫中档朱批奏折·财政类·关税》，嘉庆十四年十二月初一日，江苏布政使庆保折，档案号：04-01-35-0365-017。
⑤（清）凌寿祺：《浒墅关志》卷 5《榷税则例》，南京：江苏古籍出版社，1992 年，第 118 页。

两，至此固定为 421 151.383 两。

根据附录表 13 做出实征总数做曲线分布，如图 2-5 所示。

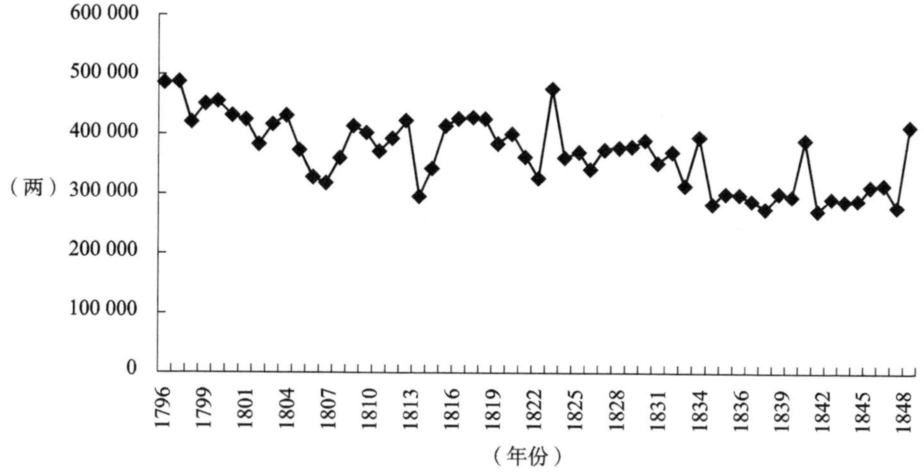

图 2-5 浒墅关嘉道时期征税示意图

作为重要的内陆榷关，浒墅关的粮食贸易最为繁荣。从图 2-5 来看，在嘉道时期，浒墅关之关税征收有明显的下降趋势。

嘉庆元年份不如上年之多，原因系“上年本处年岁丰收，粮价平减”，流通不足。① 嘉庆二年份亦复如是。

嘉庆三年份下降较多，其中较前两年均少收 6 万余两，“上年江省收成丰稔，粮价平减，川楚贩米来苏未能获利，兼之该处军务未竣，商贾不克流通，以致米船到关甚属寥寥”。②

嘉庆四年份稍有起色，“查浒墅关以米豆税为大宗，杂税次之，现在豆税无亏，杂税与上年相等，惟米税一项，全赖上游四川、湖广及安广等处米船络绎来苏，方能税旺。而上年川楚米船来苏甚少，因湖广米价

①《军机处录副奏折·嘉庆朝·财政类·关税项》，嘉庆元年三月十八日，苏州织造兼管浒墅关征瑞折，档案号：03-1766-011。

②《军机处录副奏折·嘉庆朝·财政类·关税项》，嘉庆三年二月十三日，苏州织造兼管浒墅关舒玺折，档案号：03-1766-088。

较苏州昂贵”。[①]

嘉庆四年定浒墅关之盈余银，结果五年份较之定额有了多收，嘉庆六年份、嘉庆七年份征收亦属平稳。

嘉庆八年份少收4万两，原因系浒墅关征税，“向以川楚及江西安徽四省之米豆为大宗，杂货次之”。近年川楚商贩本属寥寥，兼之上年江西安徽收成歉薄，米价贵于苏松，商贩惟利是趋。运赴该二省贸易者多而来苏甚少。加之漕运正值冬底，镇江筑坝挑河启坝后，必应先尽重运粮船趱行北上，货船不能随时进口，又因淮扬一带河道冻阻，北来船只稀少，“纳税无多，是以盈余收少”。[②]

嘉庆八年份第二个关期少收8 000两，缘“江苏一带米价中平，商贩获利无多，是以过关船只稍少”[③]。

嘉庆九年重定盈余数，将浒墅关之数量增加，导致九年份虽达旧标，难如新额。据称本年四川湖广米贩船只来关纳税者，较之往年颇为丰旺，“惟浙江湖州一带所产丝斤收成歉薄，到关船只甚属寥寥。又兼秋间河口淤阻，南北杂货商船不能通行”。[④]

嘉庆十年份少收7万两，系因本年夏间淮扬一带被水较重，“米豆价昂，商贾惟利是趋，载赴淮扬销售者多，来苏者少，兼之今春浙省蚕丝歉收，绸绫货物亦属寥寥所致”。[⑤]

嘉庆十一年份少收11万两，系因淮扬等处叠被水灾，粮价昂于苏浙，

---

①《宫中档朱批奏折·财政类·关税》，嘉庆四年二月十三日，苏州织造兼管浒墅关全德折，档案号：04-01-35-0359-021。

②《宫中档朱批奏折·财政类·关税》，嘉庆八年正月二十一日，苏州织造兼管浒墅关那苏图折，档案号：04-01-35-0360-058。

③《宫中档朱批奏折·财政类·关税》，嘉庆八年十二月二十三日，苏州织造兼管浒墅关那苏图折，档案号：04-01-35-0361-052。

④《宫中档朱批奏折·财政类·关税》，嘉庆九年十二月二十四日，苏州织造兼管浒墅关那苏图折，档案号：04-01-35-0362-045。

⑤《宫中档朱批奏折·财政类·关税》，嘉庆十年十一月二十一日，苏州织造兼管浒墅关舒明阿折，档案号：04-01-35-0363-025。

而苏浙又收成很好，“无庸上游粮食接济，是以米船到关者既少，回载亦稀”。又查临近海岸各口防范綦严，向来偷运米贩亦皆不能潜越出洋；至北来北往豆杂等货，“只为湖河水势靡常，运行羁滞，不能畅旺，以致各属皆属短绌”。①

嘉庆十二年份少收12万两，据称仍系浒墅关税课向以川米为大宗，杂货次之，“今与常年考核，杂税尚有盈余，惟米税日形亏短，较之往年少至二百数十万石”，实缘“各隘口防禁綦严，近海之米，米行迁徙居多，无容存贮，奸贩敛迹，不能出洋济匪”。兼之苏浙连年丰收，富商多有贱价囤积待售。现在民食不致匮乏，上游又有被灾之处，所来者多在沿途贮销，而到浒墅关者甚属寥寥。至豆杂等税全赖水利，河路顺通，方可络绎往来。乃今年自春至冬，干旱异常，各处浅阻，而京口、常州一带为浒墅关咽喉要路，尤形消涸，船只不时拥挤阻滞，载船稍重者必须数分小船驳运，始能抵关，“商民费用既繁，销售时不能获利，是以来者少而回载稀”。②

由于近几年连续巨额亏欠，上谕命两江方面彻底追查：“各关盈余额数自酌定以来，较之从前已属减少”，浒墅关“何尚短至十二万两之多！”③江苏方面的回复是，实因人力难施，“平日见其办事用心，于关吏书役人等颇能管束，并节经设法查获违例绕越、影射偷漏之布商孙正有、黄益元等，及积惯包揽船户，先后移交巡抚衙门查办”。④

嘉庆十三年份少收8万两，虽较上年多收41 000余两，而核计仍亏，今豆杂税银尚无亏短，本年川楚客米稀少，“上游各关款册可凭”，兼之江

①《宫中档朱批奏折·财政类·关税》，嘉庆十一年十一月十九日，苏州织造兼管浒墅关舒明阿折，档案号：04-01-35-0364-012。

②《宫中档朱批奏折·财政类·关税》，嘉庆十二年十一月二十日，苏州织造兼管浒墅关舒明阿折，档案号：04-01-35-0365-006。

③《宫中档朱批奏折·财政类·关税》，嘉庆十二年十二月初四日，军机上谕寄两江总督铁保、江苏巡抚汪日章，档案号：04-01-35-0365-008。

④《宫中档朱批奏折·财政类·关税》，嘉庆十二年十二月十九日，两江总督铁保、江苏巡抚汪日章折，档案号：04-01-35-0365-010。

北一带被灾，地方粮价甚昂，商贩惟利是趋，故“来苏者愈少”。[①]

嘉庆十四年份少收2万两，实因江北一带粮价稍昂，“以致川楚客贩皆往彼地粜卖，到苏稀少”。[②]本年十一月二十三日，清廷发布上谕，称浒墅关征收税银，舒明阿在任数年，“无岁不短，计其前后缺额之数，多至二十余万两”。其每年所进贡品，甚为平常，又无交令购办之件，别无开销，而现在庆保接任止一月，已多收银1 800余两，“既云客贩往来须视年岁丰歉多寡，间有不齐，何以舒明阿在彼数年以来，从未遇客贩到多之日？”难保别无情弊，故饬令密访。结果江苏布政使庆保回复：“浒墅关向为商贾辐辏之地，上达苏松嘉湖各府，下由常州、镇江一带，出口皆系必经之路。”该关定例各项货物除绸缎、布匹、铜锡、药材等项，按担征税外，惟以米豆为正税，余俱归于杂税项下开报。匀摊每日应征收1200余两，而一年之中，以四、五两月客货最为旺盛，九、十两月米谷登无场，商贩云集，“时候亦好”，其余寻常之月，每日所收多有不能足1200余两之额。另有小口岸20处，皆止零星杂货，统由大关核算。查嘉庆六年以前，惟二年分不敷比较，其余各年正额盈余并无短缺。迨七年以后，米豆正税到关渐少，以致连年亏短，推原其故，因川楚江西等省运到粮食不能如从前之旺盛，兼以江北、淮扬等府粮价增昂，商船趋利而往，不从镇江进口。舒明阿“虽未深知其人，但看其行事举动，谨饬有余”。其署中一切用度，亦极省俭，“实不敢以关税私收肥已，惟为人老实，恐被长随、书役从中隐混，亦未可定”。[③]

嘉庆十五年份少收3万两，原因系本地粮价较前数年更为平减，“与川

①《军机处录副奏折·嘉庆朝·财政类·关税项》，嘉庆十三年十月二十一日，江苏布政使兼署浒墅关监督胡克家折，档案号：03-1768-094。

②《宫中档朱批奏折·财政类·关税》，嘉庆十四年十月二十日，护理江苏巡抚兼署浒墅关监督布政使庆保折，档案号：04-01-35-0365-016。

③《宫中档朱批奏折·财政类·关税》，嘉庆十四年十二月初一日，江苏布政使庆保折，档案号：04-01-35-0365-017。

楚米价不甚悬殊，客商无利可图，是以未能踊跃”。[①]

嘉庆十六年份少收6万两，据称本年江苏省农业丰收，而川楚客米多赴上游价贵之区销售，到苏甚少，至豆货产自豫东，历由淮扬等关南下，“亦因产地歉收，并无盖藏出运”。兼之夏秋淮河浅阻，商贩不前，来苏之货既少，而贩回之货投税亦稀，核与上游各关报册货税大略相同”。[②] 因一直歉收，浒墅关还试图调整相关规章：一、豆货宜改于丹阳七里庙设口征收。二、江阴口宜设法稽查。三、白茆税口宜裁撤移驻。四、崇门骞票船宜一体签验。[③] 但效果似乎并不理想。

嘉庆十七年份少收4万两，原因仍与上年一样，即苏米平价，川楚米贩到苏无利可图。至豫东上年豆收本薄。今春李工合龙，河流顺轨，商贩渐通，“入夏堵筑堵黄坝后，豆载到关甚少”。[④]

嘉庆十八年份少收1万两，因苏省连岁丰收，本地产米既多，粮价照常平减，客米到苏不能获利，率赴江北价昂之处行销。又缘海口通利，凡由苏置贩布帛、南杂各货客商，每由海运分往山东直隶等处销售，故投税亦未能旺盛。[⑤]

嘉庆十九年份少收14万两，仍称是本年六月以后雨泽稀少，河道浅滞，一切重运货船不能到关，“间有小船轻载，上税甚微。”[⑥]

嘉庆二十年份少收9万两，据称因为上年江苏、安徽各属雨水愆期，

---

①《宫中档朱批奏折·财政类·关税》，嘉庆十五年十月十八日，苏州织造兼管浒墅关和明折，档案号：04-01-35-0365-053。

②《宫中档朱批奏折·财政类·关税》，嘉庆十六年九月二十六日，江苏巡抚兼署浒墅关章煦折，档案号：04-01-35-0366-027。

③《宫中档朱批奏折·财政类·关税》，嘉庆十七年三月初一日，江苏巡抚章煦、苏州织造兼管浒墅关和明折，档案号：04-01-35-0366-044。

④《宫中档朱批奏折·财政类·关税》，嘉庆十七年九月二十六日，苏州织造兼管浒墅关和明折，档案号：04-01-35-0367-009。

⑤《宫中档朱批奏折·财政类·关税》，嘉庆十八年九月二十六日，苏州织造兼管浒墅关和明折，档案号：04-01-35-0367-049。

⑥《军机处录副奏折·嘉庆朝·财政类·关税项》，嘉庆十九年九月十九日，初彭年、阿尔邦阿折，档案号：03-1770-105。

被灾较广，而江西、湖广产米之地亦因短雨，收成未能丰饶，“是以米价自秋至冬，总形腾贵，出产之地既较往年为少，则贩售之处自不能多”。[①]这一分析并未能令嘉庆帝信服，他于二十年九月二十日发布上谕称：“各省关税正额盈余，皆系久经酌定数目，相沿征解。各关每届期满奏报征收银两，大约不甚相悬，间有缺额，次年得有羡余，仍可补足原额。即江南之西新海关、扬关、凤阳、芜湖等关，亦莫不然。惟淮关、浒墅两关，十余年来，历报短缺，为数甚多，竟有积重难返之势。岁丰岁歉皆不足额，殊不可解。该两关监督已非一任，或因缺额降革，或因赔项不能完缴呈报家产尽绝欠项累累，年复一年，殊属不成事体。淮扬为著名繁富之区，从前司榷税者皆有盈无绌，若谓米船客货近年皆裹足不前，揆之情理，必无此事。如谓两关历任监督悉皆昧良侵蚀，亦未必尽然。关税为国用攸关，该两关如此疲敝，不可不设法整顿，著百龄、张师诚就近确查淮关浒两关近年短缺情形，其受病之由，实在何处，应如何量为调剂，会同悉心妥议具奏。”[②]结果据奏复，表示浒墅关每年所征货税杂税“尚不为少”，惟米税一项，实因“江西、湖广、四川等省产米之处，收成本不甚丰，安徽、江宁、镇江一带被旱较苏州尤重，各处俱赴湖广、四川等省纷纷买米，以致产地价值渐昂，客商已嫌利薄。又因常州一带河路干浅，有碍行舟”。[③]

嘉庆二十一年份少收2万两，据称本年份到苏豆货比较往年竟多数倍，惟米税一项，从前最旺之年，有收银至20余万两者，近今十数年来，少或七八万两，多不过10余万两。本年亦少收，“实缘近年海境敉宁，各口隘稽查严密，已无从前偷漏出洋之弊，兼之民风日趋俭朴”，难以销售通畅，“从前苏州枫桥一带开设米行甚多，十数年来，陆续歇闭，现在较少一半，

① 《军机处录副奏折·嘉庆朝·财政类·关税项》，嘉庆二十年八月二十五日，苏州织造兼管浒墅关阿尔邦阿折，档案号：03-1771-013。

② 《嘉庆道光两朝上谕档》（第20册），嘉庆二十年九月二十日，桂林：广西师范大学出版社，2000年，第489页。

③ 《宫中档朱批奏折·财政类·关税》，嘉庆二十年十月十四日，江苏巡抚张师诚折，档案号：04-01-35-0369-003。

有册可稽”。[①]

嘉庆二十二年份少收 1 万两，仍是表示上年苏省秋收丰稔，粮价甚平，“枫桥米市寥寥，行户歇业”，至南杂货物，近年海洋宁谧，商贾贪利乘便，每将行销北路应走浒关货物影射出海，虽经屡次设法查拿，而奸商惟利是图，罔知悛改，“是以杂货一项投税亦未见旺盛”。[②]

嘉庆二十三年份少收 1 万两，据称上年征收正额盈余 426 570 余两，已为十余年来最多之数。今年又多 1 800 余两，似税务渐有起色，但相较定额仍然少收。少收原因，“实缘苏属粮价平减，川楚米贩较稀。冬月以后，漕船北上……大宗货船因运河拥挤，观望不前，所过零星小贩投税无多”。[③]

嘉庆二十四年份少收 1 万两，因苏州本地“连年丰稔，户有盖藏”，本年粮价较上年尤为平减，川楚米贩到苏，非但不能获利，且多滞销亏折，“是以抵关稀少”。又查上游丹阳、常州一路，近年开设米豆行栈，日渐增多，客船一进京口，沿途卸载囤积，即于该处四散分销，“不复驶进浒墅关”。[④]

嘉庆二十五年份少收 5 万两，系因上年苏省“夏秋雨泽愆期”，虽镇江常州各属山田，间有歉收，而苏松一带“秋成尚属丰稔”，是以粮价照常平减，惟河南安徽并淮徐各处上年被灾较广，米价昂贵，客贩惟利是图，所有江广客米俱近运河南、安徽及淮徐镇江等处分销，来苏稀少，比较上年到关米数，计少 60 余万石之多。[⑤]

---

①《宫中档朱批奏折·财政类·关税》，嘉庆二十一年七月十八日，苏州织造兼管浒墅关阿尔邦阿折，档案号：04-01-35-0368-042。

②《宫中档朱批奏折·财政类·关税》，嘉庆二十二年七月初九日，苏州织造兼管浒墅关阿尔邦阿折，档案号：04-01-35-0369-003。

③《宫中档朱批奏折·财政类·关税》，嘉庆二十三年七月初三日，江苏巡抚兼苏州织造兼管浒墅关陈桂生折，档案号：04-01-35-0369-037。

④《宫中档朱批奏折·财政类·关税》，嘉庆二十四年六月十五日，苏州织造兼管浒墅关嘉禄折，档案号：04-01-35-0370-014。

⑤《宫中档朱批奏折·财政类·关税》，嘉庆二十五年六月十九日，苏州织造兼管浒墅关嘉禄折，档案号：04-01-35-0370-050。

从上面的分析来看，江苏本地丰收，湖广与本地的粮食流通不旺，成为浒墅关关税征收额下降的主要原因，再配以河道淤塞、灾荒歉收等方面的原因，造成了浒墅关的长期征不足数。下面再来看道光时期的情况：

道光元年份少收近 4 万两，原因是苏属秋收丰稔，米价平减，而江北安徽并徐州一带收成歉薄，粮价稍增，是以川楚客米多赴上游。豆货产自豫东，上年产地歉收，仪工未合龙时，船运维艰。①

道光二年份少收 7 万两，仍是称上年苏州各属秋收丰稔，米价平减，而江北淮徐等属十五州县被灾较广，粮价昂贵，是以江广米贩率多运往江北灾区销售，不复远涉苏州。其豫东豆石从淮扬两关南下分销，亦缘上年产地歉收，到关稀少。②

道光三年份少收 11 万两，仍是上年苏州地方秋收丰稔，粮价平减，江北淮徐等属米价稍昂。又镇江常州一带去岁夏秋雨泽愆期，运河浅阻，川楚米贩悉于上游卸载。至豆石产自豫东，上年该处歉收，水贩不前，到苏更属寥寥。其布匹、茶叶、纸张等货又多影射，走海绕避内河关课，“故南杂各税投报亦未能旺盛”。③

因道光初年水灾甚为严重，道光三年七月江苏巡抚韩文绮奏，本年江苏省江宁、苏州、松江、太仓各府州属被水较重，米价渐昂，民食攸关。朝廷准其将上游客贩米船来江宁、苏州、松江、太仓四府州属售卖者，“各关照例给票免税，责令到境之日，将票呈送地方官钤印给还，回空销号”。④结果道光四年份因免税导致的粮食流通量大增，其中自道光三年八月十八日至道光四年五月初二日，共过关米 3 272 946 石，计免税银 130 917.858

①《宫中档朱批奏折·财政类·关税》，道光元年六月二十五日，苏州织造兼管浒墅关嘉禄折，档案号：04-01-35-0371-037。

②《军机处录副奏折·道光朝·财政类·关税项》，道光二年五月二十六日，苏州织造兼管浒墅关嘉禄折，档案号：03-3156-019。

③《宫中档朱批奏折·财政类·关税》，道光三年五月十九日，苏州织造兼管浒墅关延隆折，档案号：04-01-35-0372-027。

④《宫中档朱批奏折·财政类·关税》，道光三年八月二十八日，两江总督孙玉庭、江苏巡抚韩文绮、苏州织造兼管浒墅关延隆折，档案号：04-01-35-0372-035。

两，合计实征与免税，共多收 3 万余两，“检查税册，溯自嘉庆九年以后，迄今二十余年，从未征收足额”。①

道光五年份又少收 7 万余两，最初开征半年之内，“日收有盈无绌”；不料十一月后，北来商船骤形稀少，“实因高堰掣塌，始则清江高宝一带断流，百里商贩不通，继而挑浚运河，水势未旺，即严催重运，漕船啣尾北上，现又筹办起驳，商船稍大者即不能插帮行驶，北货仍属寥寥”。② 可见道光四年之高堰决口，对相关榷关之征税造成了严重影响。

道光六年份亦少收近 7 万两，仍称系因五年分高堰河工，导致往来船只较少，而六年苏省秋收丰稔，粮价实与川楚相等，“米贩无利可图，到关稀少”。其应走内河之豫东黄豆，因黄河淤垫，率多影射。海州、赣榆土产之豆，概由青口径赴上海，不复行走内河。又向来漕船出运往返，除例免土宜之外，尚有附带南北货物，统计投税不下二、三万两，今江淮首二进帮船截留河北，不到浒关，故又少此一项货税。③

道光七年份少收 9 万两，因上年苏省收成丰稔，而江北淮徐被灾各属民食维艰，米价昂贵，经琦善奏准淮扬各关免征米税，商贩争赴北路销售，到苏较少，又值运河水枯，漕艘通过之后商贩始通。④

道光八年份少收 6 万两，仍称上年苏州丰收，粮价平，江广客米到苏，每虑滞销亏折，是以商贩不前，又查上游丹阳常州一路，近多增设米豆行栈，商贩沿途卸载，图省一重关税，即由上游行栈囤积，由支河汊港四散分销。⑤

---

①《宫中档朱批奏折·财政类·关税》，道光四年五月十五日，苏州织造兼管浒墅关延隆折，档案号：04-01-35-0373-032。

②《宫中档朱批奏折·财政类·关税》，道光五年四月二十六日，苏州织造兼管浒墅关延隆折，档案号：04-01-35-0374-007。

③《军机处录副奏折·道光朝·财政类·关税项》，道光六年四月二十六日，苏州织造兼管浒墅关延隆折，档案号：03-3159-067。

④《宫中档朱批奏折·财政类·关税》，道光七年四月十五日，苏州织造兼管浒墅关文祥折，档案号：04-01-35-0374-056。

⑤《宫中档朱批奏折·财政类·关税》，道光八年三月十八日，苏州织造兼管浒墅关文祥折，档案号：04-01-35-0375-019。

道光九年份仍然少收 6 万两，系因苏省粮食丰收，商贩无利可图，加之苏省秋间雨泽愆期，“江潮不旺，运河本多浅阻，重载行走维艰”，商船无法前行。①

道光十年份再次少收 6 万两，据称上年三月开征以来，正值丹阳改建闸坝，外江商货滞留，曾奏明招徕米豆杂贩，暂由江阴之黄田港进口，赴关投税，迨夏秋运河水势稍充，江船仍进京口，“维时征收日有盈余”。至十月初间，按岁额分日计算，已多收银 3 万余两。不料江浙一带雨泽愆期，“几及半载，为近年未有之干旱”。私港官河俱形浅涸，外江重载进口维艰，近地小贩亦多挑运到关，“输税寥寥，征收日形短绌”。②

道光十一年份少收近 5 万两，奏报则称“亏损系由前任所致”，至于具体原因，仍为河工不畅所致。③

道光十一年八月十三日，清廷下旨将浒墅关之盈余减少 2 万两，但十二年份仍少收 6 万两，其中还不包括上年免米税回空漕船带售米，共过关米麦豆 2 216 268 石，计免税 88 650.72 两，共计 353 124.997 两。歉收的原因，在于“上年湖广各处俱有偏灾，米无出境，间有川米南下，多为上游灾区截卸”。④

道光十三年份少收近 5 万两，据称上年九月开始，正常征税后，商贩变少，道光十一年十月、冬、腊三月，过关米麦免税 1 044 138 担，上年这三个月过关米仅 4 56 823 担，“是开征后载运米船，未如免税之半”。⑤

---

①《宫中档朱批奏折·财政类·关税》，道光九年三月十二日，苏州织造兼管浒墅关文祥折，档案号：04-01-35-0375-050。

②《宫中档朱批奏折·财政类·关税》，道光十年三月十二日，苏州织造兼管浒墅关文祥折，档案号：04-01-35-0376-006。

③《宫中档朱批奏折·财政类·关税》，道光十一年二月十八日，苏州织造兼管浒墅关倭楞额折，档案号：04-01-35-0376-043。

④《宫中档朱批奏折·财政类·关税》，道光十二年二月十六日，苏州织造兼管浒墅关倭楞额折，档案号：04-01-35-0376-067。

⑤《宫中档朱批奏折·财政类·关税》，道光十三年正月十九日，苏州织造兼管浒墅关豫堃折，档案号：04-01-35-0377-024。

道光十四年份少收 10 万两，因上年川省米豆颗料未到，湖广、江西、安徽等省产米之区春载船只尚敷常年比较，夏间上游一带江水泛溢，民食维艰，粮价腾贵。客商贩米未到苏州境内，已被各处截留，得价即粜，既省水脚，又节关税。至南来绸杂布匹，全赖年成丰稔，四路流通，“近年各省歉收，百货短销，商情困乏，秋后苏松各属又复转丰为歉，商民机户半多歇业停工”。①

道光十五年份少收 14 万两，仍然保持高额歉收，据称历届短绌，总在冬春二季，本年份回空漕船南下，北来米豆货载势难插帮行驶，接至运河筑坝，“货船阻滞，投税益属寥寥”。②

道光十五年份第二个关期少收 13 万两，据称江省今春雨少，入夏后天时亢旱，各河干涸。兼以湖北、江西年成歉薄，粮价渐昂，川楚大宗米贩运至江浙等省，不能获利，是以到关投税者稀少。③

道光十六年份少收 11 万两，据称本年收成得稔，米船过关较少，苏松各属及浙江粮价均甚平减，商贩到苏售销不能获利，而川楚等省大载之米并皆观望不前，多由上游一带就近出粜。至绸杂百货，“盖因江省前数年报歉，商民元气未复，迄今尚未畅销”。④

道光十七年份少收 12 万两，实缘江浙等省收成丰稔，“粮价俱平，江北各路米贩南来无利，悉于上游卸载”。⑤ 十八至二十年份每年少收仍然保

---

①《宫中档朱批奏折・财政类・关税》，道光十四年正月二十七日，苏州织造兼管浒墅关豫堃折，档案号：04-01-35-0377-041。

②《宫中档朱批奏折・财政类・关税》，道光十五年正月二十七日，苏州织造兼管浒墅关松桂折，档案号：04-01-35-0378-002。

③《宫中档朱批奏折・财政类・关税》，道光十五年十二月二十八日，苏州织造兼管浒墅关英诚折，档案号：04-01-35-0378-041。

④《宫中档朱批奏折・财政类・关税》，道光十六年十二月二十七日，苏州织造兼管浒墅关英诚折，档案号：04-01-35-0379-002。

⑤《军机处录副奏折・道光朝・财政类・关税项》，道光十七年十二月二十二日，苏州织造兼管浒墅关琓珠折，档案号：03-3165-001。

持高位，且其中还不包括免征米船银。[①] 原因亦如前所列。

鸦片战争爆发生后，浒墅关征税立即受到影响。道光二十二年英军进入长江，“镇江失陷，南北道路因之梗塞，零星小贩每日仅收一二百两”。[②] 道光二十三年份少收14万两，因“夷船甫退，商贩尚在迟疑，兵差络绎”。[③] 据此可见鸦片战争对浒墅关的冲击。

道光二十四年份少收12万两，因回空军船南下，入春后又值重运北上，关北常镇一带运河浅阻，货载壅滞不前。[④]

道光二十六年份少收近13万两，系因近年米价均平，商贩无利可图。[⑤]

道光二十八年份少收10万两，原因是上年豫省荒歉，川楚大帮来载，以上游获利大半截留，南来抵关投税者颇形稀少。[⑥]

道光二十九年份少收14万两，因为上年江淮扬等属及楚皖江西等省水灾较广，米船俱在上游截留，南来稀少，杂货转运因亦未旺。本年入夏后淫雨连绵，江湖泛涨，“民间田庐均被漫淹，被灾情形较之道光三年尤重且广，以致百货滞销”。[⑦]

道光三十年份少收6 731两，相较近年征税情形，已经大有起色，主要原因是有了免征米税银226 125.93两。免征原因，是因为上年大江以南直

---

①《宫中档朱批奏折·财政类·关税》，道光二十年十一月二十七日，苏州织造兼管浒墅关明伦折，档案号：04-01-35-0379-036。

②《军机处录副奏折·道光朝·财政类·关税项》，道光二十二年八月二十二日，苏州织造兼管浒墅关铭海折，档案号：03-3166-049。

③《军机处录副奏折·道光朝·财政类·关税项》，道光二十三年九月二十八日，苏州织造兼管浒墅关文炤折，档案号：03-3166-059。

④《军机处录副奏折·道光朝·财政类·关税项》，道光二十四年十月初一日，苏州织造兼管浒墅关庆瑞折，档案号：03-3167-044。

⑤《军机处录副奏折·道光朝·财政类·关税项》，道光二十六年八月二十四日，苏州织造兼管浒墅关明善折，档案号：03-3168-041。

⑥《军机处录副奏折·道光朝·财政类·关税项》，道光二十八年九月十四日，苏州织造兼管浒墅关庆年折，档案号：03-3168-095。

⑦《宫中档朱批奏折·财政类·关税》，道光二十九年八月初四日，苏州织造兼管浒墅关庆年折，档案号：04-01-35-0381-038。

至浙省，处处成灾，粮价昂贵，清廷推行免米税办法，结果“米商踊跃”。[①]

由此可见，道光时期之浒墅关征税，除受到鸦片战争的偶然性事件影响外，表面上看主要是运河河道不通、水旱灾害，但深层次的原因恐怕在于，商品流通与市场格局的变化导致当地经济开始出现萎缩，米行倒闭，粮食流通不再前往苏州。尤其值得注意的是，一旦清廷实行免米税，便会起到很好的效果，从中也不难发现税收的杠杆调节作用。但我们是否能从中看出嘉道时期浒墅关之歉收，存在着前后原因的不同呢？恐怕不能。而且，一旦将浒墅关置于全国税收格局的总体变化中，我们就会发现，浒墅关所征税银在全国总征税量中的比重很低，很难以浒墅关之变化来衡量全国的情况。

另外，浒墅关还保留了其他相关耗羡支出。

第一，平余银。按关期进行征收，商税每两征收平余5分8厘，一年期满，照部定加平饭食及倾熔火耗等支用银；内并平余银若干，例交织造衙门3 000两，以补织造衙门公用不敷，剩余的部分即交内务府，见表2-3。

表2-3　嘉庆道光朝浒墅关平余银一览表　　（单位：两）

关期	共征平余银	支用耗羡	内有并平银	例交织造银	实补贴织造银	实交内务府银
嘉庆元年份	27 372.64	8 156.36	10 409.6	3 000	2 834.483	16 381.797
二年份	27 347.74	8 190.59	10 433.58	3 000	2 207.012	16 951.138
三年份	23 376.28	7 409.09	9 015.51	3 000	2 991.487	12 975.703
四年份	24 865.28	7 734.11	9 659.64	3 000	1 672.76	15 458.41
五年份	25 194.43	7 619.28	9 770.94	3 000	2 162.786	15 412.364
六年份	23 786.89	7 482.67	9 167.36	3 000	2 993.41	13 310.81
七年份	21 198	6 946.48	8 200.19	3 000	2 913.494	11 338.026
八年份	23 102.98	7 349.34	8 930.16	3 000	2 299.707	13 453.933
九年份	24 040.31	7 528.89	9 233.73	3 000	2 922.904	13 588.516
十年份	20 843.3	6 828.21	8 026.54	3 000	1 348.479	12 666.611
十三年份	20 080.6	6 481.06	7 706.22	3 000	2 955.156	10 644.384

①《宫中档朱批奏折·财政类·关税》，道光三十年七月二十六日，苏州织造兼管浒墅关毓泰折，档案号：04-01-35-0381-067。

续表

关期	共征平余银	支用耗羡	内有并平银	例交织造银	实补贴织造银	实交内务府银
十四年份	23 008.07	7 148.93	8 859.67	3 000	2 994.912	12 684.228
十五年份	22 171.74	7 031.27	8 634.88	3 000	2 920.058	12 220.412
十五年第二关期	15 720.36	5 582.51	6 076.09	3 000	1 067.925	9 069.925
十六年份	20 414.07	6 665.77	7 985.99	3 000	2 986.898	10 761.402
十七年份	21 545.23	6 896.113	8 405.96	3 000	2 978.209	11 670.908
十九年份	16 237.32	5 747.7	6 357.74	3 000	2 959.468	7 530.152
二十一年份	22 994.32	7 125.17	8 849.46	3 000	2 986.688	12 882.462
二十二年份	23 499.79	7 310.15	9 128.62	3 000	3 000	13 189.64
二十三年份	23 481.8	7 328.92	9 168.56	3 000	3 000	13 152.88
二十四年份	23 459.84	7 287.97	9 134.68	3 000	3 000	13 171.87
二十五年份	21 113.41	6 822.57	8 268.76	3 000	3 000	11 290.84
道光元年份	21 979.58	7 005.76	8 587.5	3 000	3 000	11 973.82
二年份	19 719.77	6 533.26	7 757.2	3 000	3 000	1 018.65
三年份	17 863.8	6 124.9	7 027.27	3 000	1 667.925	10 070.975
四年份	18 794.44	6 313.58	7 363.13	3 000	2 480.15	10 000.71
五年份	19 761.87	6 534.5	7 750.47	3 000	1 906.179	11 321.641
六年份	20 340.83	6 643.24	7 948.82	3 000	2 000.364	11 697.226
七年份	18 612.83	6 299.71	7 348.39	3 000	1 998.721	10 314.399
八年份	20 457.39	6 671.24	8 018.39	3 000	2 315.845	11 470.305
九年份	20 524.27	6 701.43	8 057.76	3 000	2 831.203	10 991.137
十年份	20 792.38	6 755.42	8 144.11	3 000	2 524.878	11 512.082
十二年份	14 278.89	5 357.14	5 659.75	3 000	2 669.737	6 252.013
十三年份	14 061.51	5 237.94	5 479.76	3 000	1 839.304	6 984.266
十四年份	17 569.67	5 956.96	6 771.15	3 000	1 718.315	9 894.395
十五年份	13 700.09	5 148.32	5 297.98	3 000	1 250.869	7 300.91
十七年份	16 373.18	5 785.55	6 426.47	3 000	2 897.319	7 690.311
十八年份	15 715.17	5 643.84	6 188.28	3 000	1 368.799	8 702.531
十九年份	15 035.94	5 484.55	5 910.21	3 000	1 427.684	8 123.706
二十年份	13 496.86	5 158.78	5 323.88	3 000	2 223.275	6 114.805
二十一年份	12 513.19	4 933.85	4 910.58	3 000	1 899.685	5 679.655
二十三年份	15 136.23	5 469.04	5 867.34	3 000	1 134.015	8 535.175
二十五年份	15 668.19	5 648.82	6 181.67	3 000	1 216.963	8 802.407
二六年份	15 816.16	5 679.3	6 243.53	3 000	1 225.075	8 911.785
二七年份	16 444.82	5 184.32	6 432.8	3 000	1 359.757	9 900.743
二八年份	16 909.05	5 902.9	6 634.11	3 000	3 000	11 006.15
三十年份	10 264.29	4 434.45	4 029.5	3 000	301.131	5 526.79

资料来源：朱批奏折、军机处副录奏折与经济所抄档

由表 2-3 可以看出，浒墅关每个关期例向内务府提供 1 万余两的平余结余银。

第二，罚粮银及养廉银扣俸结余。浒墅关不按关期而按年份每年征收罚粮银，又按关期征收漏报银若干，扣除支用部分，以及从养廉银中固定扣出的每年 6 000 两银子，一并交给内务府，亦是一笔不小的收入。

例如，嘉庆十六年正月至十二月，共收罚料银 18 533.444 两，外加火耗 14 566.654 两，共银 33 100.098 两，除支用外计 32 646.225 两，又加上养廉银扣出的 6 000 两，共有 38 646.225 两，一并交内务府。①

嘉庆十八年正月至十二月，共收罚料银 16 524.156 两，按关期十七年九月初三日至十八年九月初二日共收漏报银 14 238.461 两，以上合计 30 762.617 两，内支出 477.991 两，实银 30 284.626 两，又核减十七年动用银 38.41 两，共 30 323.036 两，外加节省养廉银 6 000 两，共 36 323.036 两，一并交内务府。②

嘉庆二十年正月至十二月，共收罚料银 16 404.329 两，又十九年八月初三日至二十年八月初二日，共收漏税补正银 12 129.785 两，两共 28 534.114 两，支用 417.63 两，实存 28 116.484 两。又奉减动用 34.303 两，共存 28 150.787 两。又加扣养廉银 6 000 两，共计 34 150.787 两，交内务府。③

还可以从档案中找到其他一些信息，如嘉庆元年共收罚银 16 440.712 两，养廉节存共 7311.111 两，以上二项共 23 308.729 两；嘉庆十八年第一个关期，收饭食银 4 868.188 两，收罚银 8 433.982 两，开支外仍余 1070 两；道光十一年收罚银 13 480.147 两，动用 216.5 两，存银 13 263.647 两，又用银 4.966 两，实存 13 268.613 两；道光十三年收罚银 17 067.113 两，动

①《宫中档朱批奏折・财政类・关税》，嘉庆十七年五月初一日，苏州织造兼管浒墅关和明折，档案号：04-01-35-0366-048。

②《宫中档朱批奏折・财政类・关税》，嘉庆十九年五月初一日，苏州织造兼管浒墅关和明折，档案号：04-01-35-0368-010。

③《宫中档朱批奏折・财政类・关税》，嘉庆二十一年五月初一日，苏州织造兼管浒墅关阿尔邦阿折，档案号：04-01-35-0368-036。

用 367.7 两，扣除 5.65 两支出，共余银 16 705.063 两；道光十九年收罚银 13 434.202 两，动用 297.9 两，支出银 30.439 两，共余银 14 366.741 两。这些银两最后都上交内务府，可见这必然也是内务府重要的收入来源。

六、扬州关（兼由闸）

扬州关始设于明宣德四年（1429 年），清初每岁仍轮差部员。雍正元年（1723 年）归并江苏巡抚，后改委常镇道督理收税，“嗣于扬关由闸之外陆续添设子口十九处，分布各县”。仪征河饷银原属仪征县征解，后因缺额，于康熙三年（1664 年）归并瓜洲由闸。瓜洲闸原属扬州府扬河江防同知监收，雍正五年归并扬州钞关征收。雍正六年（1728 年）又将胜家坝落地税归并扬关征收。乾隆四年（1739 年），定两淮盐政管理扬州各税务，后又改由江苏巡抚委常镇通海道征收，两淮运司代征盐税，税银解充漕河总督衙门河饷，不经税关监督之手。

扬州关原额银 28 672 两有奇，历年溢额银 16 211 两有奇，核定正银 44 883 两有奇，额解铜斤脚价归正银 7 692 两有奇，盈余银 49 800 两，合计共应征银 102 376 两有奇。[①] 后又经过调整，至嘉道时期，正额含铜斤水脚银共收 92 791.3 两，嘉庆四年定盈余银为 68 000 两，嘉庆九年“酌减”为 71 000 两。

嘉庆道光年间，扬州关之征税示意图，如图 2-6 所示。

从图 2-6 来看，扬州关之征税有一定的下降趋势，但下降的趋势却不如浒墅关与淮安关那么直接。歉收年份及其原因如下：

嘉庆二年份较元年份减少近 2 万两，系因上年七月以后，丰工漫溢，豆船不能南下，兼之淮北一带被水歉收，“是以豆石到关无多”。[②]

---

①（清）尹继善等修：《江南通志》卷 79《食货志・关税》，台北：京华书局，1967 年，第 1357 页。

②《军机处录副奏折・嘉庆朝・财政类・关税项》，嘉庆二年八月十六日，暂护江苏巡抚苏州布政使陈奉兹折，档案号：03-1766-064。

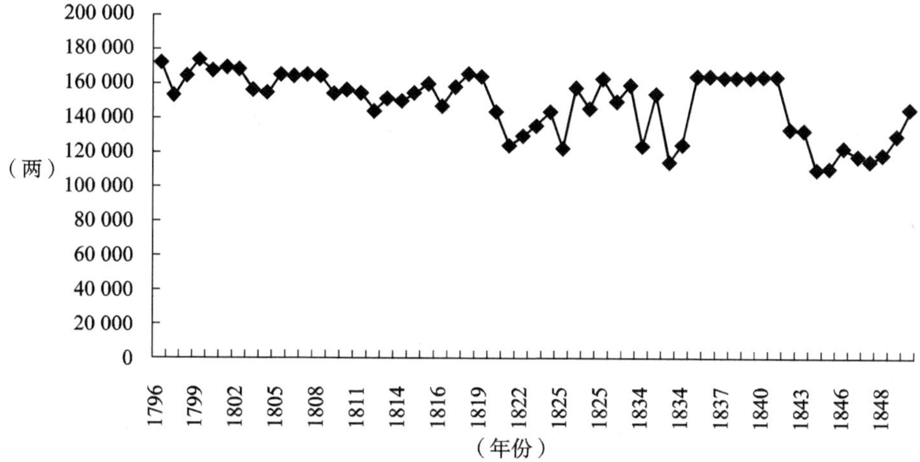

图 2-6　嘉道时期扬州关征税示意图

嘉庆三年份仍有少收，因上年东省曹工漫溢，“货船艰于南下，兼之徐州一带被水歉收，豆石到关稀少”，[①] 可见仍是受河工的影响。

此后扬关征税较为平稳，直到嘉庆八年份才少收 4 000 两，少收的原因，系扬关、由闸税课全以北来饼豆为大宗，“上年山东等省岁收丰歉不齐，饼豆到关稀少”。兼之徐州、海州等属一隅偏灾，商贩货物逊于往年，又因本年正月望后江南、江北一带河道“冻阻旬余，舟楫不通”，以致税课盈余短少。[②]

嘉庆九年份少收近 6 000 两，系因扬关、由闸税课全以北来豆船为大宗，因豫东等处豆价稍昂，贩运到关稀少，又上年九月间豫省衡工漫口，货船亦艰于南下。[③]

此后扬州关又开始出现多收盈余的局面，至嘉庆十五年份才少收 7 000 两，少收之因，系上年秋冬之季，淮属状元墩河坝决口，“货豆船只贩运维

① 《军机处录副奏折 · 嘉庆朝 · 财政类 · 关税项》，嘉庆三年六月二十六日，江苏巡抚费淳折，档案号：03-1767-008。

② 《宫中档朱批奏折 · 财政类 · 关税》，嘉庆八年四月二十六日，两江总督兼署江苏巡抚费淳折，档案号：04-01-35-0361-010。

③ 《宫中档朱批奏折 · 财政类 · 关税》，嘉庆九年四月二十六日，江苏巡抚汪志伊折，档案号：04-01-35-0362-013。

艰，迨至冬令，河道冰冻，较往岁尤甚，商货难以通行”。①

嘉庆十六年份少收 9 000 两，因上年山阳三铺云昙口，及宝应王家庄堤工漫溢，复又三坝漫口，湖水下注，重载商船南下稀少，迨至回空漕船过竣，即值运河筑坝，船只间阻。②可见受河道的影响极大。

嘉庆十七年份少收近 2 万两，因上年豫东二省均经被灾，收成歉薄，又因黄河漫工，“商贾难行”。③

嘉庆十八年份少收 1 万两，系豫东二省前岁歉收，产豆本少，商贩不无稀少；兼之李工于上年二月始行合龙，五月复堵闭御黄，豆货盘运起剥又须折耗，“商人计及锱铢，南下之船未免更少”。④

嘉庆十九年份仍少收 1 万两，仍称是上年豫东二省收成歉薄，产豆本少，价值未平，商贩不无稍稀，兼之夏间堵闭御黄坝，冬令又因豫省睢工漫口，南下之船未锡更少。⑤又在此年，上谕称，扬关“税额平余银两，向来各任巡抚提为公用，本系相沿陋规，历时已久”，现经未便仍令提支，著该督抚即饬知管关道员，“嗣后即随正额钱粮，悉数归公，尽收尽解”。⑥随即，江苏巡抚张师诚将扬关解到关项平余银 2 000 两驳回未收，一并解部。⑦

嘉庆二十年份少收 3 000 两，因上年豫东二省收成虽较十九年稍胜，饼豆等货过关略有起色，而南来杂货因有盘山绕越等弊，“屡经饬禁，尚未净尽”。⑧

---

①《宫中档朱批奏折·财政类·关税》，嘉庆十五年三月十八日，江苏巡抚章煦折，档案号：04-01-35-0365-030。

②《宫中档朱批奏折·财政类·关税》，嘉庆十六年二月二十九日，江苏巡抚章煦折，档案号：04-01-35-0366-004。

③《军机处录副奏折·嘉庆朝·财政类·关税项》，嘉庆十七年正月二十九日，江苏巡抚章煦折，档案号：03-1769-123。

④《宫中档朱批奏折·财政类·关税》，嘉庆十八年二月二十四日，江苏巡抚朱理折，档案号：04-01-35-0367-026。

⑤《宫中档朱批奏折·财政类·关税》，嘉庆十九年闰二月二十六日，江苏巡抚朱理折，档案号：04-01-35-0368-007。

⑥《宫中档朱批奏折·财政类·关税》，嘉庆二十年十二月二十八日［朱批时间］，江苏巡抚张师诚折，档案号：04-01-35-0368-026。

⑦《军机处录副奏折·嘉庆朝·财政类·关税项》，嘉庆二十年二月十七日，江苏巡抚张师诚折，档案号：03-1770-117。

⑧《宫中档朱批奏折·财政类·关税》，嘉庆二十一年正月二十九日，江苏巡抚张师诚折，档案号：04-01-35-0368-030。

嘉庆二十二年份少收 6 000 两，因近年南来各种货物，“仍由浦口行走者居多”，是以关闸征收税银未能丰足。①

此后扬州关又开始出现多收，直至嘉庆二十五年份少收近 2 万两。少收之因，系上年秋间豫省兰仪、马营坝等处先后漫溢，黄河断流，迨本年春间马营坝合龙，兰仪又溢。黄河未能仍归故道，各货往来要道“终年无水，舟楫不通，商贾难于行走，北来之饼豆亦属稀少，以致回船杂货亦属无多”。②

简言之，嘉庆时期的扬州关征收较为平稳，没有出现大的起伏，面对 16 万余两的定额，不管是多收还是少收，都相对平稳。而歉收的原因，不外运河淤塞、沿省农业歉收，以及流通格局变化导致商品过关稀少。

道光元年份，少收近 4 万两，因本年豫省西河饼豆重船，自春迄秋北来者甚属有限，又东省附河一带及徐属邳州一带岁收歉薄，商贩无多，兼之五、六月间雨泽稀少，附关支河汊口，时形浅涩，南北货船艰于行走。③

道光二年份少收 3 万两，据称系因本年秋令，淮黄并涨，货船不敢冒险前来。④

道光三年份少收 2 万两，因连岁豫、东各省麦豆歉收，客贩稀少，兼之本年夏秋上下游地方雨水过多，江潮泛涨，南北货船往来阻滞。⑤

道光四年份少收 2 万两，缘江浙一带上年被水之后，绸缎杂货到关稀少，今秋又因上游黄水盛涨，煞坝未开，商贾船只往来阻滞，以致税额短绌。⑥

---

①《宫中档朱批奏折·财政类·关税》，嘉庆二十二年十二月初一日，江苏巡抚陈桂生折，档案号：04-01-35-0369-010。

②《军机处录副奏折·嘉庆朝·财政类·关税项》，嘉庆二十五年十月二十九日，江苏巡抚陈桂生折，档案号：03-1771-122。

③《军机处录副奏折·道光朝·财政类·关税项》，道光元年十一月初七日，江苏巡抚魏元煜折，档案号：03-3155-044。

④《宫中档朱批奏折·财政类·关税》，道光二年九月二十九日，江苏巡抚魏元煜折，档案号：04-01-35-0371-063。

⑤《宫中档朱批奏折·财政类·关税》，道光三年十月十八日，江苏巡抚韩文绮折，档案号：04-01-35-0372-042。

⑥《宫中档朱批奏折·财政类·关税》，道光四年十月二十一日，江苏巡抚张师诚折，档案号：04-01-35-0373-045。

道光五年份因高家堰之事又少收4万两。道光四年十一月间高堰石工掣塌，洪湖水势骤行涌注，上游旋又煞坝兴挑，“商民舟楫难行”，迨御黄坝开放，又因粮艘阻塞，本年夏间高邮以上，复节节筑坝蓄水养船，“商贩阻滞”。①

道光六年份少收近7 000两，因近年河道梗阻，商贾舟楫稀少。②

道光七年份少收1万两，缘上年山盱启放坝河，减水下注，运河湍急，重载难行，漕船回空之后，又即筑坝蓄水，商船未能行走，兼以淮扬等属被灾较重，北来饼豆大宗客贩稀少。③

道光八年份仅少收1 000两，较历年短收之数，已有起色。至于少收的原因，据称前岁淮扬被灾之后，民间销售百物，较前稀少，过关货税仍未能十分丰旺。④

道光九年份少收1万两，因上年七月启征即值回空南下，京口运河浅涩，粮船改由横闸进口，商船阻隔，旋值兴挑徒阳运河，货载不通，“统计一年期内，河道接续梗阻”。⑤

道光十年份少收4 000两，系因近年御坝不能开放，“商民舟楫艰于驾驶，贩运南北货物未能丰旺”。⑥

道光十一年份少收4万两，因本年盐引过关不及十分之四，加上春夏之交，雨泽过多，“湖水下注，江潮顶阻”，商船挽运艰难，货税稀少。⑦

道光十二年份少收9 000两，但较之上年短收银4万余两，“相比固属

---

①《宫中档朱批奏折·财政类·关税》，道光五年十月三十日，江苏巡抚陶澍折，档案号：04-01-35-0374-022。

②《军机处录副奏折·道光朝·财政类·关税项》，道光六年九月十六日，江苏巡抚陶澍折，档案号：03-3159-078。

③《宫中档朱批奏折·财政类·关税》，道光七年八月二十八日，江苏巡抚陶澍折，档案号：04-01-35-0374-066。

④《宫中档朱批奏折·财政类·关税》，道光八年八月三十日，江苏巡抚陶澍折，档案号：04-01-35-0375-033。

⑤《宫中档朱批奏折·财政类·关税》，道光九年九月十七日，江苏巡抚陶澍折，档案号：04-01-35-0375-063。

⑥《宫中档朱批奏折·财政类·关税》，道光十年七月十八日，江苏巡抚陶澍折，档案号：04-01-35-0376-020。

⑦《宫中档朱批奏折·财政类·关税》，道光十一年七月十八日，江苏巡抚陶澍折，档案号：04-01-35-0376-051。

悬殊”。[①]

自道光十五年份以至道光二十一年份，扬州关又有了多收。溯查成案，扬关由闸自嘉庆二十五年以后，历届盈余项下俱报短收，自一二万至四五万不等，“皆因灾歉频仍，商贩稀少”，兼之御黄坝不常启放，货船未能通行，以致课额不敷。近年以来，乃因“历任道员认真经理，始得连报足额，并有溢收”。[②]

鸦片战争后，扬州关受到冲击。扬州关“自英夷滋事以来，江浙两省兵差络绎。商贾鲜通，所征盈余已难足额，本年新关开征以后，六月初八日夷船闯入大江，旋即寄于瓜洲，攻陷镇郡。所有内河各口均筑坝堵塞，江广苏杭各处客商尽皆裹足不前，间有中途绕越旱道，运赴本城及村庄售卖者，零星小贩货物无多”，截至九月初一日英舰退出长江后，计84天，关闸各口仅征银3 270两零。按日计算，共少收34 947两零。此后，“虽英夷现已就抚，而镇江行栈多被焚烧，扬郡居民亦未全行复业”，故征税仍然受到很大影响。[③]扬州关之征税，亦由以前的足额变成3万至5万两盈余的亏欠不等。

道光二十四年份少收5万两，因道光二十二年东河祥符及南河扬工之萧家庄漫口以来，至上年春夏萧工尚未堵筑，南北货载由洪泽湖绕越，“讵六月间东河中弁决口，黄河故道几成平陆”，征税大亏。[④]

道光二十六年份少收4万两，因南北货船以黄河为要道，上年春夏黄河之水毫无起色，“入冬后严寒沍冻，舟楫不通”。[⑤]

---

①《军机处录副奏折·道光朝·财政类·关税项》，道光十二年七月十三日，江苏巡抚林则徐折，档案号：03-3163-024。

②《军机处录副奏折·道光朝·财政类·关税项》，道光十七年五月二十日，江苏巡抚陈銮折，档案号：03-3164-045。

③《军机处录副奏折·道光朝·财政类·关税项》，道光二十二年十月十六日，江苏巡抚程楙采折，档案号：03-3166-018。

④《军机处录副奏折·道光朝·财政类·关税项》，道光二十四年五月初二日，江苏巡抚孙善宝折，档案号：03-3166-031。

⑤《宫中档朱批奏折·财政类·关税》，道光二十六年五月二十八日，江苏巡抚李星沅折，档案号：04-01-35-0380-040。

道光二十八年份少收4万两，因上年北方各省麦豆歉收，饼豆南来者甚少，而绸缎等货亦不能畅运北去，兼之本省江海河湖并涨，客贩更稀。[①]

道光二十九年份少收3万两，系上年雨水过多，江海河湖并涨，客贩甚稀，冬令又值淮河浅涩。[②]

简言之，道光时期的扬州关之征税除受鸦片战争的影响外，征税不足额的主要原因，其一是自然灾荒频发导致的农业歉收，流通不畅；其二是河道淤塞，船只难行。

如果综合整个嘉道时期的情况来看，似难以从扬州关之征税变化，来推断“道光萧条”论。

七、芜湖户关、工关

芜湖工关与户关的设置，在明代的榷关中属较晚者。明成化七年（1471年），朝廷在芜湖设置工关，征收竹木税，获得税银千两，此后逐年增加。至弘治十五年（1502年），税银达37 000两。泰昌、天启间，芜湖关一度被罢。崇祯三年（1630年），明廷又在芜湖设立钞关，主要征收过往商船的货税，直属户部管辖，从此成为定制。清承明制，继续设置芜湖关，顺治四年（1647年）题准芜湖关归并户部，差满汉司官。顺治八年定各关专差汉官，每关一人。康熙四年（1665年），芜湖关移交安徽池太道主管，仍隶属工部和户部。康熙九年，芜湖关中的工关移交户关兼管，遣部属一员，从此二关在管理上合二为一，但税银仍按不同来源上解户、工二部。雍正元年（1723年），芜湖关隶属改归安徽巡抚兼管，归属地方。雍正十一年又设安徽宁池太道主管，兼管芜湖关务。芜湖关的关税，直接上交户部，地方不能动用，其奏报也系由安徽巡抚负责。

① 《军机处录副奏折·道光朝·财政类·关税项》，道光二十九年闰四月十七日，署江苏巡抚苏州布政使程焕采折，档案号：03-3169-016。

② 《宫中档朱批奏折·财政类·关税》，道光三十年二月二十九日，江苏巡抚傅绳勋折，档案号：04-01-35-0381-053。

经芜湖关流通的商品种类繁多，主要包括粮食、竹木、食盐、茶叶等。从康熙年间开始，芜湖关已经成为税额颇多的常关之一，居全国前列。清人李嘉端称："芜湖关税课，全赖川、楚、江西货物前赴浙江、江苏仪征、扬州、清江浦等处，转行五省销售。"①

芜湖户关原额银 87 337 两有奇，历年溢额银 51 158 两有奇，后核定正税银 138 496 两有奇，额解铜斤水脚价归正银 18 423 两有奇，合计 156 919.08 两，嘉庆四年定盈余银数目 73 000 两，合计应解银 229 919.08 两。芜湖工关正额银 70 146.16 两，嘉庆四年定盈余银 47 000 两，合计 117 146.16 两。

嘉道时期芜湖关之征税示意图，如图 2-7 所示。

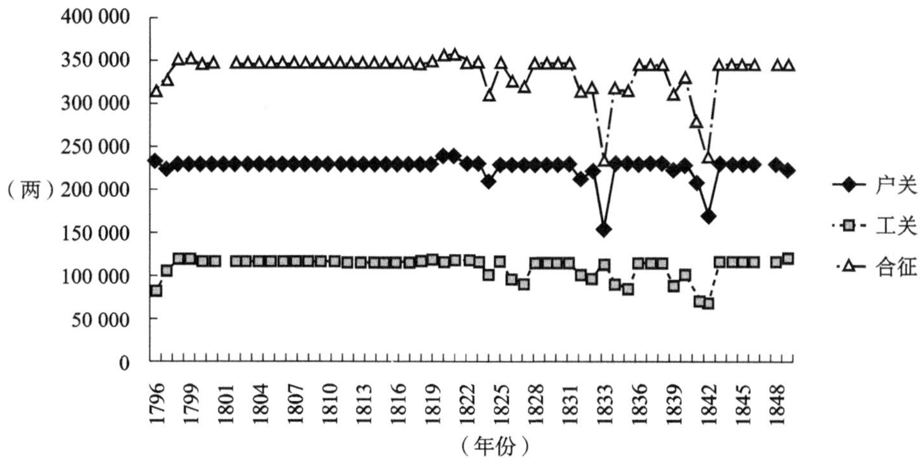

图 2-7　嘉道时期芜湖关之征税示意图

图 2-7 中最上者为户关、工关所征数目的合计，居中者为芜湖户关所征，最下者为芜湖工关所征。从曲线示意图可以看出，工关与户关的变化趋势较为相近。除道光时期有过一定的波动外，其余时间大致平稳。

从嘉庆元年起，芜湖关之征收一直保持在正常的水平上，此种状态一

① 彭泽益：《中国近代手工业史资料（1840—1949）》第一卷，北京：中华书局，1962 年，第 594 页。

直持续至道光四年份才结束。道光四年份关期共少收 3 万两，缘上年四月初二日开征以后，“适值阴雨连绵，沿江被水成灾，货船簰把到关稀少，迨至秋后水势稍退，而下游被灾地方甚广，不特所产木棉等货失收，即各处行销上游货物亦俱积滞”。[①] 显然，这与道光三年的江南大水灾密切相关。

道光五年份芜湖关征税恢复至正常水平，但随即于道光六年份少收 2 万两，据称实因道光三年水灾之后，“民间元气未复，下游木植滞销，商本积压”。[②]

道光六年份后芜湖关征税又恢复正常，并持续到道光十二年份才少收 3 万两，少收原因，系自道光十一年正月初二日起至三月，“阴雨连绵，货船簰把到关稀少”。夏雨过多，江潮泛涨，沿江一带被水成灾，四无边际，商贩不前，迨秋后水势稍退，而上下游灾区较广，各处所产木棉等项货物失收，商运日稀。[③]

道光十三年份，少收 12 万两。据称芜湖关以木棉布匹为大宗，近年以来频遭歉岁，小民艰于糊口，“无暇谋及衣褥，棉布因而滞销，商贾无从转运”。至木簰一项，既须上游旺产，更须下游畅销，“今江南一带民力拮据，不但无力兴造，且多拆屋卖料情事”。拆卖之旧料既多，存行之新木愈积，现在江省上游新河地方木行歇业者，十居八九，而湖广产木之山，又因从前过于砍伐，现植之木尚须培养成材，始可采取，是以大簰更少。[④]

道光十四年份，少收 2 万两，因为以前过关簰把多至 200 余号，本年过关仅 80 余号。而“皖省叠遭水灾，民间元气未复，下游木植滞销，商本

---

①《宫中档朱批奏折·财政类·关税》，道光四年四月二十二日，安徽巡抚陶澍折，档案号：04-01-35-0373-023。

②《宫中档朱批奏折·财政类·关税》，道光七年三月二十八日，安徽巡抚邓廷桢折，档案号：04-01-35-0374-051。

③《宫中档朱批奏折·财政类·关税》，道光十二年二月初十日，安徽巡抚邓廷桢折，档案号：041-01-35-0376-066。

④《宫中档朱批奏折·财政类·关税》，道光十四年三月初一日，安徽巡抚邓廷桢折，档案号：04-01-35-0377-042。

积压，艰于转运”。[①] 可见还是受到自然灾害的影响。

道光十七年份，工部有了亏损，但通融计算，仍有盈无绌。至于工部亏损之由，因本年夏秋之间江潮盛涨，沿江一带滩埂均皆浸漫，簰把笨重，间有浅搁，阻滞难行，以致征收盈余较少。[②]

道光二十年份，少收 1 万两，系因频年江水漫溢不消，山货颇难销售，“各商闻风裹足，簰把较稀”。[③]

鸦片战争期间，远在安徽的芜湖关亦受影响，导致道光二十一年份关期短少 67 573 两，次年份短收 106 221 两。据称道光二十二年五月中旬，宝山、上海失守，“传言夷船已到圌山关，扬州镇江居民纷纷迁徙，皆由下而上，前赴湖广、江西各处安插，商船已税过关者亦复泝流折回”，所短亏欠“实因江路阻塞，非寻常水患偏灾可比”[④]。

鸦片战争结束，芜湖关之征税又恢复正常。至道光二十八年份，工部虽然少收，亦不过 64 两，且户部多收了 384 两，通融核算，有盈无绌。而工部亏收之由，据称是“本年夏间江潮盛涨，沿江一带滩埂被水浸透，簰把笨重，间有阻滞”。[⑤]

道光二十九年份，通融合计短少不过 30 两，影响可以忽略不计。[⑥]

由此可见，芜湖关之户、工两处征税，在嘉庆时期并未发生短少，而道光时期的下降，除鸦片战争外，最主要的原因就是自然灾害，似难与“道光萧条”相牵连。

---

①《宫中档朱批奏折·财政类·关税》，道光十五年正月二十七日，安徽巡抚邓廷桢折，档案号：04-01-35-0378-003。

②《宫中档朱批奏折·财政类·关税》，道光十七年十二月初一日，安徽巡抚色卜星额折，档案号：04-01-35-0379-019。

③《宫中档朱批奏折·财政类·关税》，道光二十年十二月初二日，安徽巡抚程楙采折，档案号：04-01-35-0379-037。

④《军机处录副奏折·道光朝·财政类·关税项》，道光二十二年十二月初七日，安徽巡抚程楙采折，档案号：03-3166-026。

⑤《宫中档朱批奏折·财政类·关税》，道光二十八年七月二十二日，安徽巡抚王植折，档案号：04-01-35-0381-006。

⑥《宫中档朱批奏折·财政类·关税》，道光二十九年八月初八日，安徽巡抚王植折，档案号：04-01-35-0381-039。

八、凤阳关

凤阳关为凤阳仓与正阳关的合称，系淮河沿线唯一的户部榷关。

凤阳仓“原管收苏、松、常、镇、安、宁、太、庐、凤、淮、扬十一府，滁州、来安、全椒三州县，并凤阳中卫、右卫等八卫一所内及河南八府一州属，并飞熊、英武、广武三卫民屯本折钱粮，内除河南所属径解河南布政司外，其一应米麦钱粮于康熙三十三年（1694年）俱归粮道管收，今税额乃正阳、临淮二关所收也”①。

正阳关设于明成化元年（1465年），只税船钞；过往落地及鱼茶酒醋杂项诸税，则属凤阳府通判管理。顺治八年（1651年），归并凤阳仓于正阳关。正阳关设于正阳镇，此地为南北货物水运要道，淮河、淠河交汇之处，东达江苏沿海，南抵六安等府。康熙二十二年（1683年）添设盱眙、亳州二口税务；康熙三十三年正阳关交由安徽粮道兼管。

至于临淮关，亦设于明成化元年。临淮关在观阳府城东十八里，位于淮河右岸的濠水河口，亦为淮河沿岸的著名商业重镇。清承明制，仍设临淮关。康熙三十四年，原凤阳仓监督移驻正阳镇，设立关署，专管正阳、临淮二关。临淮关“向来河南货物，由颍河、涡河舟运至此上岸，陆路至浦口，发往苏杭。亦有苏杭绸缎杂货，由浦口起旱，至长淮雇船，运赴颍、亳、河南等处”②。

凤阳关的人员管理与其他主要榷关类似，顺康时期绝大部分时间系由皇帝批准、由户部直接委派官员管理；而从康熙末年至清末，则基本上由地方官管辖。康熙二十一年定凤阳关差六部满官一人收税。康熙五十五年，将凤阳关税务交由安徽巡抚管理。当时户部奏请更换凤阳等关监督，康熙帝称：“各关监督所欠钱粮甚多，未派之先，俱愿前往，及到任之后，额税必欠，此皆多带人役、征收过刻之故。……凤阳关额税，著交与该巡抚征

---

①（清）尹继善等修：《江南通志》卷79《食货志·关税》，台北：京华书局，1967年，第1358页。

②（清）于万培纂修：《凤阳县志》卷3《舆地志·市集》，光绪十三年刻本，《中国地方志集成》之安徽府县志辑第36辑，南京：江苏古籍出版社，1998年，第229页。

收，余缺俟朕令派。”[①]乾隆十四年归庐凤道管理，仍兼钦差监督衔，委督粮通判驻扎稽查，止税船钞。

正阳关原额 20 007 两，临淮关原额 1 800 两，又并征亳州、盱眙税课 41 115 两，历年溢额银 16 916 两。后核定正税银 79 839 两，额解铜斤脚价归正银 10 320 两有奇。康熙三十一年，定原额铜斤银 90 159.6 两。关于盈余，嘉庆四年定为 15 000 两，嘉庆九年又“酌减”为 17 000 两，合计正额盈余共银 107 159.6 两。

根据附录表 16，可以整理出嘉道时期凤阳关征税的曲线示意图，如图 2-8 所示。

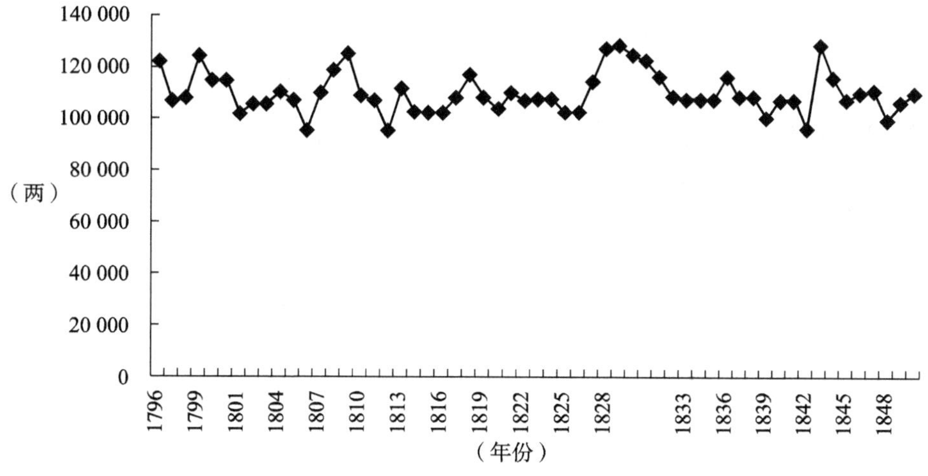

图 2-8 嘉道时期凤阳关征税示意图

从图 2-8 中可以看到，嘉道时期凤阳关的税收情况有较大的波动，但一直居于高位震荡，看不出有明显的衰退情况，动荡的原因如下：

嘉庆元年份较前三年份均有盈无绌，而二年份则少收，原因系凤阳关税钞只出淮河一道，杂货不过十之二三，米豆居十之七八，全赖上游豫省。上年及本年豫省年岁收成与江苏相等，粮价亦属相仿，客商运赴下江，加

① （清）戴衢亨等修：《清朝文献通考》卷 26《征榷考一》，杭州：浙江古籍出版社，2000 年，第 5079 页。

以水脚盘费，无利可图，“本地凤颍泗各属适遍被偏灾，现蒙加恩赈济，更无余粮贩运”。①

此后凤阳关又开始多收，当地还加强打击扰乱征税秩序者：“正阳地方，三州县连界，回汉杂处，民情强悍。兼有游手无赖之徒，每遇客载抵关，借名送礼上船强讹，名曰太平钱，稍不遂欲，即肆行滋扰，为害商民……有犯必惩。”②至嘉庆九年时，清廷又将其盈余额上调，但从随后的征收情况来看，凤阳关依然保持多收。

至嘉庆十一年份，凤阳关少收 1 万两。据奏称，上年河南年岁收成与江苏相仿，粮价亦属相平，商贩无利可图，“至本省凤阳、泗州各属上年本属歉收，荷蒙圣恩缓征抚恤”。③ 在此期间，凤阳关曾受言官指责。江西道监御史杨怿曾指出，“臣籍隶安徽，距凤阳关不远”，其所属之阳关水道，北通豫省，南达淮扬，船只往来，多米豆茶麻之类，抵关时如得随查随放，“则商船不致滞后留，税课必无亏短，而四境之民食用亦得以济矣”。但当他于水路往来时，“见商船壅积，俱云候开关，询其放关日期，竟至隔五日十日之久”。商船守候日久，费用溢烦，贩卖者获利无多，价值必增昂贵，“是不便于商，实不便于民矣”。盖正阳关距管关道员驻扎地方较远，多系委诸书舍家人之手，不无徇私舞弊之处，即如春季茶船，向来三月底即行过关，五月内即可抵京，“其茶引之多寡自有定额，闻今岁该关令该商等每石茶必要一引，必致茶船留滞”，现届七月中旬，尚无到京之信。山户小民，所产茶叶不能自销，必赖外地，如京庄每年可消三四十万之值，不能再拖，请立即放行。④ 随后，安徽巡抚钱楷回应，派候补知府温宪前往访查，结果据

① 《军机处录副奏折·嘉庆朝·财政类·关税项》，嘉庆二年二月十二日，管理凤阳关税务庐凤道刁玉成折，档案号：03-1766-035。

② 《宫中档朱批奏折·财政类·关税》，嘉庆五年九月初十日［朱批日期］，管理凤阳关税务庐凤道珠隆阿折，档案号：04-01-35-0360-020。

③ 《宫中档朱批奏折·财政类·关税》，嘉庆十一年十月初三日，管理凤阳关庐凤道德庆折，档案号：04-01-35-0363-054。

④ 《军机处录副奏折·嘉庆朝·财政类·关税项》，嘉庆十六年七月十四日，江西道监御史杨怿曾折，档案号：03-1769-091。

凤阳关监督四达色称，“正阳关历有委员经管，并不专用书舍”。本年五月初六日山水下注，茶船一拥至关，均须次第查验引目、对票、兑钞、给票，接续开行，彼时船只较多，本日势难启放，致有耽延一、两日，“并无十日、五日放关之事”。①

嘉庆十七年份仍然少收1万两。据奏是因为上年河南光固等处收成歉薄，粮价与江苏相仿，商贩无利可图，以致过关商贩稀少。又因凤、颍、泗一带，上年春收本歉，秋间又值李家楼漫口，宿、灵、泗三州县之秋粮，被水浸淹无余，民间并无粮食出售。②

嘉庆十八年份出现多收，十九年份则少收4 000两，少收原因，是上年上游年岁本歉，后适值睢工漫口，豫省米豆少收，而本省亳、蒙、惟、凤、泗、盱等州县“秋粮猝被淹浸，收成无几，商贩稀少，亦无余米出售”。③

嘉庆二十年份仍少收4 000两，原因系自前年豫省睢工漫日，普被水灾之后，上年夏秋“又复亢旱，秋粮歉收，市价腾贵”，而殷实之户亦无余粮出售，以致“商贩大半歇业，船载过关稀少”。④可见仍然是粮食流通不畅所致。

嘉庆二十五年份少收2 000两，原因系上年秋季适值豫省黄河漫口，凤阳、颍州、泗州一带均被黄水淹浸，秋粮大半失收，以致载船过关稀少。⑤

道光前期，凤阳关保持多收。至道光五年份，则因高家堰决口，导致少收4 000两。据奏称，本年前半段时间征收尚好，因高堰洪水，“无可筹

---

①《军机处录副奏折·嘉庆朝·财政类·关税项》，嘉庆十六年十月二十八日，安徽巡抚钱楷折，档案号：03-1769-111。

②《军机处录副奏折·嘉庆朝·财政类·关税项》，嘉庆十七年八月初一日，管理凤阳关庐凤道四达色折，档案号：03-1770-010。

③《军机处录副奏折·嘉庆朝·财政类·关税项》，嘉庆十九年七月初十日，管理凤阳关庐凤道札隆阿折，档案号：03-1770-090。

④《军机处录副奏折·嘉庆朝·财政类·关税项》，嘉庆二十年七月初五日，管理凤阳关庐凤道札隆阿折，档案号：03-1770-133。

⑤《宫中档朱批奏折·财政类·关税》，嘉庆二十五年五月初八日，管理凤阳关庐凤道惠显折，档案号：04-01-35-0371-025。

办，深为惶惧”。[①]

道光六年份凤阳关亦少收近 7 000 两，据查凤阳关货载由淮河至运河，必由束清坝转达。上年二月接征以来，“初因洪湖水浅，束清坝未能启放，嗣因运河粮艘挨挤，一切货载不能下行”。[②]

此后，凤阳关又保持了很好的征税状态。至二十年份少收 6 000 两，原因系上年上游粮价相平，“贩运无利，商船往来稀少”。[③]

道光二十二年份，受鸦片战争影响，因“夷船拦入长江”，凤阳关少收 1 万两。至道光二十三年，则“地方安静”，又多收 2 万两。[④]

道光二十八年份，凤阳关再次少收 7 000 两，原因系上年因河南荒歉，“几及通省，豆粮无出，商贩不行”。[⑤]

道光二十九年份，凤阳关仅少收 800 两，系因上年“秋收荒歉，几及通省，豆粮无出”。[⑥]

由此可以看出，除因高家堰决口、鸦片战争外，导致嘉道时期凤阳关征税下降的主要原因是自然灾害导致粮食流通不畅。但即便如此，凤阳关征税仍然保持高位水平，并无明显的下降趋势。

除正税及盈余外，凤阳关还有部分其他的杂项收入。

其一，凤阳关例由庐凤道管理，而凤阳关所定养廉银 6 000 两，办公银 6 000 两，共计 12 000 两，仅支取 1 000 两，其余 11 000 两，例交造

---

①《宫中档朱批奏折·财政类·关税》，道光五年三月初十日，管理凤阳关税务庐凤道戴聪折，档案号：04-01-35-0373-056。

②《宫中档朱批奏折·财政类·关税》，道光六年三月初四日，凤阳关新授山西按察使戴聪折，档案号：04-01-35-0374-029。

③《军机处录副奏折·道光朝·财政类·关税项》，道光十九年十月初八日，管理凤阳关税务庐凤道郑家麟折，档案号：03-3165-066。

④《军机处录副奏折·道光朝·财政类·关税项》，道光二十三年八月十三日，管理凤阳关税务庐凤道郑家麟折，档案号：03-3166-044。

⑤《军机处录副奏折·道光朝·财政类·关税项》，道光二十八年七月十一日，管理凤阳关税务庐凤道舒梦龄折，档案号：03-3168-084。

⑥《军机处录副奏折·道光朝·财政类·关税项》，道光二十九年六月初一日，管理凤阳关税务庐凤道舒梦龄折，档案号：03-3169-022。

办处。

其二，凤阳大关征收税银每两有节省归公银七分，从嘉庆七年起奏明解交造办处。

其三，凤阳关裁革倾销火工饭食银，从嘉庆七年起奏明解交造办处。

其四，凤阳关例征收关税一半积存平余钱余银若干，扣掉解部平饭及添补各口经费，仍存平余银交造办处，

其五，凤阳关以前例有每两征收充公银一厘，交造办处。

以上五项银两，一并解交造办处，如表 2-4 所示。

表 2-4 嘉庆道光朝凤阳关杂税一览表 （单位：两）

年份	节省养廉办公银	节省归公	倾销银	一半积存	例支	仍余	1 厘充公	合计
嘉庆元年	11 000	5 033.103	5 033.103			1 031.032	282.785	22 380.023
二年	11 000	4 919.422	4 919.422	4 002.693	2 839.547	1 163.146	268.892	22 270.882
三年	11 000	4 704.57	4 704.57	3 698.84	2 811.114	887.726	204.916	21 501.782
五年	11 000	4 291.863	4 291.863	3 901.084	2 321.877	1 579.207	677.736	21 840.669
八年	11 000	4 095.488	4 095.488	3 714.225	2 264.144	1 450.081	516.909	21 157.966
九年	11 000	4 839.694	4 839.694	4 065.488	2 350.587	1 714.901	646.458	23 040.747
十年	11 000	4 304.747	4 304.747	4 095.096	2 238.265	1 856.831	662.192	22 128.517
十一年	11 000	3 810.807	3 810.807	3 844.653	1 031.151	2 813.502	218.897	19 871.662
十二年	11 000	5 292.531	5 292.531	4 146.331	3 010.469	1 135.862	332.168	23 053.092
十五年	11 000	4 761.553	4 761.553	3 912.129	2 560.066	1 352.603	70.376	21 945.545
十八年	11 000	5 100.276	5 100.276	4 177.162	3 683.56	493.63	118.302	21 812.465
十九年	11 000	4 111.114	4 111.114	3 709.333	3 542.554	166.779	82.896	19 471.903
二十年	11 000	3 503.981	3 503.981	3 392.56	3 241.936	150.624	55.086	18 213.672
二十三年	11 000	6 485.744	6 485.744	3 745.001	3 581.338	163.663	18.922	24 154.073
二十四年	11 000	5 785.814	5 785.814	3 599.542	3 486.514	113.028	10.822	22 695.478
二十五年	11 000	4 589.338	4 589.338	3 439.814	3 318.483	121.331	12.045	20 312.052
道光元年	11 000	5 588.096	5 588.096	3 782.983	3 696.099	86.884	11.787	22 274.863
二年	11 000	5 587.398	5 587.398	3 736.773	3 646.105	90.668	12.914	23 278.708
三年	11 000	5 062.014	5 062.014	3 627.12	3 524.125	102.995	15.787	21 242.81
四年	11 000	5 433.027	5 433.027	3 783.305	3 716.938	66.367	18.264	21 950.685
五年	11 000	4 978.423	4 978.423	3 558.556	3 505.921	52.635	16.112	21 025.593

续表

年份	节省养廉办公银	节省归公	倾销银	一半积存	例支	仍余	1 厘充公	合计
六年	11 000	4 395.373	4 395.373	3 366.29	3 314.438	51.852	16.236	19 858.834
九年	11 000	6 687.877	6 687.877	4 284.254	3 954.044	330.21	23.076	24 729.04
十年	11 000	6 410.792	6 410.792	4 134.841	3 824.734	310.107	26.023	24 157.714
十一年	11 000	6 123.738	6 123.738	3 826.384	3 613.013	213.371	25.13	23 485.977
十二年	11 000	5 945.738	5 945.738	3 619.368	3 540.803	71.595	20.016	22 983.087
十三年	11 000	4 002.863	4 002.863	3 335.586	3 283.23	52.356	18.178	19 076.26
十四年	11 000	4 727.441	4 727.441	3 423.405	3 363.753	59.652	20.794	20 535.328
十五年	11 000	5 192.238	5 192.238	3 453.648	3 385.449	68.199	18.442	21 471.117
十六年	11 000	5 387.798	5 387.798	3 690.333	3 542.78	147.553	26.465	21 949.614
十七年	11 000	5 424.102	5 424.102			69.416	21.937	21 939.557
十八年	11 000	5 220.411	5 220.411	3 576.028	3 503.794	72.234	22.185	21 535.241
十九年	11 000	4 614.116	4 614.116			54.435	21.689	20 304.356
二十年	11 000	4 471.596	4 471.596	3 705.787	3 644.661	61.126	26.343	20 030.661
二十一年	11 000	4 325.329	4 325.329	3 527.439	3 478.926	48.513	24.43	19 723.601
二十二年	11 000	4 814.662	4 814.662	3 299.47	3 258.137	41.333	18.24	20 688.897
二十三年	11 000	6 355.748	6 355.748	4 254.815	4 042.399	212.416	24.23	23 948.142
二十四年	11 000	4 768.401	4 768.401	3 964.092	3 752.528	211.564	26.122	20 774.488
二十六年	11 000	4 744.178	4 744.178	3 933.424	3 868.188	65.236	24.72	20 578.312
二十八年	11 000	4 376.278	4 376.278	3 426.919	3 370.066	56.853	22.564	19 831.973
二十九年	11 000	4 575.518	4 575.518	3 645.596	3 571.73	73.866	22.75	20 247.652
三十年	11 000	5 280.333	5 280.333	3 962.192	3 883.764	79.158	25.31	21 665.134

资料来源：朱批奏折、军机处副录奏折与经济所抄档

从表 2-4 中不难发现，这是造办处的一笔可观收入。

九、龙江西新关

西新关源于明代的西关和新江关，顺治二年（1645 年）将新江关并入西关，名西新关。江宁府（今南京）龙江、西新本为二关，西新关隶户部，龙江关隶工部，两关相距仅 20 里，康熙二十四年（1685 年）各设专官课税，二十八年二关合为一关，但课税仍照各部销算；雍正六年（1728 年）起归

江宁织造兼管。

龙江工关的额税，系正额银 57 607.225 两，嘉庆四年（1799 年）定盈余 55 000 两，共计 112 607.225。西新户关的额税，正额为 33 684 两，铜斤水脚 7692.325 两，合计 41 376.325 两。嘉庆四年，定西新关盈余 29 000 两，嘉庆九年“酌减”为 33 000 两。由于两关例由同一份奏折奏销，且两者盈余如出现亏欠可相互调剂，但通常将亏欠归入户部盈余项下。

下面是龙江西新两关嘉庆、道光时期的征税示意图，如图 2-9 所示。

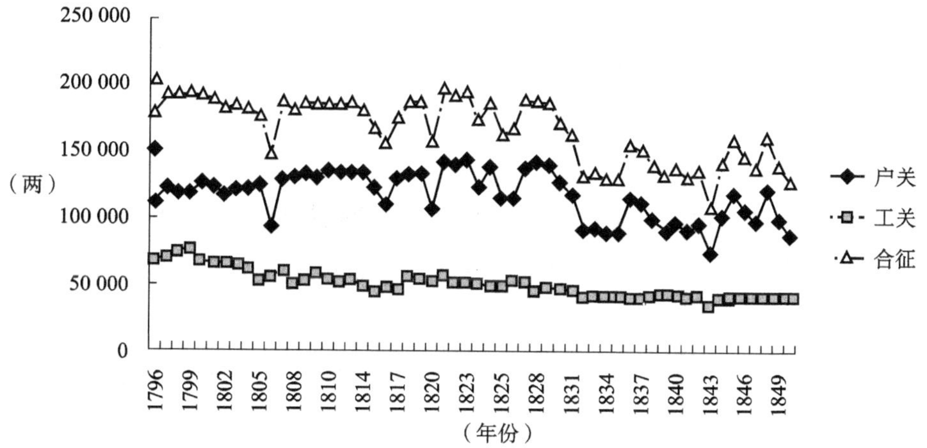

图 2-9　嘉道时期龙江西新关征税示意图

图 2-9 中上线为工关与户关共计数据，居中者为工关征税情况，最下者为户关征税情况。通过图 2-9 可以看出，龙江西新关的情况，主要受工关的影响较大，有一定的下降趋势。而到道光后期，又因洋关的设置、流通格局的变化，而导致税收有所下降。

至嘉庆八年份之前，户工二关均有盈无绌，至嘉庆九年份才发生少收 3 000 两的情况，需要指出的是，此次亏损正是发生于九年份增加了户关盈余的情况下发生的。当然，奏折的解释，则称系“查本年浙湖一带产丝歉薄，因此进城新丝、出城绸缎较少，兼之上游杂货等项船只到关亦稍稀疏”。[①]

嘉庆十年份少收 8 000 两，又称工税上年积木过多，“行销迟滞”。而户税少则“全仗进城新丝、出城绸缎为大宗”，今春浙西三府产丝歉薄，价值较昂，客商无力贩运，“以致进城出城税课均有不敷”。[②]

嘉庆十一年份少收 3 万两，原因仍系江浙一带存滩木植滞销，商本积压，无力转运；户关则全赖进城丝斤、出城绸缎，亏短之由，亦缘上年蚕丝歉薄，“江宁机户停织歇业者多”。[③]

嘉庆十三年份少收 5 000 两，还是表示户关向以进城丝斤出城绸缎为大宗，近因丝价昂贵，江宁机户歇业者多，而下游之淮扬一带连年被有水灾，货物行销迟滞。兼之本年米粮价贵，“大江南北贩养猪羊牛驴牲畜者复少”，以致盈余不足。[④]

嘉庆十九年份少收 4 000 两，仍系户税全仗进城丝斤、出城绸缎，“近因丝绒价贵，绸缎滞销，机户歇业者多，客商贩运更少”，是以户税未能收足。[⑤]

嘉庆二十年份少收近 9 000 两，因去年江省及邻省收成歉薄，“各行货物寥寥”，以致户税不敷比较。[⑥]

嘉庆二十一年份少收近 3 万两，据奏称前岁秋成稍歉，去岁江滩堆贮

---

① 《宫中档朱批奏折·财政类·关税》，嘉庆九年九月初四日，江宁织造姚良折，档案号：04-01-35-0362-030。

② 《宫中档朱批奏折·财政类·关税》，嘉庆十年八月二十一日，江宁织造嵩年折，档案号：04-01-35-0363-007。

③ 《宫中档朱批奏折·财政类·关税》，嘉庆十一年八月二十一日，江宁织造嵩年折，档案号：04-01-35-0363-051。

④ 《军机处录副奏折·嘉庆朝·财政类·关税项》，嘉庆十三年七月二十日，江宁织造嵩年折，档案号：03-1768-081。

⑤ 《宫中档朱批奏折·财政类·关税》，嘉庆十九年五月二十七日，江宁织造雙德折，档案号：04-01-35-0368-013。

⑥ 《军机处录副奏折·嘉庆朝·财政类·关税项》，嘉庆二十年五月二十七日，江宁织造延隆折，档案号：03-1770-130。

木植较多，“销售不畅，是以商本积压，贩运寥寥”。①

嘉庆二十二年份少收1万两，称龙江西新关历年以来，均赖工税之有余抵补户税之不足。本年工税盈余银虽按照定额盈余，“有盈无绌”，而较之丰旺之年，仍形短少，实缘丝价工本昂贵，“各货销售维艰”。近年机户歇业者多，“凡进城丝斤、出城绸缎绒纱，均较当年短少”。②

嘉庆二十五年份少收2万两，仍系去年“丝薄价昂，绸货滞销，机户间有停织”；又自去秋以来，上游江水弱小，“竹木大簰煤炭船只，俱未能畅行”。③

道光初年龙江西新关征税较为平稳，至道光四年份发生少收1万两，原因无二，仍因上年夏秋雨水较多，“江潮盛涨”，兼之收成歉薄，“粮食价昂，堆贮木植杂货甚多，商本未能转运”，以致木簰杂货到关寥寥。④

道光五年份亦因高堰决口，出现了2万两的亏损，即道光四年下游湖水泄枯，河道浅阻，木筏货船难资浮送，继复借黄济运，“节节堵坝蓄水，客船不能流通”。⑤

道光六年份少收近2万两，仍因夏秋雨水较多，收成歉薄，“客货滞销，商本未能转运”。⑥

此后两关征税恢复平稳，至道光十年份少收1万两，因近年运到木植存滩尚多，“行市颇滞，一时难以销售”。尤其是户税，“数十年来，从未能

①《宫中档朱批奏折·财政类·关税》，嘉庆二十一年五月二十七日，江宁织造延隆折，档案号：04-01-35-0368-039。

②《宫中档朱批奏折·财政类·关税》，嘉庆二十二年四月二十六日，江宁织造延隆折，档案号：04-01-35-0368-054。

③《宫中档朱批奏折·财政类·关税》，嘉庆二十五年三月二十一日，江宁织造七十四折，档案号：04-01-35-0370-037。

④《宫中档朱批奏折·财政类·关税》，道光四年二月二十一日，江宁织造广亮折，档案号：04-01-35-0373-008。

⑤《宫中档朱批奏折·财政类·关税》，道光六年正月二十四日，江宁织造广亮折，档案号：04-01-35-0374-027。

⑥《宫中档朱批奏折·财政类·关税》，道光七年正月十四日，江宁织造彭年折，档案号：04-01-35-0374-045。

赶敷比较，每年均赖工税之有余，抵补户部之不足”。而本年工税亦较往年少收，故有此歉收。[①]

道光十一年份少收 2 万两，因本年四月间，上游各省山水陡发，至八月内始行消退，“收成减歉，货物滞销”，又兼江水盛涨，“一片汪洋，滩岸难行，竹木簰把杂货客船挽运惟艰，商贩到关输纳稀少”。[②]

道光十二年份少收 5 万两，缺口较大，缘自去岁湖广、江西、安徽、江苏、浙江等省均收到灾荒与歉收，今年虽收成稍稳，而“商民元气未复，诸形拮据”，一切煤炭杂货绸缎等项销售维艰，商贩稀少。至木商俱系预年携带本银前赴湖广，入山采买竹木，扎少成簰把，须至次年始得由江运往各处售卖。而上年灾区较广，旧存竹木不能畅销，成本积压，无由入山购办，“是以本年到关输税者少”。[③]

道光十四年份仍少收 5 万两，系江西、湖南两省产木之乡，连年被水，价值增昂，下江不能畅销。至丝斤绸缎亦因数省叠被水灾，“粮食价贵，商力疲乏”。今年收成虽不致荒歉，而元气一时难复。[④]

道光十五年份又少收 5 万两，仍因本年自春徂夏，天气亢旱，上游一带湖水江潮俱甚浅涸，竹木大簰，不能顺流而下，“所到者俱系零星小仔，即煤炭油糖等货亦属寥寥”。[⑤]

道光十六年份少收 3 万两，道光十七年份少收 3 万两，至于具体原因，

---

① 《军机处录副奏折 · 道光朝 · 财政类 · 关税项》，道光十年十一月初八日，江宁织造长良折，档案号：03-3160-075。

② 《军机处录副奏折 · 道光朝 · 财政类 · 关税项》，道光十一年十一月十二日，江宁织造长良折，档案号：03-3162-040。

③ 《军机处录副奏折 · 道光朝 · 财政类 · 关税项》，道光十二年十月初一日，江宁织造长良折，档案号：03-3163-038。

④ 《宫中档朱批奏折 · 财政类 · 关税》，道光十四年十月二十一日，江宁织造克明额折，档案号：04-01-35-0377-068。

⑤ 《宫中档朱批奏折 · 财政类 · 关税》，道光十五年九月初十日，江宁织造福泰折，档案号：04-01-35-0378-033。

江宁织造明伦干脆称，“实系奴才经理不善”[①]。

此后情况并未好转，并持续到鸦片战争。道光二十二年自六月初旬，因“夷船驶入江口，上下戒严，即已商贩绝迹”。自六月二十八日新季起，“夷船扼据关口，南北行旅不通”，直至八月二十八日。自六月二十八日至九月初四日67天，少征34 799.716两。统计一年免征实征及无征共144 631.873两，尚少42 350.677两，“委因年内撤回各路兵差，船只稀少，兼之镇江被毁，行栈迄未尽复”。[②]

道光二十四年份仍少收4万两，系因木植下游不能畅销，存滩过多；又兼五月江水陡涨，上游煤炭各货停阻，“均未能源源而来”。[③]同样是在本年，江宁织造瑞长称，近年来龙江西新关征收之税，均未足额，体察情形，“并非商货来源不旺，实缘漕船例外，搀带客木杂货，任意偷漏所致”，而奸商多有包给漕船带运。他建议撤销原来仪征之专收江广漕船卸载木税，而改由下江下关西江口查验。[④]这一方案很快即因“办理窒碍，有滞漕行，奉谕将龙江关添设查验之处，即行裁撤”，恢复“旧章在仪征口设口，征收卸木商税”。[⑤]

道光二十六年份又少收近4万两，户关因东坝上通皖省，下达苏杭，“杂货多由绕越，最为漏卮”。工关则全赖竹木煤炭，现在因为“银价愈昂，客商失利，贩运均不及上年畅旺”。[⑥]

---

①《宫中档朱批奏折·财政类·关税》，道光十七年九月二十六日，江宁织造明伦折，档案号：04-01-35-0379-012。

②《军机处录副奏折·道光朝·财政类·关税项》，道光二十三年七月十五日，江宁织造乌明阿折，档案号：03-3166-039。

③《军机处录副奏折·道光朝·财政类·关税项》，道光二十四年六月二十二日，江宁织造瑞长折，档案号：03-3167-025。

④《军机处录副奏折·道光朝·财政类·关税项》，道光二十四年正月初八日，江宁织造瑞长折，档案号：03-3167-002。

⑤《宫中档朱批奏折·财政类·关税》，道光二十五年三月初八日，两江总督壁昌、江宁织造龙江关监督经文图折，档案号：04-01-35-0380-036。

⑥《军机处录副奏折·道光朝·财政类·关税项》，道光二十六年闰五月二十五日，江宁织造文谦折，档案号：03-3168-024。

道光二十七年份少收2万两，缘“商贾取巧百端，而积弊尤非一时所能净绝”。又因银价过昂，客贩失利，兼之上年豫东灾歉，货物销路不畅，来源自稀。①

道光二十九年份少收4万两，因上年水灾较广，当省城及各税口被淹之时，以致贩来竹木煤炭杂货俱极短少，本城所产缎绸机户，“亦半歇业”。②

道光三十年份再次少收5万两，原因系自上年七月，龙江西新及各税口均被水淹未退，江南省城因入夏阴雨过多，江水涨溢，“沿江上下汪洋，不分涯岸，往来行舟寄泊无地，是以商载愈稀，额征日短”。③

由此可知，除因鸦片战争的人为因素外，龙江西新关之税收减少，除了自然灾害所致，实与市场不景气有一定的关系，从这一点来看，浒墅关之下降的原因，有类似之处。当然，如果以“道光萧条”论的标准来看，我们却不能因此而判断嘉道时期，龙江西新关之征税，可以区分为嘉道前后期“流通”与“市场”的差异。如果更进一步，将这些关放在全国关税收入的总体格局下来考量，则会发现它们对全局的影响已经非常小了。

又，江宁织造每年例于龙江西新盈余下动支养廉银1万，但按例节省5 000两，其余5 000两须交内务府。有时，江宁织造会表示，此开支的5 000两亦花销不完，剩余部分亦交内务府。如嘉庆二十五年份，江宁织造七十四表示，他实支养廉银不过3 972.222两，与例交之5 000两合计，共节余了6 027.778两，一并交内务府。④

---

①《宫中档朱批奏折·财政类·关税》，道光二十八年五月二十四日，江宁织造崇纶折，档案号：04-01-35-0380-067。

②《宫中档朱批奏折·财政类·关税》，道光二十九年闰四月十九日，江宁织造铭海折，档案号：04-01-35-0381-026。

③《宫中档朱批奏折·财政类·关税》，道光三十年四月二十五日，江宁织造兴保折，档案号：04-01-35-0381-060。

④《宫中档朱批奏折·财政类·关税》，嘉庆二十五年三月二十一日，江宁织造七十四折，档案号：04-01-35-0370-037。

十、九江关

九江位于赣、皖、鄂三省及长江中下游之交，鄱阳湖、赣江和长江水系的交汇点，地理位置优越，从明代的九江钞关到清朝的九江榷关，九江关的地位一直处于上升阶段，至第一次鸦片战争前，已经成为全国内陆第一大关，仅次于全国唯一的外贸港口粤海关。

九江钞关始设于明景泰元年（1450 年），“钞关署，旧在府城西滨江”。嘉靖四十二年（1563 年）添设湖口口岸。清朝入主中原，顺治二年（1645 年），九江关即恢复征税，仍属户关。康熙四年（1665 年）定制各关税均交地方官管理，以九江关归江西九江道，康熙八年复遣部员征税，二十一年题准九江关移驻湖口；雍正元年（1723 年）复移湖口榷关于九江，并分设口岸于大姑塘，令江西巡抚委官，一驻九江，一驻大姑塘，湖广往江西船若在九江纳税，至大姑塘即验票放行，江西至湖广船在大姑塘纳税者，亦如之。雍正二年各关交与地方管理。乾隆四年设监督九江关税窑务，以内务府员外郎管理，乾隆四十三年始移广饶九南兵备道驻九江，兼监督九江钞关税务。①

关于九江关的税额，明代宣德中九江关税额本色钞 293 万余贯，钱 689 万余文，折色船料正余银 15 000 余两。康熙二十一年征银 120 906 两有奇，康熙二十二年定以银 36 780 两，办铜 353 846 斤。康熙二十四年增铜价银 12 889 两，共 153 889 两为定额。康熙四十五年增铜斤脚价银 18 392 两有奇，康熙五十五年各关额办铜斤交督抚委员采办，原派铜斤脚价三分解归正项银 11 035 两有奇，节省银 7356 两有奇，共 18 392 两有奇解部，正额及铜斤脚价实共银 172 281.306 两。嘉庆四年定盈余银 347 800 两，嘉庆九年定为

①（清）刘坤一等修：光绪《江西通志》卷 87《经政略 · 榷税》，扬州：江苏广陵古籍刻印社，1987 年，第 1923—1924 页。

367 000 两。①

嘉道时期九江关之征税曲线示意图，如图 2-10 所示。

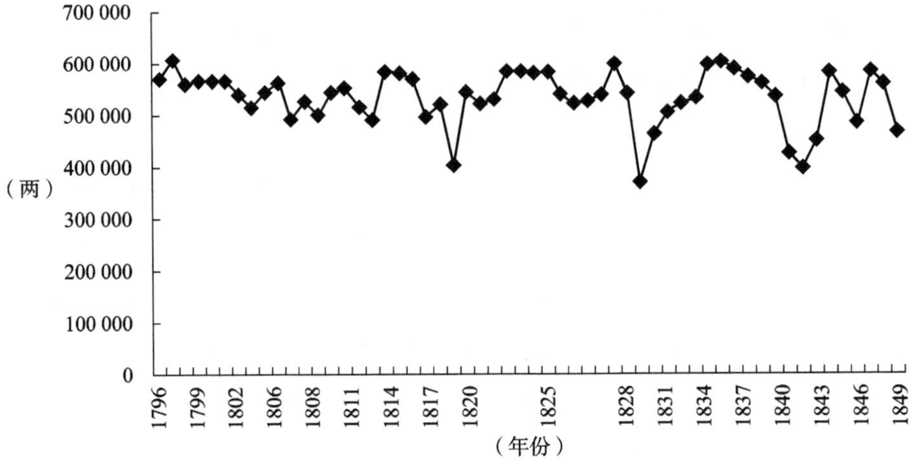

图 2-10　嘉道时期九江关征税示意图

从图 2-10 中曲线来看，九江关之征税起伏很大。

嘉庆七年份，九江关少收 2 万两，“本年江省五六月间亢旱多日，不但江楚往来船只较少，即赣河木植多不能迅达下游”。②

嘉庆八年份少收 4 万两，因各处粮价较昂，货物多有涨价，“成本既贵，商贩无利可图”，是以往来船只较少。③

嘉庆九年份少收 1 万两，因九江关定例只征船料并竹木、盐茶四项，本年自春入夏，“雨水连绵”，江楚往来船只本属较少，向年五、六月关税多赖簰把畅行，不料到五月中旬，“江湖盛涨，茫无涯岸”，所有江西等处木

① （清）李鸿章等纂：光绪《大清会典事例》卷235《户部八四・关税》，上海：商务印书馆，光绪三十四年石印本，第 772—773 页。

② 《军机处录副奏折・嘉庆朝・财政类・关税项》，嘉庆七年八月二十一日，九江关监督阿克当阿折，档案号：03-1767-037。

③ 《宫中档朱批奏折・财政类・关税》，嘉庆八年七月二十日，九江关监督阿克当阿折，档案号：04-01-35-0361-027。

植因水大溜急，俱不敢下放。①

嘉庆九年重定九江关盈余，结果增加2万两，导致十年份较新定盈余少收1万两。而奏折仍称，江浙一带去岁今春木植销售不畅，“前运之木存积尚多，商木莫继”。向年五六月间系簰把盛行之时，现在江西木把到关者尚不及往年一半。②

嘉庆十一年份少收8万两，达到一个峰值。结果据奏，江浙一带木植滞销，本年又因各处春收丰稔，上下游粮价相等，客商销售无利，一贩之后，不再复贩。可见仍然受粮食市场的影响。③

嘉庆十二年份少收近5万两，因贵州、湖广、江西产木之区春间雨水不大，河道水势过水，木植不能畅下，兼之夏令江湖亦未涨发，大簰难以运行，“多系水贩小仔，是以税课无出”。又上下游米豆杂粮价值照旧相当，商贩无从获利。④

嘉庆十三年份少收7万两。因去岁夏令，江湖水势逐小，“大簰不能下运，皆系零星小贩”，“木税较常年十减六七”，税课无多。⑤

嘉庆十四年份少收3万两，因上年川楚等省年岁丰收，“米豆杂粮贩运下江，往来船只较旺”。税课尚属有盈无绌，惟木税一项多系零星小把，大簰无几，仅征银4万有余，尚不及往年一半。近来产木之区大木稀少，“愈采愈远，出运水次工本较增”，兼之下江一带销售不畅，是以商贩减少。⑥

---

①《宫中档朱批奏折·财政类·关税》，嘉庆九年七月二十二日，九江关监督阿克当阿折，档案号：04-01-35-0362-024。

②《宫中档朱批奏折·财政类·关税》，嘉庆十年闰六月二十六日，九江关监督阿克当阿折，档案号：04-01-35-0363-003。

③《宫中档朱批奏折·财政类·关税》，嘉庆十一年六月二十一日，九江关监督广惠折，档案号：04-01-35-0363-048。

④《宫中档朱批奏折·财政类·关税》，嘉庆十二年六月二十一日，九江关监督广惠折，档案号：04-01-35-0364-039。

⑤《军机处录副奏折·嘉庆朝·财政类·关税项》，嘉庆十三年闰五月二十五日，九江关监督广惠折，档案号：03-1768-076。

⑥《军机处录副奏折·嘉庆朝·财政类·关税项》，嘉庆十四年五月二十五日，九江关监督广惠折，档案号：03-1769-013。

嘉庆十五年份少收2万两，仍因近年贵州山中大木稀少，兼之路远费重，“工本加增，转售不畅”，是以贩运减少。①

嘉庆十六年份少收6万两，据称因连年各处丰收，上下游粮价相等，商贩无从获利，再湖北汉口镇向为各路买卖云集之区，上年客货较缺，以致往来粮食货载各船共少过10 600余只。至木植因贵州山中附近大木无多，远处运费较重，数年来过关大簰本少，上年又因汉口镇缺少木料，该商等多有就近出售，既省水脚，获利便捷，是以下运木植愈少。②

嘉庆十七年份再次少收8万两，因上年川楚粮价较昂，不能下运，兼之各货俱贵，商贩无利可图，是以货载米豆等船以及木植均形减少。③

嘉庆十八年份少收1 518两，因缺数太少，直接从其养廉银中扣除。④次年少收4 000两，亦因缺数太少，没有讲为何亏损。⑤

嘉庆二十年份少收9 000两，据称上年安徽、江浙等省被旱歉收，粮价腾贵，川楚米谷纷纷贩往售卖，过关时船甚旺。惟木税较形短绌，实因云年下江一带滞消，赀本积压，不能转运所致。⑥

嘉庆二十一年份少收近8万两，因从前运赴江浙等省木植存贮尚多，连年销售不畅，“商本积压，周转莫继”。⑦

嘉庆二十二年份少收5万两，仍因上年江浙等省年岁丰收，上下游粮

---

①《宫中档朱批奏折·财政类·关税》，嘉庆十五年五月二十二日，九江关监督广惠折，档案号：04-01-35-0365-037。
②《宫中档朱批奏折·财政类·关税》，嘉庆十六年四月二十八日，九江关监督广惠折，档案号：04-01-35-0366-013。
③《宫中档朱批奏折·财政类·关税》，嘉庆十七年四月二十五日，九江关监督广惠折，档案号：04-01-35-0366-047。
④《宫中档朱批奏折·财政类·关税》，嘉庆十八年四月二十一日，九江关监督德泰折，档案号：04-01-35-0367-029。
⑤《宫中档朱批奏折·财政类·关税》，嘉庆十九年三月二十四日，九江关监督德泰折，档案号：04-01-35-0368-009。
⑥《军机处录副奏折·嘉庆朝·财政类·关税项》，嘉庆二十年三月二十五日，九江关监督德泰折，档案号：03-1770-124。
⑦《宫中档朱批奏折·财政类·关税》，嘉庆二十一年三月二十二日，九江关监督任兰祐折，档案号：04-01-35-0368-032。

价均平，商贩无利可图，是以川楚米豆杂粮“不复下运”。①

嘉庆二十三年份少收16万两，是嘉庆朝九江关的最大缺数年份，据奏称系因上年江安川广等省年谷一律丰收，来船极少，仅船料银即少收7万余两。木税亦因上年北路买卖不畅，江南存木尚多，少收木税银4万余两。盐船则因上年春间雨水过多，场盐赶运不及，迟到盐船500余号，少收5万余两。②

嘉庆二十四年份少收近4万两，据称上下游各省，一律丰收，粮价平减，以致川楚米豆杂粮不能下运。③

嘉庆二十五年份少收5万两，本年所征盐船木植溢料等项税课，尚属敷额，惟时船一项较短2万余号，实因四川、湖广、江西、安徽各省连年丰收，粮食充裕，“上下游价值平减，商贩无利可图”。④

以上是嘉庆时期的情况，到了道光朝，情况亦无多大改观。道光元年少收5万两，据称系“办理不善所致”。⑤随后稍有反复，道光二年份仅少收373两。道光二年份第二个关期则多收125两。至道光十三年份，才又少收4 000两，据称本年所征船料及盐茶各税均有溢余，惟木税较少银2万余两。缘夏间安徽、江苏、浙江等省均有被水之区，木植滞销，商贩减少。⑥

道光五年份少收4万两，据称系因船只之多寡，全赖各省粮食货物之畅行，而江浙川楚丰收，粮价相等，兼之江广两省每年有随漕北运杂货，名

---

①《宫中档朱批奏折·财政类·关税》，嘉庆二十二年二月二十八日，九江关监督任兰祐折，档案号：04-01-35-0368-052。

②《宫中档朱批奏折·财政类·关税》，嘉庆二十三年二月二十七日，九江关监督任兰祐折，档案号：04-01-35-0369-019。

③《宫中档朱批奏折·财政类·关税》，嘉庆二十四年二月二十一日，九江关监督广惠折，档案号：04-01-35-0369-051。

④《宫中档朱批奏折·财政类·关税》，嘉庆二十五年正月二十六日，九江关监督广惠折，档案号：04-01-35-0370-031。

⑤《宫中档朱批奏折·财政类·关税》，道光元年二月初三日，九江关监督常兴折，档案号：04-01-35-0371-016。

⑥《宫中档朱批奏折·财政类·关税》，道光三年十二月二十一日，九江关监督费履升折，档案号：04-01-35-0372-053。

为赶帮，本年因河道淤浅，漕船不准带货北运，货船亦均停贩。[①]

道光六年份少收5万两，实因上下游连年收成相等，粮价均平，商贩无利可图。[②]

道光七年份少收5万两，因本年过关簰把比足额之年较少五六十号，且千余两税银之大簰所过无几。上年江南地方被水歉收，销售不畅，前运之木存积尚多。[③]

道光八年、九年份出现多收，至十年份又少收3万两。据称本年各税皆属正常，惟盐船一项太少。查每年过关盐船总在1 100—1 200只不等，每只船料57两，盐税50两上下，约计每船税银百两。但本年所过盐船560只，比较常年仅止一半。[④]

道光十一年份亦少收16万两，是道光朝的欠额最低值，系因"春水泛涨，盐船米船木簰过关稀少"，以致少收银两。[⑤]

道光十二年份少收近11万两，船木两项均较往年短绌，据称因上年江广、安徽、江苏、浙江等省被灾较广，本年各省春收虽称丰熟，而民力尚形拮据，各行货物仍属滞销。[⑥]

道光十四年份少收5万两。据称本年木税较少为甚，因江西、湖南两省产木之区，连年被水，价值增昂，粮食腾贵，商贩买运维艰，兼之下江

① 《宫中档朱批奏折·财政类·关税》，道光五年十一月二十五日，九江关监督克蒙额折，档案号：04-01-35-0374-023。

② 《宫中档朱批奏折·财政类·关税》，道光六年［十一月缺日］，九江关监督克蒙额折，档案号：04-01-35-0374-040。

③ 《宫中档朱批奏折·财政类·关税》，道光七年十月二十四日，九江关监督克蒙额折，档案号：04-01-35-0375-003。

④ 《宫中档朱批奏折·财政类·关税》，道光十年九月二十五日，九江关监督祝麟折，档案号：04-01-35-0376-027。

⑤ 《军机处录副奏折·道光朝·财政类·关税项》，道光十一年十二月初七日，江西巡抚吴光悦折，档案号：03-3163-001。

⑥ 《宫中档朱批奏折·财政类·关税》，道光十二年九月二十四日，九江关监督德顺折，档案号：04-01-35-0377-011。

销售不畅，是以歉收。[①]

道光十五年份少收近5万两，本年盐木两项税银无亏，惟船料较少，湖广、江西等省上年因被水灾，收成歉薄，本年自春至夏，又因雨泽愆期，粮食无多，“商贩不能如往年之畅运”。[②]

道光十六至十八年份，九江关有了溢收，至十九年又少收1万两；次年份再少收2万两，道光二十一年份更是少收4万两，据称实因上年秋冬二季，江浙等省“各货滞销”，以致商贩船只较少，“复因上年运往下江木植存积尚多，商本不能周转，以致木税又形减少”。[③]

九江关属长江一线，道光二十一年份关期（二十年六月初九日至二十一年五月初八日），因为江浙战火，“各货滞销，以致商贩船只较少”，因而征不足数，短少44 469两。[④]次年，这一数据更变为147 055两。[⑤]

道光二十四年份少收12万两，据称夏秋两季系盐木等项之旺月，上年夏秋间因盐河水涸，场盐捆运较迟，又因下江存木尚多，木簰亦形减少。加之上年各省年岁丰收，上下江粮价相等，客商不复贩运，以致往来船只较少。[⑥]

道光二十六年份少收3万两，上下游各省近岁丰收，粮价一律平减，商贩无利可图。[⑦]

①《宫中档朱批奏折·财政类·关税》，道光十四年八月二十七日，九江关监督德顺折，档案号：04-01-35-0377-061。

②《宫中档朱批奏折·财政类·关税》，道光十五年七月二十六日，九江关监督德顺折，档案号：04-01-35-0378-025。

③《宫中档朱批奏折·财政类·关税》，道光二十一年六月初九日，江西巡抚钱宝琛折，档案号：04-01-35-0379-050。

④《宫中档朱批奏折·财政类·关税》，道光二十一年六月初九日，江西巡抚钱宝琛折，档案号：04-01-35-0379-050。

⑤《军机处录副奏折·道光朝·财政类·关税项》，道光二十二年五月二十六日，九江关监督普琳折，档案号：03-9489-044。

⑥《军机处录副奏折·道光朝·财政类·关税项》，道光二十四年四月二十六日，九江关监督图璧折，档案号：03-3167-017。

⑦《军机处录副奏折·道光朝·财政类·关税项》，道光二十六年四月二十五日，九江关监督图璧折，档案号：03-3168-011。

道光二十七年份少收9万两，仍因“上下江粮价相等”。[①]

道光二十九年份少收近2万两，因上年湖北、江西、安徽、江苏等省水灾较广，民力拮据，货物滞销，是以商贩稀少。

道光三十年份少收10万两，据称因上年沿江各省夏秋复被水灾，较道光二十八年重而且广，当水涨之时，汪洋无际，“不惟商贩船只往来稀少，即盐船木筏亦各裹足不前”。[②]

总体而言，作为贸易流通中枢的九江关，在嘉道时期非常容易受到市场因素（尤其是因自然灾害所导致的粮食贸易及木植贸易的流通量）影响，从这一点来看，“道光萧条”似有合理之处。但如果作为一个整体，抛开鸦片战争的影响，嘉道时期的九江关征税，其前后变化的原因却是基本类似的，并无根本性的差异。另一方面，如果将其变化放入全国总体流通格局中，则可以发现，九江关的变化，尚不能做为全局的代表。

除正常征税外，九江关还例有以下几项耗羡银两，均须上交造办处。

一、九江关监督每年例交造办处养廉银11 000两。

二、每年例有积余银，扣除支用部分外，全部上交造办处。

三、每年例收平余银，扣除支用部分外，全部上交造办处。

表2-5是嘉道时期，九江关的积余银与平余银的上交造办处情况。

表2-5　嘉道时期九江关积余银与平余银一览表　　（单位：两）

时间	积余银数	用去银数	实存积余银数	平余银数	支用数目	余剩数目
嘉庆元年	16 510.8		3 519.4			
二年	17 612.1		4 732.72			
三年				18 297.024 3	5 903.953	12 393.29
四年	17 693.08	13 369.75	4 323.33	17 011.624	5 252.884	22 758.74
五年	16 450.1	13 634.3	2 815.8			

①《军机处录副奏折·道光朝·财政类·关税项》，道光二十七年四月初七日，九江关监督士魁折，档案号：03-3168-069。

②《军机处录副奏折·道光朝·财政类·关税项》，道光三十年三月初十日，九江关监督士魁折，档案号：03-3169-053。

续表

时间	积余银数	用去银数	实存积余银数	平余银数	支用数目	余剩数目
八年	14 909.6	12 757.1	2 152.5	16 288.539	5 727.153	10 561.386
九年	15 750.7	13 586.4	2 164.3			
十年	16 289.67	14 124.27	2 165.4			
十二年	14 278.8	12 450	1 828.8	15 862.809	5 798.403	10 664.406
十四年	15 797	13 985.14	1 811.86	16 564.634	5 235.779	11 328.855
十五年	16 017.1	13 720.169	2 296.931			
十六年	14 939.8	13 124.664	1 815.136			
十七年	14 277.7	12 661.2	1 616.5	17 474.608	4 994.831	12 479.777
十八年	16 899	15 194	1 705	17 439.71	5 154.459	12 285.251
十九年	16 875	15 188	1 687			
二十年	16 535	14 895.34	1 639.66			
二十一年	14 412.2	12 774.2	1 638			
二十二年	15 102.7	13 362.7	1 740			
二十三年	11 704.3	10 790	914.3			
二十四年	15 744.9	14 532.4	1 212.5	15 657.728	5 888.083	9 769.645
二十五年	15 393.5	13 990.428	1 403.072			
道光元年	15 142	13 170.6	1 971.4	15 918.695	4 756.997	11 161.698
二年	15 393.5	13 990.428	1 403.072	17 536.964	4 677.16	12 859.804
三年	16 961.28	15 603.577	1 357.703	17 540.612	4 558.494	12 982.118
四年	16 784.1	15 139.893	1 644.207	17 523.811	4 369.532	13 154.286
五年	16 943.4	15 351.561	1 591.839	16 220.236	6 123.234	10 097.002
六年	15 683.4	14 499.976	1 183.424	15 693.647	5 272.198	10 421.449
七年	15 173.6	13 906.094	1 267.506	15 807.51	5 326.918	10 480.592
八年	15 284.7	13 990.393	1 294.307	17 584.468	5 466.636	12 117.832
九年	17 001.9	15 844.25	1 157.65			
十一年	17 403.9	16 227.399	1 176.501	16 244.817	5 352.568	10 892.249
十二年	11 625.1	10 747.185	877.915			
十三年	13 342.7	12 438.134	904.566	13 915.262	5 338.318	8 576.944
十四年	14 526.2	13 531.867	994.333	15 674.059	5 229.448	10 444.611
十五年	14 968	14 022.879	945.121	15 948.659	5 223.018	10 725.641
十六年	15 420.7	14 508.151	912.549	17 990.109	5 252.818	12 737.291
十七年	17 393.8	16 489.482	904.318	17 684.285	5 252.818	12 431.467
二十年	16 592.4	15 707.342	885.058			
二十二年	15 571.1	14 743.84	827.26			
二十三年	12 239	11 533.139	705.861			

续表

时间	积余银数	用去银数	实存积余银数	平余银数	支用数目	余剩数目
二十四年	11 537.4	10 727.119	810.281			
二十五年	16 245.1	15 438.934	806.166			
二十七年	15 808.6	14 984.126	824.474			
二十八年	16 560.1	15 737.486	822.614			
二十九年	16 122.7	15 292.79	829.91			
三十年	13 173.7	12 346.449	827.251			

资料来源：朱批奏折、军机处副录奏折与经济所抄档

十一、赣关

赣州是江西南部政治、经济和文化中心。明正德六年（1511 年），赣关创设，由赣州府兼管。康熙四年，定各关归地方官管理，赣关归吉南赣道管理。清初赣关税额 35 000 两，入门税 382 两余，康熙二十年以后，逐年增加，外加铜斤水脚银 5 346 两有奇，至康熙二十五年税额增为 46 470 两。嘉庆四年，赣关定盈余为 38 000 两，合计为 84 470 两有奇。

据《军机处录副奏折·嘉庆朝·财政类·关税项》（户部折，清单，档案号：03-1767-077）可知，嘉庆元年至三年份赣关之征税盈余情况，嘉庆元年份盈余 47 523 两，共征 93 993 两；嘉庆二年份盈余 47 527 两，共征 93 997 两；嘉庆三年份盈余为 47 531 两，共征 94 001 两。

根据《户科题本》，我们可以补入嘉庆至道光年间的赣关征税数据。

据《宫中档朱批奏折·财政类·关税》（道光二十一年五月十二日，江西巡抚钱宝琛折，档案号：04-01-35-0379-046）可以知道，在道光十七至道光二十年之间，赣关之征税情况较为理想，“从无短少”。道光二十一年份（道光二十年五月十六日至道光二十一年四月十六日）则征税 68 192 两，核与嘉庆四年钦定盈余 38 000 两之数，少收 9 278 两，“缘赣关为粤省咽喉，全恃出入海口各货往来，以充盈余。今自二十年英夷在粤滋事以来，各商

贾观望不前，过关货物较少”，可见鸦片战争之影响。

根据档案，可以补充相关年份材料。从资料来看，赣关在道光前期基本保持平稳，鸦片战争期间受到较大影响，征税开始下滑。但显然不能据此推断“道光萧条”。

十二、北新关、南新关

北新关位于杭州大运河的最南端，是沿运河南下商品的终点。北新钞关始设于明宣德四年（1429 年），顺治四年（1647 年）题准杭州等关归并户部，兼差满汉，后有反复，至康熙四年（1665 年），北新关归浙江布政司。康熙五年，定杭州府同知管理北新、南新两关事宜，七年题准北新关改隶两浙运使，八年仍令六部差选。康熙五十七年（1718 年）以后委以杭州同知管理，雍正七年（1729 年）以后交由杭州织造管理。乾隆五十八年（1793 年），因杭州织造兼管盐政兼管织造事务，南北二关事务交由巡抚管理，此后直到嘉庆二十五年（1820 年）均为巡抚兼管，道光时期又改为由织造兼管。

北新关课额，清初定为 89 376 两，顺治十三年（1656 年）增 5 024 两，合为 94 400 两。康熙二十五年（1686 年）增铜价银 10 769 两，又加额税银 2 500 两，以及铜斤水脚银，统计正额 123 053.65 两，嘉庆四年（1799 年）定盈余银 65 000 两，合计 188 053.65 两。

北新关之嘉道时期征税情况，如图 2-11 所示。

从图 2-11 中看，在嘉庆至道光二十一年之前，北新关之征税均有盈无绌。道光二十二年份，少收 1 万两，“缘自夷船滋扰，江路梗阻，并因夏间雨泽甚稀，河道淤浅，兼值兵差络绎，客贩鲜通。”[①]道光二十三年份，亦因

① 《宫中档朱批奏折·财政类·关税》，道光二十二年十二月十六日，杭州织造松蔚折，档案号：04-01-35-0379-051。

英军沿除阻碍，收数短绌。[①] 此后，北新关之征税又开始有盈无绌。可见，从北新关的情况来看，受到鸦片战争的影响较大，但不能据此推断“道光萧条”。

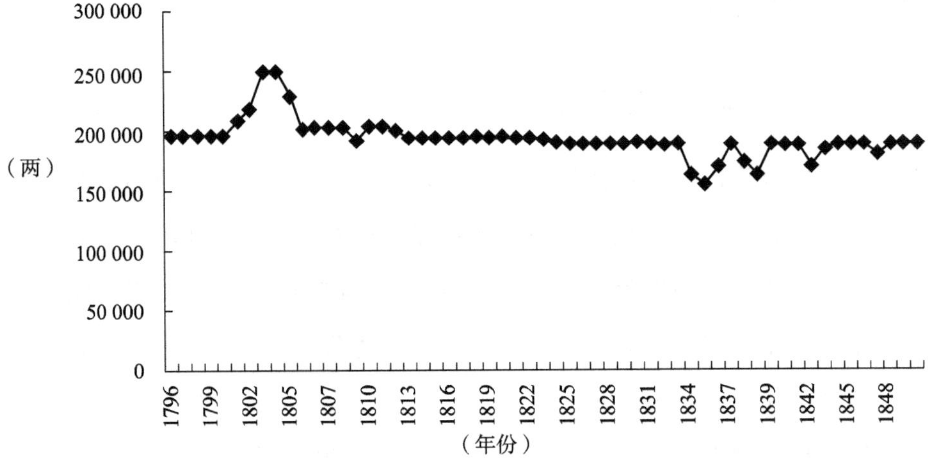

图 2-11　嘉道时期北新关征税示意图

再来看南新关的情况。南新关为工部关，专征竹木等税，每年额征银 30 247.5 两，经费银 3 922.019 两，照例于北新关盈余项下拨补银 4 000 两外，实共应征银 30 169.519 两。嘉道时期南新关的征税情况，如图 2-12 所示。

从图 2-12 来看，南新关在嘉道时期征税虽有缺额，但数量均极其有限。其中除了道光五年有过较大的下降外，其余均保持平稳，且有上扬的趋势。而道光五年（1825 年）之下降，又显然与高堰决口有关。又因为在出现缺额的年份，杭州织造大多并不报告亏损原因，只是声称已经赔补了事。笔者仅检索到道光十一年，护理浙江巡抚布政使庆善在奏折中称，北新关向来“有盈无绌”，仅南新关间有缺额，“实因该关专征竹木等税，并无别项税课，而所产竹木亦只就金华、衢州、严州三府所属濒溪、临清各

① 《军机处录副奏折 · 道光朝 · 财政类 · 关税项》，道光二十二年八月十四日，杭州织造松蔚折，档案号：03-3166-048。

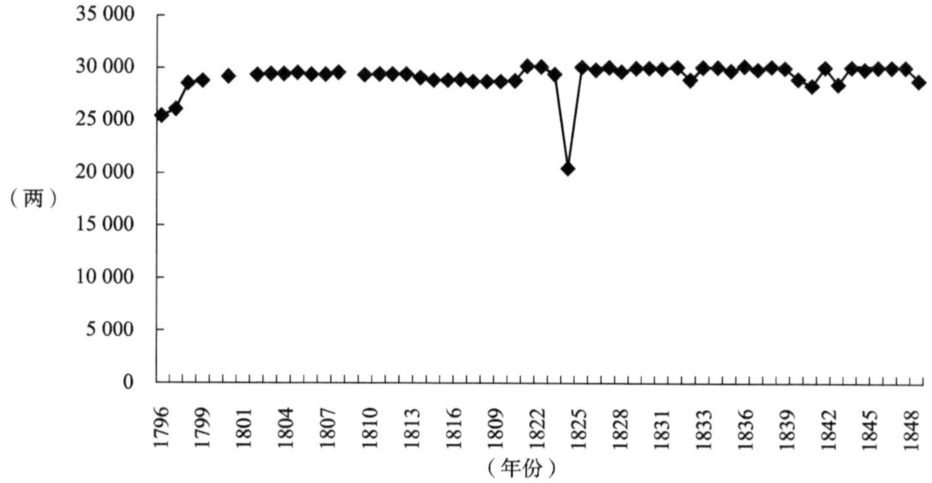

图 2-12　嘉道时期南新关征税示意图

山，方可运行抵关纳税，非如川广、江西各省产地辽阔、销售广远者可比”①。由此不难看出，南新关之征税，与萧条论无关。

十三、荆州关

荆州关为工部关，“全赖川省米船木筏络绎来楚”，其中正额银为 17 687.156 两，嘉庆四年（1799 年）钦定盈余为 13 000 两。荆州关系由荆宜施道管理，分设彝关、中关、北关、东关、西关、调关、越关、大关、港关、周关、田关十一处口岸，征收商贩船料竹木板枋、篾条、盆桶各项税银。②

荆州关的征税数据，在嘉庆朝较为完整，但至道光六年（1826 年）即戛然而止，经济所抄档也仅有道光二年、四年、五年和六年的数据，极为简略。其基本情况如图 2-13 所示。

① 《宫中档朱批奏折·财政类·关税》，道光十年十一月二十八日，护理浙江巡抚布政使庆善折，档案号：04-01-35-0376-035。

② 《宫中档朱批奏折·财政类·关税》，道光三年十月二十五日，湖广总督李鸿宾折，档案号：04-01-35-0372-046。

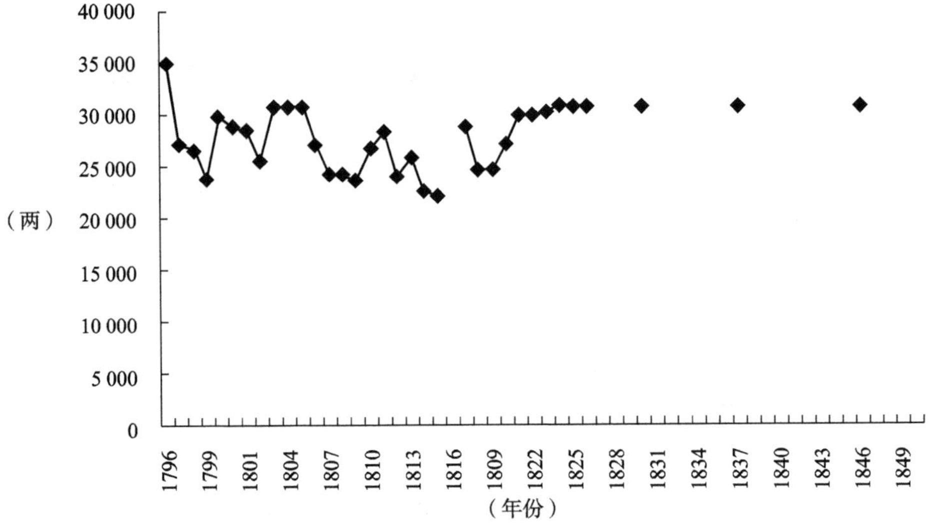

图 2-13　嘉道时期荆州关征税示意图

从图 2-13 来看，荆州关之征收，早期起伏较大，主要原因是白莲教起义。在奏折中，有这样的分析：当地“湖南川黔苗疆军兴以后，又值湖北教匪滋事，各处军需船多，商贩船少，以致税银未能足额”①。

嘉庆三年（1798 年），长江沿线的九江关上下游各关之税收均有增加，荆州关却出现短绌，因财政紧张，上谕特命追查。结果据湖北巡抚奏报：“以前有两广商民贩运货物，由湖南湘潭出虎渡口，至荆州、四川一带售卖，俱在荆关报税。自军兴以来，各商改由湖南岳口径达九江，多赴江浙贸易，以故九江关转觉增多，荆关愈形短少。”② 此后，“川楚滋事”“教匪滋扰”“商贾裹足”“米船木筏来荆稀少”之类的词汇多出现于荆州关的奏销册中。在嘉庆七年份关期的奏报中，仍然是“上年春间夔州、宜昌一带贼氛较重，川省商船木筏来楚甚少，夏秋以后又因荆州等处连被水旱，客商

①《军机处录副奏折·嘉庆朝·财政类·关税项》，嘉庆二年六月十二日，湖广总督毕沅折，档案号：03-1766-057。

②《军机处录副奏折·嘉庆朝·财政类·关税项》，嘉庆三年二月二十五日，湖北巡抚汪新折，档案号：03-1767-001。

贩运不前”。①

从嘉庆八年份起，荆州关开始有了三年的多征，具体原因不详，然显然与战乱平息有关，但多征仅为 8 两至 20 两不等，极为勉强。

此后，荆州关征税又开始陷入短欠的状态。嘉庆十一年份，少收 3 650.46 两，“近因木植产地较少，成本日昂，商贩转输不前，兼因本年下游丰收，粮价与上游相等，商贩无利可图”。②

嘉庆十二年份歉收 6 451.196 两，“近来因木植产地较少，成本日昂，商贩转运不前”。③

嘉庆十三年份歉收 6 446.486 两，“因上年两湖、四川三省水旱不一，自冬徂春，竹木簰筏来荆稀少，且米价相等，商贩无利可图，贩运米粮亦少，更兼荆郡地方夏间被旱，秋中又因雨水较多，棉花收成歉薄，花布行贩零星”。④

嘉庆十四年份歉收 7 132.224 两，本届钱粮缘湖南、四川“竹木船筏来荆稀少，荆郡地方花布行贩零星，以致税银未能足额。”⑤

嘉庆十五年份歉收 4 023.587 两，“因两湖、四川三省年岁俱属丰稔，花布粮食价多平贱，商贩无利可图，贩运稀少，竹木簰筏来荆亦属无多。”⑥

嘉庆十六年份歉收 2 472.978 两，“四川、湖南二省来荆竹木船筏、商

---

①《宫中档朱批奏折·财政类·关税》，嘉庆八年闰二月二十二日，湖广总督吴熊光折，档案号：04-01-35-0361-007。

②《宫中档朱批奏折·财政类·关税》，嘉庆十二年二月初五日，湖广总督汪志伊折，档案号：04-01-35-0364-020。

③《军机处录副奏折·嘉庆朝·财政类·关税项》，嘉庆十三年二月十三日，湖广总督汪志伊折，档案号：03-1768-066。

④《军机处录副奏折·嘉庆朝·财政类·关税项》，嘉庆十四年正月十九日，湖广总督汪志伊折，档案号：03-1769-004。

⑤《宫中档朱批奏折·财政类·关税》，嘉庆十四年十二月十六日，湖广总督汪志伊折，档案号：04-01-35-0365-020。

⑥《宫中档朱批奏折·财政类·关税》，嘉庆十五年十二月二十四日，调任浙江巡抚湖北巡抚兼湖广总督同兴折，档案号：04-01-35-0365-057。

贩稀疏”。[①]

嘉庆十七年份歉收6 734.268两,“四川、湖南二省来荆竹木簰筏稀少”。[②]

嘉庆十八年份歉收4 852.743两,“四川、湖南二省来荆竹木簰筏稀少”。[③]

嘉庆二十年份歉收8 617.298两,“四川、湖南二省来荆竹木簰筏稀少”。[④]

嘉庆二十二年份歉收 1 866.419 两，原因未具奏报，但较之前几年，已有起色。[⑤]此后，荆州关之欠收原因，由例行的“四川、湖南二省来荆竹木簰筏稀少”，而变成增加了“周、田二关河道淤塞”的固定格式。

嘉庆二十三年份歉收 6 086.201 两，“因内河周、田二关河道淤塞，船只竹木不能挽运，更兼川楚年岁均属丰稔，粮食船只稀少，船料亦减”。[⑥]

嘉庆二十四年份歉收 6 023.555 两，“近来周、田二关河道淤塞，四川湖南竹木簰筏到关稀少”。[⑦]

嘉庆二十五年份歉收 3 462.823 两，“本届米粮因内河周、田二关河道淤塞，船只竹木不能挽运”。[⑧]

道光时期仍然延续这一变化。道光元年（1821 年）份歉收 937.738 两，“因内河周、田二关河道淤塞，船只竹木不能挽运。本届钱粮虽有亏绌，较

---

①《宫中档朱批奏折·财政类·关税》，嘉庆十六年十二月初三日，湖广总督马慧裕折，档案号：04-01-35-0366-036。

②《宫中档朱批奏折·财政类·关税》，嘉庆十七年十二月二十六日，湖广总督马慧裕折，档案号：04-01-35-0367-017。

③《宫中档朱批奏折·财政类·关税》，嘉庆十九年二月初二日，湖广总督马慧裕折，档案号：04-01-35-0368-002。

④《宫中档朱批奏折·财政类·关税》，嘉庆二十年十一月二十三日，湖广总督马慧裕折，档案号：04-01-35-0368-021。

⑤《宫中档朱批奏折·财政类·关税》，嘉庆二十二年十二月二十一日，湖广总督庆保折，档案号：04-01-35-0369-014。

⑥《宫中档朱批奏折·财政类·关税》，嘉庆二十四年正月十九日，湖广总督庆保折，档案号：04-01-35-0369-049。

⑦《宫中档朱批奏折·财政类·关税》，嘉庆二十四年十二月初四日，湖广总督庆保折，档案号：04-01-35-0370-027。

⑧《军机处录副奏折·嘉庆朝·财政类·关税项》，嘉庆二十五年十二月二十九日，湖广总督张映汉折，档案号：03-3155-004。

之近年以来，尚有起色”。[①]

道光二年份歉收 711.038 两，“因内河周、田二关河道淤塞，船只竹木不能挽运，幸赖川省米船下行者尚多，较之近年以来尚有起色”。[②]

道光三年份歉收 584.315 两，仍系因内河周、田二关河道淤塞所致，而“上年冬间及本年春季下游粮价平减，川省贩米船只到关较少，周、田二关又复无征，以致仍有短少”[③]。

至道光三年，因荆州关长期征不足额，上谕要求严加管理。[④]结果自道光四年份起，开始略有盈余，四年份多收 1.917 两，“本届钱粮虽内河周、田二关河道仍属淤塞，而四川省贩运下游簰板坊，以及商贾船只均尚络绎而来，是以征收税银有盈无绌，较之往年殊有起色”。[⑤]

道光五年份多收 3.339 两，系因“荆州内河周、田二关河道仍属淤塞，幸上游湖南年岁丰稔，四川亦属有收，竹木簰筏以及商贾船只均为络绎而来”。[⑥]

道光六年份多收 0.071 两，系因“竹木簰筏以及商贾船只，均由外江络绎而来。”[⑦]

此后，荆州关的情况似乎在逐步恶化。道光二十一年（1841 年），湖广总督裕泰称：“荆关税务在于大江内河分设。查周支、西支等关向征竹

---

①《宫中档朱批奏折・财政类・关税》，道光元年十一月十八日，湖广总督陈若霖折，档案号：04-01-35-0371-041。

②《宫中档朱批奏折・财政类・关税》，道光二年十月二十二日，兼署湖广总督湖北巡抚杨懋恬折，档案号：04-01-35-0372-004。

③《宫中档朱批奏折・财政类・关税》，道光三年九月十八日，湖广总督李鸿宾折，档案号：04-01-35-0372-036。

④《宫中档朱批奏折・财政类・关税》，道光三年十月二十五日，湖广总督李鸿宾折，档案号：04-01-35-0372-046。

⑤《宫中档朱批奏折・财政类・关税》，道光四年九月十四日，湖广总督李鸿宾折，档案号：04-01-35-0372-041。

⑥《军机处录副奏折・道光朝・财政类・关税项》，道光五年七月初一日，湖广总督李鸿宾折，档案号：03-3159-033。

⑦《宫中档朱批奏折・财政类・关税》，道光六年八月二十四日，湖广总督嵩孚折，档案号：04-01-35-0374-039。

木……近年以来，内河之周、田二关河道淤塞，竟同虚设。”[①]因此之故，当内务府要求将停发粤海关变价参斤，暂行改发长芦、两淮政政及各关监督分领照例价售变，并摊派荆州关五等参一斤合银 2 880 两时，裕泰表示了坚决的反对。他称：“荆关近年商贩稀少，求符税额，每形支绌，兼之连年被水，物力维艰”，实难售变。最后是变通改为由汉口盐商包售，“汉岸地方商贾较多，尚易觅售，将原封参斤发交湖北盐法道”。[②]

道光二十一年，经过多年的征不足数，朝廷最终对荆州关之口岸进行调整：“田关设在内河潜江县属之田家洲，凡有襄河船只由泽口而入者，必须经过该关”，现在泽口久已淤塞，即便汉水大涨，仅止数日可通舟楫，“此外别无汊港，商船亦无从绕越”，应仍循其旧。惟周正关设在监利县属之周老嘴地方，河道全淤，水由三十里之外柳家集通达荆州府属内河各口岸，近年来尽由柳家集绕越，于是将其改移，并将周正关改名柳关，将周支关改为柳支关。[③]

如果再回头看荆州关之关税征收，可以发现嘉道时期的关税征收基本上保持着同样的变化趋势，其歉收的原因则在于商品流通量减少和关口淤塞，而前者又显然与清代区域经济格局的变化相关。不过，我们仍然很难从中看出前期与后期系因不同的原因所致。

十四、临清户关、工关

临清位于运河山东段境，会通河与卫河、汶河的交汇处，居运河冲要，南接淮关，北接天津关，“商贾操厥奇赢，趋利若骛，籍而税之，以寓逐末

① 《军机处录副奏折·道光朝·财政类·关税项》，道光二十一年十月二十日，湖广总督裕泰折，档案号：03-3165-011。
② 《宫中档朱批奏折·财政类·关税》，道光二十一年闰三月初七日［朱批日期］，湖广总督裕泰折，档案号：04-01-12-0455-023。
③ 《军机处录副奏折·道光朝·财政类·关税项》，道光二十一年十一月二十日，大学士穆彰阿等折，档案号：03-3165-012。

之意，亦事之当然者”[①]。永乐二十一年（1423年）春，山东巡抚陈济上疏称，临清为商贩聚集之所，“今都北平，百货倍往时，其商税宜遣人监榷一年，以为定额”，得到批准。[②]宣德四年（1429年），以钞法不通、商居货不税的原因，于“舟船受雇装载者，计所载料多寡、路近远纳钞”，钞关之设自此始。[③]正统十四年（1449年）临清关罢，景泰初年又得置。成化元年（1465年）又废，几年后又复置，此后再没有变更。临清钞关初设时，各差御史或部佐兼理。弘治年间，才规定委派户部主事一人负责钞关事宜，一年一换。嘉靖年间，委任东昌府监理。不久，又由户部指派。万历年间，宦官曾一度临理。

清顺治年间沿明旧制，简户工两部分司为监督，设满汉各一员共理。康熙四年（1665年）题准各关税均由地方官管理，临清关归东昌道兼辖，康熙八年复关差。康熙五十三年（1714年）以临清关税务交巡抚征收。乾隆五年（1740年），规定山东砖坂闸税务归并临清关管理。乾隆二十一年（1756年）起，专委临清州知州管理，济东道兼管。[④]嘉庆五年（1800年），山东巡抚奏称，“惟查钞关重任，臣势不能亲理其事，仅委该州专司征解，殊不足以昭慎重，臣与两司悉心商确，必须道员督察稽查”。故请改为济东道不时赴关，督同临清州办理，朱批亦称：“所办甚是，应令道员经理。”[⑤]而经过一年试办，山东巡抚却发现户关少收1万两，该州张光熙经理榷务一年届满，“不特盈余之项全无，即正额亦多不足”。[⑥]虽事出有因，亦引起清廷的重视。嘉庆七年，巡抚和宁以该州有征解地丁钱粮之责，“恐其挪移滋

① （清）张度、邓希曾修：乾隆《临清直隶州志》卷9《关榷志》乾隆五十年刻本，第1页。

②《明太宗实录》卷255，台北：“中央研究院”历史语言研究所编，上海：上海古籍出版社，1983年，第2365页。

③ 李洵：《明史·食货志校注》志5，北京：中华书局，1982年，第240—241页。

④《宫中档朱批奏折·财政类·关税》，嘉庆八年闰二月二十一日，山东巡抚铁保折，档案号：04-01-35-003。

⑤《宫中档朱批奏折·财政类·关税》，嘉庆四年七月二十六日，山东巡抚陈大文折，档案号：04-01-35-0359-042。

⑥《宫中档朱批奏折·财政类·关税》，嘉庆五年七月十一日，山东巡抚惠龄折，档案号：04-01-35-0360-012。

弊”，奏明改派济南府同知张晋专司其事，结果半年后张晋被革职。又派泰安府通判嵇承群管理，但因人地生疏，嵇承群办理关务“未能得力，且以他处佐贰派往驻扎，地非本管，呼应不灵，未免事多掣肘”。且知州经理，缺少了还可以追赔；若改委丞倅，倘有亏短，何能赔补？“且多一闲员用度，亦滋靡费”。于是，到嘉庆八年，清廷再次改变临清关之管理办法，仍交知州管理，以复旧制。①

临清户关征额，明季额征银 76 371 两，顺治十三年（1656 年）减 51 979 两，岁额银 24 300 两。康熙二十五年（1686 年）增 5 384 两，岁额银 29 684 两（内含例支役食银 174 两），为定额。铜斤脚价银 7 692.313 两，共应征银 37 376.313 两。康熙六十年（1721 年）增税银 8 000 两，雍正元年（1723 年）复减增数，如旧额。盈余银 11 000 两，共额征银 48 376.313 两，应征耗银 4 837.6313 两，合计应征银 53 213.9443 两。②

嘉道时期临清户关之征税情况如图 2-14 所示。

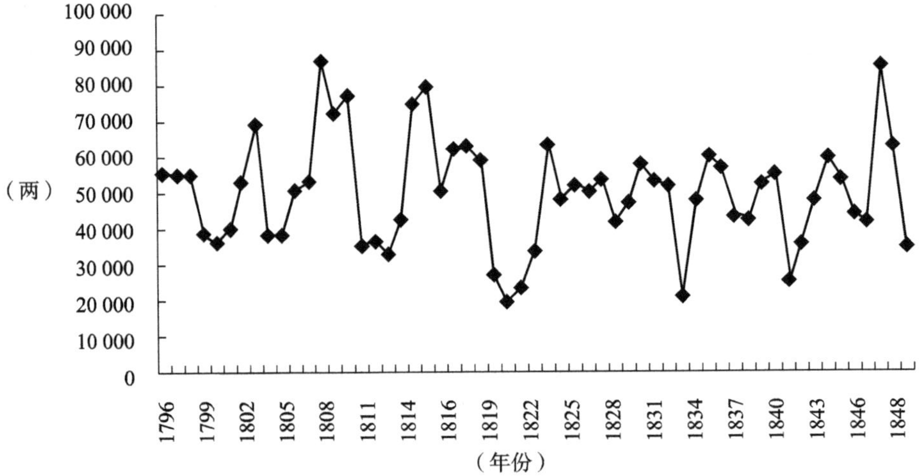

图 2-14 嘉道时期临清户关征税示意图

① 《宫中档朱批奏折·财政类·关税》，嘉庆八年闰二月二十一日，山东巡抚铁保折，档案号：04-01-35-0361-005。

② （清）杨士骧等修：《山东通志》卷 87《田赋志·关榷》，上海：商务印书馆，1934 年，第 2667 页。

通过图 2-14 可以看出，临清户关之征税，在嘉道时期起伏很大。虽然经常征不足数，但趋势却基本平稳，看不出前后期有根本性的不同，难于以此论证“道光萧条”。

临清工关奏报系以年为单位，例于每年开河至冻河期间征收船料银。其中正项银为 4 572.74 两，嘉庆四年，钦定盈余为 3 800 两。临清工关在嘉道时期的征税情况，如图 2-15 所示。

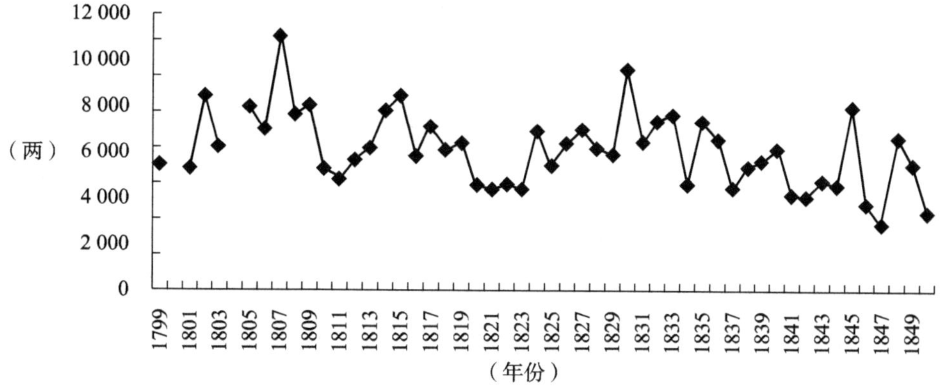

图 2-15　嘉道时期临清工关征税示意图

临清工关的征税情况与户关类似，起伏亦较大，但其下降的趋势则较为明显。因户关与工关的征税有密切关系，故一并分析：

嘉庆四年户关歉收 1 万两，据称临关征税全赖粮食为主，直隶连年丰稔，粮价均平，豫省商贩无利可图，重载过关稀少，又兼东省曹、济地方被水，粮石就近易售，不肯北运。[①] 而工关则短少 3 000 余两，“近因户关粮贩较少，工关船只亦稀，其余空重船只本属无几，以致盈余短缺”。[②]

嘉庆五年份户关少收 1 万两，据称临清关居汶卫两河之冲，“为商贩经由要道”，该州张光熙经理榷务一年届满，不特盈余之项全无，即正额亦多

① 《宫中档朱批奏折 · 财政类 · 关税》，嘉庆四年七月二十六日，山东巡抚陈大文折，档案号：04-01-35-0359-042。

② 《军机处录副奏折 · 嘉庆朝 · 财政类 · 关税项》，嘉庆五年三月二十一日［朱批时间］，山东巡抚蒋兆奎折，档案号：03-1767-022。

不足，恐有侵隐税银及经理不善，以致商贩裹足情事。结果经山东巡抚提取实征底册及审讯家人，发现直隶豫东三省收成相等，“粮价均平，商贩利微，船只稀少”，兼之闸座启闭有时，商船不能长行无滞，南来粗细各货俱由粮船附载到关，例不理验报税，以致税银不能足额实征。①

嘉庆六年份户关少收 1 万两，据称“近省粮价均平，商贩利少运稀”，兼之南来各货半由粮船附载，过关向不报税。②

嘉庆六年，临清关出现了挪银补漏之事。据查临清关济南府同知张晋，于嘉庆七年三月初四日奉委赴关接办，至五月初三日六年分户关税课期满，通核征收银两，较定额盈余银多收 12 两零，业经据实奏销。迨五月初四日至六月初三日，运赴直省米麦船只较多，户关税旺，共征银 27 800 两零。因工关税课自开河后缺额尚多，“虑干赔累”，欲挪户关盈余之数以补工关之缺额，经关书李自修等禀阻不从，遂将五六月所征七年分户关银内拨出银3 790两之数，挪入工关税银项下开折申报，“旋因物议沸腾被参”。③事后，相关人员受到查处。

嘉庆七年份工关少收 600 两，据称系因上年直隶“偶被偏灾”，但过关船只较多，七年分工关盈余较六年分已多收银 2 871.55 两，“并无征多报少之弊”。④

嘉庆八年份征税户关多收 10 000 两，据称连年赔累，今因上年直隶被水之后，粮食昂贵，豫东二省米麦价平，“商贩络绎赴北，是以征税较旺”而嘉庆帝特意朱批：“总因汝实心经理之由，然此系小节，若吏治民生、人

① 《宫中档朱批奏折 · 财政类 · 关税》，嘉庆五年七月十一日，山东巡抚惠龄折，档案号：04-01-35-0360-012。
② 《宫中档朱批奏折 · 财政类 · 关税》，嘉庆六年六月十一日，山东巡抚惠龄折，档案号：04-01-35-0360-041。
③ 《宫中档朱批奏折 · 财政类 · 关税》，嘉庆八年正月初八日，山东巡抚倭什布折，档案号：04-01-35-0360-056。
④ 《宫中档朱批奏折 · 财政类 · 关税》，嘉庆八年三月二十一日，山东巡抚铁保折，档案号：04-01-35-0361-009。

心风俗及仓库俱有起色，方不负朕委任也。勉之。”①

嘉庆八年份工关出现少收，据称查工关历年额税每难征足，去秋又值黄水穿运，南北商船抵关更少。再查临关税课全仗八、九月间粮船渡竣之后，江豫两省粮食货船络绎前来，“近缘黄水穿运，江南商船既不敢涉险到关，直隶有秋，河南歉薄，卫河一带米船又少，是以自去年九月后，户、工两关税额俱短”。②

嘉庆九年份户关少收1万两，据称临清关向以粮食为大宗，上年豫省夏季被旱，粮价昂贵，直隶有收，赴北重载本属稀少，加以九月黄水穿运，南北一切商船俱不敢涉险前进。③

嘉庆十年份户关少收1万两，因上年江南附近州县偶被水灾，东省济宁一带粮食纷纷南行，“鲜有过关”。赴北粮载，而豫省河北等属又被旱灾，本省民食不敷，亦无粮食外运，虽天津间有南运米豆、红粮报税过关，为数无多。④工关则少收1 000两，查系近年直隶豫东三省麦秋收成相等，粮价均平，“粮食船只过关稀少”。⑤

嘉庆十一年份户关少收2 000两，少收原因大致雷同，即直隶豫东三省收成相等，粮价均平，商贩稀少。又因江南偶被水灾，东省闸河粮食商贩南行，不能装运赴北，是以征收税银较之历年虽多收银1万余两，而较定额仍差。⑥工关则少收近2 000两，据称上年春夏之交，卫河水势浅弱，民

①《宫中档朱批奏折·财政类·关税》，嘉庆八年五月三十日，山东巡抚铁保折，档案号：04-01-35-0361-015。

②《宫中档朱批奏折·财政类·关税》，嘉庆九年三月初十日，山东巡抚铁保折，档案号：04-01-35-0362-008。

③《宫中档朱批奏折·财政类·关税》，嘉庆九年五月十三日，山东巡抚铁保折，档案号：04-01-35-0362-018。

④《宫中档朱批奏折·财政类·关税》，嘉庆十年闰六月十五日，署山东巡抚全保折，档案号：04-01-35-0363-002。

⑤《宫中档朱批奏折·财政类·关税》，嘉庆十一年三月十九日，山东巡抚长龄折，档案号：04-01-35-0363-037。

⑥《宫中档朱批奏折·财政类·关税》，嘉庆十一年四月二十一日，山东巡抚长龄折，档案号：04-01-35-0363-044。

船受雇剥运，入秋以后漳卫二河屡发异涨，闸口淤阻，商船不能流通。[①]

此后户关出现多收。至嘉庆十六年份，户部再次少收 3 000 两，系因上年豫东二省麦收较薄，南北粮价相平，是以商贩稀少。[②]

工关也基本平稳，但嘉庆十四年份少收 1 000 两，据查系工关所征短载盐货船只，税则本轻，又因空重船只较少，以致征收盈余银额征短缺。[③] 嘉庆十五年份则少收 3 000 两，原因与十六年份户关相同。

嘉庆十七年份户关少收 1 万两，而嘉庆十六年份之工关则少收近 4 000 两。据称上年卫汶两河，自夏及秋，水势浅弱，重运漕船北上，沿河封雇剥船，是以商贩船只过关稀少，南来货物亦属寥寥。上年豫东两省歉收，“粮食罕能出境，以致关税短少”。[④]

嘉庆十八年份户关少收 1 万两，嘉庆十七年份工关则少收 3 000 两。据称上年春间，卫河上游之窦公河扪口，入夏汶卫两河水复浅弱，重运粮艘经行，沿河封雇剥船，以致商贩船只过关稀少。[⑤]

嘉庆十九年份户关少收 9 000 两，嘉庆十八年份工关则少收 2 000 两，查因上年自夏徂秋，汶卫水势浅弱，重运粮艘经行，沿河雇备剥船，致商船过关稀少。[⑥]

嘉庆十九年份户关第二关期多收，“皆由上春直省粮价平贱，豫东二省价值昂贵，商贩运至粜卖，迨至豫东麦收丰稔，又运贩前赴直省，络绎

① 《宫中档朱批奏折·财政类·关税》，嘉庆十二年二月二十九日，山东巡抚长龄折，档案号：04-01-35-0364-023。

② 《宫中档朱批奏折·财政类·关税》，嘉庆十六年二月十八日，山东巡抚吉纶折，档案号：04-01-35-0366-003。

③ 《宫中档朱批奏折·财政类·关税》，嘉庆十五年二月初六日，山东巡抚吉纶折，档案号：04-01-35-0365-025。

④ 《宫中档朱批奏折·财政类·关税》，嘉庆十七年二月二十八日，山东巡抚同兴折，档案号：04-01-35-0366-043。

⑤ 《宫中档朱批奏折·财政类·关税》，嘉庆十八年四月初六日，山东巡抚同兴折，档案号：04-01-35-0367-028。

⑥ 《军机处录副奏折·嘉庆朝·财政类·关税项》，嘉庆十九年六月十四日，山东巡抚同兴折，档案号：03-1770-089。

运载”。而本年份工关则少收 1 000 两，委因上年自夏徂秋，汶卫两河水势浅弱，雇备民船剥运南粮，往来空重船只稀少，以致工关征收船料课税短绌。①

嘉庆二十年份户关仍多收，仍系因上年春间商贩粮食络绎运载，是以征税盈余较多。而工关少收 1 000 两，委因上年四五月间，卫水浅弱，雇备民船剥运南粮，交秋又因水涨，临口先行拦阻，往来空重船只稀少。②

嘉庆二十一年份户关少收 2 000 两，工关则少收 3 000 两，皆因上年豫东粮价与直隶相等，商贩寥寥，且因三四月间卫汶水势浅弱，“雇备民船剥运南粮，往来货船稀少”。③

嘉庆二十二年份户关多收，系因上年豫东二省收成较丰，粮价平减，“商贩络绎运赴直隶粜卖”，是以征税盈余较多。而工关少收 1 000 两，缘夏秋之间，“粮艘盛行，短载船只稀少”。④

嘉庆二十三年份户关仍有多收，“豫东二省麦收丰稔，商价平减”。而工关少收 2 000 两，缘夏秋之间南粮重运盛行，短载稀少。⑤

嘉庆二十四年份户关多收，因上年自春及夏，直隶粮价较昂，豫东二省粮价平减，商贩络绎运赴直隶。⑥而工关少收 2 000 两，委因工关仅征船料，上年夏秋之间南粮重运盛行，短载船只稀少，以致盈余短绌。⑦

---

①《军机处录副奏折·嘉庆朝·财政类·关税项》，嘉庆二十年四月十一日，山东巡抚陈预折，档案号：03-1770-125。

②《宫中档朱批奏折·财政类·关税》，嘉庆二十一年正月十二日，山东巡抚陈预折，档案号：04-01-35-0368-027。

③《宫中档朱批奏折·财政类·关税》，嘉庆二十二年二月十一日，山东巡抚陈预折，档案号：04-01-35-0368-050。

④《宫中档朱批奏折·财政类·关税》，嘉庆二十三年正月二十一日，山东巡抚陈预折，档案号：04-01-35-0369-018。

⑤《宫中档朱批奏折·财政类·关税》，嘉庆二十四年正月十八日，山东巡抚和舜武折，档案号：04-01-35-0369-048。

⑥《宫中档朱批奏折·财政类·关税》，嘉庆二十五年正月初四日，山东巡抚程国仁折，档案号：04-01-35-0370-028。

⑦《宫中档朱批奏折·财政类·关税》，嘉庆二十五年二月初三日，山东巡抚程国仁折，档案号：04-01-35-0370-034。

嘉庆二十五年份户关少收2万两，系因过往粮载稀少，而自夏徂秋南粮重运，“沿河封雇剥船”，致商贩船只稀少。[①] 而工关少收3 000两，委因上年自夏徂秋，南粮重运，经临短载船只稀少。[②]

简言之，嘉庆时期之临清户关短少，主要是受自然灾害影响，导致南北粮食流通不畅；而工关则是受漕运影响，导致工关能征税之船较少。

道光元年份户关少收3万两，工关少收4 000两，创下新低。据奏该关岁课历年虽有缺额，此次较往年尤为短绌，“委因每遇重运过境时，封雇民船备剥，掀卸货物，致商贩畏累，过关稀少，且上年南北粮价均属平减，商人无利可趋，裹足不前”。[③]

道光二年份户关少收2万两，工关少收4 000两，因上年豫东直隶三省粮价均平，贩运粮载寥寥，而春间水势浅弱，交秋又复盛涨，并临口拦阻，是以货载船只未能畅行，过关甚少。[④]

道光三年份户关、工关仍少收，清廷于是改变相关征税手续，包括规定重运漕船抵达山东后，应于东昌府一带派委大员稽查，以杜私带货物等等。[⑤]

道光四年份户关多收，原因系重运需用剥船统由临清州一手雇觅，“将沿河封雇剥船停止”，今粮船毫无阻滞苦累之处，“而税课即果有盈余，是办理已有成效”。[⑥]

---

①《军机处录副奏折·嘉庆朝·财政类·关税项》，嘉庆二十五年十二月十二日，山东巡抚钱臻折，档案号：03-1771-125。

②《宫中档朱批奏折·财政类·关税项》，道光元年二月十一日，山东巡抚钱臻折，档案号：04-01-35-0371-019。

③《宫中档朱批奏折·财政类·关税》，道光二年三月二十六日，山东巡抚琦善折，档案号：04-01-35-0371-047。

④《宫中档朱批奏折·财政类·关税》，道光三年二月十五日，护理山东巡抚布政使杨健折，档案号：04-01-35-0372-013。

⑤《宫中档朱批奏折·财政类·关税》，道光四年二月二十一日，署山东巡抚琦善折，档案号：04-01-35-0373-010。

⑥《宫中档朱批奏折·财政类·关税》，道光四年十月十五日，署山东巡抚琦善折，档案号：04-01-35-0373-044。

道光五年份户关少收4 000两，因本年自夏徂秋，汶河上游济宁、东昌等处奉文封雇民船，接运江南滞漕，而卫河上游豫省地方，亦因封雇运米赴通，以致汶卫二河往来商贩稀少。① 工关则少收3 000两，因济宁、东昌等府封雇民船接运南粮，豫省又复封雇起运解通米石。②

道光六年份户关少收1 000两，缘本年南粮帮船抵东较迟，闸河一带碍难启放民船，以致征不足额。③ 而工关少收2 000两，系因上年南粮帮船抵东较迟，闸河一带碍难启放民船，兼之天津接剥海运，大名转运截漕，卫河民船多被雇用，过关者少。④

道光七年份户关少收2 000两，经查本年入夏以后，卫河水势浅弱，重运漕船均系剥运商载，行走维艰，往来船只较少。⑤ 而工关少收2 000两，因上年入夏以后，卫河水势浅弱，重运漕船多系雇备民剥，有碍商船行走。⑥

道光八年份户关多收，而工关少收2 000两，原因则是上年重运漕船挽入东境以后，临清迤北沿河州县多系雇备民剥，自二月中旬起至六月，尾帮出境，始行释放，以致空重船只过关稀少。⑦

道光九年份户关少收1万两，因本年南北粮价相等，来往商贩稀少，以

---

①《宫中档朱批奏折·财政类·关税》，道光五年十月十一日，山东巡抚武隆阿折，档案号：04-01-35-0374-021。

②《宫中档朱批奏折·财政类·关税》，道光六年正月二十四日，山东巡抚武隆阿折，档案号：04-01-35-0374-028。

③《军机处录副奏折·道光朝·财政类·关税项》，道光六年十月初七日，署山东巡抚陈中孚折，档案号：03-3159-080。

④《宫中档朱批奏折·财政类·关税》，道光七年二月初五日，署山东巡抚程含章折，档案号：04-01-35-0374-048。

⑤《宫中档朱批奏折·财政类·关税》，道光七年九月初十日，护理山东巡抚布政使贺长龄折，档案号：04-01-35-0375-001。

⑥《宫中档朱批奏折·财政类·关税》，道光八年二月十二日，山东巡抚琦善折，档案号：04-01-35-0375-010。

⑦《宫中档朱批奏折·财政类·关税》，道光九年正月二十二日，山东巡抚琦善折，档案号：04-01-35-0375-043。

致征不足数。[①]因为这几年来临清关之征税均有欠额，清廷又开始采取相关整顿措施。[②]

道光十年份户关少收5 000两，仍系南北粮价相等，来往商贩较稀，以致征不足数。[③]而工关则出现盈余，缘上年汶卫河水充裕，南北粮价不同，漕船回空后往来商贩船只较多，是以船料税银较之历年有盈无绌。[④]需要指出的是，由于工关的特殊性，道光十年份户关与工关之时间并不相同。而道光十一年份的户关主要征收时间与十年份户关重合，故道光十一年户关亦有了多征。

道光十一年份工关少收2 000两，因上年江南各省河水过大，商贩不能远来，过关船只较少。[⑤]而道光十二年份户关仍有盈余。

道光十二年份工关少收1 000两，因上年南北各省歉收之处较多，往来贸易船只因亦短少。[⑥]而道光十三年份户关仍有多收。不过，道光十三年份工关少收1 000两，系因上年夏秋之间，"邻省间被水患，商船过关较少"。[⑦]

道光十四年份户关少收近3万两，查因直隶、山东粮价相等，客商无利可趋，至于额税有绌。[⑧]而工关亦少收4 000两，仍为上年豫东两省粮价

① 《宫中档朱批奏折·财政类·关税》，道光九年九月初八日，山东巡抚讷尔经额折，档案号：04-01-35-0375-060。
② 《宫中档朱批奏折·财政类·关税》，道光十一年正月二十八日，山东巡抚讷尔经额折，档案号：04-01-35-0376-037。
③ 《宫中档朱批奏折·财政类·关税》，道光十年八月二十八日，山东巡抚讷尔经额折，档案号：04-01-35-0376-026。
④ 《宫中档朱批奏折·财政类·关税》，道光十一年二月十六日，山东巡抚讷尔经额折，档案号：04-01-35-0376-039。
⑤ 《宫中档朱批奏折·财政类·关税》，道光十二年四月初三日，山东巡抚讷尔经额折，档案号：04-01-35-0376-071。
⑥ 《宫中档朱批奏折·财政类·关税》，道光十三年二月二十九日，山东巡抚钟祥折，档案号：04-01-35-0377-026。
⑦ 《宫中档朱批奏折·财政类·关税》，道光十四年三月十五日，山东巡抚钟祥折，档案号：04-01-35-0377-043。
⑧ 《宫中档朱批奏折·财政类·关税》，道光十四年十月初一日，山东巡抚钟祥折，档案号：04-01-35-0377-067。

相等，客商无利可趋，买卖船只较少。[①]

道光十五年份户关少收5 000两，仍因粮价相等，无利可趋，过关较少。[②]而工关少收1 000两，还是因上年春雨愆期，汶卫河水并浅，商民船只往来较少。[③]

道光十七年份户关有了多收，因上年直隶、山东粮价较昂，河南、江南商贩趋利运卖，过关粮载较多。[④]而本年份工关少收4 000两，系因上年卫河水势浅弱，南漕挽运维艰，雇备民船剥送，民船受雇之日多，自谋生理之日少。[⑤]

道光十九年份户关少收1万两，因上年南北粮价均平，商贩粮食船只较少，兼以卫河水浅，南粮重运经临，雇用民船剥运。[⑥]而工关少收3 000两，仍系上年卫河水势浅弱，民船受雇剥运南漕。[⑦]

道光十九年份工关少收，亦称上年汶卫两河水势浅弱，雇用民船剥运南漕，为时较久。[⑧]道光二十年份工关少收2 000两，又称上年卫河水势倍形浅弱，南粮重运经至，雇用剥船较多。[⑨]

道光二十一年份工关少收4 000两，因上年卫河水势倍形浅弱，南粮剥

---

①《宫中档朱批奏折·财政类·关税》，道光十五年三月初五日，山东巡抚钟祥折，档案号：04-01-35-0378-005。

②《宫中档朱批奏折·财政类·关税》，道光十五年七月二十七日，山东巡抚钟祥折，档案号：04-01-35-0378-028。

③《宫中档朱批奏折·财政类·关税》，道光十六年三月十六日，山东巡抚钟祥折，档案号：04-01-35-0378-044。

④《宫中档朱批奏折·财政类·关税》，道光十七年九月二十九日，山东巡抚经额布折，档案号：04-01-35-0379-015。

⑤《军机处录副奏折·道光朝·财政类·关税项》，道光十八年闰四月二十五日，山东巡抚经额布折，档案号：03-3165-008。

⑥《军机处录副奏折·道光朝·财政类·关税项》，道光十九年九月初六日，护理山东巡抚布政使杨庆琛折，档案号：03-3165-060。

⑦《军机处录副奏折·道光朝·财政类·关税项》，道光十九年五月十七日，山东巡抚经额布折，档案号：03-3165-043。

⑧《军机处录副奏折·道光朝·财政类·关税项》，道光二十年五月十九日，山东巡抚托浑布折，档案号：03-3165-077。

⑨《军机处录副奏折·道光朝·财政类·关税项》，道光二十一年三月初二日，山东巡抚托浑布折，档案号：03-3165-088。

雇所致。[①]

道光二十二年份工关少收 4 000 两，亦因上年卫河水势浅弱，南粮重运经过东省，并直隶沿河州县雇用剥船较多，以致过关民船稀少。[②]

道光二十三年份户关少收 1 万两，查因上年直隶、豫东三省麦收相等，粮价均平，商贩稀少。[③]

道光二十四年份户关少收 4 000 两，因上年豫东两省麦收与直隶相等，粮价均平，商贩稀少。[④]而本年份工关少收 4 000 两，则系上年卫河水势浅弱，南粮重运所致。[⑤]

道光二十五年份户关亦有多收，多收之由，缘上年直隶粮价昂贵，豫东两省粮价平贱，商贩纷纷赴直售卖。[⑥]

道光二十六年份第一关期，户关仍有多收，第二关期则少收 8 000 两，少收系因上年豫东两省并直隶粮价均平，商贩无利可趋。工关少收近 5 000 两，因上年卫河水势浅弱，南粮重运北上，雇备民剥较多，以致过关民船稀少。[⑦]

道光二十七年份户关少收 1 万两，工关亦少收 5 000 两。次年份户关多收近 3 万两，工关则少收，仍称系因上年卫水浅弱，过关民船较少。[⑧]

---

①《军机处录副奏折・道光朝・财政类・关税项》，道光二十二年九月二十日，山东巡抚托浑布折，档案号：03-3166-013。

②《宫中档朱批奏折・财政类・关税》，道光二十三年七月初一日，山东巡抚梁宝常折，档案号：04-01-35-0379-062。

③《宫中档朱批奏折・财政类・关税》，道光二十三年六月十三日，山东巡抚梁宝常折，档案号：04-01-35-0379-058。

④《军机处录副奏折・道光朝・财政类・关税项》，道光二十四年十一月十七日，护理山东巡抚布政使王笃折，档案号：03-3167-046。

⑤《军机处录副奏折・道光朝・财政类・关税项》，道光二十四年十一月二十七日，护理山东巡抚布政使王笃折，档案号：03-3167-049。

⑥《军机处录副奏折・道光朝・财政类・关税项》，道光二十六年十月二十八日，山东巡抚崇恩折，档案号：03-3168-044。

⑦《宫中档朱批奏折・财政类・关税》，道光二十七年十二月初十日，山东巡抚张沣中折，档案号：04-01-35-0380-054。

⑧《军机处录副奏折・道光朝・财政类・关税项》，道光二十九年十一月二十五日，署理山东巡抚布政使刘源灏折，档案号：03-3169-039。

道光二十八年份户关多收9 000两，工关则少收3 000两，原因亦是粮价与水源两种。

通过上面的分析可以清楚地看出，户关征税受到粮食流通及自然灾害的影响；而临清工关受运河淤塞与漕粮河运的影响极大，这两种情况在嘉道时期均明显恶化，故临清工关的征税情况也明显恶化。但似难以借此论证“道光萧条”。

十五、其他

（一）太平关

太平关是清代前期广东两大税关之一，粤海关为沿海税关，太平关为内河税关。乾隆年间的广州一口通商政策，规定江浙闽皖所产丝、绸、茶叶等商品必须走陆路经由大庾岭商道赴广州出口，使得太平关在百余年间成为南北贸易的重要税口。

太平关位于粤北山区的韶州府，扼北江水运的必经之地，而北江是广东省内南北贸易的主要航道。太平关原设南雄州，康熙八年移至韶州。开始派委监督驻扎征收，一年期满更替。康熙六十一年（1722年）裁监督，改归巡抚委员监收，乾隆三十五年（1770年）奏归南韶道监收。

太平关关税定额，原额银26 626两有奇，康熙九年（1670年）并征遇仙桥、含洸厂10 898两有奇，康熙十二年减盐税3 332两有奇，二十年增5 000两，二十二年增3 000两，二十五增4 842两，为46 829两[①]，雍正十三年（1735年）定太平关正税银46 829两，铜斤水脚银5 846两有奇，合计为52 675两；乾隆初年以雍正十三年征收之数为定额，新增盈余银72 044.874两，合计为124 720两。嘉庆四年（1799年）定盈余银75 500两，至此太平关额征128 175两。嘉庆五年奏准每年提盈余银20 000两为修理

①（清）伊桑阿等修：康熙《大清会典》卷34《户部十八・课程三・关税》康熙二十九年刻本，第9页。

米艇及出洋缉捕兵弁口粮，同年奏准每年提盈余银 10 000 两。①

在嘉庆道光两朝的朱批及录副中，笔者仅找到一条与征税直接相关的材料，即两广总督吉庆所言，“广东太平关税务向系抚臣兼管。每年除征收正课外，约余银六七万两。奴才现已咨明抚臣陆有仁，尽收尽解”②。

据《军机处录副奏折·嘉庆朝·财政类·关税项》（户部折，清单，档案号：03-1767-077）可知，嘉庆元年份共征 133 786 两，二年份共征 133 796 两，三年份共征 133 812 两。据《汇核嘉庆十七年各直省钱粮出入清单》可知，太平关嘉庆十六年份征收 134 352.9 两，十七年份征收 134 383.5 两。据王庆云《石渠余纪》可知，道光二十一年、二十二年、二十五年、二十九年份分别征收 135 245 两、135 724 两、135 253 两、118 643 两。又据《宫中档朱批奏折·财政类·关税》（道光四年二月二十五日，两广总督阮元、广东巡抚陈中孚折，档案号：04-01-35-0373-011）可知，太平关税额“历年皆有赢余，并无短少”，根据“补少不补多”的原则，以定额补充相关年份的数据。

（二）武昌厂

武昌厂税务，设于康熙四年（1665 年），初委湖北武昌府同知管理，乾隆二年（1737 年）改由就近道府厅官内遴选经管，后仍改武昌府知府兼管。厂关正税银 33 000 两，盈余银 12 000 两，合计 45 000 两。

据《军机处录副奏折·嘉庆朝·财政类·关税项》（户部折，清单，档案号：03-1767-077）可知，嘉庆元年至嘉庆三年武昌关之征税情况，嘉庆元年份共征 55 619 两，二年份共征 55 621 两，三年份共征 55 624 两。

道光三年（1823 年），据湖广总督李鸿宾称，湖北武昌厂关“饬令裁减家人，严行约束”。湖北武昌厂关共设朝关、白关、红关、宗关、汉关、游

① （清）阮元修：《广东通志》卷 167《经政略》，台北：华文书局，1968 年，第 2821 页。
② 《宫中档朱批奏折·财政类·关税》，[缺奏报时间]，两广总督吉庆折，档案号：04-01-35-0360-046。

湖关六处口岸，征收船料税科，每年粮船行走之时，另设江口一卡稽查，俟粮船出关，即行裁撤。又汉口镇土垱地方，于夏秋涨水之时，恐有狡诈船户潜行漏税，亦添设一卡巡查，水退撤去，“该关历来征纳税银，从无短少缺额之事”①。据此可以补入武昌游湖关之相关年份数据。

（三）夔关

夔关为四川省的户部关。明代原已设立，经明末战乱，到康熙时始复设。复立之初，先由夔州府知府征收。雍正六年（1728 年）定派差监督一员，十二年仍交地方大臣委员管理，由夔州府知府征课。乾隆十五年（1750 年）一度改由川东道管理，十八年仍改为夔州府知府管理。

夔关杂税额征银定额 73 740.491 两，钦定盈余 11 万两，每年应征争 183 740.491 两。②嘉庆初期，因受白莲教起义的影响，夔关的征收情况并不理想。根据零星的资料可知一些年份的征收情况。嘉庆元年份共征税 188 961 两。③嘉庆三年份关期（嘉庆三年正月初一日至十二月三十日）共征税 90 446 两。④征税大幅度减少的原因是“贼匪滋扰，奔窜靡常，上下商贾闻风畏阻。”⑤又据《军机处录副奏折·嘉庆朝·财政类·关税项》（户部折，清单，档案号：03-1767-077）可知，嘉庆二年份共收 127 280 两。

嘉庆四年份关期（四年正月初一日至十二月三十日）共征收 113 403.292 两，征税仍然低迷，“实缘是年该府地方因龚文玉、卜三聘等股匪众，环绕夔城，沿江滋挠，迨经大兵剿灭后，又有另股贼匪往来夔属之奉、巫、云、

①《宫中档朱批奏折·财政类·关税》，道光三年十月二十五日，湖广总督李鸿宾折，档案号：04-01-35-0372-046。

②《户科题本·税课类·关税》，嘉庆二年十一月初二日，大学士和珅折，档案号：02-01-04-18037-028。

③《宫中档朱批奏折·财政类·关税》，嘉庆四年七月初四日，四川布政使林儁折，档案号：04-01-35-0359-037。

④《宫中档朱批奏折·财政类·关税》，嘉庆四年七月初四日，四川布政使林儁折，档案号：04-01-35-0359-037。

⑤《军机处录副奏折·嘉庆朝·财政类·关税项》，嘉庆五年正月初四日，署四川布政使先福折，档案号：03-1711-006。

万一带奔窜靡常，以致上下商贾闻风畏阻，船只更属稀少”[①]。嘉庆五年份关期（正月初一日至年底）共征收 142 324.38 两，亦系“实缘是年川东一带地方贼氛未靖，以致商贩船只畏阻不前”[②]。

至嘉庆八年，四川总督勒保还称：“夔关税额连年短缺。从前川楚二省地方绥靖，百货流通，商贾辐辏，该关税额原属有盈无绌。自嘉庆元年教匪起事，蔓延川楚……道路不能肃清，客民视为畏途，裹足不前，嘉庆二、三、四、五、六等年均不能征收足额（户部奏由各经手人员分赔，但自己访查）实因地方被贼滋扰所致，既无透漏侵吞之弊，亦非各员经理不办（但各任官或升或死或迁，有的全免有的半免，有的全赔）办理既未画一，且该员等皆曾承办军务，著有劳绩，似宜量予体恤。”[③]

道光时期的关税档案中，笔者仅找到数条夔关交纳销售五等参斤银的情况。[④]无法在总表中补入相关数据。

（四）渝关

重庆的木材，在明代就很有名。康熙四十六年（1707 年），四川巡抚能泰奏准在重庆巴县设立渝关，征收木税。[⑤]据光绪朝《钦定大清会典事例卷》九百四十一《工部八十・关税一》可知，四川（重庆）巴县渝关税银 5 000 两，商贩木植以径围尺寸核估本价，每两税银三分，按则征收。

---

①《宫中档朱批奏折・财政类・关税》，嘉庆五年七月初七日，四川布政使杨揆折，档案号：04-01-35-0360-011。

②《宫中档朱批奏折・财政类・关税》，嘉庆六年四月初九日，四川布政使杨揆折，档案号：04-01-35-0360-035。

③《宫中档朱批奏折・财政类・关税》，嘉庆八年正月二十五日，四川总督勒保折，档案号：04-01-35-0360-059。

④ 涉及年份为：道光二十六年至三十年的奏报，如二十七年，参见《宫中档朱批奏折・财政类・关税》，道光二十七年十月二十四日，四川总督琦善折，档案号：04-01-35-0380-049。

⑤（清）张晋生等编：《四川通志》卷 16 上《木政》，雍正十一年刻本，第 7 页。

十六、小结

运河长江沿线各关是嘉道时期税关的主体，在三种分类之中，不论是分布数还是征收量都是最多的。这显示，相较于边疆地区和沿海地区，内陆地区的经济贸易仍然是最为活跃和最为发达的。这当然是由嘉庆、道光时期的农业社会经济基础所决定的。

根据前文的统计数据，可以汇总出嘉道时期运河长江沿线各关的征税趋势，如图 2-16 所示。

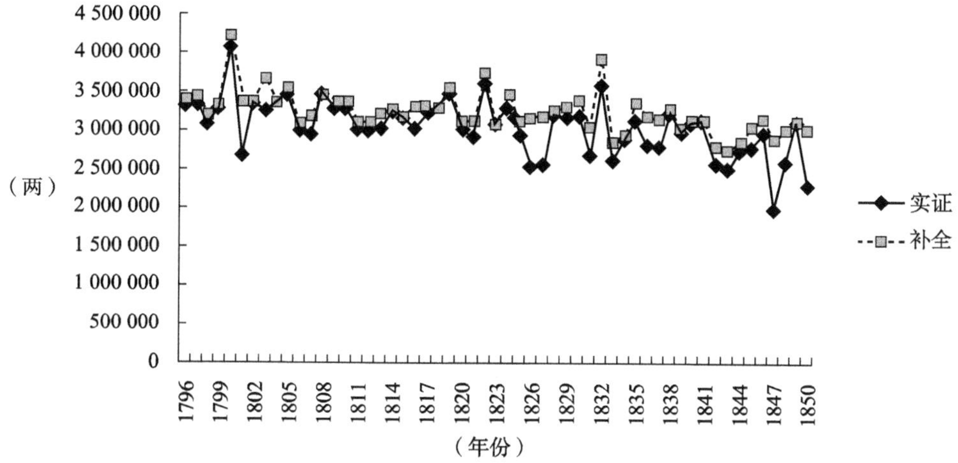

图 2-16　嘉道时期运河长江沿线各关税收汇总示意图

通过示意图 2-16 可以看出，嘉道时期的运河长江沿线的内陆各关，征税除了受嘉庆初年的白莲教起义及道光后期鸦片战争的影响外，大致平稳，基本保持在年均 300 万两的征收水平。

当然，我们还可以把运河长江沿线关进一步细化为三种类型。

第一种是税收较为平稳的税关，如左翼、右翼、坐粮厅、凤阳关、赣关、北新关、南新关，并无嘉庆和道光时期的差异。

第二种是受到黄河运河等河道决口、淤塞及自然灾害所引起农业歉收，而导致关税收入下降的税关，如崇文门、淮安关、扬州关、芜湖关、凤阳关、临清户关、临清工关、荆州关。但这种税收的下降，显然并非市场因素所致。

第三种是除了受河道因素及自然灾害的影响外，还可以在档案中找到因粮食流通不畅、木植运输疲软，进而引发米店业、丝绸业及木材业的倒闭，并导致征税下降的税关，如九江关、浒墅关和龙江西新关。但即便是最后一种类型，也并无嘉庆、道光前后期“流通”与“市场”之间的差异。

如果更进一步，将这些税关放在全国关税收入的总体格局下来考量，则会发现，这些税关收入的下降，并未对嘉庆、道光时期的总体征税产生大的影响。

第三章

沿海各关

一、天津关

天津关旧称河西务。康熙元年（1662年），清政府在天津北门外河北浮桥旁设天津钞，人称大关，并将原河西务钞关的税额归并入天津钞关征收。康熙十六年，随着长芦盐政管理机构的迁津，在东门外浮桥旁设立盐关，专司稽核盐引收缴盐课之责。此后，又在三岔河口设置工部关，专门征收木料等税。至道光年间，从天津海口逶迤至杨柳青镇的海河、运河沿岸，还有大大小小的税局达13处之多。此外还有海运税的征收。

天津关之管理，康熙以前专差户部司员，康熙五十五年时任监督黑色因为生病，朝廷于是任命直隶总督赵弘焰监收，但又以直隶总督地方责任重大，与专司之员有区别，请以天津盐法道就近代理。此后，经过反复，雍正十二年以后，交由长芦盐政兼管。

河西务原额35 847两有奇，顺治十三年减4 947两有奇，康熙元年移驻天津关，并征天津道税银4 180两，二十五年增银5 384两，后裁定额税银40 464两，铜斤水脚银7 092.313两，合计48 156.313两，盈余银20 000两。此外，天津关每年还例交内务府额外盈余银若干两，本关支销经费并部科等处饭银13 000余两。①

① （清）蔡家本、荣铨修：《天津府志》卷33《经略七・榷税》，上海：上海古籍出版社，1995年，第2页。

道光时期，天津关养廉银节省 1 万两，与额外盈余一并上交内务府广储司。[①]

嘉道时期天津关之征税情况，如图 3-1 所示。

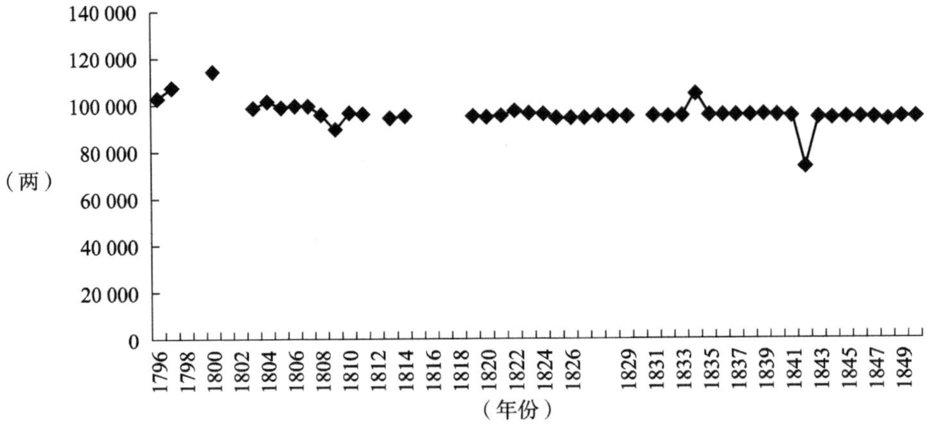

图 3-1　天津关嘉道年间征税示意图

从图 3-1 中可以看出，嘉道时期天津关之税收基本平稳，只是偶有波动。波动的原因如下：

嘉庆元年份出现少收，因上年闽船到津仅 59 只，粤船竟无一只进口，并有闽船带进官谷，在洋遇盗不及到厦门置货驶至天津，比上年少至一半。[②]

嘉庆二年份出现较好状况，系因天津关税课以闽广贸易海船为大宗，查上两年钱粮不敷比较，而今年闽广船只来津较多，已复从前旧数。[③]

嘉庆三年份少收 1 万两，亦因闽粤船只赴津，经由数省，均系海道，路途较远，或因洋面尚未全静，或因风色不顺，寄椗守候，各商船恐其耽误归程，往往即就近省各处收口。本年进口 52 只，较近三年最少之元年仍少 7 只。[④]

---

①《宫中档朱批奏折・财政类・关税》，道光十八年八月二十七日，长芦盐政钟灵折，档案号：04-01-35-0379-022。

②《军机处录副奏折・嘉庆朝・财政类・关税项》，嘉庆二年正月二十七日，长芦盐政董椿折，档案号：03-1766-033。

③《军机处录副奏折・嘉庆朝・财政类・关税项》，嘉庆二年十二月初八日，长芦盐政董椿折，档案号：03-1766-076。

④《军机处录副奏折・嘉庆朝・财政类・关税项》，嘉庆三年十二月初二日，长芦盐政董椿折，档案号：03-1767-017。

嘉庆四年份重定盈余后，出现了多收1万两的局面，查系因今年夏秋闽粤海船来津贸易者计有127只，较上年多至一倍有盈余，“是以钱粮旺盛”。①

嘉庆五年份多收，亦因今年夏秋闽粤海船来津贸易者共182只，钱粮较为旺盛。②而此后关税减少的原因，仍不出“以粤海船为大宗”的理由。③

鸦片战争期间，天津关略受影响，但并不太大，此后又开始有盈无绌。

简言之，天津关之征税很难与萧条论相挂钩。

二、天津海关

关于天津海关（海税），其征收向无定额，仅由天津县自行征解，自嘉庆十二年起，经钦差大臣托津等查明奏定章程，交由直隶总督管理，就近派委道府大员监收，定额4万两，以26 000两为正额，以14 000两为盈余，正额解部，盈余解贮藩库留充地方公用。因系海税，征收以每年开河至封河为止；延至鸦片战争后，因征不足数，特奏准展限三个月，即征收至第二年三月。

嘉道时期天津海关之征税情况，如图3-2所示。

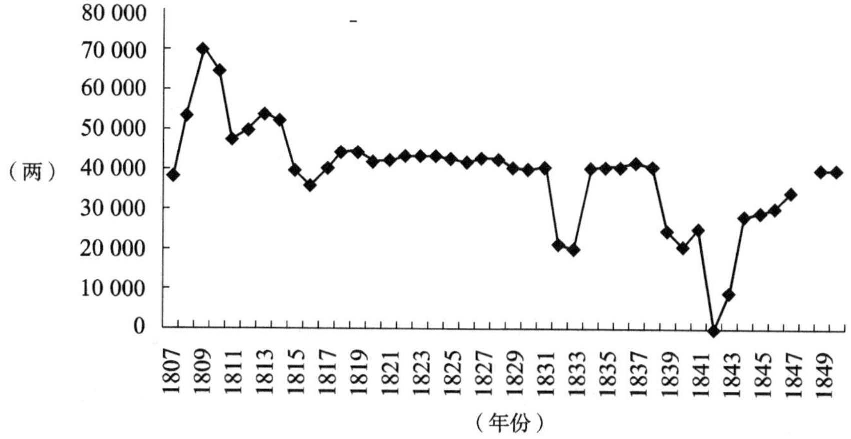

图3-2 天津海关嘉道时期征税示意图

①《宫中档朱批奏折·财政类·关税》，嘉庆四年十一月二十四日，长芦盐政观豫折，档案号：04-01-35-0359-052。

②《宫中档朱批奏折·财政类·关税》，嘉庆五年十一月初九日，长芦盐政那苏图折，档案号：04-01-35-0360-023。

③《军机处录副奏折·嘉庆朝·财政类·关税项》，嘉庆十四年八月初一日，长芦盐政额勒布折，档案号：03-1769-016。

从图 3-2 中看，天津海税有明显的下降趋势，其减少的原因如下：

嘉庆十二年份，天津海税收少收 2 000 两，实因十月内奉省始弛贩米之禁，海船出口无多，是以未能足额。①

嘉庆十三年份出现多收，查此项海税之盈绌，总视海船贩运次数之多寡，而海运之往来，总视奉直两省岁收之丰歉为准，因本年往来海船较多，是故多征。②

嘉庆十四年份多收近 3 万两，系因奉省岁稔粮贱，而天津粮价昂贵，海船贩运较多，“为近年所罕有”。③

此后天津海税一直保持多收，至二十年份少收近 900 两，“实因盛京将军奏准将高粱粟米禁止出口，商民不能往运，仅有装运豆麦杂粮等项进口，为数无几”。④

嘉庆二十一年份又少收 4 000 两，实因上年并本年春秋二季直隶州县及邻省各境均属丰收，客贩米粮云集，价值日见平减，以致奉天省粮石商民无利可图，是以贩粮进口船只甚属寥寥。⑤

道光初期，天津海税仍然保持多收。至道光十二年份出现下降，但因数据并未包括免税数字，难以说明问题。因此次关期征税时，因夏间缺雨，米价增昂，清廷特准将客贩海运米粮进口，赴灾地售卖者照例免其纳税，如加上免税数据，未必少收。⑥

---

①《军机处录副奏折·嘉庆朝·财政类·关税项》，嘉庆十二年二月二十八日，署直隶总督温承惠折，档案号：03-1768-033。

②《军机处录副奏折·嘉庆朝·财政类·关税项》，嘉庆十三年十二月二十七日，直隶总督温承惠折，档案号：03-1769-002。

③《军机处录副奏折·嘉庆朝·财政类·关税项》，嘉庆十四年十二月二十八日，直隶总督温承惠折，档案号：03-1769-031。

④《宫中档朱批奏折·财政类·关税》，嘉庆二十年十二月十七日，直隶总督那彦成折，档案号：04-01-35-0368-023。

⑤《宫中档朱批奏折·财政类·关税》，嘉庆二十一年十二月二十日，直隶总督方受畴折，档案号：04-01-35-0368-048。

⑥《宫中档朱批奏折·财政类·关税》，道光十二年十二月十一日，直隶总督琦善折，档案号：04-01-35-0377-022。

此后天津海税又恢复正常，直至鸦片战争爆发。

道光二十一年份，因鸦片战争影响，出现了亏损。天津海税“以上海沙船装载茶叶杂货为大宗”，道光二十年，因“夏间洋面不靖，封禁通海，港口并无只船来津，即奉天贩米船只亦俱断绝往来，直至八月下旬，始有商贩进口”，计自二月初一日开河至十二月二十六日封河，仅收银20 766两，共少收19 233两。①随后，仍然是受战争影响及与江浙地区的贸易往来不畅，导致道光二十一年、二十二年的征收额亦仅为25 031两和9 191两。②但即便如此，由于害怕受到英军北上的影响，“天津海税自二十二年四月初一日起二十三年三月三十日，又因二十二年因天津沿海一带防兵云集，粮价增昂，免米税”。③

由于第一次鸦片战争的关系，天津海关“因海洋不靖，商船稀少”，经奏准，改变了天津海关以往每年关期均在本年内完成，即由开河至封河为时间段的办法，改为准其展限三个月，截期奏报，如有溢余，尽数报解。倘仍征不足额，即著照数赔补。④

道光二十四年份少收1万两，因天津海税向以上海沙船装载茶叶为大宗，上年户部议复钦差大臣耆英通筹沿海五关收税事宜案内，“茶叶一项止准内地行走，不准涉海，倘有情愿由海贩运者，即照西洋各国贸易例，一体完税，商贩率皆裹足不前”。到十二月，经两江总督议准，从江海关出口茶叶至山东天津奉天，“仍系内地交易，与外洋无涉”，但商人仍裹足未来，

①《军机处录副奏折·道光朝·财政类·关税项》，道光二十一年二月十八日，直隶总督讷尔经额折，档案号：03-3165-085。

②《军机处录副奏折·道光朝·财政类·关税项》，道光二十二年五月初二日，直隶总督讷尔经额折，档案号：03-3166-008；《军机处录副奏折·道光朝·财政类·关税项》，道光二十三年四月二十六日，直隶总督讷尔经额折，档案号：03-3166-030。

③《军机处录副奏折·道光朝·财政类·关税项》，道光二十三年四月二十六日，直隶总督讷尔经额折，档案号：03-3166-030。

④《军机处录副奏折·道光朝·财政类·关税项》，道光二十二年五月初二日，直隶总督讷尔经额折，档案号：03-3166-008。

所以仍然少收。[①]

道光二十六年份少收之因，据称仍系征税以茶叶为大宗，“比年以来，正装茶叶商船并无只艘来津，仅于杂货船只内附带零星粗茶，征收税银不及十分之一”。[②]

道光二十七年份少收，仍称税收以上海沙船茶叶为大宗，本年份来的较少所致。[③]

简言之，嘉道时期的天津海税，征税受到政府关于米粮免税政策的影响极大；到晚期限，则受到鸦片战争及此后所带来的中外贸易格局变化的影响。需要指出的是，在后期数据中，有些免米税银数量并未奏报，无法补入，难以窥其全貌，但总体上看，不能据此推断“道光萧条”说。

三、江海关及洋关

江海关始设于康熙二十四年，抽收航海税钞，每年轮差部员。康熙六十一年归并江苏巡抚兼管。江海关初设于松江府华亭，后移于上海。道光二十五年，宫慕久在上海县北门外头坝南面浦设江海北关，专办外国商船征税事务。原苏松太道署所设税署改称江海大关，专司国内沿海航行船舶税务。

江海关应征常税，进口以北路油豆饼为大宗，出口则专恃棉花布匹等货。原额银康熙二十九年定为 23 016.33 两，雍正七年将庙湾口等处归并淮关，同时减额银 1536 两，因此核定正额银 21 480.33 两，额解铜斤脚价归正银 2500 两，合计为 23 980.33 两。嘉庆四年，定盈余银 42 000 两。

嘉道时期江海关之征税情况，如图 3-3 所示。

① 《军机处录副奏折・道光朝・财政类・关税项》，道光二十四年五月十三日，直隶总督讷尔经额折，档案号：03-3167-014。

② 《军机处录副奏折・道光朝・财政类・关税项》，道光二十六年五月初九日，直隶总督讷尔经额折，档案号：03-3168-009。

③ 《军机处录副奏折・道光朝・财政类・关税项》，道光二十七年四月十六日，直隶总督讷尔经额折，档案号：03-3168-068。

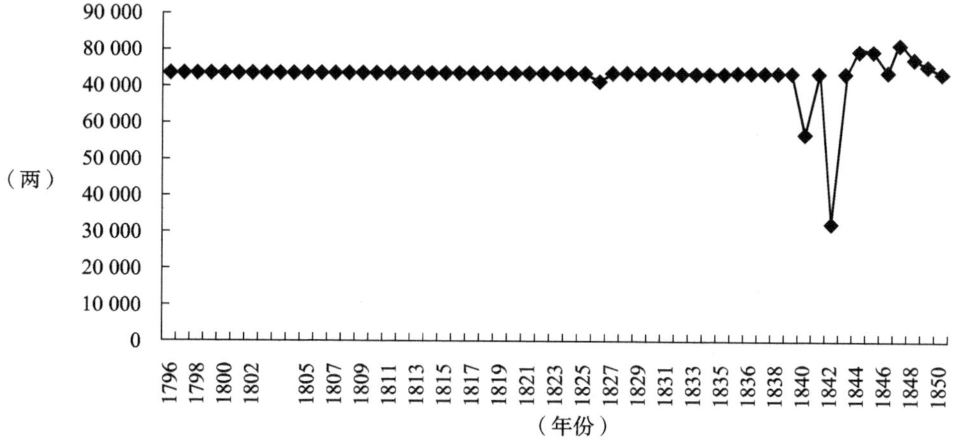

图 3-3 江海关嘉道时期征税示意图

通过曲线示意图可以看得出，江海关前期极为平稳，只是到了鸦片战争时期，才受到巨大影响，此后收税又开始上升。

道光二十年六月，因英舰出现于浙江洋面，为预筹防堵，经两江总督伊里布与江苏巡抚裕谦奏准，“将通海各口全行封港，其已经出口捕渔船只，亦即陆续赶回归坞”，此次封港一直持续到九月初五日，考虑到“计其封港之期，正商船最旺之际”，故本年份仅征税银 57 046 两，较之此前的 73 600 余两，有了不少下降。但这只是第一次封港，道光二十二年四月，因战事又起，英军再入江浙洋面，江海关只能再次封港，“迨后宝山、上海相继失陷”，往来进入贸易的船只“又被该夷拦截吴淞口”[①]，故道光二十二年份（道光二十一年十一月初一日至道光二十二年十月底）的征收额仅为 32 621 两，亦为嘉道时期的最低额。

随后江海关恢复正常，但道光二十四年份较上年份少收，因“英夷通商以后，夷税侵占商税”，是以比较上年短征额外盈余银 3 260 余两。又征收运赴奉天、天津、山东等处茶税计新增银 9 398.455 两。[②]

---

①《军机处录副奏折·道光朝·财政类·关税项》，道光二十二年八月二十二日，两江总督牛鑑、江苏巡抚程楙采折，档案号：03-3166-050。

②《军机处录副奏折·道光朝·财政类·关税项》，道光二十四年十二月初九日，江苏巡抚孙善宝折，档案号：03-3167-052。

道光二十六年份仍然多收，但较前年少，实因通商以来，从前由广船运沪之苏木、药材等货，现均由西洋各国商船载来，以致税课征不足额。①

道光二十八年份奏折称少收。因本年海运案内商船装运漕计，计有免征二成货税银 7 234.938 两，以致未能足额，如加上此部分，实际多收。②

简言之，江海关之征收，除受鸦片战争影响外，收入一直相当平稳。

下面再来看看江海洋关（上海关）的征税情况。

按照中英《南京条约》的规定，上海作为通商口岸开放，随即设立江海洋关，征收“夷税”。江海关（在上海）通商以后，征收西洋各国税钞，并内地丝商补纳税银详见表 3-1，据委管江海关事苏松太道宫慕久称，道光二十三年九月二十六日开市起至道光二十四年正月二十五日为首期。又自道光二十四年正月二十六日至道光二十五年正月二十五日为第一期，关期与粤海关相同。该关征收夷税，“须试行三年后始定正额盈余，现系统作一条编征，尽收尽报”。③

因为有常关与洋关之别，江海关出现了耗银之争。据奏称，江海关自道光二十三年九月二十六日开市，“开市之初税钞皆用洋银输纳，嗣因议令补水，该夷等每多轇轕，旋即改为银两输征，而所纳之银又皆成色低潮”，上海道宫慕久通谕，倾熔每千两较解部足色元宝亏色银至三四十两不等，“当令该夷如数补水”，但洋商“以税钞本应纳银，今以银上纳，系遵定章办理，不能再补”，婉谕再三，坚执不允，“反称格外需索，欲缓通商”。为考虑大局起见，不能不通融办理，同意洋人要求。但此后洋商来华贸易日众，年纳税钞或五十万，或六十万，甚且多至七十余万，而其银两皆系九六、九七成色，“各夷以初次收兑银色为准，不惟不能令其补水，兼亦不

① 《军机处录副奏折·道光朝·财政类·关税项》，道光二十六年十一月初三日，署江苏巡抚漕运总督程楙采折，档案号：03-3168-046。

② 《军机处录副奏折·道光朝·财政类·关税项》，道光二十八年十二月二十六日，江苏巡抚陆建瀛折，档案号：03-3169-001。

③ 《宫中档朱批奏折·财政类·关税》，道光二十五年三月二十七日，署江苏巡抚江宁布政使陈继昌折，档案号：04-01-35-0380-037。

能令其易换”。如以此交部，则江海关必然大亏，故恳请仿粤海关章程，“在于征收税银内作正开销，以归画一，每两准销折耗银三分”。[①] 后来经过部议，认为江海关征收西洋各国税钞之案，此项折耗银两“自系无款可筹”，惟所请三分，每年合计五六十万，则折耗多至一万数千两，“未免为数过巨，减去一分，折二分”。[②]

表 3-1 道光时期江海洋关征税表 （单位：两）

公元	时间	关期	税钞银	代征内地商人湖丝税	加一耗银	实征总数	资料来源
1844	道光二十四年	道光二十三年九月二十六日至道光二十四年正月二十五日	41 933.451	621.687 6	62.168	42 617.306	《宫中档朱批奏折·财政类·关税》，道光二十五年三月二十七日，署江苏巡抚江宁布政使陈继昌折，档案号：04-01-35-0380-037
1845	二十五年	道光二十四年正月二十六日至道光二十五年正月二十五日	172 922.688	13 671.004	1 367.1	187 960.792	《宫中档朱批奏折·财政类·关税》，道光二十五年三月二十七日，署江苏巡抚江宁布政使陈继昌折，档案号：04-01-35-0380-037
1846	二十六年	道光二十五年正月二十六日至道光二十六年正月二十五日	480 239.584	32 096.272	3 209.638	515 545.494	《军机处录副奏折·道光朝·财政类·关税项》，道光二十六年三月二十五日，江苏巡抚李星沅折，档案号：03-3168-007

① 《宫中档朱批奏折·财政类·关税》，道光二十九年九月二十日，两江总督陆建瀛、江苏巡抚傅绳勋折，档案号：04-01-35-0381-041。

② 《宫中档朱批奏折·财政类·关税》，道光二十九年十二月二十二日，两江总督陆建瀛、江苏巡抚傅绳勋折，档案号：04-01-35-0381-051。

续表

公元	时间	关期	税钞银	代征内地商人湖丝税	加一耗银	实征总数	资料来源
		道光二十六年正月二十六日至道光二十六年十二月二十五日	662 467.499	46 923.094	4 692.333	714 082.926	《军机处录副奏折·道光朝·财政类·关税项》，道光二十七年三月初一日，江苏巡抚陆建瀛折，档案号：03-3168-062
1847	二十七年	道光二十六年十二月二十六日至道光二十七年十二月二十五日	628 274.021	56 021.169		680 295.19	题本，道光二十八年七月二十二日，江苏巡抚陆建瀛折，档案号：02-01-04-21403-034
1848	二十八年	道光二十七年十二月二十六日至道光二十八年十二月二十五日	54 097.297	42 740.567	4 274.061	587 984.925	《军机处录副奏折·道光朝·财政类·关税项》，道光二十九年三月十八日，江苏巡抚陆建瀛折，档案号：03-3169-007
1849	二十九年	道光二十八年十二月二十六日至道光二十九年十一月二十五日	631 583.256	35 472.5	3 547.262	670 603.018	《宫中档朱批奏折·财政类·关税》，道光三十年二月二十九日，江苏巡抚傅绳勋折，档案号：04-01-35-0381-054
1850	三十年	道光二十九年十一月二十六日至道光三十年十一月二十五日	704 000				太平天国历史博物馆编：《吴煦档案选编》（第七辑），江苏人民出版社1983年9月版，第82页

需要指出的是，道光三十年的数据并非完全，但考虑到聊胜于无，故

以税钞银代之。另外，上海关道光三十年十一月二十六日至咸丰元年十月二十五日共征收 1 251 340.002 两，咸丰元年十月二十六日至二年十月二十五日共征收 1 308 240.956 两。[①] 此后，江海关之税收，即超越粤海关，成为天下第一大关。至此，对外贸易的中心北移成功，上海也迅速繁荣起来，成为改变近代中国经济格局的一大关键。

四、浙海关及洋关

浙海关设于宁波。清初厉行海禁，康熙收复台湾后，开放海禁，随即在宁波设立“监督浙海关钞”，简称“浙海关”，管辖范围为浙江全省的海岸，主要征收洋船税。浙海关的建置年份，各种记载不一。《清史稿》卷125《食货志六》、《清会典事例》卷235《关税》记为康熙二十三年，雍正《宁波府志》卷16《秩官》、乾隆《浙江通志》卷86《榷税》记为康熙二十五年，这一现象的出现可能与建关及派官莅任的认定标准不一。浙海关设立后，派满汉各一人，笔帖式一人，设海关衙署于定海，并设红毛馆，令监督往来巡视。康熙五十九年，以浙海关归巡抚管理。后经反复，雍正后期定为专委宁绍台道兼理。

浙海关初定额银 31 952 两有奇，后洋船日多，额定正额梁头货税银 32 030 两有奇，外增长江税银 127 两有奇，又加征丝税银 52 两有奇，通共税银 32 214 两有奇。内除动支各役工食银 258 两，实征净银 31 952 两有奇。又派解铜斤水脚 3750 两。经过调整后，定为正额银 35 908.23 两，嘉庆四年定盈余银为 39 000 两，嘉庆九年，又将其盈余“酌减”至 44 000 两，两者合计为 79 908.23 两。

嘉道时期浙海关征税情况如图 3-4 所示。

① 《经济研究所抄档》，咸丰二年正月二十二日、二年十二月二十八日，江苏巡抚杨文定折。

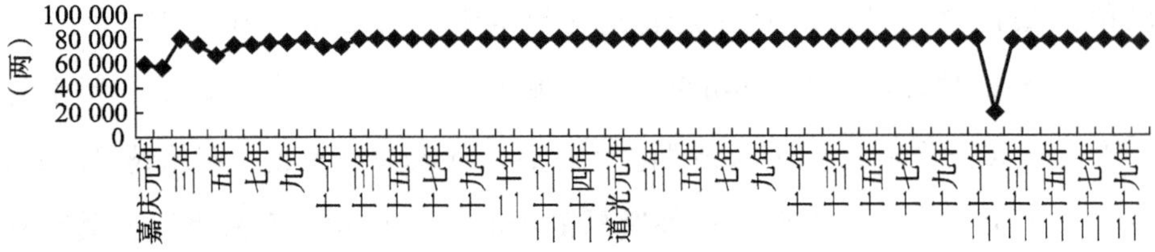

图 3-4　浙海关嘉道时期征税示意图

通过曲线示意图来看，嘉庆前期，浙海关受蔡牵海盗案的影响，有过一定的起伏，此后即非常平稳。延至鸦片战争时期，才有了第二次较大的波动，但随即又恢复正常。

嘉庆元年份，根据三年比较之法，较上三年最多之年少收 3 万两，“实缘上年闽省漳泉一带烟糖歉收，兼之洋面未靖，闽广商船往来稀少”。[①]

嘉庆二年份并未改观，仍然较上三年最多之年少收 3 万两，据称实因本年春夏以来，“海洋甫稍宁静，闽广商船未能周知，商船仍复稀少”。[②]但这种解释未能令嘉庆帝满意，清廷特命其确查缺少原因，浙江巡抚玉德于二年九月十五日又称，去年夏秋之间，“安南匪船窜入闽浙洋面，商人等疑惧不前”。自九月份不断捉拿海盗之后，虽然洋面平静，但此时北风已盛，“闽广商船即不能折戗北来”。[③]

嘉庆三年份恢复正常，但四至五年份，又因“夷匪窜入浙洋，闽广商船进口较少”[④]。

嘉庆九年，清廷重新调整盈余数量，浙海关盈余由 39 000 两“酌减”

① 《军机处录副奏折·嘉庆朝·财政类·关税项》，嘉庆元年七月二十一日，浙江巡抚吉庆折，档案号：03-1766-022。

② 《军机处录副奏折·嘉庆朝·财政类·关税项》，嘉庆二年七月十八日，浙江巡抚玉德折，档案号：03-1766-060。

③ 《军机处录副奏折·嘉庆朝·财政类·关税项》，嘉庆二年九月十五日，浙江巡抚玉德折，档案号：03-1766-066。

④ 《宫中档朱批奏折·财政类·关税》，嘉庆五年六月十六日，浙江巡抚阮元折，档案号：04-01-35-0360-008。

为 44 000 两。嘉庆十一年份，因为“洋匪不靖，闽粤货船来回稀少”，有了 6 000 两的盈余亏损。[①]

嘉庆十二年份，亦少收 6 000 两，仍称“实缘洋匪不靖，闽广货船到浙稀少，回货亦因之阻滞”，兼以上年秋间蔡逆窜入浙洋，“暂停商渔船只出口”，以致税银进出并缺。[②] 可见时局及政策对浙海关的影响。

至嘉庆二十二年份，浙海关再次少收 800 两，“缘本年宁港尚有报往暹逻贸易未经回棹之船，似系因风漂收别口，以致额税稍有短绌”。[③] 因为本年份缺数尚少，故直接赔补，此后，当浙海关遇到类似数少的情况时，亦会采取这样的借口来奏对。

浙江是鸦片期间的重要战场，其中定海两度被占，宁波、镇海也相继受到侵犯，而设于宁波的浙海关征税范围为浙江全省的海岸，且以洋船税为主，故所受影响极大。二十年六月，英舰闯入浙江洋面，占据定海县城，当地官员“恐其分窜各口，并恐汉奸接济，前奉通饬沿海口岸船只封禁出入，宁波大关即于六月初七日封港，其余各口一体封禁”[④]，并持续到十月十九日，导致本年份关期之第二季度全无征收。而宁波府属之镇海大关及宁绍府属各小口，“非被该夷窃据，即有夷舰往来窥探”，亦系“一律封闭”[⑤]。开关之后，又因“定海洋面为商船出入必经之处，夷船尚在定海，并未尽赴粤东，所有进港贸易商船未能照常众多”。[⑥] 根据王庆云《石渠余纪》

① 《宫中档朱批奏折·财政类·关税》，嘉庆十一年四月十六日，浙江巡抚清安泰折，档案号：04-01-35-0363-043。

② 《宫中档朱批奏折·财政类·关税》，嘉庆十二年四月二十八日，浙江巡抚清安泰折，档案号：04-01-35-0364-033。

③ 《宫中档朱批奏折·财政类·关税》，嘉庆二十二年十二月二十三日，浙江巡抚杨護折，档案号：04-01-35-0369-015。

④ 《宫中档朱批奏折·财政类·关税》，道光二十年十二月二十二日，浙江巡抚刘韵珂折，档案号：04-01-35-0379-038。

⑤ 《军机处录副奏折·道光朝·财政类·关税项》，道光二十二年十月二十九日，浙江巡抚刘韵珂折，档案号：03-3166-021。

⑥ 《宫中档朱批奏折·财政类·关税》，道光二十年十二月二十二日，浙江巡抚刘韵珂折，档案号：04-01-35-0379-038。

卷六可知，二十二年份浙海关所征不过 18 839 两，较之定额 79 908 两，仅及 24%。这在嘉道时期浙海关的征税历史上，是绝无仅有的。

受鸦片战争的影响，浙海关之关期还随之做出调整，二十一年份关期本应从二十年三月初九至二十一年三月初八，结果延长至六月十九日。而二十二年份关期则由二十一年六月二十日至二十二年十月初七。

鸦片战争结束后，除定海很长时间均未收复，所征之额征 1 496 两豁免外，其余部分之税收又开始恢复正常。即有缺少，亦称“并无报往暹逻贸易回棹商船，亦无闽广船只收泊”。

简言之，浙海关之征税，除了前期受海盗案、后期受鸦片战争影响外，其余时间均保持正常，看不出明显的市场因素的影响，难以论证“道光萧条”说。

根据中英《南京条约》的协议，浙海关在鸦片战争后还开始了洋税征收，其征收情况因资料所限，目前还只能做极为简略的补充，如表 3-2 所示。

表 3-2　道光晚期浙海洋关征税表　　（单位：两）

公元	时间	征税时间	实征总数	资料来源
1844	道光二十四年	道光二十三年十一月十二日至道光二十四年正月二十五日	6264.468	《宫中档朱批奏折·财政类·关税》，道光二十四年五月二十五日，粤海关监督文丰折，档案号：04-01-35-0380-019
1845	道光二十五年	道光二十五年正月二十六日至道光二十五年十月	6885.047	《题本·道光朝·财政类·关税项》，道光二十六年四月二十日，浙江巡抚梁宝常折，档案号：02-01-04-21353-006
1846	道光二十六年	道光二十六年正月二十六日至道光二十六年九月	2173.379	《宫中档朱批奏折·财政类·关税》，道光二十七年二月初一日，粤海关监督基溥折，档案号：04-01-35-0380-043
1847	道光二十七年	道光二十六年十二月二十六日至道光二十七年八月二十五日	1571.926	《宫中档朱批奏折·财政类·关税》，道光二十八年二月初九日，粤海关监督基溥折，档案号：04-01-35-0380-058

续表

公元	时间	征税时间	实征总数	资料来源
1849	道光二十九年	道光二十八年十二月二十六日至道光二十九年闰四月二十五日	419.885	《宫中档朱批奏折・财政类・关税》，道光二十九年十二月二十一日，粤海关监督明善折，档案号：04-01-35-0381-049
1850	道光三十年	道光二十九年十一月二十六日至道光三十年七月二十五日	117.63	《宫中档朱批奏折・财政类・关税》，道光三十年十二月二十一日，粤海关曾维折，档案号：04-01-35-0382-005

需要指出的是，表 3-2 中所列数据，大多并非关期实征数据，但因资料所限，目前只能做出这种补充。

五口通商后，贸易流通格局大变，为适应此种新变化，清廷做出了不少政策调整。随着浙海洋关（宁波）之开征，浙江当局也开始调整了相关章程，即通过添雇人役、增设公所卡巡，来加强巡洋缉私。据浙江方面奏报，宁波海口与西洋各国通商，内地货物以茶叶湖丝绸缎为大宗，“浙省海口纷歧，港汊丛杂，小民趋利若骛，难保无偷漏走私之弊”。安徽、福建等省茶叶贩运来浙，均须经由钱塘江至萧山县属之义桥、新坝二处起运过塘，至宁波销售，故于此二处设充公所，派拨丁书常川住守。湖丝等项，则必须通过上游之大河头、宝幢河头及骆驼桥三处，故亦各设卡房一所。至宁波大半设立城外江东，“向系查验内地船货，各该商即在关前分帮停泊，兹与各国通商，未便同在一处查验，致形拥挤”，故决定在江北岸李家街头，设立盘验所一处，建造税房，搭盖棚厂，“以为夷船起货下货稽查盘验之所，使内地与外夷各船不相混淆，易于查察”。又因各国商船由镇海进口宁波，恐有水手登岸滋事，或奸民勾串夷人中途驳运等弊，复于盘验所及镇海口二处，各设巡船二只，雇募舵水选拨丁役，派委佐杂人员，分投稽查。所有开支，则均于“征存西洋各国税钞内照数支给”。[①]

①《宫中档朱批奏折・财政类・关税》，道光二十四年十二月初七日，浙江巡抚梁宝常折，档案号：04-01-35-0380-028。

五、闽海关及厦福洋关

清初一度实施禁海令，至康熙二十二年统一台湾，为开海创造条件。自康熙二十三年至二十五年，清廷先后在福建、广东、江南、浙江四省设立四榷关，即闽海关、粤海关、江海关和浙海关，其中闽海关是清代东南四海关中最早设立的，康熙二十三年设立海税监督，满汉各一人，笔帖式一人，任期二年。康熙二十九年以后专用满员，一年一易。雍正二年闽海关归巡抚管理，后有所反复。乾隆时期，先由闽浙总督兼任闽海关监督，三年改为归福州将军兼理，“凡商船越省贸易及贩往外洋者，出入官司征税”①。

闽海关额税正额银（全部交福建藩库充兵饷）66 549.547 两，铜斤水脚银 7000 两，合计 73 549.547 两，又于嘉庆四年钦定盈余 113 000 两，两者合计 186 549.547 两。

嘉道时期闽海关征税示意图，如图 3-5 所示。

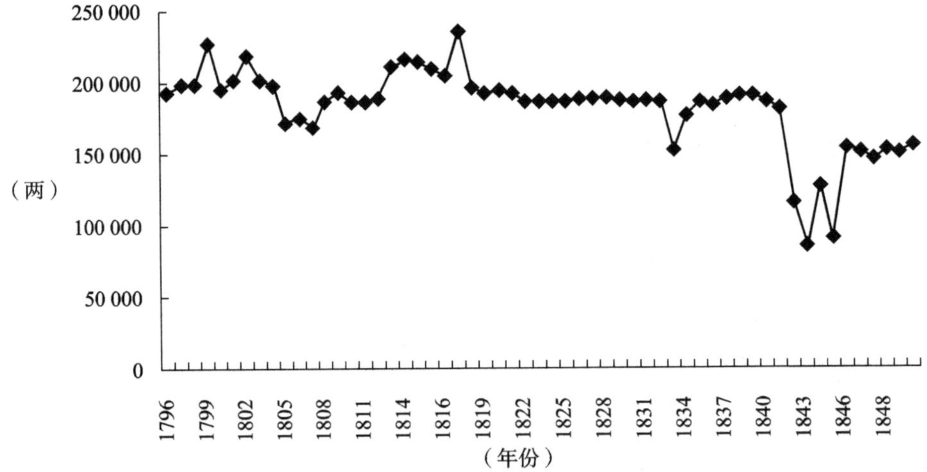

图 3-5 闽海关嘉道年间征税示意图

① （清）怀荫布修：乾隆《泉州府志》卷 23《榷政》，《中国地方志集成》之《福建府县志辑》第 22 辑，上海：上海书店，2000 年，第 560 页。

从曲线示意图来看，闽海关存在着一定的下降趋势，尤其是嘉道时间存在着明显的前后差异。

嘉庆前期较为平稳。嘉庆十年前后，因蔡牵海盗案，有了较大的下降，据奏称，“实缘蔡匪自上年五月迄今三次窜台，以致商船不能流通，厦门等口征收短绌”。[①]

嘉庆十一年份，亦少收1万两，仍缘自十一月间蔡逆窜台滋事以后，至本年三月为止，共有四个月时间“商贩不通”，厦门、泉州等口进出货税短绌。[②]

嘉庆十二年份，少收1万两，据称系上年广东、浙江、江苏、天津、锦州各商艘，因“海洋未靖，到闽无多，即本省台湾船只亦较往时稀少。其赴外番贸易回棹洋船更属寥寥，兼之缉匪紧要，奏明将大号商船雇募配兵，未免稍稽贩运”。[③]

蔡牵案平，闽海关亦恢复正常。但嘉庆二十年，出现了丢失税册之事。闽海各关征收税银，向例专差书吏赴部请领部印亲填，“即由闽海关衙门转发各税口按日令投税商人亲笔填写货色、税银数目，委饬由各该口汇齐，专差在关募充脚夫，按同哨丁赍送闽海关衙门综核”。但距省较近之宁德口，于四月二十一日点派在关募充脚夫蔡云，协同哨丁王桢赍送，但时间未到，结果在侯官县长洋地方，发现被戕一人，尸旁遗有刀割口袋等件，传讯沿途店主，供称似系脚夫。[④]此可作为其间的插曲。

道光初期，闽海关之征税相当平稳，至道光十四年份，发生少收9 000两的情况，“实因历年商船遭风损坏过多，曾经出示招徕，无如各商船一时

---

①《宫中档朱批奏折·财政类·关税》，嘉庆十年五月十二日，福州将军兼闽海关监督阳春折，档案号：04-01-35-0362-054。

②《宫中档朱批奏折·财政类·关税》，嘉庆十一年四月初九日，福州将军兼闽海关监督阳春折，档案号：04-01-35-0363-041。

③《宫中档朱批奏折·财政类·关税》，嘉庆十二年四月十六日，闽浙总督兼闽海关印务阿林保折，档案号：04-01-35-0364-030。

④《军机处录副奏折·嘉庆朝·财政类·关税项》，嘉庆二十年五月二十七日，福州将军兼闽海关监督扎拉芬折，档案号：03-1770-131。

修整无力，兼上年台湾蒇事后，商艘尚未畅行，贸贩稀少”。[①]可见仍与政治事件密切相关。

道光十六年份少收 2 000 两，仍称“实由历年商船遭风损坏甚多，虽经出示招徕修整者，一时究未如初”。[②]

在鸦片战争期间，厦门先后两次受到英军攻击，闽海关征税所受影响颇大。道光二十年英国犯厦门未果，但道光二十一年份仍少收 5 000 两。实因去岁六月以后，“英逆夷船在洋游奕，南北货船多有观望不前，以致船只较少，税课短绌”。[③]

道光二十二年七月，英军占领厦门，闽海关于七月初十日开始封关，并持续到道光二十三年七月。有奏折称：“厦门一口切近瀛壖，地通南北，海舶萃聚，向为闽省第一繁盛之区”，“迨二十年夷氛不靖，该处屡被窥伺滋扰，人情震恐，大半失业流离，至二十一年竟被攻陷，在彼居民非各奔逃，即遭蹂躏，被祸之惨，实非浅鲜。其后夷踪虽退而鼓浪屿尚被占居，流徙之民未敢全归故土，其陆续回藉者，家室一空，资财罄尽，居货之行栈既倒歇，而不能复开，贩货之船只亦毁坏，而无力复制，地方之萧索，不特大异于前，即较未经被兵之时，亦有霄壤之别。二十三年七月启关，而民间元气未复，商贩皆多裸足，日征之课未能按额取盈。”[④]加之闽海关税源，“全恃商船装载木植杂货，在于宁波等处互相贸易，而宁波亦复失守，闽商船货难通，各税俱形短绌”[⑤]，故道光晚期的征税大受影响，未能征收足数。

---

①《宫中档朱批奏折·财政类·关税》，道光十四年六月十四日，福州将军兼闽海关监督乐善折，档案号：04-01-35-0377-055。

②《宫中档朱批奏折·财政类·关税》，道光十六年五月十三日，署福州将军副都统张仙保折，档案号：04-01-35-0378-048。

③《宫中档朱批奏折·财政类·关税》，道光二十一年闰三月十二日，福州将军兼闽海关监督保昌折，档案号：04-01-35-0379-044。

④《宫中档朱批奏折·财政类·关税》，道光二十五年二月十六日，福州将军兼闽海关监督敬敫折，档案号：04-01-35-0380-030。

⑤《军机处录副奏折·道光朝·财政类·关税项》，道光二十二年三月十七日，福州将军兼闽海关监督保昌折，档案号：03-3166-006。

道光二十三年七月，厦门关开关启征。道光二十三年份之征收，除厦门口不计外，其余之南台、泉州、涵江、宁德、铜山等五口每年应征正税并额内额外盈余银 96 549.547 两，自道光二十二年二月十六日至道光二十三年二月十五日，一年期满，各口实共征银 86 059.68 两，少收 10 489.867 两，“委因年来海洋不靖，货船稀少，自宁波、乍浦、上海等处均被夷船滋扰，商贾难以互通，以致缺征税额”。[①]

此后，道光二十四年份闽海关之除厦门关之外的其余各口征收 3 000 两，亦因“夷务初定，南北货船均未能照常畅销，一时未能复旧”。[②]

厦门向为内地客商由海贩运货物、往来各省贸易输税之所，自五口通商以后，钦差大臣耆英“恐内地商船与夷商杂处，滋生事端，又因鼓浪屿原设查税小口殊多不便”，于是函商英国人议定，将查税小口移至新屿，“以期两不相妨”[③]。清廷在议复这一要求时也称，厦门关一经征税，“则商船巡船与英吉利船只同在一港，帆樯相摩，较之江浙各税口夷船业已退出情形不同”。[④]一年后，厦门方面再奏，厦门汊港纷歧，岛屿错杂，货船到彼，最易走私，“现当各夷开市之际，夷商之偷漏，固当明示禁防，内地之奸民尤须严加惩创”。当地的何厝乡、卓崎、深坞等处，均在厦门口外，水陆交错，以前内地商船贩货赴厦，这些地方间有走私案件发生，其中尤以何厝乡人口众多，“民情犷悍，较卓崎等处尤甚”。自洋人到厦门互市以来，该乡百姓以为有利可图，即开设私行，置造船只，“希图勾串夷船，于口外卸

① 《宫中档朱批奏折·财政类·关税》，道光二十三年三月十八日，福州将军兼闽海关监督保昌折，档案号：04-01-35-0379-054。
② 《宫中档朱批奏折·财政类·关税》，道光二十四年二月十四日，福州将军兼闽海关监督保昌折，档案号：04-01-35-0380-014。
③ 《宫中档朱批奏折·财政类·关税》，道光二十三年六月二十七日［朱批日期］，钦差大臣耆英折，档案号：04-01-35-0379-060。
④ 《宫中档朱批奏折·财政类·关税》，道光二十三年七月十九日，福州将军兼闽海关监督保昌折，档案号：04-01-35-0379-063。

货走私”，故决定“将其行店船只拆毁”，以绝后患。[①]

此后，即便经过政策调整，厦门关之征收亦无起色。据奏报，厦门贩海之船共有四项，一曰透北之船，载闽产之白糖纸张，赴宁波、乍浦、上海、天津、盛京等处销售，复载北路杂货回厦；一曰过台之船，载内地棉布烟茶杂货赴台湾销售，复载台湾之米谷白糖；一曰出洋之船，载内地杂货赴南洋之吕宋、暹逻诸岛国销售，复载诸岛国所产之燕窝、海参、胡椒、沉香、檀木、乌木、苏木、番木、藤条、牛皮、铅锡等货回厦；一曰广拨之船，本地称为红头船，专赴广东洋行拨贩洋布、棉花、大呢、羽毛等货，分销闽省各府。四项商船内，惟出洋之船最大，资本最重，嘉庆初年常有二三十只，道光二十年以前尚有五六只。其广拨之船，从前有数百只，道光二十年以前尚有一百余只。自道光二十三年五口通商以后，西洋各国之船来厦者络绎不绝，皆为以前厦门船所载之物，“货色相同，而价值则较为轻贱，内地商船断不能折赀本而与之争售，不得不收帆歇业，别图生理”。故道光二十三、二十四两年，出洋之船绝迹，而广拨之船尚有二三十只，自道光二十五年以后，广拨之船亦并绝迹，仅余透北、过台两项船只，数亦不及从前之半。针对江海常关和浙海常关同系新开洋关，为何常关税收并不致短绌的原因，闽海关的解释是：上海商船专贩北洋出口入口之货，以布匹、米豆为主，“与夷船销路不同，货色亦两不相涉”。故上年上海关征收洋税至66万余两之多，而江海关征税依然足额。宁波情形亦与上海相类，“是夷税之侵占华税，乃别口未有之情形，而厦门实独受其累”。[②]

因洋关挤压常关，导致闽海关不得不调整每年应征额数。据奏报，道

① 《宫中档朱批奏折·财政类·关税》，道光二十五年二月十六日，福州将军兼闽海关监督敬敫折，档案号：04-01-35-0380-030。

② 《宫中档朱批奏折·财政类·关税》，道光二十七年十月二十五日，福州将军壁昌、闽浙总督刘韵珂折，档案号：04-01-35-0380-050。

光二十七年份闽海关征税减少，少收 4 万两，“实因夷船占销华船之货，致商船大半歇业”。而自道光二十三年九月夷船通商至道光二十七年九月，共短征华税 12 万余两，而添征夷税 16.2 万余两，“是今日所增之夷税，即今日所减之华税”，若因华夷课则名目既分，“即令管关之员两有所征，并两无所短，其势所不能”，“请念厦门一口与别口情形不同，准将夷船所占华商进口洋货、棉花、布匹，出口杂货等税仍拨归闽海关常税征报，其夷船进口吨钞、出口茶叶、湖丝各税，闽海关向不征收，应照新例收入夷税项下”，咨归粤海关统计。至于福州一口夷税，“近益减少，本年仅收银四两零，嗣后所征无论多寡，请照厦门一律办理”。① 户部议复所请“尚系实在情形”，但将夷税分为两种类别，“款目繁多，恐滋迁就，与其拨补以无定之数，而易滋混淆，不若拨补以有定之数而便于稽核”，命令闽海关仿南新关、北新关拨补之例②，通盘核算，每年从厦门关洋税项下拨银 25 000 两作为定数，以补闽海关常税之不足。③

道光二十九年份关税在提补夷税 25 000 两后，仍少 1 万两，“实缘本年江浙两省雨水为灾，物产既被淹浸，商船遂多歇业，闽省各口秋冬两季，华商贸易之船甚稀”。④

简言之，嘉道时期闽海关之征税，前期受蔡牵海盗案影响，后期则受鸦片战争影响，然其收入的波动，似与市场萧条论点无关。

除正额盈余外，闽海关还有较为完整的附加税征收情况。

闽海关年收并封平余、漏税罚科、书役截旷三款银两，向为解饷加平、修理馆屋、哨船以及水手工食、运送贡品进京等项之用。道光五年部

---

①《宫中档朱批奏折・财政类・关税》，道光二十七年十月二十五日，福州将军壁昌，闽浙总督刘韵珂折，档案号：04-01-35-0380-050。

② 南新关每年例从北新关之征税中借拨 4 000 两，以补不足。

③《宫中档朱批奏折・财政类・关税》，道光二十八年六月初六日，福州将军壁昌、闽浙总督刘韵珂折，档案号：04-01-35-0381-001。

④《宫中档朱批奏折・财政类・关税》，道光二十九年十二月初十日，福州将军兼闽海关监督裕瑞折，档案号：04-01-35-0381-046。

议，每积一万两即交闽省藩库充兵饷。嘉道时期有较为系统的三项银的资料，如表 3-3 所示。

表 3-3　嘉庆道光朝三项银统计表　　（单位：两）

时间	新收	旧存	合计	动用	实存
嘉庆二年	6 480.776	5 847.416	12 328.192	4 124.448	8 203.744
八年	13 430.499	9 233.76	22 664.259	20 000	2 664.259
九年	6 017.249	22 664.259	28 681.508	21 794.738	6 886.77
十年	5 228.502	6 886.7	12 115.272	1 694.583	10 420.689
十一年	5 379.11	10 420.689	15 799.799	1 643.012	14 156.787
十四年	5 818.572	21 173.835	26 992.407	2 290.487	24 701.92
十五年	5 561.503	24 701.922	30 263.423	22 896.871	7 366.552
十六年	5 640.113	7 366.552	13 006.665	1 722.298	11 284.367
十七年	5 653.659	11 284.367	16 938.026	1 875.568	15 062.458
十八年	6 384.237	15 062.458	21 446.695	1 979.702	19 466.993
十九（1）年	6 366.571	19 466.993	25 833.564	2 063.13	23 770.434
十九（2）年	6 439.205	23 770.434	30 209.639	22 076.787	8 132.852
二十年	6 086.559	8 132.852	14 219.411	2 105.974	12 113.437
二十一年	6 003.893	12 113.437	18 117.33	1 829.387	16 287.943
二十二年	6 874.948	16 287.943	23 162.891	2 303.552	20 859.339
二十三年	5 743.796	20 859.339	26 603.135	2 180.943	24 422.129
二十四年	5 836.153	24 422.192	30 258.345	1 957.003	28 301.342
二十五年	5 746.623	28 301.342	34 047.965	22 163	11 884.965
道光元年	5 646.112	11 884.965	17 531.077	2 227.973	15 303.104
二年	5 554.73	15 303.104	20 857.834	11 954.814	8 903.02
三年	5 522.288	8 903.02	14 425.308	2 274.026	12 151.282
四年	5 559.689	12 151.282	17 710.971	12 351.299	5 359.672
五年	5 449.901	5 359.672	10 809.573	2 421.582	8 387.991
六年	5 537.873	8 387.991	13 925.864	2 693.655	11 232.209
七年	5 593.251 6	11 232.209	16 825.460 6	12 407.912 5	4 417.548 1
八年	5 507.141	4 417.548 1	9 924.689 1	2 683.525	7 241.164 1
九年	6 405.054 4	7 241.164 1	13 646.218 5	2 876.234 4	10 769.984 1
十年	5 386.307	10 769.984 1	16 156.291 1	2 867.823	13 288.468 1
十二年	5 396.319 1	5 817.132 1	11 213.451 2	2 857.393	8 356.058 2
十三年	4 448.756 4	8 356.058 2	12 804.814 6	2 834.666	9 970.148 6

续表

时间	新收	旧存	合计	动用	实存
十四年	5 099.092 2	9 970.148 6	15 069.247 8	2 979.878	12 089.369 8
十五年	5 399.363	12 089.369 8	17 488.733 3	12 913.275	4 583.600 2
十八年	5 540.816 4	9 346.533 8	14 887.350 2	3 568.3	11 319.020 2
十九年	5 531.057 4	11 319.020 2	16 850.077 6	3 841.62	13 008.457 6
二十年	5 406.417 6	13 008.457 6	18 414.875 2	13 831.275	4 583.600 2
二十一年	5 247.217	4 583.600 2	9 830.817 2	3 773.276	6 057.541 2
二十二年	3 338.331	6 057.541 2	9 395.872 1	3 649.054	5 746.818 2
二十四年	3 902.472	5 380.857	9 283.329 2	3 572.607	5 710.722 2
二十五年	4 471.24	6 534.454	11 005.694	3 977.574	7 028.12
二十六年	4 387.77	7 028.12	11 415.89	3 774.473	7 641.417
二十七年	4 241.442	7 641.417	11 882.859	4 124.816	7 758.043
二十八年	4 446.761	7 758.043	12 204.804	3 743.404	8 461.4
三十年	4 855.197	10 938.636	15 793.833	3 880.46	11 913.373

资料来源：朱批奏折与军机处副录奏折

从表3-3中看，每积至2万两以上，清廷就会从中提取整数2万两支用。

按规定，闽海关琉球船只回国随带货物照例免税，不会计入关税收入中。例如，嘉庆八年免371两；嘉庆九年免536两；嘉庆十八年免进贡正副船只购买内地货物税1 824两；嘉庆二十三年免1 768两；嘉庆二十四年免699两。以上数据并未包括在奏销册中。

此外，针对朝廷的某些特旨免税，有时也并未计入关税收入中。如道光五年的征税，关期自道光四年八月十六日至道光五年八月十五日，“本年春间台湾米船运赴天津交卸载货，陆续回闽”，计共大号商船70余只，“接准部文奉旨免征”。[①] 如果考虑到这一因素，闽海关的实际经收关税收入应该还要高一些。

下面再来看看厦门、福州关所征洋税情况（表3-4）。

①《宫中档朱批奏折·财政类·关税》，道光五年九月十三日，福州将军兼闽海关监督萨秉阿折，档案号：04-01-35-0374-017。

表 3-4　道光时期厦门、福州所征洋税表　　（单位：两）

公元	时间	关期	厦门	福州	实征总数	资料来源
1844	道光二十四年	道光二十三年九月十一日至道光二十四年正月二十五日	15 134.438		15 134.438	《宫中档朱批奏折·财政类·关税》，道光二十四年二月十四日，福州将军兼闽海关监督保昌折，档案号:04-01-35-0380-015
1845	道光二十五年	道光二十四年正月二十六日至道光二十五年正月二十五日	48 132.198	143.742	48 275.94	《宫中档朱批奏折·财政类·关税》，道光二十五年二月十六日，福州将军兼闽海关监督敬敫折，档案号:04-01-35-0380-032
1846	道光二十六年	道光二十五年正月二十六日至道光二十六年正月二十五日	31 734.769	4 045.998	35 780.767	《宫中档朱批奏折·财政类·关税》，道光二十七年二月十六日（朱批日期），无奏报人，档案号:04-01-35-0380-041
		道光二十六年正月二十六日至道光二十六年十二月二十五日	35 783.974	1 213.509	36 997.483	《军机处录副奏折》，道光二十七年二月十六日，福州将军敬敫折，档案号:03-3168-052
1847	道光二十七年	道光二十六年十二月二十六日至道光二十七年十二月二十五日	29 132.013	4.039	29 136.252	《宫中档朱批奏折·财政类·关税》，道光二十八年五月初一日，福州将军兼闽海关监督壁昌折，档案号:04-01-35-0380-065
1848	道光二十八年	道光二十七年十二月二十六日至道光二十八年十二月二十五日	24 568.367	31.4	24 599.767	《宫中档朱批奏折·财政类·关税》，道光二十九年正月十三日，代理福州将军副都统东纯折，档案号:04-01-35-0381-017
1849	道光二十九年	道光二十八年十二月二十六日至道光二十九年十一月二十五日	29 932.345	723.277	30 655.622	《宫中档朱批奏折·财政类·关税》，道光二十九年十二月初十日，福州将军兼闽海关监督裕瑞折，档案号:04-01-35-0381-047
1850	道光三十年	道光二十九年十一月二十六日至道光三十年十一月二十五日	32 098.564	1 585.832	33 684.396	《军机处录副奏折》，咸丰元年正月十一日（朱批日期），福州将军兼闽海关监督裕瑞折，档案号:03-9490-003

注：以上数据虽不完整，但亦被纳入到了总的嘉庆道光时期关税征收统计数据中

五口通商以后，流通格局大变。流通格局的变化，在使一些关的征税受益时，也必然会使另外一些关的征税受到影响。与上海关、宁波关的情

况不同，厦门关自道光二十三年九月，“英夷派令领事来厦开市，其运至销售者大半皆呢羽、棉布等物，内地向销之货，复为所占，致税课复有亏计”。同时，厦门从前征收税课，“以棉花布匹洋货等税为大宗”，向来由、厦商人将本省漳州府属及同安县土产之棉布等物，由海道运至宁波、乍浦、上海、天津、锦州、盖平及台湾鹿港一带销售，“复在宁波等处贩买江浙之棉布以及各种货物至厦门售卖，其各省商船之来厦者，亦如此辗转行运”。至外洋所产之大呢、羽毛、毕叽等类，并一切贵重之器物，则专有闽广商舶赴粤运销，一出一入，均须征税。自五口通商以来，“凡洋货皆系夷商自行转运，闽省并无赴粤之商，粤省亦鲜来闽之贾，且该夷除贩运洋货外，兼运洋布、洋棉，其物充积于厦口，内地之商贩皆在厦运入各府销变，其质既美，其价复廉，民间之买洋布、洋棉者十室而九，是江浙之棉布不复畅销，商人多不贩运，而闽产之土布土棉，遂亦因之壅滞，不能出口”。海关征收夷税、常税，分而为二，“夷税既增洋货棉布之银，则常税自减洋货棉布之课”①。

六、粤海关

粤海关设于康熙二十四年（1685 年），设海税监督满汉各一人，笔帖式一人。“我朝厘定关榷，官制有兼管、有简充。天下海关，在福建者辖以将军，在浙江、江苏者辖以巡抚，惟广东粤海专设监督，诚重其任也”。监督的全称是“钦命督理广东沿海等处贸易税务户部分司”。监督之征税，亦受督抚“稽核”，嘉庆年间，出现督抚“于该关征税情形全不过问，是稽核之例，竟系有名无实”的指责，于是清廷重申：“嗣后粤海关务仍著该督抚一体稽查，倘有情弊，即随时参奏，并著按月造册密行咨报户部，俟一年期满，即行参劾，该督抚不得以并无兼管之责视为具文，甚或通同弊混，致

①《宫中档朱批奏折·财政类·关税》，道光二十五年二月十六日，福州将军兼闽海关监督敬敫折，档案号：04-01-35-0380-030。

干咎戾。”[1]直到道光年间，粤海关之征收税课，仍由户部颁发商人亲填簿册，年终送部查核，广东督抚亦每月造具货包清册密行咨部核对。

康熙二十八年（1689年）正式颁布钦定粤海关税则，沿袭明朝市舶司税制，后多次修订。雍正元年（1723年）裁监督归巡抚兼管，七年复设监督。迨后或交广州副将、或交巡抚、或交粮道、或交将军兼管。至乾隆十五年（1750年）六月，又专设监督管理。除惠、潮、高、廉、琼五总口派委员驻管外，其余各口均由监督派书役、家丁经理。

正税收入中除去正额银及铜斤水脚银，即为“正余”。按梁廷枏《粤海关志》卷十四《奏课一》的说法：“凡户关之属二十四，粤海关居其一焉。其课有正额有盈余，粤海正额旧九万一千七百四十四两五钱，康熙二十七年题减八千三百八十二两四钱八分，三十八年题减四万三千三百三十二两。今［注：道光中期］定额四万两，铜斤水脚银三千五百六十四两。又盈余银八十五万五千五百两。”简言之，嘉道时期的正额为43 564两，盈余855 500两，合计为899 064两。

嘉道时期粤海关之征税曲线示意图，如图3-6所示。

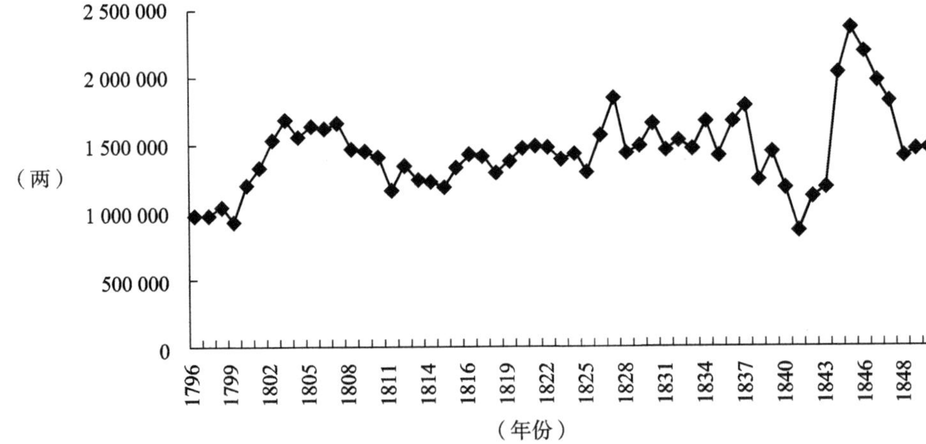

图3-6　粤海关嘉道时期征税示意图

①（清）梁廷枏：《粤海关志》卷7《设官》按语，广州：广东人民出版社，2002年，第562页。

从图 3-6 来看，粤海关之征税，在嘉道时期出现了较为明显的上升趋势。

粤海关在乾隆晚期，所征关税才逐步上升至 100 万两左右，至嘉庆初年，亦复如是。嘉庆四年（1799 年），定其盈余后，合计接近 90 万两，此后，粤海关征税开始出现较大幅度的上升。至嘉庆六年份，已收 133 万两，据称“粤海关税课全以夷船进出货税为重，每年收数之盈绌，不论到船多寡，惟以夷货粗细为准”，如到船虽多，所载俱系棉花、胡椒、锡铅等类粗货，纳税本轻，收数即行短少；或到船虽少，所载大呢、羽纱、洋参等类细货较多，收数遂能丰旺。嘉庆五年份到夷船 59 只，共征银 1 201 200 余两；嘉庆六年到夷船只 64 只，比上届仅到 5 只，却能多收银 133 900 余两，核溢收银 480 671 两。①

粤海关税费问题长期受到关注，一直为人所诟病。嘉庆五年、六年间，有言官称粤海关各税口内“向来俱派家人长随，从无幕友在口办事、监督。佶山于大口均派有幕友，未免多事。甚至将夷人现穿衣服俱要上税，商夷颇有怨言”。朱批：“佶山现已留任，若果此事属实，即行一面传旨解任质审，一面补行参奏。”②

嘉庆七年份粤海关征税上升至 154 万两，嘉庆八年份更上增加至 169 万两，据称系因“贸易流通，征收丰旺”。③此后，征税保持高位浮动，至嘉庆十六年份，才锐减至 116 万两，但仍要较钦定数额要多，至于下降的原因，则系“上年值督臣百龄剿办洋匪封闭各港之际，并无出口商船”，外口税饷不无短减，而外夷货船较上届年份少到 27 只。④可见与蔡牵海盗案密

①《宫中档朱批奏折・财政类・关税》，嘉庆六年六月二十二日，粤海关监督佶山折，档案号：04-01-35-0360-043。

②《宫中档朱批奏折・财政类・关税》，嘉庆六年六月二十二日［朱批日期］，粤海关监督佶山折，档案号：04-01-35-0360-044。

③《宫中档朱批奏折・财政类・关税》，嘉庆八年五月十七日，粤海关监督三义助折，档案号：04-01-35-0361-013。

④《宫中档朱批奏折・财政类・关税》，嘉庆十六年三月二十日，粤海关监督常显折，档案号：04-01-35-0366-007。

切相关。

这一段时间最重要的活动是追缴关税欠款。嘉庆十七年，据奏报，粤海关税饷定例于满关后六个月内征齐起解，嘉庆十七年征收钱粮已于七月二十五日，六个月限满，但各商名下尚有欠缴未清银两，据十三行洋商卢观恒等禀称，"本年实因洋货滞销，成本积压，以致限内未能全完"。[①] 次年，粤海关监督德庆又称，旧例"见从前办理洋商欠饷之案，俱移令督抚，将乏商家产查封变抵，其不敷银两，著落接办行业之新商代为补足"。如行闭无人接开，众商摊赔完结，倘再有亏欠夷人银两，即会同督抚专折奏明，从重治罪。但十五年间有福隆行洋商邹兆祥亏饷潜逃，当即决定一面追查，一面将家产查收，其行业查有职员关祥，向在该行司事，其子关成发亦随父帮办有年，经洋商黎颜裕结保，关成发接办福隆行务，即责令先行垫完邓兆祥所欠税饷。考虑到"洋商承揽夷货，动辄数十万两，承保税饷自数万两至十余万两不等，责任綦重，非实在殷实诚信之人，不克胜任"，向来开设洋行，仅凭一二商保举，即准充商，并不专案报部，"本非慎重之道"。遇有一商亏饷，每致贻累通行，而不肖疲商于夷船进口时，"每有自向夷人私议货价，情愿贵买贱卖，只图目前多揽夷货，不顾日后亏折，迨至开征即形支绌"。简言之，欲整关务，须察商情，"惟有于各行商中择其身家殷实、居心公正者一二人，饬令总理洋行事务，率领众商与夷人交易货物，务照时价一律公平"。仍让各商保具，如不符其选，众商赔缴。[②]

道光初年，亦保持征税平衡这一趋势。道光二年（1822 年），"广东省城西关，本年九月内不戒于火，延烧洋行夷馆"，据两广总督阮元称，"被灾情形较重，商夷拮据"，只能将该夷人应交税银 140 243 两"全行豁免，

① 《宫中档朱批奏折·财政类·关税》，嘉庆十七年八月十九日，粤海关监督德庆折，档案号：04-01-35-0367-002。

② 《宫中档朱批奏折·财政类·关税》，嘉庆十八年二月二十一日，粤海关监督德庆折，档案号：04-01-35-0367-024。

以示体恤”，而洋商等应交税银 262 078 两，“着于明年先交银一半”。①

道光九年（1829 年）十月，因为对粤海关征收进口规银存在歧义，英国商船拒不进口。英人称“夷船规银不论船只大小，一律征收，恳请分别纳饷等款”。经查各国洋船来粤，向照西洋船例，分三等征钞，康熙二十四年定为酌减二分；西洋船照东洋船例酌减。丈量各船时，照樑头长阔丈八，将应征银数递减，凡一等大船征钞自一千一百余两至二千一、二百两不等，二、三等中小船征钞八百余两至四百余两不等，货纳税银则分货之精粗计算，以斤两丈尺，照则输纳，以示怀柔远人之意。每年来粤贸易之咪利坚国（美国）或三十余船，及二十余船、十余船不等；法兰西三五只不等，亦多为小船；惟英咭利国（英国）连年夷船到粤二十余只，全属一等大船，并无二三等小船，故“均减去十分之二”。②

随后，两广总督李鸿宾、粤海关监督中祥等称，粤海关进口税银，应请自道光十一年分为始，“随时按船完纳，年清年款，以杜洋商挪掩之弊”。近年每年进出口一百四十万至一百六十余万，出口税银十居三四，进口税银十居六七。历来出口税银当即按卯完交，“从无延欠”。惟进口税银向例俟一年关期报满后，“阅三个月开征，再阅三个月奏报，征齐起解”，但多收不足数，原因系满关后六个月内，续有夷船进口，“无力洋商往往挪移新货饷银，完纳满关以前旧饷”。道光四年后已有丽泉、西城，同泰、福隆等倒闭，共欠税饷银 68 万余两，夷账银 145 万余两，“皆系现商分摊赔补”，结果导致“商力日绌”，而“夷账愈积愈多，夷商乘机挟制，高抬货价，行商委曲迁就，几至无利可图”，若不早筹变通，恐年复一年，将有积重难返之势。③

①《宫中档朱批奏折·财政类·关税》，道光二年十二月十二日［朱批日期］，缺奏折人，档案号：04-01-35-0021-851。

②《军机处录副奏折·道光朝·财政类·关税项》，道光十年正月二十八日，两广总督李鸿宾、广东巡抚卢坤、粤海关监督中祥折，档案号：03-3160-044。

③《宫中档朱批奏折·财政类·关税》，道光十年七月初七日，两广总督李鸿宾、粤海关监督中祥折，档案号：04-01-35-0376-021。

至道光十五年，粤海关商欠饷银之情况愈发严重。经查，欠饷已至260余万两之多，而洋行又多倒闭。经查，各商所欠数目自数万两至十余万两不等，其中天宝行商人梁承禧欠银42万余两，万源行商人李应桂欠银31万余两。自道光十四年八月起，六个月之内，共追完欠银50余万，“实属筋疲力尽，即将该商等全行革退查抄，家产变抵，亦不敷完欠。而新饷无商承办，更于公事窒碍”。故仍不得不再次变通，将各商未完正杂等款银394 464.759两，准自此之日为始，分限五年带完，其中怡和等行代赔李应桂等欠项316 612.865两，自前项五年限满后，再行分限三年摊赔归款。①

鸦片战争对粤海关之影响很大。粤海关的税收，自林则徐禁烟开始即受影响，据道光二十年（1840年）的奏报可知，“粤海关税课向以进口夷船为大宗”，林则徐收缴趸烟，自道光十九年三月二十六日至二十年三月二十五日，共进口外国船只93只，相较上届138只减少33%；所征收的税银也由144万余两减至118万余两，减少19%，“船数税数均属减少”②。鸦片战争进行的第一年，从三月二十五日至十二月底，广州进口夷船更减至13只，“不及往年十分之二”③。而道光二十年三月二十六日至二十一年三月二十五日的征收关期内，粤海关全年共仅征银86万两，不及远不及道光前期的140—180万两的规模，且连额征正数也未能达标。④“盖由英夷及港脚之船既经停其贸易，而各国之船又为英夷拦阻，不能进口，是以六月后

①《宫中档朱批奏折·财政类·关税》，道光十五年三月初八日，两广总督革职留任卢坤、粤海关监督彭年折，档案号：04-01-35-0378-006。
②《宫中档朱批奏折·财政类·关税》，道光二十年四月二十一日，粤海关监督豫堃折，档案号：04-01-35-0379-028。
③《军机处录副奏折·道光朝·财政类·关税项》，道光二十年［具体日期不详］无奏报人，档案号：03-3165-083。
④《宫中档朱批奏折·财政类·关税》，道光二十一年六月初八日，粤海关监督克明额折，档案号：04-01-35-0379-049。

正当征输畅旺之时，转致短绌”[①]，这也是整个嘉道时期粤海关的最低奏销额数。在道光二十二年份关期（即二十一年三月二十六日至二十二年二月二十五日）和二十三年份关期（至二十三年二月二十五日），因广州地区战事未平，故这两个年度的关税实征数分别为 111 万和 118 万，仍未达到正常的水平。[②]

通商之后，粤海关之税银大幅度增加。道光二十四年份关期，共征银 203 万两；道光二十五年份关期共征 225 万两，较之道光二十二年以前额征之数，“倍有盈余”。[③]道光二十六年份第一关期，征收 218 万两。当然，随着上海等处开关，粤海关之地位受到严重威胁，“彼省所赢，此处所绌”，[④]粤海关之关税征收才开始出现下降，道光二十六年份第二关期征收已经降至 186 万两。但“各关通商就现经征九个月之数，业已较上年前三季九个月多收银 16 900 余两”。[⑤]

鸦片战争后，通过中英《南京条约》，英国人明确了五口通商权利。随着国门的洞开，洋货开始大量涌入中国。起初，清廷规定，新的通商口岸江海洋关（上海关）、浙海洋关（宁波关）、厦门关和福州四洋关，要以粤海关之关期为关期，“所征西洋务国税银”，亦与粤海关一体办理，每三个月即咨会粤海关一次，“仍由各海关另案题报”。[⑥]实质上，这是在五口通商新因素出现后，清廷仍欲固守旧有的榷关体制，将其他几处洋关纳入粤海关

---

①《军机处录副奏折·道光朝·财政类·关税项》，道光二十一年六月十二日，大学士潘世恩等折，档案号：03-3165-091。

②《经济研究所抄档》，道光二十四年四月十一日，粤海关监督文丰折；《宫中档朱批奏折·财政类·关税》，道光二十三年三月二十六日，粤海关监督文丰折，档案号：04-01-35-0379-055。

③《宫中档朱批奏折·财政类·关税》，道光二十五年二月二十八日，粤海关监督文丰折，档案号：04-01-35-0380-035。

④《军机处录副奏折·道光朝·财政类·关税项》，道光二十六年二月二十一日，粤海关监督恩吉折，档案号：03-3168-005。

⑤《宫中档朱批奏折·财政类·关税》，道光二十七年二月初一日，粤海关监督基溥折，档案号：04-01-35-0380-043。

⑥《宫中档朱批奏折·财政类·关税》，道光二十四年二月十四日，福州将军兼闽海关监督壁昌折，档案号：04-01-35-0380-014。

范围的努力。虽然这种努力更多的是文字游戏，而没有实质性的意义，但却一下子将此四洋关从原来的常关中分离了出来。

与此同时，针对四洋关的征税数量，清朝统治者最初坚持“粤海关原定税额”，即主张通筹沿海五关税收，“此后粤海关如有征不足数，应请暂于福州、厦门、宁波、上海四关所征西洋各国货税内拨补足数，即由各海关径自报拨，其额外赢余，各归各关，尽收尽解”。同时，还想循旧例，对五口征税试行三年，察看五口每年可征税银若干，再将粤海关定额匀归各口，作为定额，如有盈余，仍以额外盈余报拨。[①] 这实际上是由于清廷担心税收征不足数而采取的变通办法。不料经过试行，他们发现粤海关所征均在200万两以上，“不但有盈无绌，抑且多至数倍”，这才决定粤海关之原定额数，毋庸匀归各口分摊，而是改为各口所征，“尽收尽解”[②]，取代了以往的定额征解办法。

粤海关也开始加强相关缉私，以别华夷。据粤海关监督奏称，鸦片战争以后，茶叶、湖丝、大黄等项，多有走私，盖三水之思贤滘、虎门左近之三门、南海之九江沙头、东莞之石龙、香山之石岐、顺德之黄连、甘竹，此七处均有汊河可以绕道出海，“向无卡口稽查”。现在香港既准英人居住，不得不预防内地奸商绕道偷运，于是在此七处要口设立卡房，每卡派家人一名，书一名，役一名，巡丁十名，水火夫二名，巡船水手八名，每月各给工食杂费，凡有销售外夷之物，均不准其绕道行走。[③]

粤海关是裁费归公的大头。在旧有的体制下，粤海关例于正税之外，征收有羡余，“是以监督、洋商，一切公事得以从容措置”，无如日久弊生，各方皆受其害，“外夷积忿生事”。中英谈判时，英方代表朴鼎查“首以裁革洋商、删除浮费为请，实由于此”。伊里布抵粤后，英人又以正税之外，

① 齐思和等整理：《道光朝筹办夷务始末》卷67，北京：中华书局，2014年，第2677页。
② 中国史学会主编：《第二次鸦片战争》(一)，北京：人民出版社，1978年，第373—375页。
③《宫中档朱批奏折·财政类·关税》，道光二十三年八月二十二日，两广总督祁贡、粤海关监督文丰折，档案号：04-01-35-0380-003。

不能另有加增，“设有必不可少之项，应于则例内注明，正税若干，另项若干字样，以免另起衅端”。后经反复讨论，“始据应允将大宗货物税银逐一加增”。[①] 又因粤海关例有办理贡品开支，经此次裁革后，费无所出，但清廷并未想舍弃此收入，故仍命粤海关监督“查看情形，可否呈进，据实具奏”。经查，粤海关所有税款，均归正项奏销，“并无闲款可抵备贡之需”。惟查管关监督除每年应支养廉外，尚有每年更换各口书役酌缴备公银五、六万两，除每年解交造办处米艇规银3万两，“其余以资办公”。[②] 算是勉强解了燃眉之急。

除了受别口的竞争，粤海关道光二十七年份征收亦受到中英冲突的影响。据奏，自上年新季开征起，逐日所收尚无短绌，惟二月十八日“英夷兵船突入省河，虽数日旋即退出，而以后钱粮顿见稀少”，故少收13万。迨九月以后，税课来源大旺，未及两月，已补12万，讵意十一月间，“复有黄竹歧地方，民夷互殴一案，以致各客商心怀疑惧，渐觉裹足不前”。[③]

此后，关税日见短少。自道光二十七年十二月二十六日起至二十八年正、二月钱粮即不见旺，四、五月益见寥寥，相比较头五个月，已少22万余。即如茶叶一项，竟少至800余万斤，缘“该夷自五口通商以后，进口货物较多，日久渐形壅滞，各国夷商因之折本者甚多。现在内地洋货时价不及前二三年之半”。至于出口货物如茶叶一项，每年五、六月间，新茶贩运到粤，该夷俱争买恐后，今新茶早有运到者，“贮栈半月之久，该夷并不议买”，询其情由，据称“尚待该国之信”，“又闻英夷现与佛兰西构衅，各存戒心，几有不暇顾及贸易之势”。[④]

①《宫中档朱批奏折·财政类·关税》，道光二十三年八月二十七日，耆英、程楙采、两广总督祁贡、粤海关监督文丰折，档案号：04-01-35-0021-215。

②《宫中档朱批奏折·财政类·关税》，道光二十七年二月初一日，粤海关监督基溥折，档案号：04-01-35-0380-043。

③《宫中档朱批奏折·财政类·关税》，道光二十八年二月初九日，粤海关监督基溥折，档案号：04-01-35-0380-058。

④《宫中档朱批奏折·财政类·关税》，道光二十八年六月初十日，署两广总督徐广缙、粤海关监督基溥折，档案号：04-01-35-0381-004。

由此可见，嘉道时期，除受蔡牵海盗案及鸦片战争的影响外，粤海关之税收基本保持平稳，尤其是鸦片战争后曾一度有过大幅度的上升，实难与“道光萧条”论挂钩。

七、小结

根据前文的统计数据，可以汇总出嘉道时期沿海各关的征税趋势，如图 3-7 所示。

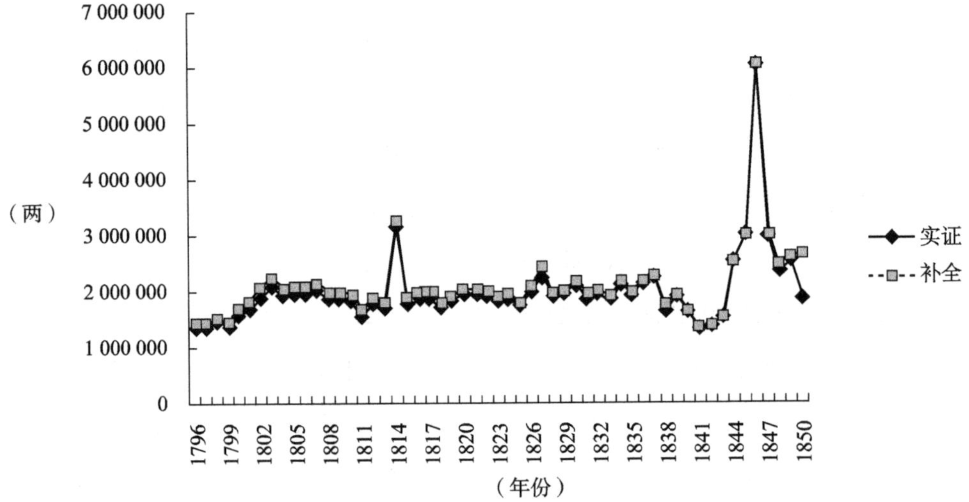

图 3-7　嘉道时期沿海各关税收汇总示意图

通过示意图 3-7 可以看出，由于沿海各关的税收统计资料较为完备，缺失较少，所以实征数与补全后的数据非常接近。除了因为嘉庆时期的蔡牵海盗案和道光时期的第一次鸦片战争，沿海各关的征税有过较大起伏外，其余时期都保持着平稳的态势。但即便是蔡牵海盗案、第一次鸦片战争，也属战争因素，与市场萧条无关。

通过汇总这一时期沿海各关的征税总量，还可以更进一步地发现，嘉庆初年，沿海各关的征税量不到 150 万两，此后即上升至 200 万两的水平，并保持到第一次鸦片战争前。嘉庆十九年（1814 年），关税收入为 320 万两，增长幅度极大，不过这一增长主要是由于统计口径发生变动的缘故，因为这一年浙海关、闽海关和粤海关同时出现两个关期，统计数据自然就大了很多。

第一次鸦片战争之后，随着五口通商和对外贸易的开放，沿海各关的税收出现了大幅度地增长，除道光二十六年（1846年）因粤海关出现了两个关期，导致统计数据高达600万外，其余年份也达到了250万两至300万两的水平，显示沿海各关已经开始接近并将立即超越运河长江沿线各关的征收总量。这充分说明，道光后期洋关的兴起，已经改变了旧有的征税格局。这一变动的影响，将会对晚清的政治、经济结构产生深远影响。

第四章

嘉道关税与相关问题

一、关于“道光萧条”说

前文系就个别关的情况所展开的分析，下面根据资料，来全面汇总嘉道时期的关税总体收入。表 4-1 中的“实数统计”部分，系指根据档案等资料实际统计出来的数据；“补全后统计”系指如果年度出现空缺，则以正额、盈余补入后得来的数据。

在 49 处关口中，有 5 处没有搜集到资料，即盛京木税、吉林木税、新疆伊犁木税、通永道和古北口。此 5 处的正额盈余银合计为 14 883.51 两，相对于近 500 万两的定额，影响极微，又因资料原因，故在下面的表格中不予录入。

以下为嘉道时期的关税收入总表（表 4-1）。

表 4-1　嘉庆道光年间关税收入表　　（单位：两）

时间	山海关	张家口	杀虎口	归化城	打箭炉	辰关	中江
嘉庆元年	137 615.8		43 640.064	27 023.63	24 591.123		3 305.1
二年	137 702.19		43 769.75	27 028.884	21 296.784		
三年	110 642.38		43 972.612	27 032.152	23 409.153		3 305.142
四年	115 624.16	60 906.168	44 199.301		22 460.153	18 215.418	3 305.166
五年		60 937.6	44 340.025	27 032.142	22 306.153	18 215.554	
六年		60 820.092	45 047.93	27 032.152	20 000	27 711.08	3 305.246
七年	135 568.17		45 067.875	27 033.279	21 341.521	27 711.137	3 338.374
八年	136 149.27	61 001.07		27 033.366	21 847.109		3 305.298
九年	131 938.73	60 994.62	45 162.808		22 139.143	27 711.161	3 305.322
十年	127 550.15	61 003.4	45 229.978	27 033.81	22 145.608		3 305.347
十一年	127 643.55	61 005.618	45 302.808		22 289.138 9	27 711.19	3 326.805
十二年	115 389.9	61 008.71	45 344.358	27 034.089	20 000	27 711.193	3 305.394
十三年	113 429.42	61 018.12	45 417.978	27 034.206	44 881.49	29 692	3 305.447
十四年	113 657.63	61 015.8	45 492.798	27 034.375	22 223.460 6	29 692	
十五年	114 138.55	61 018.71	45 580.688		21 589.996 1	29 692	3 305.494
十六年	114 231.41	61 021.04	45 677.408	54 069.39	21 868.639 6	29 692	3 305.517
十七年	111 598.09	61 025.44	45 755.338	27 035.009	22 372.574 1	29 692	
十八年	111 551.04	61 028.97	45 780.692	27 035.203	22 433.407 9	29 692	3 305.54
十九年	223 063.1	61 034.93	45 795.267		21 490.857 3	29 692	3 305.565
二十年	111 430.24	61 041.41	45 845.401	27 035.039	21 407.709 4	29 692	3 305.591
二十一年		61 043.65	45 848.117	27 035.81	22 104.278 7	29 692.19	3 305.613
二十二年		61 045.43	45 887.267	27 036.01	21 584.858 4	29 692	
二十三年	111 966.8	61 047.63	45 895.127		22 350.598 7	29 692	3 305.664
二十四年	112 325.5	60 966.73	45 898.27		22 156.996 1	29 692	3 305.687
二十五年	112 601.34	60 980.75	45 908.937	27 036.361	20 000	29 692	3 305.709
道光元年	112 940.44	60 979.51	45 929.127	27 036.647	20 000	29 692.503	3 305.736
二年	112 460.96	121 972.13	45 946.497	27 036.456	20 460.598 7	29 692.52	3 305.754
三年	112 554.41	60 992.16	45 960.367		19 975.494	29 692	
四年	112 622.93	60 998.72	45 971.908	27 037.067	20 000		3 305.802
五年	112 755.16	61 004.83	45 982.398	27 037.19	20 000		3 305.824
六年	111 245.24	61 000.95	46 002.959	27 037.333	20 000		
七年	112 611.97	61 006.53	46 021.156	27 037.478			3 305.887
八年	111 446.99	61 011.11	46 029.972	27 037.622			3 305.9
九年	111 738.15	61 013.88	46 058.532				
十年	111 457.15	61 095.93	92 131.267	27 037.926	23 519.187 1		
十一年	111 751.75	61 008.41	46 088.99	27 038.159			
十二年	112 203.78	60 950.63	46 094.09	27 038.218			3 305.941
十三年	111 887.37	60 953.02	46 109.42				3 305.952
十四年	112 291.38	60 953.12	46 125.67	27 038.531			3 305.975
十五年	112 514.77	60 966.58	92 304.47	27 038.687			3 305.986
十六年	112 381.28	60 980.92	46 176.56	27 038.846			3 305.992
十七年	112 429.88	61 076.25	46 187.01	27 039.002			3 306
十八年	112 626.53	60 996.24	46 198.16	27 039.145			3 306.006
十九年	112 890.64	60 985.1	46 206.21	27 039.297			3 306.014
二十年	112 836.25	60 970.68	46 215.26	27 039.45			
二十一年	111 969.29	60 964.98	46 221.86	27 039.599			3 306.029
二十二年	111 326.84	60 951.05	46 229.11	54 079.697			3 306.038
二十三年	87 979.129	60 956.12	46 235.42			17 283.628	3 306.049
二十四年	111 441.78	60 968.26	46 241.8	27 038.252			3 306.055
二十五年			46 248.52	27 040.451			
二十六年	223 119.98	60 957.05	46 253.12				
二十七年	111 997.77	62 270.71	46 257.77				3 306.07
二十八年	111 844.66	62 283.95	46 258.97				3 306.077
二十九年	111 862.96	62 285.69	46 263.37	28 840.74			
三十年	111 900.68	62 292.5	46 467.37	27 040.926	20 176.678 3		3 306.088

续表

时间	奉天牛马税	梧浔厂	潘桃口	武元城	崇文门	左翼	右翼
嘉庆元年		124 289		1 233	288 831.222		
二年	5 059.728	124 286.605		1 233	294 029.966		
三年	5 301.036	124 292	11 190.842 4	1 233	288 115.574		
四年	5 260.661			1 233	299 914.495		26 987.383
五年	5 290.422			1 233	297 829.717		26 740.685
六年		118 040.491		1 233			26 721.891
七年				1 269.573	307 806.182		26 081.08
八年	6 016.502	118 043.643		1 233	316 729.32		
九年		118 044.189		1 269.576	322 539.72	42 078.992	27 123.441
十年	5 080.158	118 043.26		1 233	313 564.82		
十一年	5 082.59			1 233	314 659.82	42 897.545	27 441.427
十二年		118 044.836		1 233	322 501.3		28 868.479
十三年	5 087.756	118 045.439		1 233	322 645.02	45 286.25	29 713.54
十四年	5 090.049		12 553.608	1 233	264 387.055		29 180.29
十五年		118 046.734	12 338.441	1 233	308 279.957	42 325.775	26 487.511
十六年				1 233	322 655.34		26 369.705
十七年		118 047.702		1 233	286 126.5		26 764.110 2
十八年				1 233	297 142.85	37 911.135	26 792.740 5
十九年		118 049.388		1 233	322 804.217	40 798.674	22 121.625
二十年	5 093.018			1 233	314 871.92	41 532.53	26 621.466
二十一年	5 099.647			1 233	290 118.504		
二十二年	5 099.759			1 233	314 871.242		
二十三年	5 099.99	118 050.901		1 233	314 873.42	40 216.321	25 176.449
二十四年		118 051.268	11 180.898 4	1 233	322 891.582	39 099.3	22 279.779
二十五年		118 051.562	11 645.35	1 233	314 872.92	39 441.57	25 386.182
道光元年				1 233	290 229.52	40 115.123	26 734.072
二年	5 100.393	118 052.293		1 233	291 651.432	39 776.081	26 077.462
三年				1 035	320 317.04	39 421.862	27 008.725
四年					319 604.482	38 844.93	26 165.597
五年	5 102.013	118 052.577			319 008.69	39 642.825	25 544.128
六年		118 052.867				38 608.317	25 617.301
七年				1 016.421		78 920.216	50 576.816
八年					319 021.87	38 749.499	26 154.911
九年		118 055.062			319 039.47	38 858.721	25 748.532
十年	5 109.939	118 055.277			328 183.572	38 999.575	25 381.628
十一年	5 110.575					38 055.081	26 408.091
十二年						38 631.349	25 381.99
十三年	5 115.564	118 057.161			323 381.182	37 981.7	24 714.302
十四年		117 752.497			315 358.44	38 191.35	25 680.132
十五年		118 057.627			328 190.472	39 498.886	25 772.212
十六年	5 120.57					39 325.55	25 343.132
十七年		118 058.295				39 196.639	25 698.568
十八年		118 058.658			323 394.452	39 004.141	25 388.424
十九年		118 058.964			315 380.252	38 483.54	25 132.387
二十年	5 124.26	118 059.31			315 099.452	39 004.965	24 809.642
二十一年	5 125.26	118 059.651			323 112.422	38 214.624	24 334.619
二十二年	5 126.55	118 060.029			315 102.652	37 767.873	24 390.581
二十三年					323 114.622	37 814.72	24 905.807
二十四年					315 119.172	38 687.853	24 445.532
二十五年		118 061.457			315 627	38 025.889	24 409.814
二十六年					323 666.062	38 099.781	24 260.883
二十七年	5 131.84					37 680.813	24 423.991
二十八年			11 835.669			37 533.183	24 206.716
二十九年		118 063.696			323 739	37 557.84	24 013.902
三十年						37 985.529	24 118.709

续表

时间	坐粮厅	淮安关	浒墅关	扬州关	芜湖户	芜湖工	凤阳关
嘉庆元年	13 157.616	365 399.76	486 429.87	172 313.54	232 699.05	82 453.65	122 291.83
二年	13 160.416	313 994.78	487 550.3	152 594.68	225 347.95	103 812.66	214 522.5
三年	13 162.26	291 340.89	421 285.31	164 461	232 754.35	119 994.2	124 421.48
四年	12 339.26	386 796.42	451 384.84	173 792.56	232 756.76	119 995.74	115 001.58
五年	12 339.26	854 170.27	456 585.38	167 262.84	460 401.86	234 638	114 495.38
六年	12 346.789	402 244.6	431 676.76	169 039.88	230 394.58		102 019.52
七年	12 348.303	366 484.41	423 921.38	168 143	230 176.38	117 294.76	105 476.22
八年	12 339.26	281 965.69	800 483.74	156 202	230 220.58	117 266.56	105 669.76
九年	12 352.289	336 703.47	431 436.19	154 810	230 164.38	117 273.66	110 183.92
十年		387 567.23	375 072.04	164 896.47	230 040.78	117 199.66	107 366.91
十一年		286 564.85	329 115.08	164 086.7	230 037.68	117 202.26	95 382.587
十二年	12 356.24	294 521.55	318 346.29	164 898.51	230 042.88	117 197.36	110 005.4
十三年	12 350.618	388 487.63	360 103.53	164 047.79	230 039.58	117 200.96	119 104.36
十四年	12 351.889	400 078.92	414 003.5	154 029	230 043.68	117 200.06	125 534.18
十五年	12 348.385	363 959.37	403 498.86	156 215	230 049.68	117 202.46	108 977.29
十六年	12 346.792	221 247.21	373 176.95	153 955	230 047.88	117 204.66	107 227.1
十七年	12 344.619	272 400.97	392 801.95	144 360	230 049.58	117 201.86	95 488.826
十八年	12 349.004	237 829.17	423 499.48	151 212	230 029.38	117 180.26	111 570.73
十九年	12 340.738	155 729.67	297 090.64	303 816	230 034.18	117 177.06	102 527.59
二十年	12 345.716	246 383.94	343 480.25	160 098	230 045.98	117 178.56	102 301.49
二十一年	24 687.67	386 136.6	413 526.13	146 868.85	229 932.08	117 133.16	102 506.59
二十二年	12 341.432	346 975.6	426 571.05	157 438	229 935	117 159.74	108 182.51
二十三年	12 343.991	408 830.62	428 437.49	165 427.34	230 079.92	117 991.15	117 258.8
二十四年	12 345.856	441 153.45	426 854.17	164 061	230 235.92	118 832.14	108 411.16
二十五年	12 342.334	253 648.93	386 390.79	144 479	240 030.36	117 562.93	104 273.39
道光元年		252 211.15	401 285.23	123 984.9	238 584.33	119 312.54	110 053.6
二年	12 345.789	275 389.96	362 485.99	129 201.2	231 159.18	118 006.46	107 391.51
三年	12 345.617	184 014.17	328 376.95	135 463	230 842.48	117 458.76	107 410.4
四年	12 344.894	248 007.88	474 989.18	143 711.3	210 434.08	101 220.26	107 861.77
五年	12 345.715	287 808.78	362 171.62	122 317	229 992.64	117 174	102 322.26
六年	12 339.26	301 615.26	371 440.09	156 884	229 938.58	97 258.55	102 461.13
七年	12 344.376	258 253.76	343 382.54	145 117	229 970.06	92 571.33	114 567.97
八年	12 346.998	307 983.71	374 691.18	162 635	230 027.5	117 182.94	127 197.32
九年	12 344.339	301 802.6	376 531.02	149 607	230 019.08	117 176.16	128 567.35
十年	12 351.488	324 412.07	380 566.04	159 055	229 999.08	117 166.16	247 938.59
十一年	12 351.903	309 549.38	391 310.14	123 319	229 989.08	117 186.16	116 570.62
十二年	12 348.612	662 831.88	353 125	153 953	435 442.11	200 678.07	108 504.25
十三年	12 352.623	146 987.85	371 407.03	113 886.3	155 501.56	113 412.22	107 411.52
十四年	12 354.269	279 612.8	316 408.82	124 191.3	229 947.38	91 093.44	107 431.24
十五年	12 347.821	266 716.33	679 851.15	163 895.3	230 943.42	87 248.66	107 465.41
十六年	12 348.273	302 455.63	302 389.46	163 791.3	229 984.41	117 178.96	116 205.52
十七年		271 789.27	300 302.54	163 828	231 426.31	115 747.61	108 407.92
十八年	11 184.074	309 944.64	289 171.85	163 793.3	231 354.11	115 793.91	108 490.73
十九年	12 356.809	296 786.64	276 177.94	163 803	223 919.08	89 146.16	100 695.74
二十年	12 348.695	328 512.46	301 622.7	163 793	229 971.08	101 021.54	107 382.82
二十一年	12 387	309 612.67	296 767.76	163 808	208 943.75	70 547.84	107 175.1
二十二年	12 344.572	238 603.67	390 697.9	133 101.3	170 297.21	70 547	96 431.1
二十三年	12 339.26	189 425.67	274 174.92	132 550.3	230 120.42	117 248.73	128 389.48
二十四年	12 342.38	207 575.1	293 347.04	110 088	230 099.4	117 196.38	116 044.56
二十五年	12 342.306	269 278.94	288 863.26	111 049.3	230 042.7	117 218.02	107 278.26
二十六年	12 343.995	273 303.04	291 753.88	240 385.3	230 087.83	117 178.28	109 844.92
二十七年	12 344.616	246 920.69	313 311.53	115 069.3			110 645.56
二十八年	12 345.427	189 068.08	317 389.74	118 453	230 304	117 081.93	99 484.75
二十九年	23 366.129	304 859.44	279 990.66	129 861	223 810.34	123 223.48	106 303.6
三十年		327 109.81	414 420.28	144 987			109 852.95

续表

时间	龙江关	西新关	九江关	赣关	北新关	南新关	武昌厂
嘉庆元年	111 521.123	68 815.311	569 013.25	103 394.1	195 749.41	25 430.494	58 707.85
二年	122 393.473	71 513.599	607 087.041	103 398.23	195 931.09	26 128.866	58 710.75
三年	118 003.203	75 148.744	560 027.218	103 402.58	196 043.98	28 602.879	58 713.95
四年	118 462.761	75 637.217	567 054.04	103 401.2	196 182.44	28 765.639	58 715.38
五年	126 669.592	66 422.581	567 821.206	103 403.47	196 415.08		
六年	123 025.567	66 087.074	565 973.428	105 621.33	208 371.93		
七年	117 237.185	65 954.761	538 539.608	108 938.18	218 119.92	29 345.549	58 717.22
八年	120 694.134	64 589.828	513 948.156		248 571.27	29 414.345	
九年	121 869.728	61 446.165	542 951.302	121 483.35	248 658.35	29 452.569	58 708.21
十年	124 778.3	53 343.05	561 520.396	121 497.52	429 960.44	29 509.174	58 708.96
十一年	93 348.073	54 922.12	492 187.103	120 304.31	202 126.37	29 454.234	
十二年	128 258.724	59 752.797	528 760.309	120 964.86	202 638.25	29 344.339	58 711.22
十三年	130 393.193	51 569.133	500 753.53	121 013.24	202 712.86	29 571.354	58 712.49
十四年	133 207.226	54 291.903	544 401.099	121 027.23	192 147.59		58 713.34
十五年	130 114.272	57 181.604	552 154.465	121 050.75	202 888.47	29 354.119	
十六年	134 428.554	52 888.576	514 948.258	120 933.12	203 362.28	29 444.939	
十七年	135 371.996	51 969.912	492 123.389	120 550.18	200 125.39	29 474.059	
十八年	133 984.46	53 234.925	582 486.949	120 701.78	194 343.27	29 485.159	58 716.92
十九年	134 185.581	47 944.389	581 323.657	120 082.83	194 403.74	29 061.457	58 717.18
二十年	122 827.915	45 177.502	570 105.217	120 178.75	194 435.59	28 844.876	58 717.6
二十一年	109 624.013	47 745.959	496 809.991	120 279.37	194 377.26	28 864.836	117 438.61
二十二年	129 467.321	46 820.361	520 566.741	120 289.88	194 535.39	28 953.765	58 720.15
二十三年	132 861.057	56 161.115	403 372.396	120 291.12	194 372.8	28 725.974	58 720.88
二十四年	133 457.457	54 850.962	542 679.118	240 580.52	194 423.15	28 715.534	
二十五年	106 428.794	52 922.023	521 924.259	120 268.71	194 451.28	28 757.542	
道光元年	141 903.633	56 702.559	530 623.188	120 715.73	194 475.29	28 824.251	58 721.88
二年	140 463.166	51 640.213	1 169 252.297		194 487.69	30 215.482	58 722.19
三年	144 165.004	51 491.053	579 403.747	112 529.05	192 173.59	30 172.269	58 722.91
四年	262 909.935	98 737.938	584 127.276	120 258.78	190 076.52	29 444.949	58 723.35
五年	115 246.582	47 984.63	540 674.565	120 258.85	189 124.14	20 553.813	58 723.97
六年	115 021.543	52 702.081	523 121.571		189 215.51	30 056.31	58 724.25
七年	137 695.624	51 189.561	526 917.001	116 527.59	189 087.01	29 843.21	
八年	142 936.392	45 382.224	539 493.426	116 356.85	188 170.83	30 059.319	58 725.44
九年	139 611.811	47 687.977	600 008.521 9	115 880.05	189 345.96	29 714.683	
十年	127 072.995	45 628.158	541 493.922	114 428.06	190 153.47	30 014.683	
十一年	118 015.672	45 303.348	371 374.306	113 210.04	188 880.15	30 088.174	58 726.8
十二年	91 605.902	41 448.747	463 842.086	102 022.4	188 284.65	60 153.806	58 726.87
十三年	92 037.948	42 063.109	505 509.704	98 235.236	189 183	28 882.974	58 726.93
十四年	88 549.648	42 511.557	522 468.632	97 156.446	162 581.98	30 095.937	58 726.92
十五年	88 808.223	42 715.232	531 621.97	96 965.933	154 941.8	30 085.715	58 726.94
十六年	114 645.111	41 449.941	599 670.298	96 965.933	169 143.15	29 798.18	58 726.98
十七年	110 572.641	41 395.273	603 039.464	94 934.926	188 207.29	30 160.389	58 727
十八年	99 188.174	41 571.762	589 476.171	94 944.656	337 611.41	29 885.57	58 727.03
十九年	90 229.87	43 172.667	574 532.868	93 110.03	188 213.48	30 157.873	58 727.06
二十年	95 740.117	42 612.441	562 932.167	92 198.532	188 566.59	30 072.092	58 727.09
二十一年	90 599.327	41 437.031	536 816.25	81 960.6	188 218.72	28 961.169	58 727.13
二十二年	95 291.176	41 815.346	424 927.99	92 251.535	170 147.31	28 435.18	58 727.17
二十三年	74 232.103	34 390.449	398 116.298	92 253.627	185 270.23	30 070.604	58 727.21
二十四年	100 900.416	41 481.435	451 740.571	92 252.549	188 525.61	28 568.219	
二十五年	118 718.226	41 717.291	583 025.9	89 557.319	188 802.03	30 116.195	
二十六年	106 086.669	41 515.203	545 004.282	83 753.769	188 487.5	29 910.393	58 727.28
二十七年	97 438.938	41 516.438	484 645.538	79 423.093	179 845.82	30 049.389	58 727.32
二十八年	120 937.104	41 892.115	585 089.778	78 953.75	188 498.86	30 157.932	
二十九年	98 670.955	41 547.975	562 591.641	93 771	188 257.81	30 123.754	117 454.7
三十年	86 885.614	41 493.266	469 351.017	79 329.175	188 292.15	28 935.6	

续表

时间	临清户关	临清工关	太平关	荆州关	夔关	渝关	天津关
嘉庆元年	55 536.043		134 436.357	34 877.601	188 961.701	5 183.522	103 284.27
二年	55 538.323		134 447.047	27 224.602	133 425.536	5 120	107 992.2
三年	55 540.588		132 462.663	26 537.408	90 446	5 120	
四年	39 048.72	5 468.353	133 553.295	23 791.22	113 403.292	5 120	
五年	36 526.358		134 808.553	58 595.536	142 324.38	5 120	114 874.65
六年	40 416.54	5 348.244		28 531.108	154 880.752	5 120	
七年	53 226.32	8 506.3	134 835.606	25 530.769	183 965.007	5 120	
八年	69 159.673	6 270.528	134 837.819	30 697.511		5 120	99 200.443
九年	38 656.49		134 838.798	30 707.754	184 002.714	5 120	102 158.99
十年	38 343.58	8 007.406	133 967.788	30 695.317	184 014.408	5 120	99 666.213
十一年	50 860.986	7 042.255	134 889.889	27 036.696	184 019.509	5 121.09	100 167.05
十二年	53 307.14	11 042.9	134 901.873	24 235.96			100 140.98
十三年	86 905.14	7 692.146	268 967.208	24 240.67	184 022.269		96 277.06
十四年	72 331.226	8 067.4	134 938.168	23 554.932	184 024.393		90 022.853
十五年	76 935.524	5 307.643	134 964.205	26 669.545	184 025.598		97 125.683
十六年	35 513.96	4 812.8	135 002.9	28 214.178	184 029.72		96 592.043
十七年	36 466.111	5 672.997	135 033.522	23 952.888	184 034.825		
十八年	33 314.79	6 222.37	135 030.4	25 834.413			94 941.773
十九年	117 081.24	7 823.277	135 034.129	22 583.274	184 040.053		95 783.273
二十年	79 559.128	8 470.036	135 057.368	22 069.858	184 045.468		
二十一年	50 805.56	5 884.494	135 075.08				
二十二年	62 221.222	7 148.97	135 079.287	28 820.737	184 089.791		
二十三年	63 246.082	6 121.599	135 105.625	24 600.955	184 106.592		
二十四年	59 089.008	6 396.159	134 204.142	24 663.601	184 108.652		95 900.953
二十五年	27 151.916	4 596.812	135 129.67	27 224.333	184 114.146		95 126.083
道光元年	19 415.33	4 402.56	135 103.931	29 749.451			95 874.403
二年	23 313.224	4 654.628	135 126.272	29 976.118	184 117.512		98 089.903
三年	33 900.075	4 435.453	135 184.218	30 103.068	184 119.041		96 833.693
四年	63 322.408	6 977.96	134 231.288	30 689.073			96 865.623
五年	48 422.583	5 509.77	135 176.657	30 690.495			94 811.153
六年	52 055.168	6 418.027	135 219.338	30 687.227			94 707.113
七年	50 445.384	6 990.423	135 207.795				190 717.85
八年	53 755.57	6 186.983	135 195.697		184 140.986		95 536.043
九年	41 958.84	5 920.86	134 258.128		184 144.95		95 740.873
十年	47 082.101	9 585.246		30 687.295	184 151.588		
十一年	58 087.704	6 476.613	135 203.23		184 164.2		95 749.863
十二年	53 376.268	7 371.17	135 157.131		368 342.165		95 622.373
十三年	51 704.325	7 652.425	135 181.043				95 747.443
十四年	20 966.172	4 653.748	135 182.842		184 178.411		105 034.28
十五年	47 752.85	7 348.759	135 188.493				95 854.263
十六年	60 151.014	6 564.86	135 197.652		184 182.714		95 876.563
十七年	57 068.594	4 441.041	135 198.388	30 687.374	184 184.285		95 888.203
十八年	43 323.368	5 366.207	135 225.614		184 185.576		95 898.703
十九年	42 556.36	5 619.537	135 227.428		184 187.095	5 121.177	96 098.703
二十年	52 612.669	6 189.172	135 241.843		184 188.31		95 999.763
二十一年	55 095.12	4 209.81	265 653.272		184 190.489		95 629.743
二十二年	25 436.6	4 103.847	135 268.361				74 002.903
二十三年	35 731.49	4 741.594	135 243.527				94 812.483
二十四年	48 036.604	4 607.669	135 252.974		184 201.663		94 908.983
二十五年	59 739.097	7 998.1	135 253				94 992.503
二十六年	98 166.541	3 781.932	119 074.113	30 687.282			95 024.723
二十七年	41 865.351	2 884.475	117 696.108				94 841.793
二十八年	85 441.125	6 611.66	118 643.314		184 220.004		94 127.583
二十九年	63 144.983	5 477.714	118 970.406		184 221.009		95 153.273
三十年	35 134.242	3 383.831	113 651.882		184 229.015		95 315.963

续表

时间	天津海关	江海关	江海洋关	浙海关	浙海洋关	闽海关	福厦洋关
嘉庆元年	0	72 934.33		59 224.072		192 849.872	
二年	0	72 934.439		56 469.36		198 507.178	
三年	0	72 940.833		80 373.288		199 163.909	
四年	0	72 954.302		75 123.304		227 639.643	
五年	0	72 957.524		66 697.914		195 974.72	
六年	0	73 012.535		75 131.465		202 152.777	
七年	0	73 330.33		75 132.63		219 251	
八年	0	146 938.25		77 134.7		201 520.972	
九年	0	73 556.575		77 135.275		198 851.942	
十年	0	73 561.582		79 047.62		171 884.795	
十一年	0	73 573.822		73 738.734		175 719.961	
十二年	37 941.6	73 579.51		73 889.229		168 923.337	
十三年	53 050.6	73 582.823		79 918.23		186 852.864	
十四年	69 220	73 586.732		79 927.98		193 421.124	
十五年	64 137.76	73 592.91		79 935.055		186 617.484	
十六年	47 500	73 606.635		79 943.155		187 060.997	
十七年	50 119	73 612.767		79 952.48		189 539	
十八年	53 418	73 619.629		79 960.509		211 477.862	
十九年	51 517	73 628.996		159 955.078		430 906.974	
二十年	39 102	73 632.683		79 993.848		209 672.543	
二十一年	35 643	73 637.195		80 014.132		205 844.721	
二十二年	40 154	73 640.651		79 021.786		235 865.941	
二十三年	43 664	73 643.864		80 024.389		196 855.579	
二十四年	44 023	73 647.079		80 039.298		193 462.448	
二十五年	41 615	73 650.969		80 053.781		195 280.471	
道光元年	42 034	73 656.679		79 157.823		192 688.456	
二年	42 752	73 661.199		80 063.506		186 778.082	
三年	43 102	73 664.589		80 073.191		186 766.905	
四年	43 016.82	73 666.644		79 115.578		186 770.706	
五年	42 344.53	73 669.354		79 187.408		186 759.121	
六年	41 543.8	71 384.787		78 955.398		188 438.861	
七年	42 416.58	73 671.363		79 007.649		188 913.237	
八年	42 030.39	73 672.513		79 183.585		189 391.577	
九年	40 094.49	73 673.353		79 301.677		187 597.518	
十年	40 042.89	73 674.288		79 352.814		186 873.108	
十一年	40 195.09	73 675.191		79 426.378		187 243.562	
十二年	21 056.01	73 676.152		79 438.151		186 733.947	
十三年	20 105.33	73 677.217		79 504.114		152 939.367	
十四年	40 050.78	73 678.225		79 505.516		176 825.187	
十五年	40 123.46	147 359.77		79 506.299		186 913.993	
十六年	40 213.56	73 681.246		79 506.735		184 095.276	
十七年	41 235.4	73 682.255		79 510.116		188 886.639	
十八年	40 213.4	73 683.285		79 510.45		191 665.077	
十九年	24 350.62	73 684.389		79 514.357		191 391.013	
二十年	20 766.92	57 046.505		79 506.288		186 900.942	
二十一年	25 031.3	73 685.535		79 512.141		181 451.093	
二十二年	0	32 621.47		0		115 953.403	
二十三年	9 191.524	73 686.057		78 025.755		86 059.68	
二十四年	28 045.17	79 821.789	42 617.306	77 037.556	6 264.468	127 569.825	15 134.438
二十五年	29 053.85	79 788.024	187 960.79	78 018.532	6 885.047	91 462.89	48 275.94
二十六年	30 311.29	74 291.141	1 229 628.4	78 020.027	2 173.379	305 932.189	72 778.25
二十七年	33 863.17	81 893.528	680 295.19	76 542.316	1 571.926	146 417.842	29 136.252
二十八年		77 796.455	587 984.93	78 265.939		153 179.599	24 599.767
二十九年	39 676.45	75 731.88	670 603.02	78 376.865	419.885	150 830.767	30 655.622
三十年	39 587.44	73 752.309		76 546.704	117.63	156 091.946	33 684.396

续表

时间	粤海关	小计	补全后总计	其中户关	其中工关
嘉庆元年	981 186.69	5 086 380.247	5 261 099.475	4 816 918.394	269 461.853
二年	973 172.975	5 115 384.906	5 288 176.644	4 812 927.157	302 457.749
三年	1 035 757.477	4 844 198.095	5 110 456.957	4 516 081.359	328 116.736 4
四年	937 073	4 871 566.86	5 184 696.029	4 530 106.648	341 460.212
五年	1 201 246.537	5 893 676.393	6 312 424.262	5 463 460.222	430 216.171
六年	1 336 171.831	4 667 478.584	5 595 074.588	4 459 992.763	207 485.821
七年	1 540 773.092	5 475 585.116	5 828 423.589	5 124 032.737	351 552.379
八年	1 695 389.03	5 838 992.835	6 343 286.147	5 558 994.268	279 998.567
九年	1 555 586.405	5 780 416.224	5 832 024.434	5 432 556.722	347 859.502
十年	1 641 971.768	5 951 930.921	6 073 484.618	5 620 853.403	331 077.518
十一年	1 621 375.998	5 346 870.846	5 575 296.98	5 020 455.936	326 414.91
十二年	1 663 830.048	5 488 032.569	5 737 441.118	5 127 900.695	360 131.874
十三年	1 470 460.226	5 864 819.169	5 882 228.074	5 503 618.538	361 200.631
十四年	1 457 201.777	5 554 886.269	5 757 312.821	5 207 440.177	347 446.092
十五年	1 408 641.864	5 606 984.842	5 704 040.668	5 236 162.219	370 822.623
十六年	1 165 263.126	4 988 874.275	5 231 606.676	4 626 380.914	362 493.361
十七年	1 347 936.891	5 150 232.977	5 374 816.204	4 785 831.727	364 401.25
十八年	1 246 708.16	5 081 057.971	5 406 787.05	4 717 480.03	363 577.941
十九年	2 420 719.524	6 972 896.14	7 023 577.895	6 607 928.498	364 967.642
二十年	1 331 239.86	5 204 073.504	5 436 462.668	4 849 981.716	354 091.788
二十一年	1 446 979.965	5 055 296.064	5 673 384.791	4 717 016.254	338 279.810 2
二十二年	1 421 303.799	5 271 752.691	5 687 031.705	4 912 210.628	359 542.063
二十三年	1 302 910.999	5 364 062.244	5 505 438.03	5 001 542.337	362 519.907
二十四年	1 380 097.088	5 761 312.875	5 858 387.817	5 385 907.417	375 405.458 4
二十五年	1 479 820.102	5 437 399.296	5 507 438.228	5 091 573.931	345 825.365
道光元年	1 497 022.492	5 204 699.076	5 542 170.52	4 833 401.462	371 297.614
二年	1 485 146.83	6 067 205.976	6 205 785.122	5 696 994.223	370 211.753
三年	1 404 913.16	5 214 621.446	5 385 979.754	4 841 702.593	372 918.853
四年	1 444 322.616	5 456 378.268	5 812 240.407	5 009 853.256	446 525.012
五年	1 298 828.962	5 099 534.24	5 332 243.693	4 795 067.677	304 466.563
六年	1 576 637.162	4 964 389.974	5 644 774.806	4 669 632.585	294 757.389
七年	1 850 045.992	5 245 379.77	6 028 629.27	4 931 241.606	314 138.164
八年	1 441 924.596	5 386 964.936	5 609 378.876	5 044 569.33	342 395.606
九年	1 499 580.743	5 501 080.32	5 694 510.355	5 162 598.274	338 482.046
十年	1 663 634.978	5 666 335.483	6 006 937.657	5 290 365.132	375 970.351
十一年	1 461 806.163	4 863 363.816	5 415 686.881	4 545 508.207	317 855.609
十二年	1 532 933.249	5 800 279.991	6 354 407.731	5 394 376.953	405 903.038
十三年	1 477 846.265	4 861 461.206	5 175 456.15	4 573 366.219	288 094.987
十四年	1 669 712.641	5 399 615.278	5 507 509.157	5 139 096.835	260 518.443
十五年	1 424 944.169	5 524 975.647	5 817 047.937	5 219 179.82	305 795.827
十六年	1 674 851.728	5 208 747.341	5 757 773.755	4 894 383.67	314 363.671
十七年	1 789 424.322	5 431 736.889	5 849 487.224	5 124 628.198	307 108.691
十八年	1 242 044.215	5 328 265.032	5 436 163.996	5 031 833.011	296 432.021
十九年	1 448 558.993	5 274 821.286	5 377 599.16	5 008 340.459	266 480.827
二十年	1 186 551.857	5 069 664.865	5 175 749.36	4 790 426.684	279 238.181
二十一年	864 232.169	4 783 001.354	4 909 298.648	4 542 461.348	240 540.006
二十二年	1 115 742.362	4 303 087.828	4 590 056.798	4 058 481.515	244 606.313
二十三年	1 182 488.993	4 258 885.9	4 666 387.701	3 969 073.821	289 812.078 7
二十四年	2 030 543.108	5 491 451.92	5 763 735.818	5 193 937.436	297 514.484
二十五年	2 360 832.158	5 937 682.81	6 451 824.436	5 617 383.749	320 299.061
二十六年	4 158 620.245	9 343 228.752	9 740 647.663	9 040 018.358	303 210.394 2
二十七年	1 825 223.055	5 193 238.199	6 283 843.959	5 016 607.627	176 630.572
二十八年	1 424 045.916	5 261 841.977	5 908 628.87	4 928 958.712	332 883.265
二十九年	1 471 318.476	6 061 040.034	6 160 038.287	5 757 280.761	303 759.273
三十年	1 476 867.971	4 512 308.672	6 113 253.207	4 346 636.257	165 672.415

注：本表资料统计中，已知一年出现两个关期的情况计入一年中，具体分布参见附表；
修正的数据均按每年一个关期计入，只具象征意义，并不代表实际征收数；
户关中的数据包括了宿迁关

根据表 4-1 的资料，可以做出图 4-1。

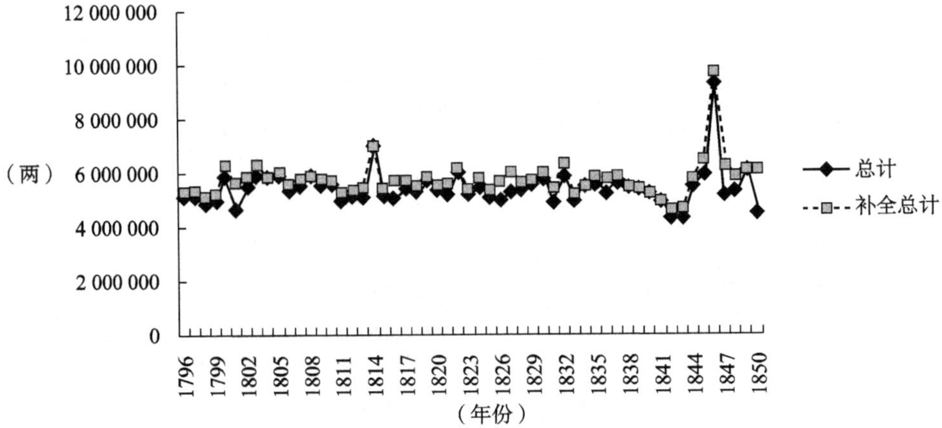

图 4-1　嘉道年间关税收入示意图

图 4-1 中，下线为根据档案实际统计出来的趋势，上线则为补全后的数据，根据此两条数据可以看出，至少可以确信，在嘉庆道光时期，关税征收仍然保持在 500 万两左右的水平，相较于乾隆时期并没有出现大幅度的下降。尤其是道光二十六年（1846 年），即便是未补入其他资料的已知实征数，也已经达到了 934 万余两的高峰水平。通过本项研究可以认为，以往学界对于嘉道时期的关税征收水平估计过低。而吴承明先生认为嘉道时期关税收入下降、王庆云所列 1845 年关税收入为 551 万两的数字“可疑”，由此断定“道光关税收入继续下降”，以及进一步引申出“道光萧条”的论断，恐怕难以成立。

二、嘉道关税与财政之关系

（一）嘉道时期的制度调整

嘉庆、道光时期，在关税的征收过程中，清廷也不时调整相关政策，下面对此问题做一梳理。

嘉道时期主要的制度调整，包括分赔章程大讨论、严厉追赔办法及盈余六成以内免议处。

考虑到各关情形不一，道光三年（1823年），军机大臣会同户工二部议奏征收关税，称“各关税课之盈绌，由商货之多寡，而裕课必先恤商，恤商必先除弊”。但近来各关奸丁蠹吏，勒征卖放，及以正作罚，上下分肥；加之奸商偷漏绕越，粮船包揽夹带，百弊丛生，导致关税征收亏短日甚，而官员“转藉口年岁歉薄、商货短少”，“试思商民贸通有无，往来络绎，断不致逐年大相迳庭，总由各员任听丁胥人等例外横征，通同舞弊，以致商人裹足不前，于榷务大有关系”。道光帝于是命各省督抚将各关因何亏短及商货如何流通，查明妥议章程具奏。同时，户部还乘机制订新的关税短收赔补章程，即“各按各任赔补”，要各关及督抚就近察看情形，应否“照例全年通计，按日匀摊”，一并妥议具奏。[①]

在这种情况下，各榷关及督抚纷纷奏复，成为一次牵涉范围极广的大讨论。不过，从事后的统计来看，绝大部分关都表示无庸修改旧章。如闽海关表示，闽海关历年征收足额，征税章程“著仍照旧办理”。至税课如有绌收，“若各按各任赔补，月分衰旺不同，仍照旧例全年通计，按日匀摊，俾免偏枯”。[②]天津海税、芜湖关、凤阳关、粤海关、太平关、杀虎口、归化城等处，亦都表示征收足额，毋庸改变章程，赔补章程亦无庸变化。[③]两江方面则表示，龙江、淮宿等关征收税课，与江西的九江关和赣关一样，不能按天而只能按月摊算，因为每年各月、各天的情况都不相同，难以一律规定。当然，因为这一时期淮关长期征不足数，故两江方面不得不提出

①《嘉庆道光两朝上谕档》（第28册），道光三年六月二十九日，桂林：广西师范大学出版社，2000年，第240页。

②《嘉庆道光两朝上谕档》（第28册），道光三年十一月十一日，桂林：广西师范大学出版社，2000年，第432页。

③《宫中档朱批奏折·财政类·关税》，道光四年正月十六日，直隶总督蒋攸铦折，档案号：04-01-35-0373-002；《宫中档朱批奏折·财政类·关税》，道光四年二月十八日，安徽巡抚陶澍折，档案号：04-01-35-0373-007；《宫中档朱批奏折·财政类·关税》，道光四年二月二十五日，两广总督阮元、广东巡抚陈中孚折，档案号：04-01-35-0373-011；《宫中档朱批奏折·财政类·关税》，道光四年二月二十八日，山西巡抚邱树棠折，档案号：04-01-35-0373-012。

新的征税章程，如商贩到关验放宜速、扦量货物科宜平、保家钞户禁革宜严、绕越偷放宜惩巡役、胥吏措单查察宜肃、看关守口家丁宜慎选少派。当然，以上举措并无新意，纯属塞责而已。[①]

也有个别关乘机调整了赔补的规定，如浒墅关、扬州关两关，奏准“请以三、四、五、九、十、十一凡六个月为旺月，定征十分中之六成，其余四成，遇闰随正计算，按月摊赔”。[②] 从事后的奏章来看，这种办法执行起来，的确繁琐不堪，

到了道光十年（1830 年），考虑到征税仍不时有短缺现象发生，清廷又发布上谕称，各省关税征收银两，本有定额，不容丝毫亏短，“近来各监督具奏征不足额者甚多”，“似此征收不力，年复一年，何所底止”。嗣后各关应如何立定章程，分别功过、赏罚之处，著户部会同内务府妥议具奏。[③]

在此次讨论中，除了前面已经提到过的修改浒墅关及淮安关的盈余数额外，户部还提出了新的章程，即根据各关具体情况，分为“历来有盈无绌”、“从前间有短绌，近年尚能足额”及“历届均属亏短”三类，将盈余银定额，以“六成作为额内盈余”，“四成作为额外盈余”，核计溢额、绌额，分别功过。其中历来有盈无绌各关“毋庸置议外”，“历年缺额之淮安、浒墅、扬州、临清等关，及间有缺额之九江、南新、凤阳、芜湖、西新等关”，若六成额内盈余银“遇有短少，著落赔缴，仍按额内盈余短收分数，照旧例议处”，四成额外盈余银“遇有短少，著落赔缴，免其处分”，“如应征盈余足额之外，复有溢收，亦按其分数，照新定章程给予议叙，以昭平允”[④]。在此后的奏报章程中，就经常可以看到完成额内盈余而额外盈余征不

① 《宫中档朱批奏折・财政类・关税》，道光三年十二月初十日，协办大学士两江总督孙玉庭折，档案号：04-01-35-0372-051。

② 《宫中档朱批奏折・财政类・关税》，道光四年正月十九日，江苏巡抚韩文绮折，档案号：04-01-35-0373-003。

③ 《嘉庆道光两朝上谕档》（第 35 册），道光十年三月三十日，桂林：广西师范大学出版社，2000 年，第 103—104 页。

④ 《清宣宗实录》卷 167，道光十年四月丁亥，北京：中华书局，2008 年，第 595 页。

足数的奏折了。[①]这是清廷面临有些关长期征不足数、法不责众的实际情况，不得已而采取的变通办法。

关键的问题还在于严格追赔。嘉庆五年（1800年），清廷规定，赔款数在1 000两以下者，“限半年完缴”；1 000两至3 000两者，“限一年”；3 000两以上至5 000两者，“限二年”；5 000两以上至10 000两者，“限三年”；10 000两以上至20 000两者，“限四年”，“均以接到部文之日起限，如仍不依限全完，即行革职。若革职后能于半年内全数完缴，准其开复”[②]。十七年，清廷规定的赔款时限比以前有所延长，数量在300两以下者，“限半年完缴”；300两以上至1 000两者，“定限一年完缴”；1 000两至5 000两者，“定限四年”；5 000两至10 000两者，“定限五年”；10 000两至20 000两者，“定限六年”；20 000两以上者，“再加一年，以此递增”，至10万两限十五年为止。如逾限不完，现任管关人员，由户、工部查明参办，“外任者，旗员、汉员均由该督抚咨部查参”[③]。

户部的这一规定，并不针对浒墅、淮安、龙江、西新、九江、南新、北新等五处，因为此五处向由内务府司员简放。而这些内务府派出的官员，一旦出现亏损，回京到旗，“往往以欠项较多不能依限赴部完缴，辄在本旗具呈恳请代奏缴银扣俸”。近来各关虽频年奏报亏短，总不至如浒墅、淮安两关动辄短至数万及十余万两之多，“追有亏项，又复延宕，希冀以俸扣抵，徒有赔缴之名，并无完交之实”。于是道光十年，内务府奏准，嗣后此五处，遇有亏缺关税之员回旗，具呈缴扣俸一概不准，均令依限完纳，“限满不完即著革职监追，如监追后仍敢任意延宕，不行完交，即著永远监追，其子孙代赔之项亦令依限完纳，不完照例监追。如系赤贫，取具参领佐

① 如临清关的情况，见《军机处录副奏折・道光朝・财政类・关税项》，道光十八年闰四月二十五日，山东巡抚经额布折，档案号：03-3165-008。

②（清）李鸿章等纂：光绪《大清会典事例》卷106《吏部・处分例》，上海：商务印书馆，光绪三十四年石印本，第109页。

③（清）曹振镛等纂：嘉庆《钦定工部则例》卷102，《关税・关税盈余赔项》嘉庆二十年刻本，第8页。

领‘家产尽绝’印甘各结，仍查明并无寄顿属实，方准据实奏明，以俸扣抵。”[①]随后，户部表示，其余京外各关及嘉庆四年盈余定额之夔关等处亦应照办，“以归画一”[②]。

当然，以上章程是否真的实施了呢？事实上，道光后期关税的歉收情况屡见不鲜，追款好像并无实效。

另外，在嘉道时期，还经常出现言官针对个别关或者泛指征税情况发表意见，提出改进办法，如嘉庆十九年七月，湖广道监御史黄中杰折称：国家设立关市，所以通商便民，乃日久因循，奸胥市侩从中舞弊，以致商贾多受其扰累，税课亦因之短绌。一关税则例宜照旧刊刻，以杜弊混也。请将税课则例刊刻木榜，竖立街市，使人共见，不得藏匿屋内，或用他纸掩盖，以致高下其手。一牙行领贴宜照例换给，以杜冒充也。各处牙行领贴开张，照五年编审例，清查换照。[③]这样一些因时因事而进行的关于除弊、缉私方面的各种奏议，数量繁多，但殊少新意，这里不再一一列述。

（二）调用相关经费

关税收入例应解部，但嘉道时期，关税收入被大量应用于军需、河工等应急事务中，对于风雨飘摇的清朝财政，起到了很好的补漏作用。这里仅就其中的大者列举一二。

嘉庆初年，因川陕楚办理善后事宜需用较多，清廷降旨“令各关监督等将本年征收银两，凑足十万两，或五万两之数，解往河南存贮藩库候拨”。[④]根据这一旨意，各省各关纷纷行动。例如，嘉庆七年（1802年）六

① 《嘉庆道光两朝上谕档》（第36册），道光十一年八月初四日，桂林：广西师范大学出版社，2000年，第343页。

② 《军机处录副奏折·道光朝·财政类·关税项》，道光十一年八月二十七日，户部尚书禧恩折，档案号：03-3162-011。

③ 《军机处录副奏折·嘉庆朝·财政类·关税项》，嘉庆十九年七月二十七日，湖广道监御史黄中杰折，档案号：03-1770-092。

④ 《嘉庆道光两朝上谕档》（第8册），嘉庆八年七月初十日，桂林：广西师范大学出版社，第240页。

月三月，淮安关监督常贵表示，淮关“每凑足十万两，即解往河南交与颜检存贮藩库”，以应河工之需。[①] 但到嘉庆八年七月，“据各关陆续奏报起解银数已足敷善后之用，所有各该关税银仍遵照向例，应留本省者即留存本省，应行解京者即径行解京，俱毋庸解赴河南，以免辗转拨运之劳”。[②]

军需调用是“有如一盘棋局”[③]，河工亦是如此。嘉庆十年，两江总督铁保、河道总督徐端称，河工紧要，而“新稭登场，各厅预购明年岁料，需银支放”，前经奏请，准从淮安、浒墅等 6 关库存银拨 100 万两解贮河库，如不敷则另奏。结果查明，淮安关可拨银 6 万两，浒墅 10 万两，龙江 155 000 两，扬州关 77 000 两，凤阳关 45 000 两，江海关 1 万两，共可拨 487 000 两。[④] 嘉庆二十四年，又因河南黄河北岸武陟漫口办理大工，清廷再次大规模调拨关税。其中淮安关征存税银 40 万两、浒墅关 40 万两、粤海关 75 万两，共 155 万两，“拨付工地”。[⑤] 可见每次调用的数量之巨。

远在东北的军饷，有时亦需各关支援。嘉庆十三年，户部奏称，东三省军饷缺额达 120 万，可从存项 1 千万之中动用，但需各省凑解归还，其中浙海关 4 万，天津关 6 万。[⑥]

因此间各省动用关税的情况较多，影响了户部的正常财政分配方案实施，引起户部不满，特奏请改革。嘉庆十七年，户部奏称，查例每年冬季各直省督抚各将次年一岁应需俸饷预估册报，听部按数拨给，倘藩库银两不敷，或动盐课关税，或请内帑，由部随时具奏。又查从前南河办理各项

① 《军机处录副奏折・嘉庆朝・财政类・关税项》，嘉庆七年六月初三日，淮安关监督常贵折，档案号：03-1767-034。

② 《嘉庆道光两朝上谕档》（第 8 册），嘉庆八年七月初十日，桂林：广西师范大学出版社，第 240 页。

③ 彭雨新：《清代田赋起运存留制度的演进》，《中国经济史研究》1992 年第 4 期，第 133 页。

④ 《军机处录副奏折・嘉庆朝・财政类・关税项》，嘉庆十年十月初二日，两江总督铁保、河道总督徐端折，档案号：03-9758-009。

⑤ 《军机处录副奏折・嘉庆朝・财政类・关税项》，嘉庆二十四年十一月初六日，湖北巡抚张映汉折，档案号：03-1771-080。

⑥ 《军机处录副奏折・嘉庆朝・财政类・关税项》，嘉庆十三年九月初六日，大学士户部尚书禄康折，档案号：03-1768-084。

工程需用繁多，“该督等间有将各关征存税银奏请动拨，因系刻不容缓之工，曾经钦奉谕旨准其一面奏报，一面暂行指款支用”。但近年以来，南河年例岁修预购料物，以及各直省或因兵饷不敷等项，“均非迫不及待之款”。该督抚等往往亦将本省关税银两自行奏请动拨，“殊非慎重钱粮之道”，况关税一项向系关期满后，依限解交部库之款，“尤未便任其在外拨用”，故奏请令各直省非急迫不乱拨。①

当然，各省指拨的问题并未一下子解决，道光四年，户部不得不再次奏称：“外省督抚毋得自行指拨关税。”查各省关税银两，例于本省应行扣充兵饷及由部议准其动拨外，余俱解交部库以供京营兵饷，及一切经费等项应用。以前说过非急用不指拨，十余年前，经请指拨者尚少，“乃近年各省又复纷纷指拨关税银两，视为故常”。其因拨办灾赈者，固为迫不及待之项，至如地方养廉公费，及借垫年例应解河银等事，即令奏请由部酌拨，亦毫不至于迟误，乃复自行指拨关税，在各关监督“乐于节省运费，怂恿督抚请留，而督抚亦乐于留用，致与旧章不符”，故仍请重申旧例。②

鸦片战争后，清廷面临巨额的赔款压力，关于这一时期的关税用于赔款问题，彭泽益先生在《论鸦片战争赔款》③一文中已经有了很详细的分析，这里只补充一条材料。据档案来看，户部原拟从粤海关库存银中拨出924 000两交东河工程支用，嗣因赔款急迫，将此项银两截留回关库，俟凑足1 003 000两后，“照数动拨付给”。④

与此同时，因清廷财政遭遇极大危机，为解决此困难，清廷让各省督抚齐思办法，其中盛京将军禧恩奏称：

---

①《军机处录副奏折·嘉庆朝·财政类·关税项》，嘉庆十七年五月初五日，大学士管理户部事务庆桂等折，档案号：03-1770-002。

②《军机处录副奏折·道光朝·财政类·关税项》，道光四年三月十八日，协办大学士英和等折，档案号：03-3158-020。

③ 彭泽益：《论鸦片战争赔款》，《经济研究》，1962年第12期，第54—63页。

④《宫中档朱批奏折·财政类·关税》，道光二十三年八月二十二日［朱批日期］，两广总督祁贡折，档案号：04-01-01-0808-043。

理财之道，当崇本而抑末，地丁出于农民，税课取诸商贾，实为制赋之常经。在昔有关市之征，今关有征而市无征，周官亦有任商以阜财货，今仅税行货之商，而不课居货之贾。农民终岁勤动，而什一之赋，亘古为昭，乃富商大贾，坐拥丰资，操其奇赢，以攫厚利，竟无应输之课，殊不足以昭平允。如当铺一行，其资本自数千两至数万两不等，以利之最轻者谕之，千金之本，可得百金之利，万金之本，可得千金之利，而其岁输贴税不过数金，又安用此区区者耶？……如银号钱局粮栈布庄绸缎，百货之商，亦复类是，窃计各商之在城市镇口，其生意之大者不下数百万，次则数十万，最小之地方，亦必有数万金，于什一余利之中，征其十分之一，以成本计之，则万取百焉，千取十焉，各处所出无多，断不至于苦累。……其实有资本在一千两以上者计其余利，岁可得银百两，仍按什一之制，每年征课银十两，资本多者以次递加，原有行贴即不再征税，以免重复。千两以下者惟经商成本非恒产，应准随时增减，毋使各商虑恐作为定额，即洋盐等商偶遇河工军务要需，准予报效者，亦实为保卫闾阎不得已借资其力，非有所利于上也。

户部在议复此议时表示，现值筹用孔亟之时，一切经费自应从长策画，但无法清查资本。“其中或一人独开，或数姓合开，各铺情形既有不同，各省风俗又多互异，设非逐户挨查，断难核其确数，而市肆随在皆有，该州县安能躬亲履勘，势不能不令佐杂人员纷纷四出”，小商亦不免阴受其害，不也敢据实声报。又，除去各商房舍铺垫赊欠虚账悉免征收，所有行贴者并不再收帖税，“殊未平允”，此议不准行。①

（三）户关、工关与户部银库关系

户关与工关的征税对象、款项分配均不相同，了解其各自的情况，可见窥视

①《军机处录副奏折・道光朝・财政类・关税项》，道光二十三年七月十二日，大学士穆彰阿等折，档案号：03-3166-036。

户部与内务府的互动关系。关于嘉道时期户关与工关的税收情况，前文的税收总表中已经有了详细数据，这里仅示意嘉道时期户关所占关税收入的比例，如图 4-2 所示。

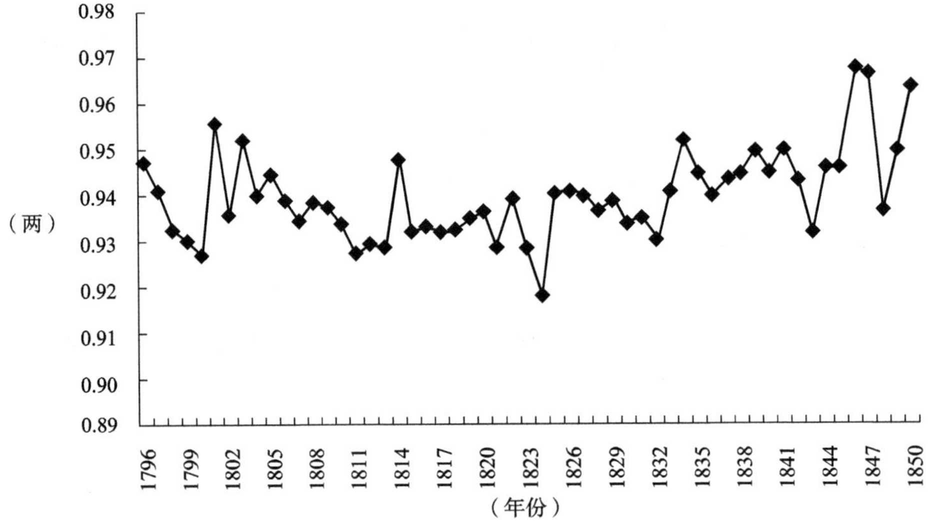

图 4-2　嘉道时期户关所占关税收入百分比示意图

图 4-2 是户关所占的年均百分比，从图中可以看出，户关遥遥领先，一直保持在 92%—95% 之间的高比重。工关的影响微乎其微。

再来看关税与户部银库的关系。由于嘉道时期没有岁入岁出数字可据，只能就户部银库收支作一探讨。因为户部“银库为天下财赋总汇，出纳均有常经，各省岁输田赋、盐课、关税、杂赋，除存留本省支用外，凡起运至京者咸入焉”①，银库的大进大出不同于国家岁入岁出，但从这大进大出剖析中，可以直接反映嘉庆道光朝国库收入的状态。

乾隆朝留给嘉庆帝的遗产为白银 69 391 989.647 两，钱 38.31 千文。据现存于中国第一历史档案内阁黄册及经济研究所抄档之社会调查所《中

① （清）李鸿章等纂：光绪《钦定大清会典事例》卷182《户部·库藏》，上海：商务印书馆，光绪三十四年石印本，第 192 页。

国近代经济史资料·财政门·清代黄册·户部银库类》可知，“故事，黄册经御览后交出存阁，其内容以报销收支款项者为最多，大抵分列旧管、新收、开除、实在四项，谓之‘四柱’。户部三库复有大进、大出两种。”为方便统计，将所收钱数统一按 1 500 文为 1 两的情况折算，详见表 4-2。

表 4-2　嘉庆道光朝的银库收入一览表　　（单位：两、串）

朝年	公元	收入银数	收入钱数	折算后合计	关税征数	关税份额 /%
嘉庆元年	1796	5 734 496.11	591 663.159	6 128 938.216	5 086 380.247	83
二年	1797	6 502 956.76	587 027.599	6 894 308.493	5 115 384.906	74
三年	1798	16 413 926.179	529 854.198	16 767 162.31	4 844 198.095	29
四年	1799				4 871 566.86	
五年	1800				5 893 676.393	
六年	1801	9 301 963.138	1 166 730.695	10 079 783.6	4 667 478.584	46
七年	1802	11 496 754.125	1 534 981.471	12 520 075.11	5 475 585.116	44
八年	1803	20 333 436.58	1 456 694.287	21 304 566.1	5 838 992.835	27
九年	1804	13 771 202.91	1 242 981.831	14 599 857.46	5 780 416.224	40
十年	1805	13 933 952.896	1 327 849.635	14 819 185.99	5 951 930.921	40
十一年	1806				5 346 870.846	
十二年	1807	6 938 703.666	1 438 236.701	7 897 528.133	5 488 032.569	69
十三年	1808	9 736 061.175	1 248 029.985	10 568 081.17	5 864 819.169	55
十四年	1809	9 706 555.355	1 280 431.067	10 560 176.07	5 554 886.269	53
十五年	1810				5 606 984.842	
十六年	1811	9 448 665.643	1 366 084.509	10 359 388.65	4 988 874.275	48
十七年	1812	7 712 802.742	1 151 100.176	8 480 202.859	5 150 232.977	61
十八年	1813	9 604 793.18	1 157 652.159	10 376 561.29	5 081 057.971	49
十九年	1814	12 100 660.84	1 312 240.29	12 975 487.7	6 972 896.14	54
二十年	1815	12 435 694.634	1 142 974.077	13 197 677.35	5 204 073.504	39
二十一年	1816	9 451 035.088	1 496 370.043	10 448 615.12	5 055 296.064	48
二十二年	1817	10 637 957.225	1 168 451.439	11 416 924.85	5 271 752.691	46
二十三年	1818	13 990 810.002	1 195 426.508	14 787 761.01	5 364 062.244	36
二十四年	1819	15 217 959.92	1 257 460.652	16 056 267.02	5 761 312.875	36
二十五年	1820	10 264 981.73	1 193 269.673	11 060 494.85	5 437 399.296	49
道光元年	1821	7 630 388.956	1 202 199.667	8 431 855.401	5 204 699.076	62
二年	1822	7 060 251.329	1 189 489.111	7 853 244.07	6 067 205.976	77
三年	1823	8 022 729.099	1 121 547.488	8 770 427.424	5 214 621.446	59
四年	1824	6 979 498.3	1 348 822.417	7 878 713.245	5 456 378.268	69

续表

朝年	公元	收入银数	收入钱数	折算后合计	关税征数	关税份额/%
五年	1825	8 507 035.548	1 183 440.093	9 295 995.61	5 099 534.24	55
六年	1826				4 964 389.974	
七年	1827	23 802 617.22	1 232 144.651	24 624 046.99	5 245 379.77	21
八年	1828	14 422 806.341	1 166 797.619	15 200 671.42	5 386 964.936	35
九年	1829	11 557 958.78	1 119 826.333	12 304 509.67	5 501 080.32	45
十年	1830	11 289 651.043	1 172 528.71	12 071 336.85	5 666 335.483	47
十一年	1831	7 010 524.09	1 144 995.721	7 773 854.571	4 863 363.816	63
十二年	1832	8 019 700.574	1 212 635.363	8 828 124.149	5 800 279.991	66
十三年	1833	7 160 868.728	1 152 765.935	7 929 379.351	4 861 461.206	61
十四年	1834	15 522 249.804	1 183 231.984	16 311 071.13	5 399 615.278	33
十五年	1835				5 524 975.647	
十六年	1836	9 551 051.47	1 148 372.411	10 316 633.08	5 208 747.341	50
十七年	1837				5 431 736.889	
十八年	1838				5 328 265.032	
十九年	1839	8 682 740.926	1 143 850.568	9 445 307.971	5 274 821.286	56
二十年	1840	10 350 259.8	1 137 630.91	11 108 680.41	5 069 664.865	46
二十一年	1841	6 796 037.933	1 233 614.243	7 618 447.428	4 783 001.354	63
二十二年	1842	10 914 110.6	1 144 432.823	11 677 065.82	4 303 087.828	37
二十三年	1843	7 919 692.645	1 222 831.431	8 734 913.599	4 258 885.9	49
二十四年	1844				5 491 451.92	
二十五年	1845	9 069 653.822	1 160 831.97	9 843 541.802	5 937 682.81	60
二十六年	1846	9 044 024.206	1 209 094.222	9 850 087.021	9 343 228.752	95
二十七年	1847				5 193 238.199	
二十八年	1848	8 872 939.635	1 165 946.047	9 650 237	5 261 841.977	55
二十九年	1849	8 781 377.978	1 238 527.854	9 607 063.214	6 061 040.034	63
三十年	1850	7 748 584.997	1 076 127.323	8 466 003.212	4 512 308.672	53

资料来源：中国第一历史档案内阁黄册，中国社会科学院经济研究所抄档之社会调查所《中国近代经济史资料·财政门·清代黄册·户部银库类》

对表 4-2 中的关税所占银库收入百分比数据做处理，可以得到以下示意图（图 4-3）：

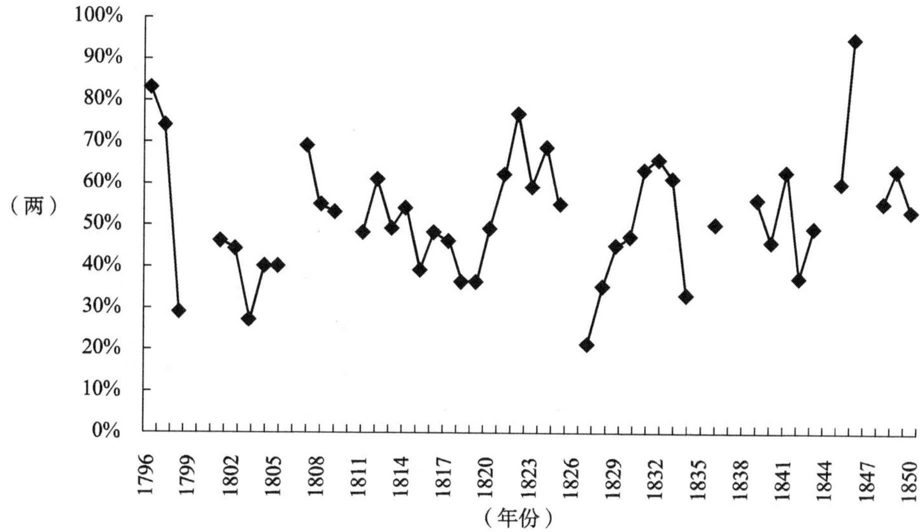

图 4-3　嘉道时期关税所占户部银库收入比重示意图

嘉庆道光时期，户部银库在全国财政体系中居枢纽地位，其收入也占全国财政总收入的 1/4 左右。[①] 通过示意图可以看出，关税是嘉道时期非常稳定的财政收入，其数值在大多数情况下，会占户部银库收入的 50%，个别年份甚至超过了 80%，重要性可见一斑。

除此之外，嘉道时期关税的征收数量持续保持在 500 万两以上的水平，在道光晚期逐步超过了盐税的收入[②]，成为仅次于田赋的第二大财政税源。晚清时期，关税更是一跃超过田赋和新税种厘金，成为引领清代财政收入格局变动的最重要因素。可以说在清代，随着时期的流逝，关税的重要性将会变得越来越突出。

① 倪玉平：《清朝嘉道财政与社会》，北京：商务印书馆，2013 年，第 173 页。

②（清）王庆云：《石渠余记》卷五《直省盐课表》，台北：文海出版社，1966 年，第 471—478 页。

附　　录

表 1　山海关嘉庆道光年间征税表

（单位：两）

公元	时间	关期	人参税	应征正额	实征盈余	实征总数	资料来源
1796	嘉庆元年	乾隆六十年七月二十八日至嘉庆元年七月二十七日				137 615.8	《军机处录副奏折·嘉庆朝·财政类·关税项》，嘉庆二年十一月二十四日，工部营缮司员外郎德新折，档案号：03-1766-071
1797	嘉庆二年	嘉庆元年七月二十八日至嘉庆二年闰六月二十七日	247.768	61 890.147		137 702.19	《军机处录副奏折·嘉庆朝·财政类·关税项》，嘉庆二年十一月二十四日，工部营缮司员外郎德新折，档案号：03-1766-071
1798	嘉庆三年	嘉庆二年闰六月二十八日至嘉庆三年六月二十七日		61 642.379	4 900	110 642.379	《宫中档朱批奏折·财政类·关税》，嘉庆四年二月初四日，管理山海关税务监督钱保折，档案号：04-01-35-0359-018
1799	嘉庆四年	嘉庆三年六月二十八日至嘉庆四年六月二十七日	214.409	61 852.788		115 624.155	《军机处录副奏折·嘉庆朝·财政类·关税项》，嘉庆四年八月二十一日，内务府郎中铁保折，档案号：03-1767-020
1800	嘉庆五年	嘉庆四年六月二十八日至嘉庆五年五月二十七日	232.747	61 875.126			《户科题本·税课类·关税》，嘉庆六年五月二十日，户部尚书成德折，档案号：02-01-04-18335-007
1802	嘉庆七年	嘉庆六年五月二十八日至嘉庆七年五月二十七日	189.552	61 831.931	73 736.234	135 568.165	《军机处录副奏折·嘉庆朝·财政类·关税项》，嘉庆七年七月十六日，户部山东司员外郎百贵折，档案号：03-1767-035

续表

公元	时间	关期	人参税	应征正额	实征盈余	实征总数	资料来源
1803	嘉庆八年	嘉庆七年五月二十八日至嘉庆八年四月二十七日	183.602	61 825.981	74 323.293	136 149.274	《军机处录副奏折·嘉庆朝·财政类·关税项》，嘉庆八年六月十五日，宗人府理事官永龄额折，档案号：03-1767-042
1804	嘉庆九年	嘉庆八年四月二十八日至嘉庆九年四月二十七日	160.465	61 812.844	70125.882	131 938.726	《军机处录副奏折·嘉庆朝·财政类·关税项》，嘉庆九年六月二十一日，内务府郎中德元折，档案号：03-1767-065
1805	嘉庆十年	嘉庆九年四月二十八日至嘉庆十年四月二十七日	148.408	61 790.787	65759.358	127 550.145	《军机处录副奏折·嘉庆朝·财政类·关税项》，嘉庆十年六月二十五日，兵部员外郎智凝折，档案号：03-1767-082
1806	嘉庆十一年	嘉庆十年四月二十八日至嘉庆十七年三月二十七日	179.759	61 642.379	65821.416	127 643.554	《宫中档朱批奏折·财政类·关税》，嘉庆十一年四月初八日，管理山海关税务监督户部郎中龄椿折，档案号：04-01-35-0363-039
1807	嘉庆十二年	嘉庆十一年三月二十八日至嘉庆十二年三月二十七日	214.434	61 856. 813		115 389.897	《宫中档朱批奏折·财政类·关税》，嘉庆十二年四月二十二日，管理山海关税务监督奇玖折，档案号：04-01-35-0364-031
1808	嘉庆十三年	嘉庆十二年三月二十八日至嘉庆十三年三月二十七日	249.289	61 891.668		113 429.418	《军机处录副奏折·嘉庆朝·财政类·关税项》，嘉庆十三年五月初二日，管理山海关税务监督刑部郎中明山折，档案号：03-1768-071
1809	嘉庆十四年	嘉庆十三年三月二十八日至嘉庆十四年二月二十七日	123.851	61 768.43		113 657.63	《军机处录副奏折·嘉庆朝·财政类·关税项》，嘉庆十四年四月二十日，山海关监督宗人府理事官富勒礼折，档案号：03-1769-009
1810	嘉庆十五年	嘉庆十四年二月二十八日至嘉庆十五年二月二十七日	92.042	61734.421	52404.131	114138.552	《宫中档朱批奏折·财政类·关税》，嘉庆十五年三月二十八日，管理山海关税务监督依满泰折，档案号：04-01-35-0365-032

续表

公元	时间	关期	人参税	应征正额	实征盈余	实征总数	资料来源
1811	嘉庆十六年	嘉庆十五年二月二十八日至嘉庆十六年二月二十七日	160.465	61 810.067	52 421.338	114 231.405	《宫中档朱批奏折·财政类·关税》，嘉庆十六年闰三月初四日，管理山海关税务监督多赉折，档案号：04-01-35-0366-010
1812	嘉庆十七年	嘉庆十六年二月二十八日至嘉庆十七年正月二十七日	224.738	61 867.117	49 730.974	111 598.091	《宫中档朱批奏折·财政类·关税》，嘉庆十七年三月二十八日，管理山海关税务监督兴科折，档案号：04-01-35-0366-045
1813	嘉庆十八年	嘉庆十七年正月二十八日至嘉庆十八年正月二十七日	111.858	61 754.237	49 796.8	111 551.037	《军机处录副奏折·嘉庆朝·财政类·关税项》，嘉庆十八年四月初四日，管理山海关税务监督兴科折，档案号：03-1770-038
1814	嘉庆十九年	嘉庆十八年正月二十八日至嘉庆十九年正月二十七日	69.2	61 711.579	49 837.113	111 548.692	《军机处录副奏折·嘉庆朝·财政类·关税项》，嘉庆十九年三月初十日，管理山海关税务监督倭臣布折，档案号：03-1770-078
1815	嘉庆二十年	嘉庆十九年正月二十八日至嘉庆十九年十二月二十七日	171.498	61 813.877	49 700.534	111 514.411	《军机处录副奏折·嘉庆朝·财政类·关税项》，嘉庆二十年三月二十八日，管理山海关税务监督吏部郎中景福折，档案号：03-1770-121
		嘉庆十九年十二月二十八日至嘉庆二十年十二月二十七日	117.282	61 759.661	49 670.08	111 430.241	《军机处录副奏折·嘉庆朝·财政类·关税项》，嘉庆二十一年三月十三日，山海关监督保昌折，档案号：03-1838-085
1816	嘉庆二十一年	嘉庆二十年十二月二十八日至嘉庆二十一年十一月二十七日	144.0421	61 786.4211			《户科题本·税课类·关税》，嘉庆二十二年八月初六日，大学士托津折，档案号：02-01-04-19719-020
1818	嘉庆二十三年	嘉庆二十二年十一月二十八日至嘉庆二十三年十一月二十七日	212.401	61 854.78	50 112.02	111 966.8	《军机处录副奏折·嘉庆朝·财政类·关税项》，嘉庆二十四年正月十三日，管理崇山海关税务监督刑部郎中海昌折，档案号：03-1771-045

续表

公元	时间	关期	人参税	应征正额	实征盈余	实征总数	资料来源
1819	嘉庆二十四年	嘉庆二十三年十一月二十八日至嘉庆二十四年十月二十七日	184.847	61 827.226	50 498.27	112 325.496	《军机处录副奏折·嘉庆朝·财政类·关税项》，嘉庆二十四年十二月初三日，管理山海关税务监督工部郎中岳安折，档案号：03-1771-084
1820	嘉庆二十五年	嘉庆二十四年十月二十八日至嘉庆二十五年十月二十七日	216.4567	61 858.835 7	50 742.5	112 601.335 7	《军机处录副奏折·嘉庆朝·财政类·关税项》，嘉庆二十五年十二月十二日，山海关税务监督宗人府理事官存颖折，档案号：03-1771-124
1821	道光元年	嘉庆二十五年十月二十八日至道光元年十月二十七日	244.357	61 886.736	51 053.7	112 940.436	《军机处录副奏折·道光朝·财政类·关税项》，道光元年十二月二十六日，管理山海关税务户部员外郎成贵折，档案号：03-3155-049
1822	道光二年	道光元年十月二十八日至道光二年九月二十七日	198.3849	61 840.7639	50 620.2	112 460.963 9	《军机处录副奏折·道光朝·财政类·关税项》，道光二年十一月十八日，管理山海关税务刑部郎中重喜折，档案号：03-3156-032
1823	道光三年	道光二年九月二十八日至道光三年九月二十七日	199.533	61 841.912	50 712.5	112 554.412	《军机处录副奏折·道光朝·财政类·关税项》，道光三年十一月十八日，管理山海关税务吏部员外郎辅延折，档案号：03-3157-045
1824	道光四年	道光三年九月二十八日至道光四年八月二十七日	133.548	61 775.927	50 847	112 622.927	《军机处录副奏折·道光朝·财政类·关税项》，道光四年十月十七日，管理山海关税务步军统领衙门员外郎海忠折，档案号：03-3158-057
1825	道光五年	道光四年八月二十八日至道光五年八月二十七日	175.784	61 818.163	50 937	112 755.163	《军机处录副奏折·道光朝·财政类·关税项》，道光五年十月初五日，管理山海关税务副理事官吉勒章阿折，档案号：03-3159-037
1826	道光六年	道光五年八月二十八日至道光六年八月二十七日	66.926	61 709.305	49 535.935	111 245.24	《军机处录副奏折·道光朝·财政类·关税项》，道光六年十月初四日，管理山海关税务珠尔杭阿折，档案号：03-3159-079

续表

公元	时间	关期	人参税	应征正额	实征盈余	实征总数	资料来源
1827	道光七年	道光六年八月二十七日至道光七年七月二十七日	177.528	61 819.907	50 792.063	112 611.97	《户科题本·税课类·关税》，道光八年三月十三日，户部尚书禧恩折，档案号：02-01-04-20331-004
1828	道光八年	道光七年七月二十八日至道光八年七月二十七日	67.69	61 710.069	49 737	111 446.988	《宫中档朱批奏折·财政类·关税》，道光八年九月初九日，管理山海关税务监督恒谦折，档案号：04-01-35-0375-035
1829	道光九年	道光八年七月二十八日至道光九年七月二十七日	278.848	61 921.227	49 816.922	111 738.149	《宫中档朱批奏折·财政类·关税》，道光九年九月十五日，管理山海关税务监督苏诚额折，档案号：04-01-35-0375-061
1830	道光十年	道光九年七月二十八日至道光十年六月二十七日	18.773	61 661.152	49 737	111 457.152	《宫中档朱批奏折·财政类·关税》，道光十年八月十七日，管理山海关税务监督善庆折，档案号：04-01-35-0376-024
1831	道光十一年	道光十年六月二十八日至道光十一年六月二十七日	70.37	61 712.749	50 039	111 751.749	《宫中档朱批奏折·财政类·关税》，道光十一年八月初八日，管理山海关税务监督存兴折，档案号：04-01-35-0376-054
1832	道光十二年	道光十一年六月二十八日至道光十二年六月二十七日	159.255	61 801.634	50 402.15	112 203.784	《宫中档朱批奏折·财政类·关税》，道光十二年八月十六日，管理山海关税务监督翔凤折，档案号：04-01-35-0377-010
1833	道光十三年	道光十二年六月二十八日至道光十三年五月二十七日	122.994	61 765.373	50 122	111 887.373	《户科题本·税课类·关税》，道光十四年五月十七日，大学士长龄折，档案号：02-01-04-20661-030
1834	道光十四年	道光十三年五月二十八日至道光十四年五月二十七日	129.004	61 771.383	50 520.001	112 291.384	《宫中档朱批奏折·财政类·关税》，道光十四年七月十九日，管理山海关税务监督咸龄折，档案号：04-01-35-0377-056

续表

公元	时间	关期	人参税	应征正额	实征盈余	实征总数	资料来源
1835	道光十五年	道光十四年五月二十八日至道光十五年五月二十七日	71.796	61 714.175	50 800.592	112 514.767	《宫中档朱批奏折·财政类·关税》，道光十五年闰六月十五日，管理山海关税务监督奕毓折，档案号：04-01-35-0378-024
1836	道光十六年	道光十五年五月二十八日至道光十六年四月二十七日	141.389	61 783.768	50 597.511	112 381.279	《宫中档朱批奏折·财政类·关税》，道光十六年六月二十日，管理山海关税务监督重豫折，档案号：04-01-35-0378-052
1837	道光十七年	道光十六年四月二十八日至道光十七年四月二十七日		61 642.379	50 787.5	112 429.879	《宫中档朱批奏折·财政类·关税》，道光十六年六月【缺日】，管理山海关税务监督福兴阿折，档案号：04-01-35-0379-005
1838	道光十八年	道光十七年四月二十八日至道光十八年四月二十七日	85.6507	61 728.029 7	50 898.5	112 626.5297	《军机处录副奏折·道光朝·财政类·关税项》，道光十八年五月二十四日，管理山海关税务监督龄鑑折，档案号：03-3165-009
1839	道光十九年	道光十八年四月二十八日至道光十九年三月二十七日	229.7636	61 872.142 6	51 018.5	112 890.642 6	《军机处录副奏折·道光朝·财政类·关税项》，道光十九年五月二十日，管理山海关税务监督多龄折，档案号：03-3165-044
1840	道光二十年	道光十九年三月二十八日至道光二十年三月二十七日	73.369	61 715.748	51 120.5	112 836.248	《军机处录副奏折·道光朝·财政类·关税项》，道光二十年五月二十五日，山海关监督景福折，档案号：03-9488-056
1841	道光二十一年	道光二十年三月二十八日至道光二十一年三月二十七日	118.3731	61 760.752 1	50 208.54	111 969.292 1	《宫中档朱批奏折·财政类·关税》，道光二十一年五月十八日，管理山海关税务监督秀毓折，档案号：04-01-35-0379-047
1842	道光二十二年	道光二十一年三月二十八日至道光二十二年二月二十七日	88.3743	61 730.753 3	49 596.09	111 326.843	《军机处录副奏折·道光朝·财政类·关税项》，道光二十二年六月初八日，山海关监督书元折，档案号：03-9489-048

续表

公元	时间	关期	人参税	应征正额	实征盈余	实征总数	资料来源
1843	道光二十三年	道光二十二年二月二十八日至道光二十三年二月二十七日	47.209	61 689.588	26 289.541	87 979.129	《宫中档朱批奏折·财政类·关税》，道光二十三年四月初三日，管理山海关税务监督富泰折，档案号：04-01-35-0379-056
1844	道光二十四年	道光二十三年二月二十八日至道光二十四年正月二十七日	135.462	61 777.841	49 63.938	111 441.779	《军机处录副奏折·道光朝·财政类·关税项》，道光二十四年七月二十三日，山海关监督庆年折，档案号：03-3167-028
1846	道光二十六年	道光二十五年正月二十八日至道光二十六年正月二十七日	133.8324	61 776.211 4	50 116.623	111 892.834 4	《军机处录副奏折·道光朝·财政类·关税项》，道光二十六年五月初八日，管理山海关税务刑部捕司郎中福海折，档案号：03-3168-008
		道光二十六年正月二十八日至道光二十六年十二月二十七日	45.271	61 687.65	49 539.5	111 227.15	《抄档·清代关税收支报告表·常关》，道光二十七年七月二十七日，山海关监督存诚折
1847	道光二十七年	道光二十六年十二月二十八日至道光二十七年十二月二十七日	210.1955	61 852.574 5	50 145.2	111 997.774	《抄档·清代关税收支报告表·常关》，道光二十八年四月十九日，山海关监督存诚折
1848	道光二十八年	道光二十七年十二月二十八日至道光二十八年十二月二十七日	53.077	61 695.456	50 149.2	111 844.656	《军机处录副奏折·道光朝·财政类·关税项》，道光二十九年四月二十八日，管理山海关税务兵部郎中恒廉折，档案号：03-3169-012
1849	道光二十九年	道光二十八年十二月二十八日至道光二十九年十一月二十七日	37.88	61 680.259	50 182.7	111 862.959	《军机处录副奏折·道光朝·财政类·关税项》，道光三十年四月初十日，管理山海关税务兵部武选司郎中德谦折，档案号：03-3169-055
1850	道光三十年	道光二十九年十一月二十八日至道光三十年十一月二十七日	39.6	61 681.979	50 218.7	111 900.679	《军机处录副奏折·咸丰朝·财政类·关税项》，咸丰元年四月二十九日，工部尚书文发折，档案号：03-4375-009

表 2 张家口嘉庆道光年间征税表

（单位：两）

公元	时间	关期	应征正额	应征盈余	实征总数	又收零星税钱	又收皮张变价银	资料来源
1796	嘉庆元年		20 009.36	40 561.13	60 570.486			《宫中档朱批奏折•财政类•关税》，嘉庆四年二月十一日，张家口税务哲克僧额折，档案号：04-01-35-0359-020
1797	嘉庆二年		20009.36	40572.12	60 581.116			《宫中档朱批奏折•财政类•关税》，嘉庆四年二月十一日，张家口税务哲克僧额折，档案号：04-01-35-0359-020
1798	嘉庆三年	嘉庆二年九月初二日至嘉庆三年九月初一日	20 009.36	40 595.91	60 605.476			《宫中档朱批奏折•财政类•关税》，嘉庆四年二月十一日，张家口税务哲克僧额折，档案号：04-01-35-0359-020
1799	嘉庆四年	嘉庆三年九月初二日至嘉庆四年九月初一日	20 009.36	40 599.44	60 608.968	297.2	1 733.735	《宫中档朱批奏折•财政类•关税》，嘉庆四年九月二十一日，张家口税务哲克僧额折，档案号：04-01-35-0551-004
1800	嘉庆五年	嘉庆四年九月初二日至嘉庆五年八月初一日	20 009.75	40605.35	60 615.1	322.5	5 896.95	《宫中档朱批奏折•财政类•关税》，嘉庆五年八月初十日，张家口税务绵仲折，档案号：04-01-35-0360-016
1801	嘉庆六年	嘉庆五年八月初二日至嘉庆六年八月初一日	20004	40668.29	60672.292	147.8	1212.1	《军机处录副奏折•嘉庆朝•财政类•关税项》，嘉庆六年十二月二十三日，张家口税务兆杰折，档案号：03-1767-031

续表

公元	时间	关期	应征正额	应征盈余	实征总数	又收零星税钱	又收皮张变价银	资料来源
1803	嘉庆八年	嘉庆七年八月初二日至嘉庆八年七月初一日	20 004.29	40 609.28	60 613.57	387.5	3 919.91	《宫中档朱批奏折•财政类•关税》，嘉庆八年八月初一日，张家口税务惠湘折，档案号：04-01-35-0551-014
1804	嘉庆九年	嘉庆八年七月初二日至嘉庆九年七月初一日	20 004.48	40 611.74	60 616.22	378.4	2 327.22	《宫中档朱批奏折•财政类•关税》，嘉庆九年八月初一日，张家口税务广惠折，档案号：04-01-35-0551-016
1805	嘉庆十年	嘉庆九年七月初二日至嘉庆十年闰六月初一日	20 004.83	40 615.97	60 620.8	382.6	1 408	《宫中档朱批奏折•财政类•关税》，嘉庆十年七月初三日，张家口税务瑞祥折，档案号：04-01-35-0363-005
1806	嘉庆十一年	嘉庆十年闰六月初二日至嘉庆十一年六月初一日	20 004.898	40 616.22	60 621.118	384.5	2 575.46	《宫中档朱批奏折•财政类•关税》，嘉庆十一年六月十一日，张家口税务兴科折，档案号：04-01-35-0363-047
1807	嘉庆十二年	嘉庆十一年六月初二日至嘉庆十二年六月初一日	20 004.17	40 618.34	60 622.51	386.2	3 713.03	《宫中档朱批奏折•财政类•关税》，嘉庆十二年七月初八日，张家口税务春惠折，档案号：04-01-35-0364-040
1808	嘉庆十三年	嘉庆十二年六月初二日至嘉庆十三年闰五月初一日	20 004.29	40 626.23	60 630.52	387.6	2 492.8	《军机处录副奏折•嘉庆朝•财政类•关税项》，嘉庆十三年六月初六日，张家口税务福森泰折，档案号：03-1768-075

续表

公元	时间	关期	应征正额	应征盈余	实征总数	又收零星税钱	又收皮张变价银	资料来源
1809	嘉庆十四年	嘉庆十三年闰五月初二日至嘉庆十四年五月初一日	20 004.43	40 631.57	60 636	379.8	2 015.54	《军机处录副奏折•嘉庆朝•财政类•关税项》，嘉庆十四年五月十五日，张家口税务富尔瑚讷折，档案号：03-1769-012
1810	嘉庆十五年	嘉庆十四年五月初二日至嘉庆十五年五月初一日	20 004.56	40 637.65	60 642.21	376.5	4 932.55	《宫中档朱批奏折•财政类•关税》，嘉庆十五年六月十六日，张家口税务吉龄折，档案号：04-01-35-0365-040
1811	嘉庆十六年	嘉庆十五年五月初二日至嘉庆十六年四月初一日	20 004.71	40 638.43	60 643.14	377.9	2 045.91	《宫中档朱批奏折•财政类•关税》，嘉庆十六年五月十七日，张家口税务富纶折，档案号：04-01-35-0366-015
1812	嘉庆十七年	嘉庆十六年四月初二日至嘉庆十七年四月初一日	20 004.37	40 639.67	60 644.04	381.4	3 081.64	《宫中档朱批奏折•财政类•关税》，嘉庆十七年五月二十日，张家口税务瑞麟折，档案号：04-01-35-050
1813	嘉庆十八年	嘉庆十七年四月初二日至嘉庆十八年四月初一日	20 004.69	40 639.78	60 644.47	384.5	1 854.26	《军机处录副奏折•嘉庆朝•财政类•关税项》，嘉庆十八年五月初八日，张家口税务果成折，档案号：03-1770-044
1814	嘉庆十九年	嘉庆十八年四月初二日至嘉庆十九年三月初一日	20 004.26	40 639.97	60 644.23	390.7	1 806.45	《军机处录副奏折•嘉庆朝•财政类•关税项》，嘉庆十九年四月初九日，张家口税务德启折，档案号：03-1770-082

续表

公元	时间	关期	应征正额	应征盈余	实征总数	又收零星税钱	又收皮张变价银	资料来源
1815	嘉庆二十年	嘉庆十九年三月初二日至嘉庆二十年三月初一日	20 004.41	40 644.5	60 648.91	392.5	1 282.95	《军机处录副奏折·嘉庆朝·财政类·关税项》，嘉庆二十年四月初六日，张家口税务英宝折，档案号：03-1770-122
1816	嘉庆二十一年	嘉庆二十年三月初二日至嘉庆二十一年三月初一日	20 004.65	40 645.3	60 649.95	393.7	1 852.78	《宫中档朱批奏折·财政类·关税》，嘉庆二十一年四月初三日，张家口税务祥安折，档案号：04-01-35-0553-045
1817	嘉庆二十二年	嘉庆二十一年三月初二日至嘉庆二十二年二月初一日	20 004.31	40 646.52	60 650.83	394.6	1121.04	《宫中档朱批奏折·财政类·关税》，嘉庆二十二年三月初二日，张家口税务谟尔根布折，档案号：04-01-35-0554-001
1818	嘉庆二十三年	嘉庆二十二年二月初二日至嘉庆二十三年二月初一日	20 004.29	40 647.93	60 651.93	395.7	962.47	《宫中档朱批奏折·财政类·关税》，嘉庆二十三年三月初六日，张家口税务文明折，档案号：04-01-35-0369-021
1819	嘉庆二十四年	嘉庆二十三年二月初二日至嘉庆二十四年二月初一日	20 004.94	40 648.23	60 652.23	314.5	3 705.93	《宫中档朱批奏折·财政类·关税》，嘉庆二十四年三月初九日，张家口税务贻恭折，档案号：04-01-35-0369-052
1820	嘉庆二十五年	嘉庆二十四年二月初二日至嘉庆二十五年正月初一日	20 004.57	40 649.78	60 654.35	326.4	1 042.8	《军机处录副奏折·嘉庆朝·财政类·关税项》，嘉庆二十五年三月二十六日，吏部员外郎承安折，档案号：03-1771-098

续表

公元	时间	关期	应征正额	应征盈余	实征总数	又收零星税钱	又收皮张变价银	资料来源
1821	道光元年	嘉庆二十五年正月初二日至道光元年正月初一日	20 004.78	40 649.9	60 653.01	326.5	1 060.85	《宫中档朱批奏折•财政类•关税》，道光元年二月初三日，张家口税务法式尚阿折，档案号：04-01-35-0555-002
1822	道光二年	道光元年正月初二日至道光二年正月初一日	20 004.64	40 650.8	60 655.44	326.6	1 682.3	《宫中档朱批奏折•财政类•关税》，道光二年正月二十四日，张家口监督明禧折，档案号：04-01-35-0555-018
		道光二年正月初二日至道光二年十二月初一日	20 004.89	40 656.3	60 661.19	328.9	999.99	《军机处录副奏折•道光朝•财政类•关税项》，道光三年正月二十一日，张家口税务存华折，档案号：03-3157-003
1823	道光三年	道光二年十二月初二日至道光三年十二月初一日	20 004.96	40 657.8	60 662.76	329.4	1 087.54	《宫中档朱批奏折•财政类•关税》，道光四年正月十九日，张家口税务文纶折，档案号：04-01-35-0373-004
1824	道光四年	道光三年十二月初二日至道光四年十一月初一日	20 004.42	40 659.3	60 663.72	335	1 659.93	《宫中档朱批奏折•财政类•关税》，道光四年十一月二十八日，张家口税务英文折，档案号：04-01-35-0373-050
1825	道光五年	道光四年十一月初二日至道光五年十一月初一日	20 004.58	40 667.75	60 672.33	332.5	940.25	《军机处录副奏折•道光朝•财政类•关税项》，道光五年十二月初二日，张家口税务彭年折，档案号：03-3159-045

续表

公元	时间	关期	应征正额	应征盈余	实征总数	又收零星税钱	又收皮张变价银	资料来源
1826	道光六年	道光五年十一月初二日至道光六年十一月初一日	20 004.64	40 665.31	60 669.95	331		《抄档·清代关税收支报告表·常关》，道光六年十二月初六日，张家口监督毓福折
1827	道光七年	道光六年十一月初二日至道光七年十月初一日	20 004.56	40 668.57	60 673.13	333.4	1 610.57	《宫中档朱批奏折·财政类·关税》，道光七年十一月二十六日，张家口监督兴昌折，档案号：04-01-12-0398-086
1828	道光八年	道光七年十月初二日至道光八年十月初一日	20 004.73	40 671.18	60 675.91	335.2	1 202.73	《宫中档朱批奏折·财政类·关税》，道光八年十月二十八日，张家口税务荣庆折，档案号：04-01-35-0556-047
1829	道光九年	道光八年十月初二日至道光九年十月初一日	20 004.81	40 672.97	60 677.78	336.1	966.07	《宫中档朱批奏折·财政类·关税》，道光九年十一月十二日，张家口税务景福折，档案号：04-01-35-0556-069
1830	道光十年	道光九年十月初二日至道光十年九月初一日	20 004.92	40 765.81	60 770.73	325.2	3069.625	《宫中档朱批奏折·财政类·关税》，道光十年十月十二日，张家口税务恩铭折，档案号：04-01-35-0376-030
1831	道光十一年	道光十年九月初二日至道光十一年九月初一日	20 004.68	40 679.43	60684.11	324.3	896.41	《宫中档朱批奏折·财政类·关税》，道光十一年十月十四日，张家口税务崇福折，档案号：04-01-35-0376-056

续表

公元	时间	关期	应征正额	应征盈余	实征总数	又收零星税钱	又收皮张变价银	资料来源
1832	道光十二年	道光十一年九月初二日至道光十二年九月初一日	20 004.56	40 681.67	60 686.23	264.4	857.11	《军机处录副奏折•道光朝•财政类•关税项》，道光十二年九月二十四日，张家口税务庆伦折，档案号：03-3163-032
1833	道光十三年	道光十二年九月初二日至道光十三年八月初一日	20 004.23	40 687.54	60 691.77	261.25		《抄档•清代关税收支报告表•常关》，道光十三年九月初六日，张家口监督关圣保折
1834	道光十四年	道光十三年八月初二日至道光十四年八月初一日	20 004.47	40 689.85	60 694.32	258.8	1 174.97	《宫中档朱批奏折•财政类•关税》，道光十四年九月初三日，张家口税务恒泰折，档案号：04-01-35-0377-063
1835	道光十五年	道光十四年八月初二日至道光十五年七月初一日	20 004.83	40 699.85	60 704.68	261.9	527.9	《宫中档朱批奏折•财政类•关税》，道光十五年八月十二日，张家口监督保岱折，档案号：04-01-35-0558-005
1836	道光十六年	道光十五年七月初二日至道光十六年七月初一日	20 004.62	40 703.35	60 707.97	272.95	1 258.74	《宫中档朱批奏折•财政类•关税》，道光十六年八月十三日，张家口监督常兴折，档案号：04-01-12-0443-006
1837	道光十七年	道光十六年七月初二日至道光十七年七月初一日	20 004.56	40 704.26	60 708.82	367.43		《军机处录副奏折•道光朝•财政类•关税项》，道光十七年八月十二日，张家口监督明谊折，档案号：03-9488-011

续表

公元	时间	关期	应征正额	应征盈余	实征总数	又收零星税钱	又收皮张变价银	资料来源
1838	道光十八年	道光十七年七月初二日至道光十八年六月初一日	20 004.78	40 705.46	60 710.24	286	897.13	《军机处录副奏折•道光朝•财政类•关税项》，道光十八年七月初九日，张家口税务图璧折，档案号：03-3165-012
1839	道光十九年	道光十八年六月初二日至道光十九年六月初一日	20 004.91	40 708.69	60 713.6	271.5	904.86	《宫中档朱批奏折•财政类•关税》，道光十九年七月初二日，张家口税务宝龄折，档案号：04-01-35-0379-023
1840	道光二十年	道光十九年六月初二日至道光二十年六月初一日	20 004.69	40 710.77	60 715.46	255.22	516.85	《宫中档朱批奏折•财政类•关税》，道光二十年七月初七日，张家口税务乌明阿折，档案号：04-01-35-0558-024
1841	道光二十一年	道光二十年六月初二日至道光二十一年五月初一日	20 004.32	40 712.63	60 716.95	248.03	2490.67	《军机处录副奏折•道光朝•财政类•关税项》，道光二十一年六月初九日，张家口监督成福折，档案号：03-9489-014
1842	道光二十二年	道光二十一年五月初二日至道光二十二年五月初一日	20 004.57	4 074.98	60 719.55	231.5	864.4	《军机处录副奏折•道光朝•财政类•关税项》，道光二十二年六月十一日，张家口监督麟翔折，档案号：03-9489-047
1843	道光二十三年	道光二十二年五月初二日至道光二十三年五月初一日	20 004.49	40 715.83	60 720.32	235.8	1 704.08	《宫中档朱批奏折•财政类•关税》，道光二十三年六月十六日，张家口税务同文折，档案号：04-01-35-0379-059

续表

公元	时间	关期	应征正额	应征盈余	实征总数	又收零星税钱	又收皮张变价银	资料来源
1844	道光二十四年	道光二十三年五月初二日至道光二十四年四月初一日	20 004.91	40 722.35	60 727.26	241	853.18	《宫中档朱批奏折·财政类·关税》，道光二十四年五月十二日，张家口税务仙保折，档案号：04-01-35-0380-018
1845	道光二十五年	道光二十四年四月初二日至道光二十五年四月初一日	20 004.91	无征	60 561			王庆云《石渠余纪》卷六《直省关税表》，台北：文海出版社，1966年，第538页
1846	道光二十六年	道光二十五年四月初二日至道光二十六年四月初一日	20 004.74	40 726.81	60 731.55	225.5	1 758.3	《军机处录副奏折·道光朝·财政类·关税项》，道光二十六年五月十一日，张家口税务呈麟折，档案号：03-3168-012
1847	道光二十七年	道光二十六年四月初二日至道光二十七年三月初一日	20 004.56	39 503.15	59 507.71	2 763	835.38	《军机处录副奏折·道光朝·财政类·关税项》，道光二十七年四月十三日，张家口税务齐斌达折，档案号：03-3168-067
1848	道光二十八年	道光二十七年三月初二日至道光二十八年三月初一日	20 004.63	39 508.32	59 512.95	2 771	840.05	《宫中档朱批奏折·财政类·关税》，道光二十八年四月十七日，张家口税务雙鼎折，档案号：04-01-12-0467-134
1849	道光二十九年	道光二十八年三月初二日至道光二十九年三月初一日	20 004.82	39 483.37	59 488.19	2 797.5	1 132.755	《宫中档朱批奏折·财政类·关税》，道光二十九年四月十七日，张家口税务鸣铎折，档案号：04-01-35-0559-001
1850	道光三十年	道光二十九年三月初二日至道光三十年二月初一日	20 004.67	39 489.23	59 493.9	2 798.6	719	《宫中档朱批奏折·财政类·关税》，道光三十年三月二十日，张家口税务中福折，档案号：04-01-12-0478-084

表 3　杀虎口嘉庆道光年间征税表　（单位：两）

公元	时间	关期	应征正额	实征盈余	实征总数	资料来源
1796	嘉庆元年	乾隆六十年三月二十二日至嘉庆元年三月二十一日	16 919.996	26 721.064	43 640.064	《军机处录副奏折•嘉庆朝•财政类•关税项》，嘉庆元年三月二十二日，管理杀虎口税务和德折，档案号：03-1766-010
1797	嘉庆二年	嘉庆元年三月二十二日至嘉庆二年三月二十一日	16 919.996	26 850.75	43 769.75	《宫中档朱批奏折•财政类•关税》，嘉庆二年三月二十四日，管理杀虎口税务博庆折，档案号：04-01-35-0359-001
1798	嘉庆三年	嘉庆二年三月二十二日至嘉庆三年二月二十一日	16 919.996	27 053.612	43 972.612	《宫中档朱批奏折•财政类•关税》，嘉庆四年二月初六日，杀虎口监督诚存折，档案号：04-01-35-0359-019
1799	嘉庆四年	嘉庆三年二月二十二日至嘉庆四年二月二十一日	16 919.996	27 279.305	44 199.301	《户科题本•税课类•关税》，嘉庆四年三月十三日，杀虎口监督诚存折，档案号：02-01-04-18184-019
1800	嘉庆五年	嘉庆四年二月二十二日至嘉庆五年二月二十一日	16 919.996	27 420.029	44 340.025	《户科题本•税课类•关税》，嘉庆五年三月初四日，杀虎口监督德庆折，档案号：02-01-04-18261-008
1801	嘉庆六年	嘉庆五年二月二十二日至嘉庆六年正月二十一日	16 919.996	28 127.934	45 047.93	《户科题本•税课类•关税》，嘉庆六年二月初一日，杀虎口监督伊昌阿折，档案号：02-01-04-18334-017
1802	嘉庆七年	嘉庆六年正月二十二日至嘉庆七年正月二十一日	16 919.996	28 147.879	45 067.875	《户科题本•税课类•关税》，嘉庆七年二月初二日，杀虎口监督常存折，档案号：02-01-04-18406-003
1804	嘉庆九年	嘉庆八年七月初一日至嘉庆九年六月二十九日	16 919.996	28 243.808	45 162.808	《军机处录副奏折•嘉庆朝•财政类•关税项》，嘉庆九年七月十六日，管理杀虎口税务刑部郎中常豫折，档案号：03-1767-067
1805	嘉庆十年	嘉庆九年七月初一日至嘉庆十年六月二十九日	16 919.996	28 310.978	45 229.978	《军机处录副奏折•嘉庆朝•财政类•关税项》，嘉庆十年闰六月十三日，管理杀虎口税务步军统领衙门郎中富信折，档案号：03-1767-084
1806	嘉庆十一年	嘉庆十年闰六月初一日至嘉庆十一年五月二十九日	16 919.996	28 383.808	45 302.808	《军机处录副奏折•嘉庆朝•财政类•关税项》，嘉庆十一年六月十九日，管理杀虎口税务绪庄折，档案号：03-1768-006

续表

公元	时间	关期	应征正额	实征盈余	实征总数	资料来源
1807	嘉庆十二年	嘉庆十一年六月初一日至嘉庆十二年五月二十九日	16 919.996	28 425.358	45 344.358	《军机处录副奏折·嘉庆朝·财政类·关税项》，嘉庆十二年六月十四日，管理杀虎口税务吏部郎中达林折，档案号：03-1768-043
1808	嘉庆十三年	嘉庆十二年六月初一日至嘉庆十三年五月三十日	16 919.996	28 498.978	45 417.978	《军机处录副奏折·嘉庆朝·财政类·关税项》，嘉庆十三年闰五月十三日，管理杀虎口税务内务府郎中雙德折，档案号：03-1768-074
1809	嘉庆十四年	嘉庆十三年闰五月初一日至嘉庆十四年四月三十日	16 919.996	28 573.798	45 492.798	《军机处录副奏折·嘉庆朝·财政类·关税项》，嘉庆十四年五月十六日，管理杀虎口税务内务府郎中德泰折，档案号：03-1769-010
1810	嘉庆十五年	嘉庆十四年五月初一日至嘉庆十五年四月三十日	16 919.996	28 661.688	45 580.688	《军机处录副奏折·嘉庆朝·财政类·关税项》，嘉庆十五年五月十八日，管理杀虎口税务内务府员外郎达林折，档案号：03-1769-045
1811	嘉庆十六年	嘉庆十五年五月初一日至嘉庆十六年闰三月二十九日	16 919.996	28 758.408	45 677.408	《军机处录副奏折·嘉庆朝·财政类·关税项》，嘉庆十六年五月初一日，管理杀虎口税务兵部员外郎龄住折，档案号：03-1769-082
1812	嘉庆十七年	嘉庆十六年四月初一日至嘉庆十七年三月三十日	16 919.996	28 836.338	45 755.338	《军机处录副奏折·嘉庆朝·财政类·关税项》，嘉庆十七年五月初三日，管理杀虎口税务宗人府理事官春喜折，档案号：03-1770-001
1813	嘉庆十八年	嘉庆十七年四月初一日至嘉庆十八年三月三十日	16 919.996	28 861.692	45 780.692	《军机处录副奏折·嘉庆朝·财政类·关税项》，嘉庆十八年四月十六日，管理杀虎口税务那木萨尔扎布折，档案号：03-1770-040
1814	嘉庆十九年	嘉庆十八年四月初一日至嘉庆十九年闰三月二十九日	16 919.996	28 876.267	45 795.267	《军机处录副奏折·嘉庆朝·财政类·关税项》，嘉庆十九年三月二十四日，管理杀虎口税务刑部郎中恒安折，档案号：03-1770-081

续表

公元	时间	关期	应征正额	实征盈余	实征总数	资料来源
1815	嘉庆二十年	嘉庆十九年三月初一日至嘉庆二十年二月二十八日	16 919.996	28 926.401	45 845.401	《军机处录副奏折·嘉庆朝·财政类·关税项》，嘉庆二十年三月十九日，管理杀虎口税务内务府郎中恒桂折，档案号：03-1770-120
1817	嘉庆二十二年	嘉庆二十一年七月二十二日至嘉庆二十二年七月二十一日	16 919.996	28 967.271	45 887.267	《户科题本·税课类·关税》，嘉庆二十二年八月十四日，杀虎口监督琦昂折，档案号：02-01-04-19719-024
1818	嘉庆二十三年	嘉庆二十二年七月二十二日至嘉庆二十三年七月二十一日	16 919.996	28 975.131	45 895.127	《户科题本·税课类·关税》，嘉庆二十三年八月十九日，杀虎口监督福克旌额折，档案号：02-01-04-19812-022
1819	嘉庆二十四年	嘉庆二十三年五月二十二日至嘉庆二十四年闰四月二十一日	16 919.996	28 979.27	45 898.27	《军机处录副奏折·嘉庆朝·财政类·关税项》，嘉庆二十四年五月十五日，管理杀虎口税务户部郎中福克旌额折，档案号：03-1771-057
1820	嘉庆二十五年	嘉庆二十四年闰四月二十二日至嘉庆二十五年四月二十一日	16 919.996	28 989.937	45 908.937	《军机处录副奏折·嘉庆朝·财政类·关税项》，嘉庆二十五年五月十六日，管理杀虎口税务步军统领衙门员外郎祥镛折，档案号：03-1771-103
1821	道光元年	嘉庆二十五年四月二十二日至道光元年五月初十日	16 919.996	29 010.127	45 929.127	《军机处录副奏折·道光朝·财政类·关税项》，道光元年五月初十日，管理杀虎口税务宗人府理事官成刚折，档案号：03-3155-017
1822	道光二年	道光元年四月二十二日至道光二年闰三月二十一日	16 919.996	29 027.497	45 946.497	《军机处录副奏折·道光朝·财政类·关税项》，道光二年四月十一日，管理杀虎口税务礼部郎中萨迎阿折，档案号：03-3156-008
1823	道光三年	道光二年闰三月二十二日至道光三年三月二十一日	16 919.996	29 041.367	45 960.367	《军机处录副奏折·道光朝·财政类·关税项》，道光三年四月初十日，内务府郎中文连折，档案号：03-3157-013

续表

公元	时间	关期	应征正额	实征盈余	实征总数	资料来源
1824	道光四年	道光三年三月二十二日至道光四年三月二十一日	16 919.996	29 052.908	45 971.908	《军机处录副奏折•道光朝•财政类•关税项》，道光四年四月初八日，管理杀虎口税务户部郎中达林折，档案号：03-3158-022
1825	道光五年	道光四年三月二十二日至道光五年二月二十一日	16 919.996	29 063.398	45 982.398	《军机处录副奏折•道光朝•财政类•关税项》，道光五年三月十五日，管理杀虎口税务兵部职方司掌印郎中恩龄折，档案号：03-3159-008
1826	道光六年	道光五年二月二十二日至道光六年二月二十一日	16 919.996	29 083.959	46 002.959	《军机处录副奏折•道光朝•财政类•关税项》，道光六年三月初七日，管理杀虎口税务内务府郎中文祥折，档案号：03-3159-057
1827	道光七年	道光六年二月二十二日至道光七年二月二十一日	16 919.996	29 102.156	46 021.156	《抄档•清代关税收支报告表•常关》，道光七年三月初五日，宗人府理事官祥康折
1828	道光八年	道光七年二月二十二日至道光八年正月二十一日	16 919.996	29 110.972	46 029.972	《抄档•清代关税收支报告表•常关》，道光八年二月初二日，兵部郎中呈麟折
1829	道光九年	道光八年正月二十二日至道光九年正月二十一日	16 919.996	29 139.532	46 058.532	《军机处录副奏折•道光朝•财政类•关税项》，道光九年二月初五日，礼部郎中久祥折，档案号：03-3297-022，
1830	道光十年	道光九年正月二十二日至道光十年正月二十一日	16 919.996	29 139.532	46 058.532	《军机处录副奏折•道光朝•财政类•关税项》，道光十年二月初八日，管理杀虎口税务热河副总管庆琛折，档案号：03-3160-039
		道光十年正月二十二日至道光十年十二月二十一日	16 919.996	29 153.735	46 072.735	《军机处录副奏折•道光朝•财政类•关税项》，道光十年十月初九日，兵部郎中富尔崇阿折，档案号：03-3300-004
1831	道光十一年	道光十年十二月二十二日至道光十一年十二月二十一日	16 919.996	29 169.99	46 088.99	《军机处录副奏折•道光朝•财政类•关税项》，道光十二年正月初六日，管理杀虎口税务刑部郎中裕康折，档案号：03-3163-002

续表

公元	时间	关期	应征正额	实征盈余	实征总数	资料来源
1832	道光十二年	道光十一年二月二十二日至道光十二年二月二十一日	16 919.996		46 094.09	《户科题本·税课类·关税》，道光十二年四月初八日，杀虎口监督祥麟折，档案号：02-01-04-20532-008
1833	道光十三年	道光十二年二月二十二日至道光十三年二月二十一日	16 919.996		46 109.42	《户科题本·税课类·关税》，道光十三年三月初六日，杀虎口监督清平折，档案号：02-01-04-20603-017
1834	道光十四年	道光十三年正月初九日至道光十四年正月初八日	16 919.996	29 204.97	46 125.67	《户科题本·税课类·关税》，道光十四年三月十一日，杀虎口监督兆那苏图折，档案号：02-01-04-20670-012
1835	道光十五年	道光十四年正月初九日至道光十五年正月初八日	16 919.996	29 223.32	46 142.32	《军机处录副奏折·道光朝·财政类·关税项》，道光十五年正月二十二日，工部郎中兆那苏图折，档案号：03-9487-016
		道光十五年正月初九日至道光十五年十二月初八日	16 919.996	29 243.15	46 162.15	《军机处录副奏折·道光朝·财政类·关税项》，道光十五年十二月二十二日，兵部员外郎普泰折，档案号：03-9487-037
1836	道光十六年	道光十五年十二月初九日至道光十六年十二月初八日	16 919.996	29 257.56	46 176.56	《军机处录副奏折·道光朝·财政类·关税项》，道光十六年十二月二十六日，杀虎口税务监督积善折，档案号：03-9487-069
1837	道光十七年	道光十六年十二月初九日至道光十七年十二月初八日	16 919.996	29 268.01	46 187.01	《军机处录副奏折·道光朝·财政类·关税项》，道光十七年十二月二十二日，管理杀虎口税务内务府郎中瑞廷折，档案号：03-3164-057
1838	道光十八年	道光十七年十二月初九日至道光十八年十一月初八日	16 919.996	29 279.16	46 198.16	《军机处录副奏折·道光朝·财政类·关税项》，道光十八年十一月二十七日，管理杀虎口税务刑部郎中景瑞折，档案号：03-3165-031
1839	道光十九年	道光十八年十一月初九日至道光十九年十一月初八日	16 919.996	29 287.21	46 206.21	《军机处录副奏折·道光朝·财政类·关税项》，道光十九年十一月二十一日，礼部郎中嵩岫折，档案号：03-9488-043

续表

公元	时间	关期	应征正额	实征盈余	实征总数	资料来源
1840	道光二十年	道光十九年十一月初九日至道光二十年十一月初八日	16 919.996	29 296.26	46 215.26	《军机处录副奏折·道光朝·财政类·关税项》，道光二十年十一月二十三日，刑部郎中怀塔哈折，档案号：03-9488-071
1841	道光二十一年	道光二十年十一月初九日至道光二十一年十月初八日	16 919.996	29 302.86	46 221.86	《军机处录副奏折·道光朝·财政类·关税项》，道光二十一年十月二十三日，宗室保极折，档案号：03-9489-027
1842	道光二十二年	道光二十一年十月初九日至道光二十二年十月初八日	16 919.996	29 310.11	46 229.11	《军机处录副奏折·道光朝·财政类·关税项》，道光二十二年十月二十三日，内务府员外郎崇纶折，档案号：03-9489-059
1843	道光二十三年	道光二十二年十月初九日至道光二十三年九月初八日	16 919.996		46 235.42	《军机处录副奏折·道光朝·财政类·关税项》，道光二十三年九月二十二日，杀虎口监督裕起折，档案号：03-3320-017
1844	道光二十四年	道光二十三年九月初九日至道光二十四年九月初八日	16 919.996	29 322.8	46 241.8	《军机处录副奏折·道光朝·财政类·关税项》，道光二十四年九月二十二日，管理杀虎口税务刑部郎中承芳折，档案号：03-3167-036
1845	道光二十五年	道光二十四年九月初九日至道光二十五年九月初八日	16 919.996	29 329.52	46 248.52	《抄档·清代关税收支报告表·常关》，道光二十五年九月二十五日，内务府郎中宝麟折
1846	道光二十六年	道光二十五年九月初九日至道光二十六年八月初八日	16 919.996	29 334.12	46 253.12	《军机处录副奏折·道光朝·财政类·关税项》，道光二十六年八月二十九日，工部郎中德克精额折，档案号：03-3168-037
1847	道光二十七年	道光二十六年八月初九日至道光二十七年八月初八日	16 919.996	29 337.47	46 257.77	《户科题本·税课类·关税》，道光二十七年十月二十八日，杀虎口监督吉廉折，档案号：02-01-04-21374-004

续表

公元	时间	关期	应征正额	实征盈余	实征总数	资料来源
1848	道光二十八年	道光二十七年八月初九日至道光二十八年八月初八日	16 919.996	29 339.97	46 258.97	《军机处录副奏折・道光朝・财政类・关税项》，道光二十八年九月初一日，管理杀虎口税务吏部郎中吉廉折，档案号：03-3168-090
1849	道光二十九年	道光二十八年八月初九日至道光二十九年七月初八日	16 919.996	29 344.37	46 263.37	《军机处录副奏折・道光朝・财政类・关税项》，道光二十九年八月初四日，管理杀虎口税务内务府郎中景绂折，档案号：03-2786-123
1850	道光三十年	道光二十九年七月初七日至道光三十年七月初八日	16 919.996	29 548.37	46 467.37	《军机处录副奏折・道光朝・财政类・关税项》，道光三十年七月二十八日，管理杀虎口税务礼部郎中承龄折，档案号：03-3169-075

表 4　武元城嘉庆道光年间征税表　（单位：两）

公元	时间	关期	应征正额	实征盈余	实征总数	资料来源
1796	嘉庆元年		1 231	2	1 233	《宫中档朱批奏折・财政类・关税》，道光四年二月二十八日，山西巡抚邱树棠折，档案号：04-01-35-0373-012
1797	嘉庆二年		1 231	2	1 233	《宫中档朱批奏折・财政类・关税》，道光四年二月二十八日，山西巡抚邱树棠折，档案号：04-01-35-0373-012
1798	嘉庆三年		1 231	2	1 233	《宫中档朱批奏折・财政类・关税》，道光四年二月二十八日，山西巡抚邱树棠折，档案号：04-01-35-0373-012
1799	嘉庆四年		1 231	2	1 233	《宫中档朱批奏折・财政类・关税》，道光四年二月二十八日，山西巡抚邱树棠折，档案号：04-01-35-0373-012
1800	嘉庆五年		1 231	2	1 233	《宫中档朱批奏折・财政类・关税》，道光四年二月二十八日，山西巡抚邱树棠折，档案号：04-01-35-0373-012

续表

公元	时间	关期	应征正额	实征盈余	实征总数	资料来源
1801	嘉庆六年		1 231	2	1 233	《宫中档朱批奏折•财政类•关税》，道光四年二月二十八日，山西巡抚邱树棠折，档案号：04-01-35-0373-012
1802	嘉庆七年	嘉庆七年二月初一日至嘉庆八年正月底	1 231		1 269.573	《户科题本•税课类•关税》，嘉庆八年十月十七日，山西巡抚伯麟折，档案号：02-01-04-18471-019
1803	嘉庆八年		1 231	2	1 233	《宫中档朱批奏折•财政类•关税》，道光四年二月二十八日，山西巡抚邱树棠折，档案号：04-01-35-0373-012
1804	嘉庆九年	嘉庆九年正月初一日至嘉庆九年十二月底	1 231	2	1 269.576	《户科题本•税课类•关税》，嘉庆十年七月二十七日，山西巡抚同兴折，档案号：02-01-04-18567-003
1805	嘉庆十年		1 231	2	1 233	《宫中档朱批奏折•财政类•关税》，道光四年二月二十八日，山西巡抚邱树棠折，档案号：04-01-35-0373-012
1806	嘉庆十一年		1 231	2	1 233	《宫中档朱批奏折•财政类•关税》，道光四年二月二十八日，山西巡抚邱树棠折，档案号：04-01-35-0373-012
1807	嘉庆十二年		1 231	2	1 233	《宫中档朱批奏折•财政类•关税》，道光四年二月二十八日，山西巡抚邱树棠折，档案号：04-01-35-0373-012
1808	嘉庆十三年		1 231	2	1 233	《宫中档朱批奏折•财政类•关税》，道光四年二月二十八日，山西巡抚邱树棠折，档案号：04-01-35-0373-012
1809	嘉庆十四年		1 231	2	1 233	《宫中档朱批奏折•财政类•关税》，道光四年二月二十八日，山西巡抚邱树棠折，档案号：04-01-35-0373-012
1810	嘉庆十五年		1 231	2	1 233	《宫中档朱批奏折•财政类•关税》，道光四年二月二十八日，山西巡抚邱树棠折，档案号：04-01-35-0373-012
1811	嘉庆十六年		1 231	2	1 233	《宫中档朱批奏折•财政类•关税》，道光四年二月二十八日，山西巡抚邱树棠折，档案号：04-01-35-0373-012
1812	嘉庆十七年		1 231	2	1 233	《宫中档朱批奏折•财政类•关税》，道光四年二月二十八日，山西巡抚邱树棠折，档案号：04-01-35-0373-012

续表

公元	时间	关期	应征正额	实征盈余	实征总数	资料来源
1813	嘉庆十八年		1 231	2	1 233	《宫中档朱批奏折·财政类·关税》，道光四年二月二十八日，山西巡抚邱树棠折，档案号：04-01-35-0373-012
1814	嘉庆十九年		1 231	2	1 233	《宫中档朱批奏折·财政类·关税》，道光四年二月二十八日，山西巡抚邱树棠折，档案号：04-01-35-0373-012
1815	嘉庆二十年		1 231	2	1 233	《宫中档朱批奏折·财政类·关税》，道光四年二月二十八日，山西巡抚邱树棠折，档案号：04-01-35-0373-012
1816	嘉庆二十一年		1 231	2	1 233	《宫中档朱批奏折·财政类·关税》，道光四年二月二十八日，山西巡抚邱树棠折，档案号：04-01-35-0373-012
1817	嘉庆二十二年		1 231	2	1 233	《宫中档朱批奏折·财政类·关税》，道光四年二月二十八日，山西巡抚邱树棠折，档案号：04-01-35-0373-012
1818	嘉庆二十三年		1 231	2	1 233	《宫中档朱批奏折·财政类·关税》，道光四年二月二十八日，山西巡抚邱树棠折，档案号：04-01-35-0373-012
1819	嘉庆二十四年		1 231	2	1 233	《宫中档朱批奏折·财政类·关税》，道光四年二月二十八日，山西巡抚邱树棠折，档案号：04-01-35-0373-012
1820	嘉庆二十五年		1 231	2	1 233	《宫中档朱批奏折·财政类·关税》，道光四年二月二十八日，山西巡抚邱树棠折，档案号：04-01-35-0373-012
1821	道光元年		1 231	2	1 233	《宫中档朱批奏折·财政类·关税》，道光四年二月二十八日，山西巡抚邱树棠折，档案号：04-01-35-0373-012
1822	道光二年		1 231	2	1 233	《宫中档朱批奏折·财政类·关税》，道光四年二月二十八日，山西巡抚邱树棠折，档案号：04-01-35-0373-012
1823	道光三年	道光二年六月初一日至道光三年五月底	1 231	2	1 035	《宫中档朱批奏折·财政类·关税》，道光四年二月二十八日，山西巡抚邱树棠折，档案号：04-01-35-0373-012
1827	道光七年	道光六年五月初一日至道光七年四月底	1 231		1016.421	《户科题本·税课类·关税》，道光八年十月初九日，山西巡抚卢坤折，档案号：02-01-04-20333-009

表 5　凤凰城中江嘉庆道光年间征税表　（单位：两）

公元	时间	关期	应征正银	火耗	实征总数	资料来源
1796	嘉庆元年	乾隆六十年二月初三日至嘉庆元年正月二十八日	2 754.249	550.851	3 305.1	《户科题本・税课类・关税》，嘉庆元年五月十二日，盛京户部侍郎伯麟折，档案号：02-01-04-17999-006
1798	嘉庆三年	嘉庆二年正月二十九日至嘉庆三年正月二十四日	2 754.285	550.857	3 305.142	《户科题本・税课类・关税》，嘉庆三年八月初十日，礼部尚书德明折，档案号：02-01-04-18105-001
1799	嘉庆四年	嘉庆三年正月二十四日至嘉庆四年正月二十四日	2 754.305	550.861	3 305.166	《户科题本・税课类・关税》，嘉庆四年八月二十三日，户部尚书布颜达赍折，档案号：02-01-04-18185-010，
1801	嘉庆六年	嘉庆五年正月二十六日至嘉庆六年正月初八日	2 754.371	550.875	3 305.246	《户科题本・税课类・关税》，嘉庆六年四月初九日，盛京户部侍郎德文折，档案号：02-01-04-18339-017
1802	嘉庆七年	嘉庆六年正月初八日至嘉庆七年正月初七日	2 754.393	550.879	3 338.374	《户科题本・税课类・关税》，嘉庆七年四月十三日，盛京户部侍郎德文折，档案号：02-01-04-18406-009
1803	嘉庆八年	嘉庆七年二月初二日至嘉庆八年二月初一日	2 754.414	550.884	3 305.298	《户科题本・税课类・关税》，嘉庆八年八月初九日，户部尚书禄康折，档案号：02-01-04-18468-004
1804	嘉庆九年	嘉庆八年二月初一日至嘉庆八年十二月二十九日	2 754.434	550.888	3 305.322	《户科题本・税课类・关税》，嘉庆九年四月十五日，盛京户部侍郎德文折，档案号：02-01-04-18517-022
1805	嘉庆十年	嘉庆九年正月二十九日至嘉庆十年正月二十八日	2 754.455	550.892	3 305.347	《户科题本・税课类・关税》，嘉庆十年七月初三日，户部尚书禄康折，档案号：02-01-04-18562-032
1806	嘉庆十一年	嘉庆十年二月初二日至嘉庆十一年正月初一日	2 772.336	554.469	3 326.805	《户科题本・税课类・关税》，嘉庆十一年七月二十二日，户部尚书禄康折，档案号：02-01-04-18641-008

续表

公元	时间	关期	应征正银	火耗	实征总数	资料来源
1807	嘉庆十二年	嘉庆十一年正月二十六日至嘉庆十二年正月二十五日	2 754.494	550.9	3 305.394	《户科题本·税课类·关税》，嘉庆十二年二月十五日，盛京户部侍郎荣麟折，档案号：02-01-04-18726-002
1808	嘉庆十三年	嘉庆十三年正月二十六日至嘉庆十三年十二月二十五日	2 754.539	550.908	3 305.447	《户科题本·税课类·关税》，嘉庆十四年二月二十二日，盛京户部侍郎荣麟折，档案号：02-01-04-18927-018
1810	嘉庆十五年	嘉庆十四年十二月二十七日至嘉庆十五年十二月二十六日	2 754.578	550.916	3 305.494	《户科题本·税课类·关税》，嘉庆十六年二月二十二日，盛京户部侍郎萨彬图折，档案号：02-01-04-19145-008
1811	嘉庆十六年	嘉庆十六年正月二十一日至嘉庆十六年十二月二十日	2 754.597	550.92	3 305.517	《户科题本·税课类·关税》，嘉庆十七年三月十八日，盛京户部侍郎润祥折，档案号：02-01-04-19253-011
1813	嘉庆十八年	嘉庆十七年正月十二日至嘉庆十八年正月十一日	2 754.606	550.924	3 305.54	《户科题本·税课类·关税》，嘉庆十八年八月初五日，大学士庆桂折，档案号：02-01-04-19372-018
1814	嘉庆十九年	嘉庆十八年正月二十六日至嘉庆十九年正月二十五日	2 754.637	550.928	3 305.565	《户科题本·税课类·关税》，嘉庆十九年闰二月初九日，盛京户部侍郎润祥折，档案号：02-01-04-19462-011
1815	嘉庆二十年	嘉庆十九年二月初二日至嘉庆二十年正月二十六日	2 754.659	550.932	3 305.591	《户科题本·税课类·关税》，嘉庆二十年三月十一日，盛京户部侍郎德文折，档案号：02-01-04-19546-009
1816	嘉庆二十一年	嘉庆二十年正月二十七日至嘉庆二十一年正月二十六日	2 754.677	550.936	3 305.613	《户科题本·税课类·关税》，嘉庆二十一年闰六月二十三日，大学士托津折，档案号：02-01-04-19630-005

续表

公元	时间	关期	应征正银	火耗	实征总数	资料来源
1818	嘉庆二十三年	嘉庆二十二年正月二十一日至嘉庆二十三年二月初五日	2 754.72	550.944	3 305.664	《户科题本·税课类·关税》，嘉庆二十三年三月二十日，盛京户部侍郎多福折，档案号：02-01-04-19811-030
1819	嘉庆二十四年	嘉庆二十三年二月初六日至嘉庆二十四年二月初七日	2 754.739	550.948	3 305.687	《户科题本·税课类·关税》，嘉庆二十四年闰四月二十九日，盛京户部侍郎明兴阿折，档案号：02-01-04-19903-013
1820	嘉庆二十五年	嘉庆二十四年二月初八日至嘉庆二十五年正月初七日	2 754.757	550.952	3 305.709	《户科题本·税课类·关税》，嘉庆二十五年三月二十九日，盛京户部侍郎明兴阿折，档案号：02-01-04-19972-013
1821	道光元年	嘉庆二十五年二月初六日至道光元年二月初六日	2 754.779	550.957	3 305.736	《户科题本·税课类·关税》，道光元年三月二十六日，盛京户部侍郎明兴阿折，档案号：02-01-04-20015-017
1822	道光二年	道光元年二月初六日至道光二年二月初五日	2 754.795	550.959	3 305.754	《户科题本·税课类·关税》，道光二年四月二十六日，户部尚书英和折，档案号：02-01-04-20052-016
1824	道光四年	道光三年二月初四日至道光四年二月初三日	2 754.835	550.967	3 305.802	《户科题本·税课类·关税》，道光四年闰七月初五日，户部尚书英和折，档案号：02-01-04-20139-024
1825	道光五年	道光四年二月初七日至道光五年正月初六日	2 754.853	550.971	3 305.824	《户科题本·税课类·关税》，道光五年三月二十八日，盛京户部侍郎明兴阿折，档案号：02-01-04-20198-012
1827	道光七年	道光七年二月初七日至道光八年二月初一日	2 754.905	550.982	3 305.887	《户科题本·税课类·关税》，道光八年六月二十二日，户部尚书禧恩折，档案号：02-01-04-20332-030
1828	道光八年	道光八年二月初一日至道光九年二月初一日	2 754.916	550.984	3 305.9	《户科题本·税课类·关税》，道光九年六月二十日，户部尚书禧恩折，档案号：02-01-04-20377-031

续表

公元	时间	关期	应征正银	火耗	实征总数	资料来源
1832	道光十二年	道光十一年正月十三日至道光十二年正月十二日	2 754.95	550.991	3 305.941	《户科题本·税课类·关税》，道光十二年三月二十八日，盛京户部侍郎嵩惠折，档案号：02-01-04-20532-006
		道光十二年正月十三日至道光十二年十二月十二日	2 754.96	550.992	3 305.952	《户科题本·税课类·关税》，道光十三年七月初十日，大学士长龄折，档案号：02-01-04-20603-018
1835	道光十五年	道光十四年正月初四日至道光十五年正月初三日	2 754.978	550.997	3 305.975	《户科题本·税课类·关税》，道光十五年二月二十九日，盛京户部侍郎德兴折，档案号：02-01-04-20723-030
		道光十五年正月十六日至道光十五年十二月十五日	2 754.987	550.999	3 305.986	《户科题本·税课类·关税》，道光十六年三月二十五日，盛京户部侍郎德兴折，档案号：02-01-04-20805-007
1836	道光十六年	道光十五年十二月十六日至道光十六年十二月二十六日	2 754.993	550.999	3 305.992	《户科题本·税课类·关税》，道光十七年七月二十一日，大学士潘世恩折，档案号：02-01-04-20872-017
1838	道光十八年	道光十六年十二月十七日至道光十八年正月十七日	2 755	551	3 306	《户科题本·税课类·关税》，道光十八年六月二十四日，大学士潘世恩折，档案号：02-01-04-20934-007
		道光十八年正月十八日至道光十八年十二月十七日	2 755.004	551.002	3 306.006	《户科题本·税课类·关税》，道光十九年三月二十六日，盛京户部侍郎德春折，档案号：02-01-04-20994-008
1839	道光十九年	道光十八年十二月十七日至道光十九年十二月十六日	2 755.011	551.003	3 306.014	《户科题本·税课类·关税》，道光二十年七月二十九日，大学士潘世恩折，档案号：02-01-04-21060-011

续表

公元	时间	关期	应征正银	火耗	实征总数	资料来源
1841	道光二十一年	道光二十一年正月十七日至道光二十一年十二月十六日	2 755.024	551.005	3 306.029	《户科题本•税课类•关税》，道光二十二年四月十三日，盛京户部侍郎惟勤折，档案号：02-01-04-21172-012
1843	道光二十三年	道光二十一年十二月十七日至道光二十三年正月二十七日	2 755.031	551.007	3 306.038	《户科题本•税课类•关税》，道光二十三年四月十二日，盛京户部侍郎惠丰折，档案号：02-01-04-21226-015
		道光二十三年正月二十八日至道光二十三年十二月二十七日	2 755.04	551.009	3 306.049	《户科题本•税课类•关税》，道光二十四年三月二十七日，盛京户部侍郎明训折，档案号：02-01-04-21269-008
1844	道光二十四年	道光二十三年十二月二十八日至道光二十四年十二月二十七日	2 755.045	551.01	3 306.055	《户科题本•税课类•关税》，道光二十五年八月初八日，大学士潘世恩折，档案号：02-01-04-21321-016
1847	道光二十七年	道光二十六年正月二十六日至道光二十七年二月二十一日	2 755.057	551.013	3 306.07	《户科题本•税课类•关税》，道光二十七年八月初八日，大学士潘世恩折，档案号：02-01-04-21373-026
1848	道光二十八年	道光二十七年正月二十一日至道光二十八年正月二十日	2 755.063	551.014	3 306.077	《户科题本•税课类•关税》，道光二十八年四月十二日，盛京户部侍郎庆祺折，档案号：02-01-04-21403-019
1850	道光三十年	道光二十九年三月初六日至道光三十年二月初五日	2 755.063	551.015	3 306.088	《户科题本•税课类•关税》，道光三十年九月二十日，大学士卓秉恬折，档案号：02-01-04-21446-038

表 6　奉天牛马税嘉庆道光年间征税表

（单位：两）

公元	时间	关期	实征总数	资料来源
1797	嘉庆二年	嘉庆元年七月十五日至嘉庆二年闰六月十四日	5 059.728	《户科题本·税课类·关税》，嘉庆二年十一月十五日，大学士和珅折，档案号：02-01-04-18041-021
1798	嘉庆三年	嘉庆二年闰六月十五日至嘉庆三年七月初一日	5 301.036	《户科题本·税课类·关税》，嘉庆三年十一月十五日，大学士和珅折，档案号：02-01-04-18105-031
1799	嘉庆四年	嘉庆三年七月初二日至嘉庆四年七月十五日	5 260.661	《户科题本·税课类·关税》，嘉庆四年十二月初一日，户部尚书布颜达赉折，档案号：02-01-04-18185-033
1800	嘉庆五年	嘉庆四年七月十六日至嘉庆五年七月初一日	5 290.422	《户科题本·税课类·关税》，嘉庆五年十二月初九日，户部尚书布颜达赉折，档案号：02-01-04-18266-016
1803	嘉庆八年	嘉庆七年八月十二日至嘉庆八年九月十八日	6 016.502	《户科题本·税课类·关税》，嘉庆九年四月十七日，户部尚书禄康折，档案号：02-01-04-18521-014
1805	嘉庆十年	嘉庆九年九月十九日至嘉庆十年八月十八日	5 080.158	《户科题本·税课类·关税》，嘉庆十年十二月初三日，户部尚书禄康折，档案号：02-01-04-18563-012
1806	嘉庆十一年	嘉庆十年八月十九日至嘉庆十一年八月十八日	5 082.59	《户科题本·税课类·关税》，嘉庆十一年十二月初十日，户部尚书禄康折，档案号：02-01-04-18641-030
1808	嘉庆十三年	嘉庆十二年八月十九日至嘉庆十三年七月十八日	5 087.756	《户科题本·税课类·关税》，嘉庆十三年十一月二十九日，户部尚书禄康折，档案号：02-01-04-18823-023
1809	嘉庆十四年	嘉庆十三年七月十九日至嘉庆十四年七月十八日	5 090.049	《户科题本·税课类·关税》，嘉庆十四年十二月十一日，大学士禄康折，档案号：02-01-04-18936-025
1815	嘉庆二十年	嘉庆十九年五月十九日至嘉庆二十年五月十八日	5 093.018	《户科题本·税课类·关税》，嘉庆二十年十一月初八日，大学士托津折，档案号：02-01-04-19553-015
1816	嘉庆二十一年	嘉庆二十年五月十九日至嘉庆二十一年五月十八日	5 099.647	《户科题本·税课类·关税》，嘉庆二十一年十月二十一日，大学士托津折，档案号：02-01-04-19638-001
1817	嘉庆二十二年	嘉庆二十一年五月十九日至嘉庆二十二年四月十八日	5 099.759	《户科题本·税课类·关税》，嘉庆二十三年三月初一日，大学士托津折，档案号：02-01-04-19818-007

续表

公元	时间	关期	实征总数	资料来源
1818	嘉庆二十三年	嘉庆二十三年四月十九日至嘉庆二十四年四月十八日	5 099.99	《户科题本·税课类·关税》，嘉庆二十四年十一月十八日，大学士托津折，档案号：02-01-04-19910-028
1822	道光二年	道光元年三月十九日至道光二年三月十八日	5 100.393	《户科题本·税课类·关税》，道光二年六月十一日，户部尚书英和折，档案号：02-01-04-20050-010
1825	道光五年	道光四年二月十九日至道光五年正月十八日	5 102.013	《户科题本·税课类·关税》，道光五年六月十四日，户部尚书英和折，档案号：02-01-04-20203-018
1827	道光七年	道光六年正月十九日至道光七年正月十八日		
		道光七年正月十九日至道光七年十二月十八日	5 106.193	《户科题本·税课类·关税》，道光八年六月初八日，户部尚书禧恩折，档案号：02-01-04-20332-028
1830	道光十年	道光九年十二月十九日至道光十年十一月十八日	5 109.939	《户科题本·税课类·关税》，道光十一年五月初一日，户部尚书禧恩折，档案号：02-01-04-20475-006
1831	道光十一年	道光十年十一月十九日至道光十一年十一月十八日	5 110.575	《户科题本·税课类·关税》，道光十二年四月初五日，户部尚书禧恩折，档案号：02-01-04-20536-028
1833	道光十三年	道光十二年十月十九日至道光十三年十月十八日	5 115.564	《户科题本·税课类·关税》，道光十四年三月二十九日，大学士长龄折，档案号：02-01-04-20666-006
1836	道光十六年	道光十五年九月十九日至道光十六年九月十八日	5 120.57	《户科题本·税课类·关税》，道光十七年三月二十七日，大学士潘世恩折，档案号：02-01-04-20875-024
1840	道光二十年	道光十九年八月十九日至道光二十年八月十八日	5 124.26	《户科题本·税课类·关税》，道光二十一年二月十二日，大学士潘世恩折，档案号：02-01-04-21119-002
1841	道光二十一年	道光二十年八月十九日至道光二十一年七月十八日	5 125.26	《户科题本·税课类·关税》，道光二十一年十二月初八日，大学士潘世恩折，档案号：02-01-04-21119-025
1842	道光二十二年	道光二十一年七月十九日至道光二十二年七月十八日	5 126.55	《户科题本·税课类·关税》，道光二十二年十二月初十日，大学士潘世恩折，档案号：02-01-04-21177-014
1847	道光二十七年	道光二十六年闰五月十九日至道光二十七年五月十八日	5 131.84	《户科题本·税课类·关税》，道光二十七年十二月初七日，大学士潘世恩折，档案号：02-01-04-21376-010

表 7　潘桃口嘉庆道光年间征税表

（单位：两）

公元	时间	关期	应征正额	实征盈余	实征总数	资料来源
1798	嘉庆三年	嘉庆二年十一月初四日至嘉庆三年十一月初三日	10 108.674 4	1 082.168	11 190.842 44	《户科题本·税课类·关税》，嘉庆五年闰四月十二日，直隶总督胡季堂折，档案号：02-01-04-18261-013
1809	嘉庆十四年	嘉庆十三年七月初一日至嘉庆十四年六月底			12 553.608	《户科题本·税课类·关税》，嘉庆十六年十月十四日，直隶总督温承惠折，档案号：02-01-04-19153-006
1810	嘉庆十五年	嘉庆十四年七月初一日至嘉庆十五年六月底			12 338.441	《户科题本·税课类·关税》，嘉庆十六年十月十四日，直隶总督温承惠折，档案号：02-01-04-19146-014
1819	嘉庆二十四年	嘉庆二十三年四月初四日至嘉庆二十四年四月初三日	10 108.674 4	1 072.224	11 180.898 4	《户科题本·税课类·关税》，道光元年十月十七日，直隶总督方受畴折，档案号：02-01-04-20019-023
1820	嘉庆二十五年	嘉庆二十四年四月初一日至嘉庆二十五年二月底			11 645.35	《户科题本·税课类·关税》，道光元年正月二十四日，直隶总督方受畴折，档案号：02-01-04-20018-021
1848	道光二十八年	嘉庆二十七年五月初一日至嘉庆二十八年四月底			11 835.669	《户科题本·税课类·关税》，道光二十九年十二月初九日，直隶总督讷尔经额折，档案号：02-01-04-21432-014

表 8　崇文门嘉庆道光年间征税表

（单位：两）

公元	时间	关期	应征正额	实征盈余	实征总为九	另商人罚银	海淀钱粮药材及烧酒银	资料来源
1796	嘉庆元年	乾隆六十年八月初三日至嘉庆元年八月初二日	102 182.12	186 649.102	288 831.222		7 593.496	《户科题本·税课类·关税》，嘉庆三年十月初一日，大学士和珅折，档案号：02-01-04-18105-022
1797	嘉庆二年	嘉庆元年八月初三日至嘉庆二年八月初二日	110 703.15	183 326.816	294 029.966		7 972.49	《户科题本·税课类·关税》，嘉庆四年五月初一日，总理户部永理折，档案号：02-01-04-18184-021

续表

公元	时间	关期	应征正额	实征盈余	实征总为九	另商人罚银	海淀钱粮药材及烧酒银	资料来源
1798	嘉庆三年	嘉庆二年八月初三日至嘉庆三年八月初二日	102 188.912	185 926.662	288 115.574		7 608.265	《户科题本·税课类·关税》，嘉庆四年十月初八日，户部尚书布颜达赍折，档案号：02-01-04-18185-025
1799	嘉庆四年	嘉庆三年八月初三日至四年八月初二日	102 185.112	197 729.383	299 914.495		7 740.621	《户科题本·税课类·关税》，嘉庆五年闰四月十五日，户部尚书布颜达赍折，档案号：02-01-04-18261-014
1800	嘉庆五年	嘉庆四年八月初三日至嘉庆五年八月初二日	110 710.055	187 119.662	297 829.717		8 157.8	《户科题本·税课类·关税》，嘉庆六年七月初五日，户部尚书成德折，档案号：02-01-04-18335-020
1801	嘉庆六年	嘉庆五年八月初三日至嘉庆六年八月初二日		182 556.227			7 178.317	《嘉庆道光两朝上谕档》（第6册），嘉庆六年八月初七日，第319页
1802	嘉庆七年	嘉庆六年八月初三日至嘉庆七年八月初二日	136 579.182	171 227	307 806.182			《宫中档朱批奏折·财政类·关税》，嘉庆八年八月初九日，恭阿拉折，档案号：04-01-35-0551-015
1803	嘉庆八年	嘉庆七年八月初三日至嘉庆八年八月初二日		171 752.757	316 729.32		6 831.699	《宫中档朱批奏折·财政类·关税》，嘉庆八年八月初九日，恭阿拉折，档案号：04-01-35-0551-015
1804	嘉庆九年	嘉庆八年八月初三日至嘉庆九年八月初二日	144 658.533	177 881.187	322 539.72		4 968.742	《军机处录副奏折·嘉庆朝·财政类·关税项》，嘉庆十三年八月十四日，崇文门税务恭阿拉、托津折，档案号：03-1768-082
1805	嘉庆十年	嘉庆九年八月初三日至嘉庆十年八月初二日	110 715.042	178 003.658	313 564.82		4 798.95	《军机处录副奏折·嘉庆朝·财政类·关税项》，嘉庆十一年八月十三日，崇文门税务丹巴多尔济等折，档案号：03-1768-010

续表

公元	时间	关期	应征正额	实征盈余	实征总为九	另商人罚银	海淀钱粮药材及烧酒银	资料来源
1806	嘉庆十一年	嘉庆十年八月初三日至嘉庆十一年八月初二日	102 186.712	212 473.108	314 659.82		6 916.242	《军机处录副奏折·嘉庆朝·财政类·关税项》，嘉庆十一年八月十三日，崇文门税务丹巴多尔济等折，档案号：03-1768-010
1807	嘉庆十二年	嘉庆十一年八月初三日至嘉庆十二年八月初二日	102 317.062	180 986.217	322 501.3			《军机处录副奏折·嘉庆朝·财政类·关税项》，嘉庆十六年八月初六日，崇文门税务瑚图礼折，档案号：03-1769-092
1808	嘉庆十三年	嘉庆十二年八月初三日至嘉庆十三年八月初二日	110 735.512	211 909.508	322 645.02		6 837.6	《军机处录副奏折·嘉庆朝·财政类·关税项》，嘉庆十三年八月十四日，崇文门税务恭阿拉、托津折，档案号：03-1768-082
1809	嘉庆十四年	嘉庆十三年八月初三日至嘉庆十四年八月初二日	102 241.382	162 145.673	264 387.055			《户科题本·税课类·关税》，嘉庆十六年二月二十八日，大学士庆桂折，档案号：02-01-04-19158-014
1810	嘉庆十五年	嘉庆十四年八月初三日至嘉庆十五年八月初二日	122 186.512	206 093.445	308 279.957		6 211.084	《军机处录副奏折·嘉庆朝·财政类·关税项》，嘉庆十五年八月十三日，崇文门税务和世泰折，档案号：03-1769-052
1811	嘉庆十六年	嘉庆十五年八月初三日至嘉庆十六年八月初二日	110 591.792	212 063.548	322 655.34		6 837.7	《军机处录副奏折·嘉庆朝·财政类·关税项》，嘉庆十六年八月初六日，崇文门税务瑚图礼折，档案号：03-1769-092
1812	嘉庆十七年	嘉庆十六年八月初三日至嘉庆十七年八月初二日	102 187.562	183 938.938	286 126.5		5 346.04	《军机处录副奏折·嘉庆朝·财政类·关税项》，嘉庆十七年八月十九日，崇文门税务松筠、玉麟折，档案号：03-1770-011

续表

公元	时间	关期	应征正额	实征盈余	实征总为九	另商人罚银	海淀钱粮药材及烧酒银	资料来源
1813	嘉庆十八年	嘉庆十七年八月初三日至嘉庆十八年八月初二日	102 186.562	194 956.288	297 142.85		5 476.36	《军机处录副奏折·嘉庆朝·财政类·关税项》，嘉庆十八年八月十三日，崇文门税务吉纶、玉麟折，档案号：03-1770-050
1814	嘉庆十九年	嘉庆十八年八月初三日至嘉庆十九年八月初二日	110 646.042	212 158.175	322 804.217		5 548.14	《军机处录副奏折·嘉庆朝·财政类·关税项》，嘉庆十九年八月初七日，崇文门税务崇禄、景安折，档案号：03-1770-095
1815	嘉庆二十年	嘉庆十九年八月初三日至嘉庆二十年八月初二日	102 186.242	212 685.678	314 871.92		5 421.51	《军机处录副奏折·嘉庆朝·财政类·关税项》，嘉庆二十年八月初七日，崇文门税务英和折，档案号：03-1771-002
1816	嘉庆二十一年	嘉庆二十年八月初三日至嘉庆二十一年八月初二日	117 046.292	179 372.212	290 118.504		5618	《户科题本·税课类·关税》，嘉庆二十三年七月初七日，大学士托津折，档案号：02-01-04-19812-015
1817	嘉庆二十二年	嘉庆二十一年八月初三日至嘉庆二十二年八月初二日	102 186.242	212685	314 871.242		5432	《嘉庆道光两朝上谕档》（第 22 册），嘉庆二十二年八月十二日，第 281 页
1818	嘉庆二十三年	嘉庆二十二年八月初三日至嘉庆二十三年八月初二日	102 187.562	212 685.858	314 873.42		5 433.12	《军机处录副奏折·嘉庆朝·财政类·关税项》，嘉庆二十三年八月初五日，崇文门税务苏楞额、孟住折，档案号：03-1771-039
1819	嘉庆二十四年	嘉庆二十三年八月初三日至嘉庆二十四年八月初二日	110 707.362	212 184.22	322 891.582		5 629.71	《军机处录副奏折·嘉庆朝·财政类·关税项》，嘉庆二十四年八月十一日，崇文门税务和宁、裕恩折，档案号：03-1771-070

续表

公元	时间	关期	应征正额	实征盈余	实征总为九	另商人罚银	海淀钱粮药材及烧酒银	资料来源
1820	嘉庆二十五年	嘉庆二十四年八月初三日至嘉庆二十五年八月初二日	102 186.562	212 686.358	314 872.92		5 438.17	《军机处录副奏折·嘉庆朝·财政类·关税项》，嘉庆二十五年八月十七日，崇文门税务英和、文宁折，档案号：03-1771-116
1821	道光元年	嘉庆二十五年八月初三日至道光元年八月初二日	102 187.562	188 041.958	290 229.52		5 433.12	《军机处录副奏折·道光朝·财政类·关税项》，道光元年八月十一日，崇文门税务监督晋昌、舒明阿折，档案号：03-3155-032
1822	道光二年	道光元年八月初三日至道光二年八月初二日	110 706.902	180 944.53	291 651.432		3 355.68	《军机处录副奏折·道光朝·财政类·关税项》，道光二年八月初八日，崇文门税务监督博启图、松筠折，档案号：03-3156-028
1823	道光三年	道光二年八月初三日至道光三年八月初二日	102 187.562	218 129.478	320 317.04			《户科题本·税课类·关税》，道光四年三月二十一日，户部尚书英和折，档案号：02-01-04-20139-005
1824	道光四年	道光三年八月初三日至道光四年八月初二日	102 187.562	217 416.92	319 604.482			《户科题本·税课类·关税》，道光五年四月十六日，户部尚书英和折，档案号：02-01-04-20198-015
1825	道光五年	道光四年八月初三日至道光五年八月初二日	102 187.562	216 821.128	319 008.69	51.45		《户科题本·税课类·关税》，道光六年三月二十八日，户部尚书英和折，档案号：02-01-04-20250-005
1828	道光八年	道光七年八月初三日至道光八年八月初二日	102 187.562	216 834.308	319 021.87	52.6		《户科题本·税课类·关税》，道光九年四月初八日，户部尚书禧恩折，档案号：02-01-04-20377-022

续表

公元	时间	关期	应征正额	实征盈余	实征总为九	另商人罚银	海淀钱粮药材及烧酒银	资料来源
1829	道光九年	道光八年八月初三日至道光九年八月初二日	102 187.562	216 851.908	319 039.47	53.3		《户科题本·税课类·关税》，道光十年九月二十五日，户部尚书禧恩折，档案号：02-01-04-20430-025
1830	道光十年	道光九年八月初二日至道光十年八月初一日	110 723.692	217 459.88	328 183.572	53.37		《户科题本·税课类·关税》，道光十一年六月初一日，户部尚书禧恩折，档案号：02-01-04-20472-001
1833	道光十三年	道光十二年八月初三日至道光十三年八月初二日	110 724.492	212 656.69	323 381.182	130.7795		《户科题本·税课类·关税》，道光十四年八月初一日，大学士长龄折，档案号：02-01-04-20662-009
1834	道光十四年	道光十三年八月初三日至道光十四年八月初二日	102 187.562	213 170.878	315 358.44	54.6		《户科题本·税课类·关税》，道光十五年五月初一日，大学士文孚折，档案号：02-01-04-20724-002
1835	道光十五年	道光十四年八月初三日至道光十五年八月初二日	110 724.492	217 465.98	328 190.472	54.28		《户科题本·税课类·关税》，道光十六年五月十三日，大学士潘世恩折，档案号：02-01-04-20805-019
1838	道光十八年	道光十七年八月初三日至道光十八年八月初二日	110 723.692	212 670.76	323 394.452	55.72		《户科题本·税课类·关税》，道光十九年七月二十八日，大学士潘世恩折，档案号：02-01-04-20994-031
1839	道光十九年	道光十八年八月初三日至道光十九年八月初二日	102 187.562	213 192.69	315 380.252	209.1		《户科题本·税课类·关税》，道光二十年八月二十八日，大学士潘世恩折，档案号：02-01-04-21060-016
1840	道光二十年	道光十九年八月初三日至道光二十年八月初二日	102 187.562	212 911.89	315 099.452	58.55		《户科题本·税课类·关税》，道光二十一年五月十三日，大学士潘世恩折，档案号：02-01-04-21115-017

续表

公元	时间	关期	应征正额	实征盈余	实征总为九	另商人罚银	海淀钱粮药材及烧酒银	资料来源
1841	道光二十一年	道光二十年八月初三日至道光二十一年八月初二日	110 723.692	212 388.73	323 112.422	54.45		《户科题本·税课类·关税》，道光二十二年六月二十七日，大学士潘世恩折，档案号：02-01-04-21172-028
1842	道光二十二年	道光二十一年八月初三日至道光二十二年八月初二日	102 187.562	212 915.09	315 102.652	58.5		《户科题本·税课类·关税》，道光二十三年八月二十四日，大学士潘世恩折，档案号：02-01-04-21226-022
1843	道光二十三年	道光二十二年八月初三日至道光二十三年八月初二日	110 723.692	212 390.93	323 114.622	54.5		《户科题本·税课类·关税》，道光二十四年十二月初六日，大学士潘世恩折，档案号：02-01-04-21269-034
1844	道光二十四年	道光二十三年八月初三日至道光二十四年八月初二日	102 187.562	212 931.61	315 119.172	62.73		《户科题本·税课类·关税》，道光二十五年七月十八日，大学士潘世恩折，档案号：02-01-04-21318-021
1845	道光二十五年	道光二十四年八月初三日至道光二十五年八月初二日			315627			王庆云：《石渠余纪》卷六《直省关税表》，台北：文海出版社，1966 年，第 533 页
1846	道光二十六年	道光二十五年八月初三日至道光二十六年八月初二日	110 723.692	212 942.37	323 666.062	64.5		《户科题本·税课类·关税》，道光二十七年八月二十八日，大学士潘世恩折，档案号：02-01-04-21373-028
1849	道光二十九年	道光二十八年八月初三日至道光二十九年八月初二日			323739			王庆云：《石渠余纪》卷六《直省关税表》，台北：文海出版社，1966 年，第 533 页

表 9　左翼嘉庆道光年间征税表

（单位：两）

公元	时间	关期	应征正额	实征盈余	牲畜税银	房地税银	共计实征	资料来源
1796	嘉庆元年	乾隆六十年十一月二十四日至嘉庆元年十一月二十三日	10 008			5 864.46		《户科题本·税课类·关税》，嘉庆三年八月十三日，礼部尚书德明折，档案号：02-01-04-18105-002
1797	嘉庆二年	嘉庆元年十一月二十四日至嘉庆二年十月二十三日	10 008			6 170.7		《户科题本·税课类·关税》，嘉庆四年八月初九日，户部尚书布颜达赍折，档案号：02-01-04-18185-002
1798	嘉庆三年	嘉庆二年十月二十四日至嘉庆三年十一月十二日	10 008			6 248.917 5		《户科题本·税课类·关税》，嘉庆五年五月二十二日，户部尚书布颜达赍折，档案号：02-01-04-18261-015
1799	嘉庆四年	嘉庆三年十一月十三日至嘉庆四年十一月十二日	10 008		35 501	4 346.64		《户科题本·税课类·关税》，嘉庆六年七月初三日，户部尚书成德折，档案号：02-01-04-18335-018；又据《嘉庆道光两朝上谕档》（第 5 册，嘉庆五年十月十五日，第 472 页）推算
1800	嘉庆五年	嘉庆四年十一月十三日至嘉庆五年十月十二日	10 008		36 543	5 534.355		《户科题本·税课类·关税》，嘉庆七年八月初一日，户部尚书禄康折，档案号：02-01-04-18407-003；又据《嘉庆道光两朝上谕档》（第 5 册，嘉庆五年十月十五日，第 472 页）推算
1801	嘉庆六年	嘉庆五年十月十三日至嘉庆六年十月十二日	10 008		36 717	4 834.656		《户科题本·税课类·关税》，嘉庆八年九月二十一日，户部尚书禄康折，档案号：02-01-04-18471-017；又据《嘉庆道光两朝上谕档》（第 7 册，嘉庆七年十月二十一日，第 365 页）推算

续表

公元	时间	关期	应征正额	实征盈余	牲畜税银	房地税银	共计实征	资料来源
1802	嘉庆七年	嘉庆六年十月十三日至嘉庆七年十月十二日	10 008		36 800			据《嘉庆道光两朝上谕档》(第7册，嘉庆七年十月二十一日，第365页)推算
1803	嘉庆八年	嘉庆七年十月十三日至嘉庆八年九月十二日	10 008		36 782	4 808.583		《户科题本·税课类·关税》，嘉庆十年五月二十七日，户部尚书禄康折，档案号：02-01-04-18562-024；又据《嘉庆道光两朝上谕档》(第8册，嘉庆八年九月二十日，第356页)推算
1804	嘉庆九年	嘉庆八年九月十三日至嘉庆九年九月十二日	10 008	26 886.158	36 779	5 184.834	42 078.992	《军机处录副奏折·嘉庆朝·财政类·关税项》，嘉庆九年九月二十七日，丹巴多尔济折，档案号：03-1814-055
1805	嘉庆十年	嘉庆九年九月十三日至嘉庆十年八月十二日	10 008		36 787	5 542.755 6		《户科题本·税课类·关税》，嘉庆十二年七月初八日，大学士禄康折，档案号：02-01-04-18731-030
1806	嘉庆十一年	嘉庆十年八月十三日至嘉庆十一年八月十二日	10 008	26 900.697	36 908.7	5 988.848 4	42 897.545 4	《军机处录副奏折·嘉庆朝·财政类·关税项》，嘉庆十一年九月初七日，左翼税务监督文宁折，档案号：03-1768-014
1807	嘉庆十二年	嘉庆十一年八月十三日至嘉庆十二年八月十二日	10 008		36 772	7 276.624		《户科题本·税课类·关税》，嘉庆十四年十一月初四日，大学士禄康折，档案号：02-01-04-18928-024；又据《嘉庆道光两朝上谕档》(第12册，嘉庆十二年九月初八日，第416页)推算
1808	嘉庆十三年	嘉庆十二年八月十三日至嘉庆十三年七月十二日	10 008	26 927.585	36 935.59	8 350.665 3	45 286.250 3	《军机处录副奏折·嘉庆朝·财政类·关税项》，嘉庆十三年八月初五日，左翼税务监督英和折，档案号：03-1768-079

续表

公元	时间	关期	应征正额	实征盈余	牲畜税银	房地税银	共计实征	资料来源
1809	嘉庆十四年	嘉庆十三年七月十三日至嘉庆十四年七月十二日	10 008		36 851	4 711.776		《户科题本·税课类·关税》，嘉庆十六年八月初一日，大学士庆桂折，档案号：02-01-04-19146-009；又据《嘉庆道光两朝上谕档》（第14册，嘉庆十四年七月三十日，第475页）推算
1810	嘉庆十五年	嘉庆十四年七月十三日至嘉庆十五年七月十二日	10 008	26 935.915	36 943.92	4 381.86	42 325.775	《军机处录副奏折·嘉庆朝·财政类·关税项》，嘉庆十五年八月初五日，左翼税务监督玉福折，档案号：03-1769-049
1811	嘉庆十六年	嘉庆十五年七月十三日至嘉庆十六年六月十二日	10 008	26 982.46	36 857.4			《宫中档朱批奏折·财政类·关税》，嘉庆十六年七月初二日，清单，档案号：04-01-12-292-107
1812	嘉庆十七年	嘉庆十六年六月十三日至嘉庆十七年六月十二日	10 008	23 445.684	36 990.46	4 312.245		《户科题本·税课类·关税》，嘉庆十九年五月二十一日，户部尚书托津折，档案号：02-01-04-19463-002
1813	嘉庆十八年	嘉庆十七年六月十三日至嘉庆十八年六月十二日	10 008	26 883.496	33 453.684	4 457.451	37 911.135	《军机处录副奏折·嘉庆朝·财政类·关税项》，嘉庆十八年六月十六日，左翼税务文孚折，档案号：03-1788-012
1814	嘉庆十九年	嘉庆十八年六月十三日至嘉庆十九年五月十二日	10 008	26 883.496	36 891.496	3 907.177 5	40 798.673 5	《军机处录副奏折·嘉庆朝·财政类·关税项》，嘉庆十九年五月十八日，左翼税务果齐斯欢折，档案号：03-1788-025
1815	嘉庆二十年	嘉庆十九年五月十三日至嘉庆二十年五月十二日	10 008	26 747.585	36 755.59	4 776.945	41 532.53	《军机处录副奏折·嘉庆朝·财政类·关税项》，嘉庆二十年五月十七日，左翼税务监督秀宁折，档案号：03-1770-126
1816	嘉庆二十一年	嘉庆二十年五月十三日至嘉庆二十一年五月十二日	10 008		36 751			据《嘉庆道光两朝上谕档》（第21册，嘉庆二十一年五月十四日，第224页）推算

续表

公元	时间	关期	应征正额	实征盈余	牲畜税银	房地税银	共计实征	资料来源
1817	嘉庆二十二年	嘉庆二十一年五月十三日至嘉庆二十二年四月十二日	10 008		36 745	3 015.912		嘉庆二十三年七月初七日，大学士托津折，档案号：02-01-04-19812-012；又据《嘉庆道光两朝上谕档》（第 22 册，嘉庆二十二年四月十七日，第 107 页）推算
1818	嘉庆二十三年	嘉庆二十二年四月十三日至嘉庆二十五年四月十二日	10 008	26 811.685	36 819.665	3 396.636	40 216.321	《军机处录副奏折·嘉庆朝·财政类·关税项》，嘉庆二十三年九月初七日，诚安折，档案号：03-1788-050
1819	嘉庆二十四年	嘉庆二十三年四月十三日至嘉庆二十四年四月十二日	10 008	26 815.185	36 823.19	2 276.115	39 099.3	《军机处录副奏折·嘉庆朝·财政类·关税项》，嘉庆二十四年四月十七日，左翼税务监督穆彰阿折，档案号：03-1771-051
1820	嘉庆二十五年	嘉庆二十四年四月十三日至嘉庆二十五年三月十二日	10 008	26 824.185	36 832.19	2 609.385	39 441.57	《军机处录副奏折·嘉庆朝·财政类·关税项》，嘉庆二十五年三月十九日，左翼税务监督托恩多折，档案号：03-1771-096
1821	道光元年	嘉庆二十五年三月十三日至道光元年三月十二日	10 008	26 827.845	36 835.845	3 279.273	40 115.123	《军机处录副奏折·道光朝·财政类·关税项》，道光元年三月二十九日，左翼监督廉善折，档案号：03-3195-007
1822	道光二年	道光元年三月十三日至道光二年三月十二日	10 008	26 828.555	36 836.505	2 939.526	39 776.081	《抄档·清代关税收支报告表·常关》，道光二年三月二十日，左翼税务监督色克精额折
1823	道光三年	道光二年三月十三日至道光三年二月十二日	10 008	26 832.755	36 840.755	2 581.107	39 421.862	《军机处录副奏折·道光朝·财政类·关税项》，道光三年二月二十五日，左翼监督奕经，档案号：03-3196-002
1824	道光四年	道光三年二月十三日至道光四年二月十二日	10 008	26 872.755	36 880.76	1 964.175	38 844.93	《军机处录副奏折·道光朝·财政类·关税项》，道光四年二月十五日，左翼税务监督宗室耆英折，档案号：03-3291-008

续表

公元	时间	关期	应征正额	实征盈余	牲畜税银	房地税银	共计实征	资料来源
1825	道光五年	道光四年二月十三日至道光五年正月十二日	10 008	26 872.755	36 880.755	2 762.07	39 642.825	《军机处录副奏折·道光朝·财政类·关税项》，道光五年正月十七日，左翼税务监督广泰折，档案号：03-3196-043
1826	道光六年	道光五年正月十三日至道光六年正月十二日	10 008	26873	36 881	1 727.317 5	38 608.317	《军机处录副奏折·道光朝·财政类·关税项》，道光六年正月十七日，左翼税务监督昇寅折，档案号：03-3196-056
1827	道光七年	道光六年正月十三日至道光七年正月十二日	10 008	26 876.2	36 884.18	2 689.155	39 573.335	《户科题本·税课类·关税》，道光七年十月十六日，户部尚书禧恩折，档案号：02-01-04-20206-019
		道光七年正月十三日至道光七年十二月十二日	10 008	26 878.65	36 886.65	2 460.231	39 346.881	《抄档·清代关税收支报告表·常关》，道光七年十二月十五日，左翼税务监督福泰折
1828	道光八年	道光七年十二月十三日至道光八年十二月十二日	10 008	26 880.65	36 888.65	1 860.849	38 749.499	《军机处录副奏折·道光朝·财政类·关税项》，道光八年十二月十六日，裕诚折，档案号：03-3197-003
1829	道光九年	道光八年十二月十三日至道光九年十二月十二日	10 008	26 881.65	36 889.65	1 969.071	38 858.721	《抄档·清代关税收支报告表·常关》，道光九年十二月十三日，左翼税务监督宝兴折
1830	道光十年	道光九年十二月十三日至道光十年十一月十二日	10 008	26 882.65	36 890.65	2 108.925	38 999.575	《军机处录副奏折·道光朝·财政类·关税项》，道光十年十一月十八日，左翼税务监督敬征折，档案号：03-3197-054
1831	道光十一年	道光十年十一月十三日至道光十一年十一月十二日	10 008	26 884.65	36 892.65	1 162.431	38 055.081	《军机处录副奏折·道光朝·财政类·关税项》，道光十一年十一月二十日，左翼税务监督觉罗舒英折，档案号：03-3301-018

续表

公元	时间	关期	应征正额	实征盈余	牲畜税银	房地税银	共计实征	资料来源
1832	道光十二年	道光十一年十一月十三日至道光十二年十月十二日	10 008	26 888.65	36 896.65	1 734.699	38 631.349	《军机处录副奏折·道光朝·财政类·关税项》，道光十二年十月二十日，左翼税务监督桂龄折，档案号：03-3197-071
1833	道光十三年	道光十二年十月十三日至道光十三年十月十二日	10 008	26 889.65	36 897.65	1 084.05	37 981.7	《抄档·清代关税收支报告表·常关》，道光十三年十月二十四日，左翼税务监督克蒙额折
1834	道光十四年	道光十三年十月十三日至道光十四年十月十二日	10 008	26 884.65	36 892.65	1 298.7	38 191.35	《抄档·清代关税收支报告表·常关》，道光十四年十月十七日，左翼税务监督松筠折
1835	道光十五年	道光十四年十月十三日至道光十五年九月十二日	10 008	26 885.65	36 893.65	2 605.236	39 498.886	《军机处录副奏折·道光朝·财政类·关税项》，道光十五年九月十六日，左翼税务监督桂轮折，档案号：03-9487-029
1836	道光十六年	道光十五年九月十三日至道光十六年九月十二日	10 008	26 886.65	36 894.65	2 430.09	39 325.55	《军机处录副奏折·道光朝·财政类·关税项》，道光十六年九月十六日，色克精额折，档案号：03-9487-055
1837	道光十七年	道光十六年九月十三日至道光十七年九月十二日	10 008	26 893.65	36 901.65	2 294.989 5	39 196.639	《军机处录副奏折·道光朝·财政类·关税项》，道光十七年九月十九日，左翼税务监督恩桂折，档案号：03-9488-014
1838	道光十八年	道光十七年九月十三日至道光十八年八月十二日	10 008	26 894.65	36 902.65	2 101.491	39 004.141	《军机处录副奏折·道光朝·财政类·关税项》，道光十八年八月二十二日，左翼税务监督隆文折，档案号：03-3348-018
1839	道光十九年	道光十八年八月十三日至道光十九年八月十二日	10 008	26 895.65	36 903.65	1 579.89	38 483.54	《军机处录副奏折·道光朝·财政类·关税项》，道光十九年八月二十一日，左翼税务监督阿灵阿折，档案号：03-3204-035

续表

公元	时间	关期	应征正额	实征盈余	牲畜税银	房地税银	共计实征	资料来源
1840	道光二十年	道光十九年八月十三日至道光二十年八月十二日	10 008	26 896.65	36 904.65	2 100.315	39 004.965	《军机处录副奏折·道光朝·财政类·关税项》，道光二十年八月二十八日，左翼税务监督松峻折，档案号：03-9488-065
1841	道光二十一年	道光二十年八月十三日到道光二十一年七月十二日	10 008	26 896.65	36 904.65	1 309.974	38 214.624	《军机处录副奏折·道光朝·财政类·关税项》，道光二十一年七月二十日，僧格林沁折，档案号：03-3199-010
1842	道光二十二年	道光二十一年七月十三日至道光二十二年七月十二日	10 008	26 896.65	36 906.65	865.223	37 767.873	《军机处录副奏折·道光朝·财政类·关税项》，道光二十二年七月十七日，端华折，档案号：03-3199-018
1843	道光二十三年	道光二十二年七月十三日到道光二十三年七月十二日	10 008	26 898.65	36 906.65	908.07	37 814.72	《军机处录副奏折·道光朝·财政类·关税项》，道光二十三年七月十七日，僧格林沁折，档案号：03-3199-041
1844	道光二十四年	道光二十三年七月十三日至道光二十四年六月十二日	10 008	26 899.65	36 907.65	1 780.203	38 687.853	《军机处录副奏折·道光朝·财政类·关税项》，道光二十四年六月二十五日，左翼监督道庆折，档案号：03-3199-061
1845	道光二十五年	道光二十四年六月十三日至道光二十五年六月十二日	10 008	26 899.65	36 907.65	1 118.239 5	38 025.889	《抄档·清代关税收支报告表·常关》，道光二十五年六月十八日，左翼税务监督僧格林沁折
1846	道光二十六年	道光二十五年六月十三日至道光二十六年闰五月十二日	10 008	26 899.65	36 907.65	1 192.131	38 099.781	《军机处录副奏折·道光朝·财政类·关税项》，道光二十六年闰五月十七日，左翼税务监督连贵折，档案号：03-3168-017
1847	道光二十七年	道光二十六年闰五月十三日至道光二十七年五月十二日	10 008	26 899.65	36 907.65	773.163	37 680.813	《抄档·清代关税收支报告表·常关》，道光二十七年五月十九日，左翼税务监督连贵折

续表

公元	时间	关期	应征正额	实征盈余	牲畜税银	房地税银	共计实征	资料来源
1848	道光二十八年	道光二十七年五月十三日至道光二十八年五月十二日	10 008	26 899.65	36 907.65	625.533	37 533.183	《抄档·清代关税收支报告表·常关》，道光二十八年五月二十八日，太傅大学士管理户部潘世恩折
1849	道光二十九年	道光二十八年五月十三日至道光二十九年闰四月十二日	10 008	26 899.65	36 907.65	650.19	37 557.84	《军机处录副奏折·道光朝·财政类·关税项》，道光二十九年闰四月十四日，左翼税务监督僧格林沁折，档案号：03-3200-026
1850	道光三十年	道光二十九年闰四月十三日至道光三十年四月十二日	10 008	26 899.65	36 907.65	1 077.879 3	37 985.529	《军机处录副奏折·道光朝·财政类·关税项》，道光三十年四月十四日，左翼税务监督恩华折，档案号：03-3200-046

表 10　右翼嘉庆道光年间征税表

（单位：两）

公元	时间	关期	应征正额	牲畜税银	房地税银	共计实征	资料来源
1796	嘉庆元年	乾隆六十年二月初二日至嘉庆元年正月初一日	10 005.12		3 839.256		《户科题本·税课类·关税》，嘉庆三年二月初五日，大学士和珅折，档案号：02-01-04-18104-013
1797	嘉庆二年	嘉庆元年正月初二日至嘉庆二年正月初一日	10 005.12	29 083.14	3 771.21	32 854.35	《军机处录副奏折·嘉庆朝·财政类·关税项》，嘉庆二年正月二十二日，右翼税务监督緼布折，档案号：03-1766-032
		嘉庆二年正月初二日至嘉庆二年十二月初一日	10 005.12		5 155.545		《户科题本·税课类·关税》，嘉庆四年八月二十三日，户部尚书布颜达赉折，档案号：02-01-04-18185-012

续表

公元	时间	关期	应征正额	牲畜税银	房地税银	共计实征	资料来源
1799	嘉庆四年	嘉庆三年十一月十三日至嘉庆四年十一月十二日	10 005.12	23 646.12	3 341.263	26 987.383	《户科题本·税课类·关税》，嘉庆六年七月初三日，户部尚书成德折，档案号：02-01-04-18335-019；又据《嘉庆道光两朝上谕档》（第5册，嘉庆五年十月十五日，第398页）推算
1800	嘉庆五年	嘉庆四年十一月十三日至嘉庆五年十月十二日	10 005.12	23 666.12	3 074.565	26 740.685	《户科题本·税课类·关税》，嘉庆七年八月初一日，户部尚书禄康折，档案号：02-01-04-18407-004
1801	嘉庆六年	嘉庆五年十月十三日至嘉庆六年十月十二日	10 005.12	23 718.12	3 003.771	26 721.891	《户科题本·税课类·关税》，嘉庆八年十一月初六日，户部尚书禄康折，档案号：02-01-04-18471-022
1802	嘉庆七年	嘉庆六年十月十三日至嘉庆七年十月十二日	10 005.12	23 764.12	2 316.96	26 081.08	《户科题本·税课类·关税》，嘉庆十年四月二十日，户部尚书禄康折，档案号：02-01-04-18562-018
1803	嘉庆八年	嘉庆七年十月十三日至嘉庆八年九月十二日	10 005.12	23 773.12			据《嘉庆道光两朝上谕档》（第8册，嘉庆八年九月二十日，第356页）推算
1804	嘉庆九年	嘉庆八年九月十三日至嘉庆九年九月十二日	10 005.12	23 775.12	3 348.321	27 123.441	《户科题本·税课类·关税》，嘉庆十一年四月十九日，户部尚书禄康折，档案号：02-01-04-18640-017
1805	嘉庆十年	嘉庆九年九月十三日至嘉庆十年八月十二日	10 005.12	23 778.12			据《嘉庆道光两朝上谕档》（第10册，嘉庆十年八月二十八日，第533页）推算
1806	嘉庆十一年	嘉庆十年八月十三日至嘉庆十一年八月十二日	10 005.12	23 864.8	3 576.627	27 441.427	《军机处录副奏折·嘉庆朝·财政类·关税项》，嘉庆十一年九月初七日，右翼税务监督珠尔杭阿折，档案号：03-1768-013

续表

公元	时间	关期	应征正额	牲畜税银	房地税银	共计实征	资料来源
1807	嘉庆十二年	嘉庆十一年八月十三日至嘉庆十二年八月十二日	10 005.12	23 776.12	5 092.359	28 868.479	《户科题本·税课类·关税》，嘉庆十四年十一月初四日，大学士禄康折，档案号：02-01-04-18928-026
1808	嘉庆十三年	嘉庆十二年八月十三日至嘉庆十三年七月十二日	10 005.12	23 904.18	5 809.356	29 713.54	《军机处录副奏折·嘉庆朝·财政类·关税项》，嘉庆十三年八月初八日，右翼税务监督成书折，档案号：03-1768-080
1809	嘉庆十四年	嘉庆十三年七月十三日至嘉庆十四年七月十二日	10 005.12	23 791.12	5 389.17	29 180.29	《户科题本·税课类·关税》，嘉庆十六年八月初一日，大学士庆桂折，档案号：02-01-04-19146-010
1810	嘉庆十五年	嘉庆十四年七月十三日至嘉庆十五年七月十二日	10 005.12	23 907.7	2 579.811	26 487.511	《军机处录副奏折·嘉庆朝·财政类·关税项》，嘉庆十五年八月初四日，右翼税务监督穆克登额折，档案号：03-1769-050
1811	嘉庆十六年	嘉庆十五年七月十三日至嘉庆十六年六月十二日	10 005.12	23 802.92	2 566.785	26 369.705	《户科题本·税课类·关税》，嘉庆十八年六月十三日，大学士庆桂折，档案号：02-01-04-19372-001
1812	嘉庆十七年	嘉庆十六年六月十三日至嘉庆十七年六月十二日	10 005.12	23 824.02	2 940.090 2	26 764.110 2	《户科题本·税课类·关税》，嘉庆十九年五月二十一日，户部尚书托津折，档案号：02-01-04-19463-003
1813	嘉庆十八年	嘉庆十七年六月十三日至嘉庆十八年六月十二日	10 005.12	23 824.48	2 873.140 5	26 792.740 5	《军机处录副奏折·嘉庆朝·财政类·关税项》，嘉庆十八年六月十六日，右翼税务庆祥折，档案号：03-1788-013
1814	嘉庆十九年	嘉庆十八年六月十三日至嘉庆十九年五月十二日	10 005.12	19 501.12	2 588.697	22 121.625	《军机处录副奏折·嘉庆朝·财政类·关税项》，嘉庆十九年五月十八日，右翼税务成格折，档案号：03-1788-026

续表

公元	时间	关期	应征正额	牲畜税银	房地税银	共计实征	资料来源
1815	嘉庆二十年	嘉庆十九年五月十三日至嘉庆二十年五月十二日	10 005.12	23 912.1	2 709.366	26 621.466	《军机处录副奏折·嘉庆朝·财政类·关税项》，嘉庆二十年五月十八日，右翼税务监督穆克登额折，档案号：03-1770-127
1816	嘉庆二十一年	嘉庆二十年五月十三日至嘉庆二十一年四月十二日	10 005.12		1 814.7		《户科题本·税课类·关税》，嘉庆二十二年七月二十四日，大学士托津折，档案号：02-01-04-19719-019
1817	嘉庆二十二年	嘉庆二十一年四月十三日至嘉庆二十二年四月十二日	10 005.12	23 849.12			据《嘉庆道光两朝上谕档》（第22册，嘉庆二十二年四月十五日，第106页）推算
1818	嘉庆二十三年	嘉庆二十二年四月十三日至嘉庆二十三年四月十二日	10 005.12	23 864.12	1 312.329	25 176.449	《户科题本·税课类·关税》，嘉庆二十三年十月十三日，大学士托津折，档案号：02-01-04-19812-032
1819	嘉庆二十四年	嘉庆二十三年四月十三日至嘉庆二十四年四月十二日	10 005.12	20 905.06	1 374.729	22 279.779	《军机处录副奏折·嘉庆朝·财政类·关税项》，嘉庆二十四年四月十三日，普恭折，档案号：03-1788-052
1820	嘉庆二十五年	嘉庆二十四年四月十三日至嘉庆二十五年三月十三日	10 005.12	23 916.8	1 469.382	25 386.182	《军机处录副奏折·嘉庆朝·财政类·关税项》，嘉庆二十五年三月十九日，右翼税务监督福泰折，档案号：03-1771-097
1821	道光元年	嘉庆二十五年三月十三日至道光元年三月十二日	10 005.12	23 917.6	2 816.472	26 734.072	《军机处录副奏折·道光朝·财政类·关税项》，道光元年三月二十九日，右翼税务哈郎阿折，档案号：03-3195-006
1822	道光二年	道光元年三月十三日至道光二年三月十二日	10 005.12	23 918.5	2 158.962	26 077.462	《军机处录副奏折·道光朝·财政类·关税项》，道光二年三月二十日，右翼税务监督博克顺折，档案号：03-3156-002

续表

公元	时间	关期	应征正额	牲畜税银	房地税银	共计实征	资料来源
1823	道光三年	道光二年三月十三日至道光三年二月十二日	10 005.12	23 919.1	3 089.625	27 008.725	《军机处录副奏折·道光朝·财政类·关税项》，道光三年二月十五日，右翼税务监督舒英折，档案号：03-3157-004
1824	道光四年	道光三年二月三日至道光四年二月十二日	10 005.12	23 919.5	2 246.097	26 165.597	《军机处录副奏折·道光朝·财政类·关税项》，道光四年二月十五日，右翼税务监督阿彦托克托折，档案号：03-3291-007
1825	道光五年	道光四年二月十三日至道光五年正月十二日	10 005.12	23 920.9	1 623.228	25 544.128	《军机处录副奏折·道光朝·财政类·关税项》，道光五年正月十八日，右翼税务监督明志折，档案号：03-3196-044
1826	道光六年	道光五年正月十三日至道光六年正月十二日	10 005.12	23 922.1	1 695.201	25 617.301	《军机处录副奏折·道光朝·财政类·关税项》，道光六年正月十七日，右翼税务监督奎照折，档案号：03-3196-054
1827	道光七年	道光六年正月十三日至道光七年正月十二日	10 005.12	23 922.6	1 478.748	25 401.348	《户科题本·税课类·关税》，道光七年十月十六日，户部尚书禧恩折，档案号：02-01-04-20296-020
		道光七年正月十三日至道光七年十二月十二日	10 005.12	23 924.6	1 250.868	25 175.468	《抄档·清代关税收支报告表·常关》，道光七年十二月十五日，右翼税务监督福勒洪阿折
1828	道光八年	道光七年十二月十三日至道光八年十二月十二日	10 005.12	23 924.6	2 230.311	26 154.911	《军机处录副奏折·道光朝·财政类·关税项》，道光八年十二月十六日，右翼税务监督裕恩折，档案号：03-3197-004
1829	道光九年	道光八年十二月十三日至道光九年十二月十二日	10 005.12	23 934.6	1 813.932	25 748.532	《军机处录副奏折·道光朝·财政类·关税项》，道光九年十二月十三日，右翼税务监督裕恩折，档案号：03-3197-028

续表

公元	时间	关期	应征正额	牲畜税银	房地税银	共计实征	资料来源
1830	道光十年	道光九年十二月十三日至道光十年十一月十二日	10 005.12	23 936.6	1 445.028	25 381.628	《军机处录副奏折·道光朝·财政类·关税项》，道光十年十一月十八日，右翼税务监督博克顺折，档案号：03-3197-053
1831	道光十一年	道光十年十一月十三日至道光十一年十一月十二日	10 005.12	23 939.7	2 468.391	26 408.091	《军机处录副奏折·道光朝·财政类·关税项》，道光十一年十一月二十日，右翼税务监督奕纪折，档案号：03-3162-035
1832	道光十二年	道光十一年十一月十三日至道光十二年十月十二日	10 005.12	23 943.7	1 438.29	25 381.99	《军机处录副奏折·道光朝·财政类·关税项》，道光十二年十月二十日，右翼税务监督铁麟折，档案号：03-3197-072
1833	道光十三年	道光十二年十月十三日至道光十三年十月十二日	10 005.12	23 942.6	771.702	24 714.302	《户科题本·税课类·关税》，道光十四年十二月十二日，大学士长龄折，档案号：02-01-04-20662-028
1834	道光十四年	道光十三年十月十三日至道光十四年十月十二日	10 005.12	23 951.7	1 728.432	25 680.132	《抄档·清代关税收支报告表·常关》，道光十四年十月十七日，右翼税务监督庆毓折
1835	道光十五年	道光十四年十月十三日至道光十五年九月十二日	10 005.12	23 941.9	1 830.312	25 772.212	《军机处录副奏折·道光朝·财政类·关税项》，道光十五年九月十六日，右翼税务监督文庆折，档案号：03-9487-028
1836	道光十六年	道光十五年九月十三日至道光十六年九月十二日	10 005.12	23 921.9	1 421.232	25 343.132	《军机处录副奏折·道光朝·财政类·关税项》，道光十六年九月十八日，右翼税务监督联顺折，档案号：03-9487-056
1837	道光十七年	道光十六年九月十三日至道光十七年九月十二日	10 005.12	23 921.8	1 776.768	25 698.568	《军机处录副奏折·道光朝·财政类·关税项》，道光十七年九月十九日，右翼税务监督吉伦泰折，档案号：03-9488-015

续表

公元	时间	关期	应征正额	牲畜税银	房地税银	共计实征	资料来源
1838	道光十八年	道光十七年九月十三日至道光十八年八月十二日	10 005.12	23922	1 466.424	25 388.424	《军机处录副奏折·道光朝·财政类·关税项》，道光十八年八月二十二日，右翼税务监督倭什讷折，档案号：03-3348-020
1839	道光十九年	道光十八年八月十三日至道光十九年八月十二日	10 005.12	23 613.4	1 518.987	25 132.387	《军机处录副奏折·道光朝·财政类·关税项》，道光十九年八月二十一日，右翼税务监督宗室善焘折，档案号：03-3204-033
1840	道光二十年	道光十九年八月十三日至道光二十年八月十二日	10 005.12	23 614.4	1 195.242	24 809.642	《军机处录副奏折·道光朝·财政类·关税项》，道光二十年八月二十八日，右翼税务监督德春折，档案号：03-9488-066
1841	道光二十一年	道光二十年八月十三日至道光二十一年七月十二日	10 005.12	23 601.41	733.212	24 334.619	《军机处录副奏折·道光朝·财政类·关税项》，道光二十一年七月二十日，吉伦泰折，档案号：03-3199-011
1842	道光二十二年	道光二十一年七月十三日至道光二十二年七月十二日	10 005.12	23 622.82	767.766	24 390.581	《军机处录副奏折·道光朝·财政类·关税项》，道光二十二年七月十七日，绵性折，档案号：03-3205-027
1843	道光二十三年	道光二十二年七月十三日至道光二十三年七月十二日	10 005.12	23 662.37	1 243.44	24 905.807	《军机处录副奏折·道光朝·财政类·关税项》，道光二十三年七月十七日，玉明折，档案号：03-3199-040
1844	道光二十四年	道光二十三年七月十三日至道光二十四年六月十二日	10 005.12	23 676.76	768.771	24 445.532	《军机处录副奏折·道光朝·财政类·关税项》，道光二十四年六月二十五日，哈良阿折，档案号：03-3199-060

续表

公元	时间	关期	应征正额	牲畜税银	房地税银	共计实征	资料来源
1845	道光二十五年	道光二十四年六月十三日至道光二十五年六月十二日	10 005.12	23 669.71	740.1	24 409.814	《抄档·清代关税收支报告表·常关》，道光二十五年六月十八日，右翼税务监督宗室载增折[①]
1846	道光二十六年	道光二十五年六月十三日至道光二十六年闰五月十二日	10 005.12	23 667.29	593.598	24 260.883	《军机处录副奏折·道光朝·财政类·关税项》，道光二十六年闰五月十七日，右翼税务监督保昌折，档案号：03-3168-019
1847	道光二十七年	道光二十六年闰五月十三日至道光二十七年五月十二日	10 005.12	23 670.48	753.513	24 423.991	《户科题本·税课类·关税》，道光二十八年七月初八日，大学士潘世恩折，档案号：02-01-04-21409-010
1848	道光二十八年	道光二十七年五月十三日至道光二十八年五月十二日	10 005.12	23 670.43	536.283	24 206.716	《抄档·清代关税收支报告表·常关》，道光二十八年五月十九日，右翼税务监督麟魁折
1849	道光二十九年	道光二十八年五月十三日至道光二十九年闰四月十二日	10 005.12	23 670.81	343.092	24 013.902	《军机处录副奏折·道光朝·财政类·关税项》，道光二十九年闰四月十四日，右翼税务监督瑞常折，档案号：03-3200-025
1850	道光三十年	道光二十九年闰四月十三日至道光三十年四月十二日	10 005.12	23 656.15	462.555	24 118.709	《军机处录副奏折·道光朝·财政类·关税项》，道光三十年四月十四日，右翼税务监督瑞常折，档案号：03-3200-048

①：自本年始，户部奏准西山牲畜增银 40 两

表 11　坐粮厅嘉庆道光年间征税表

（单位：两）

公元	时间	关期	应征正额	实征盈余	实征总数	资料来源
1796	嘉庆元年	乾隆六十年八月初九日至嘉庆元年八月初八日	6 339.26	6 818.356	13 157.616	《宫中档朱批奏折·财政类·关税》，嘉庆三年二月初一日，仓场侍郎宜兴折，档案号：04-01-35-0359-005
1797	嘉庆二年	嘉庆元年八月初九日至嘉庆二年七月初八日	6 339.26	6 821.156	13 160.416	《宫中档朱批奏折·财政类·关税》，嘉庆三年二月初一日，仓场侍郎宜兴折，档案号：04-01-35-0359-005
1798	嘉庆三年	嘉庆二年七月初九日至嘉庆三年七月初八日	6 339.26	6823	13 162.26	《军机处录副奏折·嘉庆朝·财政类·关税项》，嘉庆朝【缺年月日】，清单，档案号：03-1767-077
1799	嘉庆四年	嘉庆三年七月初九日至嘉庆四年七月初八日	6 339.26	6000+	12 339.26	《军机处录副奏折·嘉庆朝·财政类·关税项》，嘉庆九年六月十一日，户部尚书禄康等折，档案号：03-1767-064
1800	嘉庆五年	嘉庆四年七月初九日至嘉庆五年六月初八日	6 339.26	6000+	12 339.26	《军机处录副奏折·嘉庆朝·财政类·关税项》，嘉庆九年六月十一日，户部尚书禄康等折，档案号：03-1767-064
1801	嘉庆六年	嘉庆五年六月初九日至嘉庆六年六月初八日	6 339.26	6000+	12 346.789	《户科题本·税课类·关税》，嘉庆七年九月十二日，户部尚书禄康等折，档案号：02-01-04-18403-011
1802	嘉庆七年	嘉庆六年六月初九日至嘉庆七年六月初八日	6 339.26	6000+	12 348.303	《户科题本·税课类·关税》，嘉庆八年九月二十八日，户部尚书禄康等折，档案号：02-01-04-18468-012
1803	嘉庆八年	嘉庆七年六月初九日至嘉庆八年五月初八日	6 339.26	6000+	12 339.26	《户科题本·税课类·关税》，嘉庆九年六月十一日，户部尚书禄康等折，档案号：02-01-04-18559-004
1804	嘉庆九年	嘉庆八年五月初九日至嘉庆九年五月初八日	6 339.26	6000+	12 352.289	《户科题本·税课类·关税》，嘉庆九年六月十一日，户部尚书禄康等折，档案号：02-01-04-18559-004
1807	嘉庆十二年	嘉庆十一年四月初九日至嘉庆十二年四月初八日			12 356.24	《户科题本·税课类·关税》，嘉庆十三年五月二十九日，仓场侍郎达庆折，档案号：02-01-04-18808-014
1808	嘉庆十三年	嘉庆十二年四月初九日至嘉庆十三年四月初八日			12 350.618	《户科题本·税课类·关税》，嘉庆十四年五月二十九日，仓场侍郎玉宁折，档案号：02-01-04-18922-008

续表

公元	时间	关期	应征正额	实征盈余	实征总数	资料来源
1809	嘉庆十四年	嘉庆十三年四月初九日至嘉庆十四年三月初八日			12 351.889	《户科题本·税课类·关税》，嘉庆十五年八月二十五日，大学士庆桂折，档案号：02-01-04-19047-014
1810	嘉庆十五年	嘉庆十四年三月初九日至嘉庆十五年三月初八日			12 348.385	《户科题本·税课类·关税》，嘉庆十六年九月初五日，大学士庆桂折，档案号：02-01-04-19146-013
1811	嘉庆十六年	嘉庆十五年三月初九日至嘉庆十六年三月初八日			12 346.792	《户科题本·税课类·关税》，嘉庆十七年五月二十九日，仓场侍郎荣麟折，档案号：02-01-04-19244-021
1812	嘉庆十七年	嘉庆十六年三月初九日至嘉庆十七年二月初八日			12 344.619	《户科题本·税课类·关税》，嘉庆十八年五月二十八日，仓场侍郎荣麟折，档案号：02-01-04-19362-003
1813	嘉庆十八年	嘉庆十七年二月初九日至嘉庆十八年二月初八日			12 349.004	《户科题本·税课类·关税》，嘉庆十八年九月二十六日，户部尚书托津折，档案号：02-01-04-19368-003
1814	嘉庆十九年	嘉庆十八年二月初九日至嘉庆十九年二月初八日			12 340.738	《户科题本·税课类·关税》，嘉庆十九年四月二十八日，仓场侍郎荣麟折，档案号：02-01-04-19540-034
1815	嘉庆二十年	嘉庆十九年二月初九日至嘉庆二十年正月初八日			12 345.716	《户科题本·税课类·关税》，嘉庆二十年四月十六日，仓场侍郎润祥折，档案号：02-01-04-19540-015
1816	嘉庆二十一年	嘉庆二十年正月初九日至嘉庆二十一年正月初八日			12 343.123	《户科题本·税课类·关税》，嘉庆二十一年四月十七日，仓场侍郎润祥折，档案号：02-01-04-19710-014
		嘉庆二十一年正月初九日至嘉庆二十一年十二月初八日	6 339.26	6 005.287	12 344.547	《户科题本·税课类·关税》，嘉庆二十二年六月初九日，大学士托津折，档案号：02-01-04-19761-015
1817	嘉庆二十二年	嘉庆二十一年十二月初九日至嘉庆二十二年十二月初八日			12 341.432	《户科题本·税课类·关税》，嘉庆二十三年六月初七日，大学士托津折，档案号：02-01-04-19803-009
1818	嘉庆二十三年	嘉庆二十二年十二月初九日至嘉庆二十三年十二月初八日			12 343.991	《户科题本·税课类·关税》，嘉庆二十四年五月十七日，大学士托津折，档案号：02-01-04-19947-023
1819	嘉庆二十四年	嘉庆二十三年十二月初九日至嘉庆二十四年十一月初八日			12 345.856	《户科题本·税课类·关税》，嘉庆二十五年四月二十八日，大学士托津折，档案号：02-01-04-19972-019

续表

公元	时间	关期	应征正额	实征盈余	实征总数	资料来源
1820	嘉庆二十五年	嘉庆二十四年十一月初九日至嘉庆二十五年十一月初八日			12 342.334	《户科题本·税课类·关税》，道光元年二月二十五日，仓场侍郎和桂折，档案号：02-01-04-20010-006
1822	道光二年	道光元年十月初九日至道光二年十月初八日			12 345.789	《户科题本·税课类·关税》，道光四年闰七月十一日，户部尚书英和折，档案号：02-01-04-20145-004
1823	道光三年	道光二年十月初九日至道光三年十月初八日			12 345.617	《户科题本·税课类·关税》，道光四年四月二十八日，户部尚书英和折，档案号：02-01-04-20167-034
1824	道光四年	道光三年十月初九日至道光四年九月初八日		6 005.634	12 344.894	《户科题本·税课类·关税》，道光五年四月二十日，户部尚书英和折，档案号：02-01-04-20225-018
1825	道光五年	道光四年九月初九日至道光五年九月初八日	6 339.26	6 006.455	12 345.715	《军机处录副奏折·道光朝·财政类·关税项》，道光五年十月初七日，仓场侍郎博启图折，档案号：03-3294-013
1826	道光六年	道光五年九月初九日至道光六年九月初八日			12 339.26	《户科题本·税课类·关税》，道光六年十二月十四日，仓场侍郎百春折，档案号：02-01-04-20256-011
1827	道光七年	道光六年九月初九日至道光七年八月初八日			12 344.376	《户科题本·税课类·关税》，道光九年八月二十六日，户部尚书禧恩折，档案号：02-01-04-20373-013
1828	道光八年	道光七年八月初九日至道光八年八月初八日			12 346.998	《户科题本·税课类·关税》，道光八年十一月初五日，仓场侍郎松廷折，档案号：02-01-04-20330-001
1829	道光九年	道光八年八月初九日至道光九年八月初八日			12 344.339	《户科题本·税课类·关税》，道光九年十一月十九日，仓场侍郎松廷折，档案号：02-01-04-20376-009
1830	道光十年	道光九年八月初九日至道光十年七月初八日			12 351.488	《户科题本·税课类·关税》，道光十年十二月初十日，户部尚书禧恩折，档案号：02-01-04-20430-028
1831	道光十一年	道光十年七月初九日至道光十一年七月初八日			12 351.903	《户科题本·税课类·关税》，道光十三年八月二十二日，大学士长龄折，档案号：02-01-04-20596-004
1832	道光十二年	道光十一年七月初九日至道光十二年七月初八日			12 348.612	《户科题本·税课类·关税》，道光十二年十月初七日，仓场侍郎贵庆折，档案号：02-01-04-20527-005

续表

公元	时间	关期	应征正额	实征盈余	实征总数	资料来源
1833	道光十三年	道光十二年七月初九日至道光十三年六月初八日			12 352.623	《户科题本·税课类·关税》，道光十三年十月十五日，仓场侍郎凯音布折，档案号：02-01-04-20597-021
1834	道光十四年	道光十三年六月初九日至道光十四年六月初八日			12 354.269	《户科题本·税课类·关税》，道光十四年十二月初十日，大学士长龄折，档案号：02-01-04-20662-025
1835	道光十五年	道光十四年六月初九日至道光十五年六月初八日			12 347.821	《户科题本·税课类·关税》，道光十五年十一月初六日，大学士潘世恩折，档案号：02-01-04-20178-003
1836	道光十六年	道光十五年六月初九日至道光十六年五月初八日			12 348.273	《户科题本·税课类·关税》，道光十六年八月二十五日，仓场侍郎铁麟折，档案号：02-01-04-20797-009
1838	道光十八年	道光十七年五月初九日至道光十八年闰四月初八日			11 184.074	《户科题本·税课类·关税》，道光二十年五月二十六日，仓场侍郎德春折，档案号：02-01-04-21049-025
1839	道光十九年	道光十八年闰四月初九日至道光十九年四月初八日			12 356.809	《户科题本·税课类·关税》，道光十九年七月二十四日，仓场侍郎德兴折，档案号：02-01-04-20985-018
1840	道光二十年	道光十九年四月初九日至道光二十年四月初八日			12 348.695	《户科题本·税课类·关税》，道光二十年七月二十四日，仓场侍郎德春折，档案号：02-01-04-21052-001
1841	道光二十一年	道光二十年四月初九日至道光二十一年闰三月初八日			12 387	王庆云：《石渠余纪》卷六《直省关税表》，台北：文海出版社，1966 年，第 533 页
1842	道光二十二年	道光二十一年闰三月初九日至道光二十二年三月初八日			12 344.572	《户科题本·税课类·关税》，道光二十二年六月二十四日，仓场侍郎德春折，档案号：02-01-04-21162-021
1843	道光二十三年	道光二十二年三月初九日至道光二十三年三月初八日			12 339.26	《军机处录副奏折·道光朝·财政类·关税项》，道光年间，清单，档案号：03-3199-051
1844	道光二十四年	道光二十三年三月初九日至道光二十四年二月初八日			12 342.38	《户科题本·税课类·关税》，道光二十六年九月十七日，大学士潘世恩折，档案号：02-01-04-21352-014
1845	道光二十五年	道光二十四年二月初九日至道光二十五年二月初八日			12 342.306	《户科题本·税课类·关税》，道光二十五年十一月二十九日，大学士潘世恩折，档案号：02-01-04-21324-028

续表

公元	时间	关期	应征正额	实征盈余	实征总数	资料来源
1846	道光二十六年	道光二十五年二月初九日至道光二十六年二月初八日			12 343.995	《户科题本·税课类·关税》，道光二十六年闰五月二十八日，仓场侍郎德诚折，档案号：02-01-04-21351-015
1847	道光二十七年	道光二十六年二月初九日至道光二十七年正月初八日			12 344.616	《户科题本·税课类·关税》，道光二十七年九月二十四日，大学士潘世恩折，档案号：02-01-04-21371-012
1848	道光二十八年	道光二十七年正月初九日至道光二十八年正月初八日			12 345.427	《户科题本·税课类·关税》，道光二十八年五月二十八日，仓场侍郎德诚折，档案号：02-01-04-21398-022
1849	道光二十九年	道光二十八年正月初九日至道光道光二十九年正月初八日			11 020.52	《户科题本·税课类·关税》，咸丰元年五月二十七日，仓场侍郎庆祺折，档案号：02-01-04-21487-012
		道光二十九年正月初九日至道光二十九年十二月初八日			12 345.609	《户科题本·税课类·关税》，道光三十年五月二十七日，仓场侍郎庆祺折，档案号：02-01-04-21444-029

表 12　淮安关嘉庆道光年间征税表

（单位：两）

公元	时间	关期	淮关实征	宿迁实征	海关实征	实征总数	茶税	梁头	资料来源
1796	嘉庆元年	60. 闰 2.12-1.2.11	266 514	92 504.76	6 381	365 399.758	50.171	457.005	《军机处录副奏折·嘉庆朝·财政类·关税项》，嘉庆元年二月二十三日，淮安关监督刘朴折，档案号：03-1766-006；《军机处录副奏折·嘉庆朝·财政类·关税项》，【缺奏报时间】，清单，档案号：03-1676-077

续表

公元	时间	关期	淮关实征	宿迁实征	海关实征	实征总数	茶税	梁头	资料来源
1797	嘉庆二年	1.2.12-2.2.11	256 515.48	51 098.17	6 381.13	313 994.783	78.232	405.12	《军机处录副奏折·嘉庆朝·财政类·关税项》，嘉庆二年二月十八日，淮安关监督刘朴折，档案号：03-1766-036;《军机处录副奏折·嘉庆朝·财政类·关税项》，嘉庆二年三月十九日，大学士户部尚书和珅等折，档案号：03-1766-041
1798	嘉庆三年	2.2.12-3.1.11	235 582.828	49 373.74	6 384.325	291 340.889	88.668	426.915	《军机处录副奏折·嘉庆朝·财政类·关税项》，嘉庆三年正月二十一日，淮安关监督刘朴折，档案号：03-1766-080;《军机处录副奏折·嘉庆朝·财政类·关税项》，嘉庆三年二月十九日，大学士户部尚书和珅等折，档案号：03-1766-087
1799	嘉庆四年	3.1.12-4.1.11	323 175.931	57 233.07	6 387.425	386 796.421	84.831	389.775	《宫中档朱批奏折·财政类·关税》，嘉庆四年正月二十日，淮安关监督阿克当阿折，档案号：04-01-35-0359-015
1800	嘉庆五年	4.1.12-5.1.11	446 026.602	56 884.1		477 347.219			《户科题本·税课类·关税》，嘉庆五年九月十五日，淮安关监督三义助折，档案号：02-01-04-18261-024;《宫中档朱批奏折·财政类·关税》，嘉庆五年五月二十六日，淮安关监督三义助折，档案号：04-01-35-0360-005

续表

公元	时间	关期	淮关实征	宿迁实征	海关实征	实征总数	茶税	梁头	资料来源
		5.1.12-5.12.11	313 730.703	57 039.56	6 052.077	376 823.054	84.524	342.54	《宫中档朱批奏折·财政类·关税》，嘉庆五年十二月十五日，淮安关监督三义助折，档案号：04-01-35-0360-026
1801	嘉庆六年	5.12.12-6.12.11	338 941.1	57 247.5	6 056	402 244.602	73.4	359	《军机处录副奏折·嘉庆朝·财政类·关税项》，道光十一年【缺月日】，清单，档案号：03-3162-053；《户科题本·税课类·关税》，嘉庆七年五月二十一日，淮安关监督常贵折，档案号：02-01-04-18406-020
1802	嘉庆七年	6.12.12-7.12.11	303 643.241	56 783.79	6 057.11	366 484.414	79.788	339.93	《宫中档朱批奏折·财政类·关税》，嘉庆七年十二月十八日，淮安关监督德庆折，档案号：04-01-35-0360-051；《户科题本·税课类·关税》，嘉庆八年十月十四日，户部尚书禄康折，档案号：02-01-04-18468-013
1803	嘉庆八年	7.12.12-8.11.11	226 883.296	49 024.24	6 058.15	281 965.689	97.089	342.24	《宫中档朱批奏折·财政类·关税》，嘉庆九年正月十七日，两江总督陈大文折，档案号：04-01-35-0362-001
1804	嘉庆九年	8.11.12-9.11.11	273 945.954			336 703.471	74.237	361.561	《宫中档朱批奏折·财政类·关税》，嘉庆九年十一月十七日，淮安关监督德庆折，档案号：04-01-35-0362-039

续表

公元	时间	关期	淮关实征	宿迁实征	海关实征	实征总数	茶税	梁头	资料来源
1805	嘉庆十年	9.11.12-10.10.11	324 481.2	57 016.03	6 070	387 567.228	82.1 313	325.141	《宫中档朱批奏折・财政类・关税》，嘉庆十年十月十五日，淮安关监督李如枚折，档案号：04-01-035-0363-015；《户科题本・税课类・关税》，嘉庆十二年五月初三日，大学士禄康折，档案号：02-01-04-18726-011
1806	嘉庆十一年	10.10.12-11.10.11	230 018.581	50 501.1	6 045.165	286 564.846	91.103	300.616	《宫中档朱批奏折・财政类・关税》，嘉庆十一年十月十八日，淮安关监督七十四折，档案号：04-01-35-0364-001；《户科题本・税课类・关税》，嘉庆嘉庆十二年五月十五日，淮安关监督祥绍折，档案号：02-01-04-18726-015
1807	嘉庆十二年	11.10.12-12.10.11				294 521.554	85.282	390.121	《宫中档朱批奏折・财政类・关税》，嘉庆十二年十月二十二日，淮安关监督祥绍折，档案号：04-01-35-0365-001
1808	嘉庆十三年	12.10.12-13.9.11				388 487.627	66.343	165.12	《军机处录副奏折・嘉庆朝・财政类・关税项》，嘉庆十三年九月十六日，淮安关监督祥绍折，档案号：03-1768-088

续表

公元	时间	关期	淮关实征	宿迁实征	海关实征	实征总数	茶税	梁头	资料来源
1809	嘉庆十四年	13.9.12-14.9.11	3 366 116.3	43 107.1	6 140.2	400 078.924	91.4	444.844	《军机处录副奏折·嘉庆朝·财政类·关税项》，嘉庆十四年九月十六日，淮安关监督奇玖折，档案号：03-1769-022；《户科题本·税课类·关税》，嘉庆十五年六月初四日，淮安关监督明阿折，档案号：02-01-04-19046-031
1810	嘉庆十五年	14.9.12-15.9.11	308 215.2	49 700.8	6 413.2	363 959.37	87.665	390.419	《宫中档朱批奏折·财政类·关税》，嘉庆十五年九月二十二日，淮安关监督舒明阿折，档案号：04-01-35-0365-048；《户科题本·税课类·关税》，嘉庆十六年六月初二日，淮安关监督舒明阿折，档案号：02-01-04-19145-031
1811	嘉庆十六年	15.9.12-16.8.11			6 062.181	221 247.208	89.279	159.09	《宫中档朱批奏折·财政类·关税》，嘉庆十六年八月二十二日，淮安关监督舒明阿折，档案号：04-01-35-0366-024
1812	嘉庆十七年	16.8.12-17.8.11	217 264.454	49 046.37	6 090.15	272 400.972	108.367	385.037	《宫中档朱批奏折·财政类·关税》，嘉庆十七年八月二十二日，淮安关监督元成折，档案号：04-01-35-0367-007
1813	嘉庆十八年	17.8.12-18.8.11	195 553.044	36 196.05	6 080.073	237 829.168	78.929	373.877	《宫中档朱批奏折·财政类·关税》，嘉庆十八年八月二十七日，淮安关监督元成折，档案号：04-01-35-0367-047

续表

公元	时间	关期	淮关实征	宿迁实征	海关实征	实征总数	茶税	梁头	资料来源
1814	嘉庆十九年	18.8.12-19.7.11	127 965.144	21 694.38	6 070.147	155 729.667	73.795	374.972	《军机处录副奏折·嘉庆朝·财政类·关税项》，嘉庆十九年七月二十五日，淮安关监督元成折，档案号：03-1770-094
1815	嘉庆二十年	19.7.12-20.7.11	187 338.18	37 891.17	21 154.594	246 383.941	72.1	490.522	《军机处录副奏折·嘉庆朝·财政类·关税项》，嘉庆二十年八月十四日，淮安关监督元成折，档案号：03-1771-006；《户科题本·税课类·关税》，嘉庆二十年十二月初十日，淮安关监督元成折，档案号：02-01-04-19547-007
1816	嘉庆二十一年	20.7.12-21.闰6.11	314 211.8	60 159.8	11 765	386 136.602	74.3	333.2	《军机处录副奏折·道光朝·财政类·关税项》，道光十一年【缺月日】，清单，档案号：03-3162-053；《户科题本·税课类·关税》，嘉庆二十一年十二月十一日，淮安关监督元成折，档案号：02-01-04-19630-034
1817	嘉庆二十二年	21.闰6.12-22.6.11	283 773.2	54 702.3	8 500.1	346 975.602	86.4	327.6	《军机处录副奏折·道光朝·财政类·关税项》，道光十一年【缺月日】，清单，档案号：03-3162-053；《户科题本·税课类·关税》，嘉庆二十二年十二月十六日，淮安关监督七十四折，档案号：02-01-04-19720-013

续表

公元	时间	关期	淮关实征	宿迁实征	海关实征	实征总数	茶税	梁头	资料来源
1818	嘉庆二十三年	22.6.12-23.6.11	341 645.9	58 627.62	8 557.1	408 830.622	90.245	253.711	《宫中档朱批奏折·财政类·关税》，嘉庆二十三年六月二十一日，淮安关监督七十四折，档案号：04-01-35-0369-035；《户科题本·税课类·关税》，嘉庆二十四年正月二十二日，淮安关监督七十四折，档案号：02-01-04-19902-025
1819	嘉庆二十四年	23.6.12-24.5.11	369 742	62 809.85	8 601.6	441 153.452	78.058	488.447	《宫中档朱批奏折·财政类·关税》，嘉庆二十四年五月十九日，淮安关监督七十四折，档案号：04-01-35-0370-007；《户科题本·税课类·关税》，嘉庆二十四年十二月十八日，淮安关监督达三折，档案号：02-01-04-19904-022
1820	嘉庆二十五年	24.5.12-25.5.11	213 308.236	33 988.55	6 352.144	253 648.925	93.44	373.721	《军机处录副奏折·嘉庆朝·财政类·关税项》，嘉庆二十五年五月二十五日，淮安关监督达三折，档案号：03-1771-108
1821	道光元年	25.5.12-1.5.11	210 252.326	35 905.81	6 053.01	252 211.145	96.792	457.156	《宫中档朱批奏折·财政类·关税》，道光元年五月二十八日，淮安关监督达三折，档案号：04-01-35-0371-031

续表

公元	时间	关期	淮关实征	宿迁实征	海关实征	实征总数	茶税	梁头	资料来源
1822	道光二年	1.5.12-2.4.11	228 152.218	41 177.5	6 060.248	275 389.964	78.395	346.6	《宫中档朱批奏折·财政类·关税》，道光二年四月二十八日，淮安关监督阿勒精阿折，档案号：04-01-35-0371-057
1823	道光三年	2.4.12-3.4.11	149 424.372	28 537.61	6 052.185	184 014.168	73.47	365.614	《宫中档朱批奏折·财政类·关税》，道光三年四月二十六日，淮安关监督广亮折，档案号：04-01-35-0372-019
1824	道光四年	3.4.12-4.4.11	206 506.525	36 287.61	5 213.752	248 007.884	72.431	450.043	《宫中档朱批奏折·财政类·关税》，道光四年四月二十八日，淮安关监督文连折，档案号：04-1-35-0373-028；《户科题本·税课类·关税》，道光五年二月十五日，户部尚书英和折，档案号：02-01-04-20198-004
1825	道光五年	4.4.12-5.3.11	237 506.638	44 258.02	6 044.117	287 808.777	69.335	308.594	《宫中档朱批奏折·财政类·关税》，道光五年四月初一日，淮安关监督文连折，档案号：04-01-35-0374-001
1826	道光六年	5.3.12-6.3.11	240 278.487	55 083.45	6 253.317	301 615.258	85.787	378.509	《宫中档朱批奏折·财政类·关税》，道光六年三月二十七日，淮安关监督文连折，档案号：04-01-35-0374-034

续表

公元	时间	关期	淮关实征	宿迁实征	海关实征	实征总数	茶税	梁头	资料来源
1827	道光七年	6.3.12-7.3.11	211 538.199	41 725.36	4 990.201	258 253.758	95.15	367.544	《宫中档朱批奏折·财政类·关税》，道光七年三月二十九日，淮安关监督中祥，档案号：04-01-35-0374-054；《户科题本·税课类·关税》，道光八年三月十三日，户部尚书禧恩折，02-01-04-20331-003
1828	道光八年	7.3.12-8.2.11	252 788.537	49 007.26	6 187.912	307 983.708	82.328	438.524	《宫中档朱批奏折·财政类·关税》，道光八年三月初三日，淮安关监督中祥，档案号：04-01-35-0375-015
1829	道光九年	8.2.12-9.2.11	246 823.52	48 925.02	6 054.063	301 802.599	72.218	451.544	《宫中档朱批奏折·财政类·关税》，道光九年三月初六日，淮安关监督中祥折，档案号：04-01-35-0375-047
1830	道光十年	9.2.12-10.2.11				324 412.07	65.851	439.049	《宫中档朱批奏折·财政类·关税》，道光十年二月二十八日，淮安关监督恒桀折，档案号：04-01-35-0376-002
1831	道光十一年	10.2.12-11.1.11	258 263.878	45 233.8	6 051.7	309 549.382	62.74	447.59	《军机处录副奏折·道光朝·财政类·关税项》，道光十一年二月初六日，淮安关监督荣桂折，档案号：03-3161-05；《户科题本·税课类·关税》，道光十二年四月二十三日，户部尚书禧恩折，档案号：02-01-04-20532-012

续表

公元	时间	关期	淮关实征	宿迁实征	海关实征	实征总数	茶税	梁头	资料来源
1832	道光十二年	11.1.12-12.1.11				357 649.721	68.656	454.678	《军机处录副奏折·道光朝·财政类·关税项》，道光十二年二月初六日，淮安关监督福泰折，档案号：03-1768-030
		12.1.12-12.12.11	250 937.464	49 835.03	4 409.662	305 182.155	34.37	424.86	《户科题本·税课类·关税》，02-01-04-20661-027，道光十四年四月十五日，大学士长龄折
1833	道光十三年	12.12.12-13.12.11	115 200.034	27 905.31	3 882.508	146 987.848	31.363	429.662	《宫中档朱批奏折·财政类·关税》，道光十四年正月初八日，淮安关监督庆琛折，档案号：04-01-35-0377-039;《户科题本·税课类·关税》，道光十五年六月二十四日，大学士文孚折，档案号：02-01-04-20724-007
1834	道光十四年	13.12.12-14.12.11	224 034.6	50649	4 929.2	279 612.803	31.544	348.519	《宫中档朱批奏折·财政类·关税》，道光十五年正月初十日，淮安关监督明伦折，档案号：04-01-35-0378-001;《户科题本·税课类·关税》，道光十五年十月二十四日，淮安关监督那崑折，档案号：02-01-04-20724-018
1835	道光十五年	14.12.12-15.11.11				266 716.331	48.186	415.261	《宫中档朱批奏折·财政类·关税》，道光十五年十二月初十日，淮安关监督那崑折，档案号：04-01-35-0378-038

续表

公元	时间	关期	淮关实征	宿迁实征	海关实征	实征总数	茶税	梁头	资料来源
1836	道光十六年	15.11.12-16.11.11	243 671.8	70 739.63	6 044.2	302 455.634	56.965	416.454	《宫中档朱批奏折·财政类·关税》，道光十六年十二月十一日，淮安关监督那崑折，档案号：04-01-35-0379-001；《户科题本·税课类·关税》，道光十七年十月十六日，淮安关监督克明额折，档案号：02-01-04-20872-024
1837	道光十七年	16.11.12-17.11.11	224 003.7	40 492.67	7 292.9	271 789.265	61.692	391.082	《军机处录副奏折·道光朝·财政类·关税项》，道光十七年十二月初五日，淮安关监督克明额折，档案号：03-9488-027；《户科题本·税课类·关税》，道光十八年十一月初十日，淮安关监督长良折，档案号：02-01-04-20929-030
1838	道光十八年	17.11.12-18.10.11	242 989.855	60 877.4	6 077.381	309 944.639	59.506	349.202	《军机处录副奏折·道光朝·财政类·关税项》，道光十八年十一月初四日，淮安关监督长良折，档案号：03-9488-037；《户科题本·税课类·关税》，道光二十年七月十六日，大学士潘世恩折，档案号：02-01-04-20160-010

续表

公元	时间	关期	淮关实征	宿迁实征	海关实征	实征总数	茶税	梁头	资料来源
1839	道光十九年	18.10.12-19.10.11				296 786.64	64.191	368.972	《军机处录副奏折·道光朝·财政类·关税项》，道光十九年十一月初九日，淮安关监督恩吉折，档案号：03-9488-046
1840	道光二十年	19.10.12-20.10.11	261 488.88	59 426.78	7 596.8	328 512.46	70.03	330.737	《军机处录副奏折·道光朝·财政类·关税项》，道光二十年十一月初十日，淮安关监督恩吉折，档案号：03-9488-074；《户科题本·税课类·关税》，道光二十一年十月二十四日，淮安关监督锭珠折，档案号：02-01-04-21115-030；
1841	道光二十一年	20.10.12-21.9.11	245 030.19	58 541.68	6 040.8	309 612.667	57.403	331.617	《军机处录副奏折·道光朝·财政类·关税项》，道光二十一年十月初四日，淮安关监督琔珠折，档案号：03-9489-026；《户科题本·税课类·关税》，道光二十二年十二月初十日，淮安关监督景福折，档案号：02-01-04-21172-049
1842	道光二十二年	21.9.12-22.9.11	204 683.2	28 891.87	5 028.6	238 603.671	49.212	326.897	《军机处录副奏折·道光朝·财政类·关税项》，道光二十二年十一月二十五日，两江总督耆英折，档案号：03-9489-061

续表

公元	时间	关期	淮关实征	宿迁实征	海关实征	实征总数	茶税	梁头	资料来源
1843	道光二十三年	22.9.12-23.8.11				189 425.674	31.652	291.526	《军机处录副奏折·道光朝·财政类·关税项》，道光二十三年九月十三日，淮安关监督景福折，档案号：03-3166-047
1844	道光二十四年	23.8.12-24.8.11	175 807.2	26 935.5	4 832.4	207 575.103	68.214	313.036	《军机处录副奏折·道光朝·财政类·关税项》，道光二十四年九月初六日，淮安关监督和昇折，档案号：03-3167-039；《户科题本·税课类·关税》，道光二十五年十二月初五日，淮安关监督兴浚折，档案号：02-01-04-21318-040
1845	道光二十五年	24.8.12-25.8.11	226 729.3	37 190.54	5 359.097	269 278.941	71.307	324.781	《户科题本·税课类·关税》，道光二十七年八月初一日，大学士潘世恩折，档案号：02-01-04-21373-021
1846	道光二十六年	25.8.12-26.7.11	227 386.9	40 957.94	4 958.2	273 303.039	60.257	289.681	《军机处录副奏折·道光朝·财政类·关税项》，道光二十六年八月初六日，淮安关监督德浩折，档案号：03-3168-035；《户科题本·税课类·关税》，道光二十八年五月十四日，淮安关监督文光折，档案号：02-01-04-21403-026

续表

公元	时间	关期	淮关实征	宿迁实征	海关实征	实征总数	茶税	梁头	资料来源
1847	道光二十七年	26.7.12-27.7.11				246 920.685			《抄档·清代关税收支报告表·常关》，道光二十七年八月二十日，淮安关监督恩吉折
1848	道光二十八年	27.7.12-28.7.11				189 068.083	57.261	300.226	《宫中档朱批奏折·财政类·关税》，道光二十八年八月初十日，淮安关监督文光折，档案号：04-01-35-0381-007
1849	道光二十九年	28.7.12-29.6.11	247 208.869	51 139.44	6 511.138	304 859.444	59.771	291.586	《宫中档朱批奏折·财政类·关税》，道光二十九年七月十一日，淮安关监督文勋折，档案号：04-01-35-0381-135；《户科题本·税课类·关税》，咸丰元年八月二十八日，大学士赛尚阿折，档案号：02-01-04-21471-025
1850	道光三十年	29.6.12-30.6.11	257 847.45	62 902.05	6 360.31	327 109.807	51.272	342.211	《宫中档朱批奏折·财政类·关税》，道光三十年七月初十日，淮安关监督全福折，档案号：04-01-35-0381-065；《户科题本·税课类·关税》，咸丰二年十一月十六日，大学士祁寯藻折，档案号：02-01-04-21496-021

表 13　浒墅关嘉庆道光年间征税表

（单位：两）

公元	时间	关期	应征正额	实征盈余	实征总数	资料来源
1796	嘉庆元年	乾隆六十年三月初三日至嘉庆元年三月初二日	191 151.383	295 278.491	486 429.874	《宫中档朱批奏折·财政类·关税》，嘉庆四年二月十三日，苏州织造兼管浒墅关全德折，档案号：04-01-35-0359-021
1797	嘉庆二年	嘉庆元年三月初三日至嘉庆二年三月初二日	191 151.383	296 398.916	487 550.304	《宫中档朱批奏折·财政类·关税》，嘉庆四年二月十三日，苏州织造兼管浒墅关全德折，档案号：04-01-35-0359-021
1798	嘉庆三年	嘉庆二年三月初三日至嘉庆三年二月初二日	191 151.383	230 133.919	421 285.307	《宫中档朱批奏折·财政类·关税》，嘉庆四年二月十三日，苏州织造兼管浒墅关全德折，档案号：04-01-35-0359-021
1799	嘉庆四年	嘉庆三年二月初三日至嘉庆四年二月初二日	191 151.383	260 233.455	451 384.843	《宫中档朱批奏折·财政类·关税》，嘉庆四年二月十三日，苏州织造兼管浒墅关全德折，档案号：04-01-35-0359-021
1800	嘉庆五年	嘉庆四年二月初三日至嘉庆五年二月初二日	191 151.383	265434	456 585.383	《军机处录副奏折·道光朝·财政类·关税项》，道光十一年【缺月日】，清单，档案号：03-3162-052
1801	嘉庆六年	嘉庆五年二月初三日至嘉庆六年正月初二日	191 151.383	240 525.373	431 676.761	《宫中档朱批奏折·财政类·关税》，嘉庆六年正月十七日，苏州织造兼管浒墅关全德折，档案号：04-01-35-0360-033
1802	嘉庆七年	嘉庆六年正月初三日至嘉庆七年正月初二日	191 151.383	232770	423 921.383	《军机处录副奏折·道光朝·财政类·关税项》，道光十一年【缺月日】，清单，档案号：03-3162-052
1803	嘉庆八年	嘉庆七年正月初三日至嘉庆八年正月初二日	191 151.383	192 035.187	383 186.575	《宫中档朱批奏折·财政类·关税》，嘉庆八年正月二十一日，苏州织造兼管浒墅关那苏图折，档案号：04-01-35-0360-058
		嘉庆八年正月初三日至嘉庆八年十二月初二日	191 151.383	226 145.781	417 297.169	《宫中档朱批奏折·财政类·关税》，嘉庆八年十二月二十三日，苏州织造兼管浒墅关那苏图折，档案号：04-01-35-0361-052

续表

公元	时间	关期	应征正额	实征盈余	实征总数	资料来源
1804	嘉庆九年	嘉庆八年十二月初三日至嘉庆九年十二月初二日	191 151.383	240 284.804	431 436.192	《宫中档朱批奏折·财政类·关税》，嘉庆九年十二月二十四日，苏州织造兼管浒墅关那苏图折，档案号：04-01-35-0362-045
1805	嘉庆十年	嘉庆九年十二月初三日至嘉庆十年十一月初二日	191 151.383	183 920.649	375 072.037	《宫中档朱批奏折·财政类·关税》，嘉庆十年十一月二十一日，苏州织造兼管浒墅关舒明阿折，档案号：04-01-35-0363-025
1806	嘉庆十一年	嘉庆十年十一月初三日至嘉庆十一年十一月初二日	191 151.383	137 963.693	329 115.081	《宫中档朱批奏折·财政类·关税》，嘉庆十一年十一月十九日，苏州织造兼管浒墅关舒明阿折，档案号：04-01-35-0364-012
1807	嘉庆十二年	嘉庆十一年十一月初三日至嘉庆十二年十一月初二日	191 151.383	127 194.9	318 346.288	《宫中档朱批奏折·财政类·关税》，嘉庆十二年十一月二十日，苏州织造兼管浒墅关舒明阿折，档案号：04-01-35-0365-006
1808	嘉庆十三年	嘉庆十二年十一月初三日至嘉庆十三年十月初二日	191 151.383	168 952.145	360 103.533	《军机处录副奏折·嘉庆朝·财政类·关税项》，嘉庆十三年十月二十一日，江苏布政使兼署浒墅关监督胡克家折，档案号：03-1768-094
1809	嘉庆十四年	嘉庆十三年十月初三日至嘉庆十四年十月初二日	191 151.383	222 852.114	414 003.502	《宫中档朱批奏折·财政类·关税》，嘉庆十四年十月二十日，护理江苏巡抚兼署浒墅关监督庆保折，档案号：04-01-35-0365-016
1810	嘉庆十五年	嘉庆十四年十月初三日至嘉庆十五年十月初二日	191 151.383	212 347.47	403 498.858	《宫中档朱批奏折·财政类·关税》，嘉庆十五年十月十八日，苏州织造兼管浒墅关和明折，档案号：04-01-35-0365-053
1811	嘉庆十六年	嘉庆十五年十月初三日至嘉庆十六年九月初二日	191 151.383	182 025.558	373 176.946	《宫中档朱批奏折·财政类·关税》，嘉庆十六年九月二十六日，江苏巡抚兼署浒墅关章煦折，档案号：04-01-35-0366-027

续表

公元	时间	关期	应征正额	实征盈余	实征总数	资料来源
1812	嘉庆十七年	嘉庆十六年九月初三日至嘉庆十七年九月初二日	191 151.383	201 650.557	392 801.945	《宫中档朱批奏折·财政类·关税》，嘉庆十七年九月二十六日，苏州织造兼管浒墅关和明折，档案号：04-01-35-0367-009
1813	嘉庆十八年	嘉庆十七年九月初三日至嘉庆十八年九月初二日	191 151.383	232 348.091	423 499.479	《宫中档朱批奏折·财政类·关税》，嘉庆十八年九月二十六日，苏州织造兼管浒墅关和明折，档案号：04-01-35-0367-049
1814	嘉庆十九年	嘉庆十八年九月初三日至嘉庆十九年八月初二日	191 151.383	105 939.257	297 090.64	《军机处录副奏折·嘉庆朝·财政类·关税项》，嘉庆十九年九月十九日，初彭年、阿尔邦阿折，档案号：03-1770-105
1815	嘉庆二十年	嘉庆十九年八月初三日至嘉庆二十年八月初二日	191 151.383	152 328.87	343 480.253	《军机处录副奏折·嘉庆朝·财政类·关税项》，嘉庆二十年八月二十五日，苏州织造兼管浒墅关阿尔邦阿折，档案号：03-1771-013
1816	嘉庆二十一年	嘉庆二十年八月初三日至嘉庆二十一年七月初二日	191 151.383	222 374.737	413 526.125	《宫中档朱批奏折·财政类·关税》，嘉庆二十一年七月十八日，苏州织造兼管浒墅关阿尔邦阿折，档案号：04-01-35-0368-042
1817	嘉庆二十二年	嘉庆二十一年七月初三日至嘉庆二十二年七月初二日	191 151.383	235 419.662	426 571.05	《宫中档朱批奏折·财政类·关税》，嘉庆二十二年七月初九日，苏州织造兼管浒墅关阿尔邦阿折，档案号：04-01-35-0369-003
1818	嘉庆二十三年	嘉庆二十二年七月初三日至嘉庆二十三年七月初二日	191 151.383	237 286.097	428 437.485	《宫中档朱批奏折·财政类·关税》，嘉庆二十三年七月初三日，江苏巡抚兼苏州织造陈桂生折，档案号：04-01-35-0369-037
1819	嘉庆二十四年	嘉庆二十三年七月初三日至嘉庆二十四年六月初二日	191 151.383	235 702.784	426 854.172	《宫中档朱批奏折·财政类·关税》，嘉庆二十四年六月十五日，苏州织造兼管浒墅关嘉禄折，档案号：04-01-35-0370-014

续表

公元	时间	关期	应征正额	实征盈余	实征总数	资料来源
1820	嘉庆二十五年	嘉庆二十四年六月初三日至嘉庆二十五年六月初二日	191 151.383	195 239.406	386 390.794	《宫中档朱批奏折·财政类·关税》，嘉庆二十五年六月十九日，苏州织造兼管浒墅关嘉禄折，档案号：04-01-35-0370-050
1821	道光元年	嘉庆二十五年六月初三日至道光元年六月初二日	191 151.383	210 133.837	401 285.225	《宫中档朱批奏折·财政类·关税》，道光元年六月二十五日，苏州织造兼管浒墅关嘉禄折，档案号：04-01-35-0371-037
1822	道光二年	道光元年六月初三日至道光二年五月初二日	191 151.383	171 334.598	362 485.986	《军机处录副奏折·道光朝·财政类·关税项》，道光二年五月二十六日，苏州织造兼管浒墅关嘉禄折，档案号：03-3156-019
1823	道光三年	道光二年五月初三日至道光三年五月初二日	191 151.383	137 225.563	328 376.951	《宫中档朱批奏折·财政类·关税》，道光三年五月十九日，苏州织造兼管浒墅关延隆折，档案号：04-01-35-0372-027
1824	道光四年	道光三年五月初三日至道光四年五月初二日	191 151.383	283 837.793	474 989.181	《宫中档朱批奏折·财政类·关税》，道光四年五月十五日，苏州织造兼管浒墅关延隆折，档案号：04-01-35-0373-032
1825	道光五年	道光四年五月初三日至道光五年四月初二日	191 151.383	171 020.235	362 171.623	《宫中档朱批奏折·财政类·关税》，道光五年四月二十六日，苏州织造兼管浒墅关延隆折，档案号：04-01-35-0374-007
1826	道光六年	道光五年四月初三日至道光六年四月初二日	191 151.383	180 288.698	371 440.086	《军机处录副奏折·道光朝·财政类·关税项》，道光六年四月二十六日，苏州织造兼管浒墅关延隆折，档案号：03-3159-067
1827	道光七年	道光六年四月初三日至道光七年四月初二日	191 151.383	152 231.155	343 382.543	《宫中档朱批奏折·财政类·关税》，道光七年四月十五日，苏州织造兼管浒墅关文祥折，档案号：04-01-35-0374-056
1828	道光八年	道光七年四月初三日至道光八年三月初二日	191 151.383	183 539.794	374 691.182	《宫中档朱批奏折·财政类·关税》，道光八年三月十八日，苏州织造兼管浒墅关文祥折，档案号：04-01-35-0375-019

续表

公元	时间	关期	应征正额	实征盈余	实征总数	资料来源
1829	道光九年	道光八年三月初三日至道光九年三月初二日	191 151.383	185 379.631	376 531.019	《军机处录副奏折·道光朝·财政类·关税项》，道光九年三月十二日，苏州织造兼管浒墅关文祥折，档案号：03-375-050
1830	道光十年	道光九年三月初三日至道光十年三月初二日	191 151.383	189 414.655	380 566.043	《宫中档朱批奏折·财政类·关税》，道光十年三月十二日，苏州织造兼管浒墅关文祥折，档案号：04-01-35-0376-006
1831	道光十一年	道光十年三月初三日至道光十一年二月初二日	191 151.383	200 158.751	391 310.139	《宫中档朱批奏折·财政类·关税》，道光十一年二月十八日，苏州织造兼管浒墅关倭楞额折，档案号：04-01-35-0376-043
1832	道光十二年	道光十一年二月初三日至道光十二年二月初二日	191 151.383	161 973.609	353 124.997	《宫中档朱批奏折·财政类·关税》，道光十二年二月十六日，苏州织造兼管浒墅关倭楞额折，档案号：04-01-35-0376-067
1833	道光十三年	道光十二年二月初三日至道光十三年正月初二日	191 151.383	160 255.642	371 407.03	《宫中档朱批奏折·财政类·关税》，道光十三年正月十九日，苏州织造兼管浒墅关豫堃折，档案号：04-01-35-0377-024
1834	道光十四年	道光十三年正月初三日至道光十四年正月初二日	191 151.383	125 257.428	316 408.816	《宫中档朱批奏折·财政类·关税》，道光十四年正月二十七日，苏州织造兼管浒墅关豫堃折，档案号：04-01-35-0377-041
1835	道光十五年	道光十四年正月初三日至道光十五年正月初二日	191 151.383	204 770.55	395 921.938	《宫中档朱批奏折·财政类·关税》，道光十五年正月二十七日，苏州织造兼管浒墅关松桂折，档案号：04-01-35-0378-002
		道光十五年正月初三日至道光十五年十二月初二日	191 151.383	92 777.822	283 929.21	《宫中档朱批奏折·财政类·关税》，道光十五年十二月二十八日，苏州织造兼管浒墅关英诚折，档案号：04-01-35-0378-041

续表

公元	时间	关期	应征正额	实征盈余	实征总数	资料来源
1836	道光十六年	道光十五年十二月初三日至道光十六年十二月初二日	191 151.383	111 238.07	302 389.458	《宫中档朱批奏折·财政类·关税》，道光十六年十二月二十七日，苏州织造兼管浒墅关英诚折，档案号：04-01-35-0379-002
1837	道光十七年	道光十六年十二月初三日至道光十七年十二月初二日	191 151.383	109 151.155	300 302.543	《军机处录副奏折·道光朝·财政类·关税项》，道光十七年十二月二十二日，苏州织造兼管浒墅关琬珠折，档案号：03-3165-001
1838	道光十八年	道光十七年十二月初三日至道光十八年十一月初二日	191 151.383	98 020.463	289 171.851	《军机处录副奏折·道光朝·财政类·关税项》，道光十八年十一月二十五日，苏州织造兼管浒墅关英敏折，档案号：03-9488-041
1839	道光十九年	道光十八年十一月初三日至道光十九年十一月初二日	191 151.383	85 026.547	276 177.935	《军机处录副奏折·道光朝·财政类·关税项》，道光十九年十一月二十八日，苏州织造兼管浒墅关基溥折，档案号：03-9488-047
1840	道光二十年	道光十九年十一月初三日至道光二十年十一月初二日	191 151.383	110 471.315	301 622.703	《宫中档朱批奏折·财政类·关税》，道光二十年十一月二十七日，苏州织造兼管浒墅关明伦折，档案号：04-01-35-0379-036
1841	道光二十一年	道光二十年十一月初三至道光二十一年十月初二日	191 151.383	105 616.375	296 767.763	《军机处录副奏折·道光朝·财政类·关税项》，道光二十一年十月二十二日，苏州织造兼管浒墅关明伦折，档案号：03-9489-032
1842	道光二十二年	道光二十一年十月初三日至道光二十二年十月初二日	191 151.383	199 546.514	390 697.902	《军机处录副奏折·道光朝·财政类·关税项》，道光二十二年十月十六日，苏州织造兼管浒墅关铭海折，档案号：03-9489-060
1843	道光二十三年	道光二十二年十月初三日至道光二十三年九月初二日	191 151.383	83 023.534	274 174.922	《户科题本·税课类·关税》，道光二十四年八月初七日，大学士潘世恩折，档案号：02-01-04-21269-024

续表

公元	时间	关期	应征正额	实征盈余	实征总数	资料来源
1844	道光二十四年	道光二十三年九月初三日至道光二十四年九月初二日	191 151.383	102 195.656	293 347.044	《军机处录副奏折·道光朝·财政类·关税项》，道光二十四年十月初一日，苏州织造兼管浒墅关庆瑞折，档案号：03-3167-044
1845	道光二十五年	道光二十四年九月初三日至道光二十五年九月初二日	191 151.383	97 711.873	288 863.261	《抄档·清代关税收支报告表·常关》，道光二十五年十月十六日，苏州织造兼管浒墅关庆瑞折
1846	道光二十六年	道光二十五年九月初三日至道光二十六年八月初二日	191 151.383	100 602.489	291 753.877	《军机处录副奏折·道光朝·财政类·关税项》，道光二十六年八月二十四日，苏州织造兼管浒墅关明善折，档案号：03-3168-041
1847	道光二十七年	道光二十六年八月初三日至道光二十七年八月初二日	191 151.383	122 160.142	313 311.53	《抄档·清代关税收支报告表·常关》，道光二十七年九月十一日，苏州织造兼管浒墅关文丰折
1848	道光二十八年	道光二十七年八月初三日至道光二十八年八月初二日	191 151.383	126 238.355	317 389.743	《军机处录副奏折·道光朝·财政类·关税项》，道光二十八年九月十四日，苏州织造兼管浒墅关庆年折，档案号：03-3168-095
1849	道光二十九年	道光二十八年八月初三日至道光二十九年七月初二日	191 151.383	88 839.271	279 990.659	《宫中档朱批奏折·财政类·关税》，道光二十九年八月初四日，苏州织造兼管浒墅关庆年折，档案号：04-01-35-0381-038
1850	道光三十年	道光二十九年七月初三日至道光三十年七月初二日	191 151.383	223 268.891	414 420.279	《宫中档朱批奏折·财政类·关税》，道光三十年七月二十六日，苏州织造兼管浒墅关毓泰折，档案号：04-01-35-0381-067

表 14　扬州关（兼由闸）嘉庆道光年间征税表　　（单位：两）

公元	时间	关期	应征正额	实征总数	资料来源
1796	嘉庆元年	乾隆六十年七月初十日至嘉庆元年七月初九日	52 576.35	172 313.539	《户科题本·税课类·关税》，嘉庆二年十一月二十六日，大学士和珅折，档案号：02-01-04-18036-012
1797	嘉庆二年	嘉庆元年七月初十日至嘉庆二年闰六月初九日	52 576.35	152 594.682	《户科题本·税课类·关税》，嘉庆三年四月初十日，江宁巡抚费淳折，档案号：02-01-04-18104-018
1798	嘉庆三年	嘉庆二年闰六月初十日至嘉庆三年六月初九日	52 576.35	164 461	《军机处录副奏折·嘉庆朝·财政类·关税项》，嘉庆三年六月二十六日，江苏巡抚费淳折，档案号：03-1767-008
1799	嘉庆四年	嘉庆三年六月初十日至嘉庆四年六月初九日	52 576.35	173 792.556	《宫中档朱批奏折·财政类·关税》，嘉庆四年六月二十七日，江苏巡抚宜兴折，档案号：04-01-35-0359-036
1800	嘉庆五年	嘉庆四年六月初十日至嘉庆五年五月初九日	52 576.35	167 262.841	《宫中档朱批奏折·财政类·关税》，嘉庆五年七月十二日，江苏巡抚岳起折，档案号：04-01-35-0360-013
1801	嘉庆六年	嘉庆五年五月初十日至嘉庆六年五月初九日	52 576.35	169 039.875	《宫中档朱批奏折·财政类·关税》，嘉庆六年五月二十七日，江苏巡抚岳起折，档案号：04-01-35-0360-037
1802	嘉庆七年	嘉庆六年五月初十日至嘉庆七年五月初九日	52 576.35	168 143	《户科题本·税课类·关税》，嘉庆八年正月二十二日，江苏巡抚岳起折，档案号：02-01-04-18467-015
1803	嘉庆八年	嘉庆七年五月初十日至嘉庆八年四月初九日	52 576.35	156 202	《宫中档朱批奏折·财政类·关税》，嘉庆八年四月二十六日，两江总督兼署江苏巡抚费淳折，档案号：04-01-35-0365-010
1804	嘉庆九年	嘉庆八年四月初十日至嘉庆九年四月初九日	52 576.35	154 810	《宫中档朱批奏折·财政类·关税》，嘉庆九年四月二十六日，江苏巡抚汪志伊折，档案号：04-01-35-0362-013
1805	嘉庆十年	嘉庆九年四月初十日至嘉庆十年四月初九日	52 576.35	164 896.468	《宫中档朱批奏折·财政类·关税》，嘉庆十年四月二十四日，江苏巡抚汪志伊折，档案号：04-01-35-0362-052
1806	嘉庆十一年	嘉庆十年四月初十日至嘉庆十一年三月初九日	52 576.35	164 086.695	《宫中档朱批奏折·财政类·关税》，嘉庆十一年四月十三日，江苏巡抚汪志伊折，档案号：04-01-35-0363-042

续表

公元	时间	关期	应征正额	实征总数	资料来源
1807	嘉庆十二年	嘉庆十一年三月初十日至嘉庆十二年三月初九日	52 576.35	164 898.512	《宫中档朱批奏折·财政类·关税》，嘉庆十二年四月初十日，江苏巡抚汪日章折，档案号：04-01-35-0364-028
1808	嘉庆十三年	嘉庆十二年三月初十日至嘉庆十三年三月初九日	52 576.35	164 047.793	《军机处录副奏折·嘉庆朝·财政类·关税项》，嘉庆十三年四月十二日，江苏巡抚汪日章折，档案号：03-1768-070
1809	嘉庆十四年	嘉庆十三年三月初十日至嘉庆十四年二月初九日	52 576.35	154 029	《军机处录副奏折·嘉庆朝·财政类·关税项》，嘉庆十四年三月二十四日，江苏巡抚汪日章折，档案号：03-1819-059
1810	嘉庆十五年	嘉庆十四年二月初十日至嘉庆十五年二月初九日	52 576.35	156 215	《宫中档朱批奏折·财政类·关税》，嘉庆十五年三月十八日，江苏巡抚章煦折，档案号：04-01-35-0365-030
1811	嘉庆十六年	嘉庆十五年二月十九日至嘉庆十六年二月初九日	52 576.35	153 955	《宫中档朱批奏折·财政类·关税》，嘉庆十六年二月二十九日，江苏巡抚章煦折，档案号：04-01-35-0366-004
1812	嘉庆十七年	嘉庆十六年二月初十日至嘉庆十七年正月初九日	52 576.35	144 360	《军机处录副奏折·嘉庆朝·财政类·关税项》，嘉庆十七年正月二十九日，江苏巡抚章煦折，档案号：03-1769-123
1813	嘉庆十八年	嘉庆十七年正月初十日至嘉庆十八年正月初九日	52 576.35	151 212	《宫中档朱批奏折·财政类·关税》，嘉庆十八年二月二十四日，江苏巡抚朱理折，档案号：04-01-35-0367-026
1814	嘉庆十九年	嘉庆十八年正月初十日至嘉庆十九年正月初九日	52 576.35	149 835	《宫中档朱批奏折·财政类·关税》，嘉庆十九年二月二十四日，江苏巡抚朱理折，档案号：04-01-35-0368-007
		嘉庆十九年正月初十日至嘉庆十九年十二月初九日	52 576.35	153 981	《军机处录副奏折·嘉庆朝·财政类·关税项》，嘉庆二十年正月三十日，江苏巡抚张师诚折，档案号：03-1760-114
1815	嘉庆二十年	嘉庆十九年十二月初十日至嘉庆二十年十二月初九日	52 576.35	160 098	《宫中档朱批奏折·财政类·关税》，嘉庆二十一年正月二十九日，江苏巡抚张师诚折，档案号：04-01-35-0368-030
1816	嘉庆二十一年	嘉庆二十年十二月初十日至嘉庆二十一年十一月初九日	52 576.35	146 868.845	《户科题本·税课类·关税》，嘉庆二十二年八月初十日，江苏巡抚胡克家折，档案号：02-01-04-19719-021

续表

公元	时间	关期	应征正额	实征总数	资料来源
1817	嘉庆二十二年	嘉庆二十一年十一月初十日至嘉庆二十二年十一月初九日	52 576.35	157 438	《宫中档朱批奏折・财政类・关税》，嘉庆二十二年十二月初一日，江苏巡抚陈桂生折，档案号：04-01-35-0369-010
1818	嘉庆二十三年	嘉庆二十二年十一月初十日至嘉庆二十三年十一月初九日	52 576.35	165 427.344	《宫中档朱批奏折・财政类・关税》，嘉庆二十三年十二月初五日，江苏巡抚陈桂生折，档案号：04-01-35-0369-044
1819	嘉庆二十四年	嘉庆二十三年十一月初九日至嘉庆二十四年十月初九日	52 576.35	164 061	《宫中档朱批奏折・财政类・关税》，嘉庆二十四年十一月十六日，江苏巡抚陈桂生折，档案号：04-01-35-0370-024
1820	嘉庆二十五年	嘉庆二十四年十月初十日至嘉庆二十五年十月初九日	52 576.35	144 479	《军机处录副奏折・嘉庆朝・财政类・关税项》，嘉庆二十五年十月二十九日，江苏巡抚陈桂生折，档案号：03-1771-122
1821	道光元年	嘉庆二十五年十月初十日至道光元年十月初九日	52 576.35	123 984.9	《户科题本・税课类・关税》，道光二年五月十二日，江苏巡抚魏元煜折，档案号：02-01-04-20052-017
1822	道光二年	道光元年十月初十日至道光二年九月初九日	52 576.35	129 201.2	《宫中档朱批奏折・财政类・关税》，道光二年九月二十九日，江苏巡抚魏元煜折，档案号：04-01-35-0371-063
1823	道光三年	道光二年九月初十日至道光三年九月初九日	52 576.35	135 463	《宫中档朱批奏折・财政类・关税》，道光三年十月十八日，江苏巡抚韩文绮折，档案号：04-01-35-0372-042
1824	道光四年	道光三年九月初十日至道光四年八月初九日	52 576.35	143 711.3	《宫中档朱批奏折・财政类・关税》，道光四年十月二十一日，江苏巡抚张师诚折，档案号：04-01-35-0373-045
1825	道光五年	道光四年八月初十日至道光五年八月初九日	52 576.35	122 317	《宫中档朱批奏折・财政类・关税》，道光五年十月三十日，江苏巡抚陶澍折，档案号：04-01-35-0374-022
1826	道光六年	道光五年八月初十日至道光六年八月初九日	52 576.35	156 884	《军机处录副奏折・道光朝・财政类・关税项》，道光六年九月十六日，江苏巡抚陶澍折，档案号：03-3159-078

续表

公元	时间	关期	应征正额	实征总数	资料来源
1827	道光七年	道光六年八月初十日至道光七年七月初九日	52 576.35	145 117	《宫中档朱批奏折·财政类·关税》，道光七年八月二十八日，江苏巡抚陶澍折，档案号：04-01-35-0374-066
1828	道光八年	道光七年七月初十日至道光八年七月初九日	52 576.35	162 635	《宫中档朱批奏折·财政类·关税》，道光八年八月三十日，江苏巡抚陶澍折，档案号：04-01-35-0375-033
1829	道光九年	道光八年七月初十日至道光九年七月初九日	52 576.35	149 607	《宫中档朱批奏折·财政类·关税》，道光九年九月十七日，江苏巡抚陶澍折，档案号：04-01-35-0375-063
1830	道光十年	道光九年七月初十日至道光十年六月初九日	52 576.35	159 055	《宫中档朱批奏折·财政类·关税》，道光十年七月十八日，江苏巡抚陶澍折，档案号：04-01-35-0376-020
1831	道光十一年	道光十年六月初十日至道光十一年六月初九日	52 576.35	123 319	《宫中档朱批奏折·财政类·关税》，道光十一年七月十八日，江苏巡抚陶澍折，档案号：04-01-35-0376-051
1832	道光十二年	道光十一年六月初十日至道光十二年六月初九日	52 576.35	153 953	《军机处录副奏折·道光朝·财政类·关税项》，道光十二年七月十三日，江苏巡抚林则徐折，档案号：03-3163-024
1833	道光十三年	道光十二年六月初十日至道光十三年五月初九日	52 576.35	113 886.3	《抄档·清代关税收支报告表·常关》，道光十三年六月二十五日，江苏巡抚林则徐折
1834	道光十四年	道光十三年五月十四日至道光十四年五月初九日	52 576.35	124 191.3	《户科题本·税课类·关税》，道光十五年四月初六日，大学士文孚折，档案号：02-01-04-20723-032
1835	道光十五年	道光十四年五月初十日至道光十五年五月初九日	52 576.35	163 895.3	《户科题本·税课类·关税》，道光十五年十一月二十九日，护理江苏巡抚陈銮折，档案号：02-01-04-20724-031
1836	道光十六年	道光十五年五月初十日至道光十六年四月初九日	52 576.35	163 791.3	《军机处录副奏折·道光朝·财政类·关税项》，道光十七年五月二十日，江苏巡抚陈銮折，档案号：03-3164-045
1837	道光十七年	道光十六年四月初十日至道光十七年四月初九日	52 576.35	163 828	《军机处录副奏折·道光朝·财政类·关税项》，道光十七年五月二十日，江苏巡抚陈銮折，档案号：03-3164-045

续表

公元	时间	关期	应征正额	实征总数	资料来源
1838	道光十八年	道光十七年四月初十日至道光十八年四月初九日	52 576.35	163 793.3	《军机处录副奏折・道光朝・财政类・关税项》，道光十八年五月初七日，江苏巡抚陈銮折，档案号：03-3076-046
1839	道光十九年	道光十八年四月初十日至道光十九年三月初九日	52 576.35	163 803	《军机处录副奏折・道光朝・财政类・关税项》，道光十九年四月二十日，署江苏巡抚江苏布政使牛鑑折，档案号：03-3165-038
1840	道光二十年	道光十九年三月初十日至道光二十年三月初九日	52 576.35	163 793	《宫中档朱批奏折・财政类・关税》，道光二十年四月十六日，江苏巡抚裕谦折，档案号：04-01-35-0379-026
1841	道光二十一年	道光二十年三月初十日至道光二十一年三月初九日	52 576.35	163 808	《宫中档朱批奏折・财政类・关税》，道光二十一年闰三月初三日，署江苏巡抚苏州布政使程楙采折，档案号：04-01-35-0379-026
1842	道光二十二年	道光二十一年三月初十日至道光二十二年二月初九日	52 576.35	133 101.3	《军机处录副奏折・道光朝・财政类・关税项》，道光二十二年三月十四日，江苏巡抚程楙采折，档案号：03-9489-041
1843	道光二十三年	道光二十二年二月初十日至道光二十三年二月初九日	52 576.35	132 550.3	《军机处录副奏折・道光朝・财政类・关税项》，道光二十三年三月二十四日，江苏巡抚孙善宝折，档案号：03-9489-071
1844	道光二十四年	道光二十三年二月初十日至道光二十四年正月初九日	52 576.35	110 088	《军机处录副奏折・道光朝・财政类・关税项》，道光二十四年五月初二日，江苏巡抚孙善宝折，档案号：03-3166-031
1845	道光二十五年	道光二十四年正月初十日至道光二十五年正月初九日	52 576.35	111 049.3	《户科题本・税课类・关税》，道光二十五年十一月十七日，护理江苏巡抚文柱折，档案号：02-01-04-21318-034
1846	道光二十六年	道光二十五年正月初十日至道光二十六年正月初九日	52 576.35	122 807	《宫中档朱批奏折・财政类・关税》，道光二十六年五月二十八日，江苏巡抚李星沅折，档案号：04-01-35-0380-040
		道光二十六年正月初十日至道光二十六年十二月初九日	52 576.35	117 578.3	《户科题本・税课类・关税》，道光二十八年八月初三日，大学士潘世恩折，档案号：02-01-04-21404-006
	道光二十七年	道光二十六年十二月初十日至道光二十七年十二月初九日	52 576.35	115 069.3	《抄档・清代关税收支报告表・常关》，道光二十八年四月十三日，江苏巡抚陆建瀛折

续表

公元	时间	关期	应征正额	实征总数	资料来源
1848	道光二十八年	道光二十七年十二月初十日至道光二十八年十二月初九日	52 576.35	118 453	《军机处录副奏折·道光朝·财政类·关税项》，道光二十九年闰四月十七日，署江苏巡抚苏州布政使程焕采折，档案号：03-3169-016
1849	道光二十九年	道光二十八年十二月初十日至道光二十九年十一月初九日	52 576.35	129 861	《宫中档朱批奏折·财政类·关税》，道光三十年二月二十九日，江苏巡抚傅绳勋折，档案号：04-01-35-0381-053
1850	道光三十年	道光二十九年十一月初十日至道光三十年十一月初九日	52 576.35	144 987	《军机处录副奏折·咸丰朝·财政类·关税项》，咸丰元年二月十一日，江苏巡抚傅绳勋折，档案号：03-4375-002

表 15　芜湖户关、工关嘉庆道光年间征税表　（单位：两）

公元	时间	关期	户关实征盈余	户关实征总数	工关实征盈余	工关实征总数	合计实征盈余	合计实征总数	资料来源
1796	嘉庆元年	乾隆六十年闰二月初二日至嘉庆元年二月初一日	75 779.97	232 699.05	12 307.49	82 453.65	88 087.46	315 152.7	《宫中档朱批奏折·财政类·关税》，嘉庆四年三月初六日，安徽巡抚陈用敷折，档案号：04-01-35-0359-023
1797	嘉庆二年	嘉庆元年二月初二日至嘉庆二年二月初一日	68 428.87	225 347.95	33 666.498	103 812.66	102 095.37	329 160.608	《宫中档朱批奏折·财政类·关税》，嘉庆四年三月初六日，安徽巡抚陈用敷折，档案号：04-01-35-0359-023
1798	嘉庆三年	嘉庆二年二月初二日至嘉庆三年正月初一日	75 835.27	232 754.35	49 848.04	119 994.2	125 683.31	352 748.55	《宫中档朱批奏折·财政类·关税》，嘉庆四年三月初六日，安徽巡抚陈用敷折，档案号：04-01-35-0359-023
1799	嘉庆四年	嘉庆三年正月初二日至嘉庆四年正月初一日	75 837.68	232 756.76	49 849.582	119 995.74	125 687.26	352 752.502	《宫中档朱批奏折·财政类·关税》，嘉庆四年三月初六日，安徽巡抚陈用敷折，档案号：04-01-35-0359-023

续表

公元	时间	关期	户关实征盈余	户关实征总数	工关实征盈余	工关实征总数	合计实征盈余	合计实征总数	资料来源
1800	嘉庆五年	嘉庆四年正月初二日至嘉庆五年正月初一日	73 000	229 919.08	47 000	117 146.16	120 000	347 065.24	《宫中档朱批奏折·财政类·关税》，嘉庆五年十二月二十二日，安徽巡抚荆道乾折，档案号：04-01-35-0360-030
		嘉庆五年正月初二日至嘉庆五年十二月初一日	73 563.7	230 482.78	47 346.5	117 492.66	120 910.2	347 975.44	《宫中档朱批奏折·财政类·关税》，嘉庆五年十二月二十二日，安徽巡抚荆道乾折，档案号：04-01-35-0360-030
1801	嘉庆六年	嘉庆五年十二月初二日至嘉庆六年十二月初一日	73 475.5	230 394.58					《户科题本·税课类·关税》，嘉庆七年七月二十四日，安徽巡抚王汝璧折，档案号：02-01-04-18407-002
1802	嘉庆七年	嘉庆六年十二月初二日至嘉庆七年十二月初一日	73 257.3	230 176.38	47 148.6	117 294.76	120 405.9	347 471.14	《宫中档朱批奏折·财政类·关税》，嘉庆八年正月初四日，安徽巡抚王汝璧折，档案号：04-01-35-0360-055
1803	嘉庆八年	嘉庆七年十二月初二日至嘉庆八年十一月初一日	73 301.5	230 220.58	47 120.4	117 266.56	120 421.9	347 487.14	《宫中档朱批奏折·财政类·关税》，嘉庆八年十二月初一日，安徽巡抚阿林保折，档案号：04-01-35-0361-050
1804	嘉庆九年	嘉庆八年十一月初二日至嘉庆九年十一月初一日	73 245.3	230 164.38	47 127.5	117 273.66	120 372.8	347 438.04	《宫中档朱批奏折·财政类·关税》，嘉庆九年十一月二十七日，安徽巡抚王汝璧折，档案号：04-01-35-0362-043
1805	嘉庆十年	嘉庆九年十一月初二日至嘉庆十年十月初一日	73 121.7	230 040.78	47 053.5	117 199.66	120 175.2	347 240.44	《宫中档朱批奏折·财政类·关税》，嘉庆十年十月二十六日，安徽巡抚长龄折，档案号：04-01-35-0363-020

续表

公元	时间	关期	户关实征盈余	户关实征总数	工关实征盈余	工关实征总数	合计实征盈余	合计实征总数	资料来源
1806	嘉庆十一年	嘉庆十年十月初二日至嘉庆十一年十月初一日	73 118.6	230 037.68	47 056.1	117 202.26	120 174.7	347 239.94	《宫中档朱批奏折·财政类·关税》，嘉庆十一年十一月初五日，安徽巡抚初彭龄折，档案号：04-01-35-0364-008
1807	嘉庆十二年	嘉庆十一年十月初二日至嘉庆十二年十月初一日	73 123.8	230 042.88	47 051.2	117 197.36	120 175	347 240.24	《宫中档朱批奏折·财政类·关税》，嘉庆十二年十一月初六日，安徽巡抚董教增折，档案号：04-01-35-0365-005
1808	嘉庆十三年	嘉庆十二年十月初二日至嘉庆十三年九月初一日	73 120.5	230 039.58	47 054.8	117 200.96	120 175.3	347 240.54	《军机处录副奏折·嘉庆朝·财政类·关税项》，嘉庆十三年十月初一日，安徽巡抚董教增折，档案号：03-1768-091
1809	嘉庆十四年	嘉庆十三年九月初二日至嘉庆十四年九月初一日	73 124.6	230 043.68	47 053.9	117 200.06		347 243.74	《军机处录副奏折·嘉庆朝·财政类·关税项》，嘉庆十四年九月二十九日，安徽巡抚董教增折，档案号：03-1798-006
1810	嘉庆十五年	嘉庆十四年九月初二日至嘉庆十五年九月初一日	73 130.6	230 049.68	47 056.3	117 202.46	120 186.9	347 252.14	《宫中档朱批奏折·财政类·关税》，嘉庆十五年十月十三日，安徽巡抚广厚折，档案号：04-01-35-0365-052
1811	嘉庆十六年	嘉庆十五年九月初二日至嘉庆十六年八月初一日	73 128.8	230 047.88	47 058.5	117 204.66	120 187.3	347 252.54	《宫中档朱批奏折·财政类·关税》，嘉庆十六年九月十二日，安徽巡抚钱楷折，档案号：04-01-35-0366-026

续表

公元	时间	关期	户关实征盈余	户关实征总数	工关实征盈余	工关实征总数	合计实征盈余	合计实征总数	资料来源
1812	嘉庆十七年	嘉庆十六年八月初二日至嘉庆十七年八月初一日	73 130.5	230 049.58	47 055.7	117 201.86	120 186.2	347 251.44	《宫中档朱批奏折·财政类·关税》，嘉庆十七年九月十二日，代办安徽巡抚布政使李奕畴折，档案号：04-01-35-0367-008
1813	嘉庆十八年	嘉庆十七年八月初二日至嘉庆十八年八月初一日	73 110.3	230 029.38	47 034.1	117 180.26	120 144.4	347 209.64	《宫中档朱批奏折·财政类·关税》，嘉庆十八年九月十二日，安徽巡抚胡克家折，档案号：04-01-35-0367-048
1814	嘉庆十九年	嘉庆十八年八月初二日至嘉庆十九年七月初一日	73 115.1	230 034.18	47 030.9	117 177.06	120 146	34 7211.24	《军机处录副奏折·嘉庆朝·财政类·关税项》，嘉庆十九年七月二十八日，安徽巡抚胡克家折，档案号：03-1770-099
1815	嘉庆二十年	嘉庆十九年七月初二日至嘉庆二十年七月初一日	73 126.9	230 045.98	47 032.4	117 178.56	120 159.3	347 224.54	《军机处录副奏折·嘉庆朝·财政类·关税项》，嘉庆二十年八月十四日，安徽巡抚胡克家折，档案号：03-1771-009
1816	嘉庆二十一年	嘉庆二十年七月初二日至嘉庆二十一年闰六月初一日	73 013	229 932.08	46 987	117 133.16	120 000	347 065.24	《户科题本·税课类·关税》，嘉庆二十三年三月初九日，大学士托津折，档案号：02-01-04-19811-027
1817	嘉庆二十二年	嘉庆二十一年闰六月初二日至嘉庆二十二年六月初一日	73 015.92	229 935	47 013.58	117 159.74	120 029.5	347 094.74	《宫中档朱批奏折·财政类·关税》，嘉庆二十二年七月初一日，安徽巡抚康绍镛折，档案号：04-01-35-0369-001

续表

公元	时间	关期	户关实征盈余	户关实征总数	工关实征盈余	工关实征总数	合计实征盈余	合计实征总数	资料来源
1818	嘉庆二十三年	嘉庆二十二年六月初二日至嘉庆二十三年六月初一日	73 160.84	230 079.92	47 844.99	11 7991.15	121 005.83	348 071.07	《宫中档朱批奏折·财政类·关税》，嘉庆二十三年七月初四日，安徽巡抚康绍镛折，档案号：04-01-35-0369-038
1819	嘉庆二十四年	嘉庆二十三年六月初二日至嘉庆二十四年五月初一日	73 316.84	230 235.92	48 685.98	118 832.14	122 002.82	349 068.06	《宫中档朱批奏折·财政类·关税》，嘉庆二十四年五月二十日，安徽巡抚康绍镛折，档案号：04-01-35-0370-009
1820	嘉庆二十五年	嘉庆二十四年五月初二日至嘉庆二十五年五月初一日	83 111.28	240 030.36	47 416.77	117 562.93	130 528.05	357 593.29	《宫中档朱批奏折·财政类·关税》，嘉庆二十五年五月初九日，暂护安徽巡抚布政使嵩孚折，档案号：04-01-35-0370-045
1821	道光元年	嘉庆二十五年五月初二日至道光元年五月初一日	81 665.25	238 584.33	49 166.38	119 312.54	130 831.63	357 896.87	《宫中档朱批奏折·财政类·关税》，道光元年五月二十四日，安徽巡抚李鸿宾折，档案号：04-01-35-0371-030
1822	道光二年	道光元年五月初二日至道光二年四月初一日	74 240.1	231 159.18	47 860.3	118 006.46	122 100.4	349 165.64	《宫中档朱批奏折·财政类·关税》，道光二年四月二十七日，安徽巡抚孙尔準折，档案号：04-01-35-0371-056
1823	道光三年	道光二年四月初二日至道光三年四月初一日	73 923.4	230 842.48	47 312.6	117 458.76	121 236	348 301.24	《宫中档朱批奏折·财政类·关税》，道光三年四月二十七日，安徽巡抚陶澍折，档案号：04-01-35-0372-024

续表

公元	时间	关期	户关实征盈余	户关实征总数	工关实征盈余	工关实征总数	合计实征盈余	合计实征总数	资料来源
1824	道光四年	道光三年四月初二日至道光四年四月初一日	53 515	210 434.08	31 074.1	101 220.26	84 589.1	311 654.34	《宫中档朱批奏折·财政类·关税》，道光四年四月二十二日，安徽巡抚陶澍折，档案号：04-01-35-0373-023
1825	道光五年	道光四年四月初二日至道光五年三月初一日	73 073.56	229 992.64	47 027.84	117 174	120 101.4	347 166.64	《宫中档朱批奏折·财政类·关税》，道光五年四月十三日，安徽巡抚陶澍折，档案号：04-01-35-0374-005
1826	道光六年	道光五年三月初二日至道光六年三月初一日	73 019.5	229 938.575	27 112.39	97 258.55		327 197.13	《军机处录副奏折·道光朝·财政类·关税项》，道光六年四月初八日，安徽巡抚张师诚折，档案号：03-3056-044
1827	道光七年	道光六年三月初二日至道光七年三月初一日	73 050.98	229 970.06	22 425.17	92 571.33	95 476.15	322 541.39	《宫中档朱批奏折·财政类·关税》，道光七年三月二十八日，安徽巡抚邓廷桢折，档案号：04-01-35-0374-051
1828	道光八年	道光七年三月初二日至道光八年二月初一日	73 108.42	230 027.5	47 036.78	117 182.94	120 145.2	347 210.44	《宫中档朱批奏折·财政类·关税》，道光八年三月初八日，安徽巡抚邓廷桢折，档案号：04-01-35-0375-018
1829	道光九年	道光八年二月初二日至道光九年二月初一日	73 100	230 019.08	47 030	117 176.16	120 130	347 195.24	《宫中档朱批奏折·财政类·关税》，道光九年三月初八日，安徽巡抚邓廷桢折，档案号：04-01-35-0375-049
1830	道光十年	道光九年二月初二日至道光十年二月初一日	73 080	229 999.08	47 020	117 166.16	120 100	347 165.24	《宫中档朱批奏折·财政类·关税》，道光十年二月二十八日，安徽巡抚邓廷桢折，档案号：04-01-35-0376-005

续表

公元	时间	关期	户关实征盈余	户关实征总数	工关实征盈余	工关实征总数	合计实征盈余	合计实征总数	资料来源
1831	道光十一年	道光十年二月初二日至道光十一年正月初一日	73 070	229 989.08	47 040	117 186.16	120 110	347 175.24	《宫中档朱批奏折·财政类·关税》，道光十一年正月二十八日，安徽巡抚邓廷桢折，档案号：04-01-35-0376-038
1832	道光十二年	道光十一年正月初二日至道光十二年正月初一日	56 727.4	213 646.48	31 762.3	101 908.46	88 489.7	315 554.94	《宫中档朱批奏折·财政类·关税》，道光十二年二月初十日，安徽巡抚邓廷桢折，档案号：04-01-35-0376-066
		道光十二年正月初二日至道光十二年十二月初一日		221 795.63		98 769.61		320 565.24	《抄档·清代关税收支报告表·常关》，道光十三年正月二十三日，安徽巡抚邓廷桢折
1833	道光十三年	道光十二年十二月初二日至道光十三年十二月初一日		155 501.56	9 266.06	113 412.22	9 266.06	234 913.78	《宫中档朱批奏折·财政类·关税》，道光十四年三月初一日，安徽巡抚邓廷桢折，档案号：04-01-35-0377-042
1834	道光十四年	道光十三年十二月初二日至道光十四年十二月初一日	73 028.3	229 947.38	20 947.28	91 093.44	93 975.58	321 040.82	《宫中档朱批奏折·财政类·关税》，道光十五年正月二十七日，安徽巡抚邓廷桢折，档案号：04-01-35-0378-003
1835	道光十五年	道光十四年十二月初二日至道光十五年十一月初一日		230 943.42		87 248.66		318 192.08	《抄档·清代关税收支报告表·常关》，道光十六年正月二十六日，护理安徽巡抚佟景文折

续表

公元	时间	关期	户关实征盈余	户关实征总数	工关实征盈余	工关实征总数	合计实征盈余	合计实征总数	资料来源
1836	道光十六年	道光十五年十一月初二日至道光十六年十一月初一日	73 065.33	229 984.41	47 032.8	117 178.96	120 098.13	347 163.37	《宫中档朱批奏折·财政类·关税》，道光十六年十一月二十二日，安徽巡抚色卜星额折，档案号：04-01-35-0378-065
1837	道光十七年	道光十六年十一月初二日至道光十七年十一月初一日	74 507.23	231 426.31	45 601.45	115 747.61	120 108.68	347 173.92	《宫中档朱批奏折·财政类·关税》，道光十七年十二月初一日，安徽巡抚色卜星额折，档案号：04-01-35-0379-019
1838	道光十八年	道光十七年十一月初二日至道光十八年十月初一日	74 435.03	231 354.11	45 647.75	115 793.91	120 082.73	347 148.02	《军机处录副奏折·道光朝·财政类·关税项》，道光十八年十一月初十日，安徽巡抚色卜星额折，档案号：03-9488-038
1839	道光十九年	道光十八年十月初二日至道光十九年十月初一日		223 919.08		89 146.16		313 065.24	《军机处录副奏折·道光朝·财政类·关税项》，道光十九年十二月初七日，安徽巡抚程楙采折，档案号：03-9488-048
1840	道光二十年	道光十九年十二月初二日至道光二十年十月初一日	73 052	229 971.08	30 875.38	101 021.54	103 927.38	330 992.62	《宫中档朱批奏折·财政类·关税》，道光二十年十二月初二日，安徽巡抚程楙采折，档案号：04-01-35-0379-037
1841	道光二十一年	道光二十年十月初二日至道光二十一年九月初一日		208 943.75		70 547.84	13 778.77	279 491.59	《军机处录副奏折·道光朝·财政类·关税项》，道光二十一年十月二十四日，安徽巡抚程楙采折，档案号：03-9489-031

续表

公元	时间	关期	户关实征盈余	户关实征总数	工关实征盈余	工关实征总数	合计实征盈余	合计实征总数	资料来源
1842	道光二十二年	道光二十一年九月初二日至道光二十二年九月初一日		170 297.21		70 547	52 426.35	240 844.21	《军机处录副奏折·道光朝·财政类·关税项》，道光二十二年九月初三日，安徽巡抚程楙采折，档案号：03-9489-056
1843	道光二十三年	道光二十二年九月初二日至道光二十三年八月初一日	73 201.34	230 120.42	47 102.57	117 248.73	120 303.91	347 369.15	《宫中档朱批奏折·财政类·关税》，道光二十三年九月初一日，安徽巡抚程楙采折，档案号：04-01-35-0380-008
1844	道光二十四年	道光二十三年八月初二日至道光二十四年八月初一日	73 180.32	230 099.4	47 050.22	117 196.38	120 230.54	347 295.79	《宫中档朱批奏折·财政类·关税》，道光二十四年九月二十五日，安徽巡抚王植折，档案号：04-01-35-0380-023
1845	道光二十五年	道光二十四年八月初二日至道光二十五年八月初一日		230 042.7		117 218.02	120 195.48	347 260.72	《抄档·清代关税收支报告表·常关》，道光二十五年九月二十八日，安徽巡抚王植折
1846	道光二十六年	道光二十五年八月初二日至道光二十六年七月初一日	73 168.75	230 087.83	47 032.12	117 178.28	120 200.87	347 266.11	《军机处录副奏折·道光朝·财政类·关税项》，道光二十六年八月初六日，安徽巡抚王植折，档案号：03-3168-036

续表

公元	时间	关期	户关实征盈余	户关实征总数	工关实征盈余	工关实征总数	合计实征盈余	合计实征总数	资料来源
1848	道光二十八年	道光二十七年七月初二日至道光二十八年七月初一日	73 384.92	230 304	46 935.77	117 081.93	120 320.69	347 885.93	《宫中档朱批奏折·财政类·关税》，道光二十八年七月二十二日，安徽巡抚王植折，档案号：04-01-35-0381-006
1849	道光二十九年	道光二十八年七月初二日至道光二十九年六月初一日	66 891.26	223 810.34	53 077.32	123 223.48	119 968.58	347 033.82	《宫中档朱批奏折·财政类·关税》，道光二十九年八月初八日，安徽巡抚王植折，档案号：04-01-35-0381-039

表 16 凤阳关嘉庆道光年间征税表

（单位：两）

公元	时间	关期	应征正额	实征盈余	实征总数	资料来源
1796	嘉庆元年	乾隆六十年二月十五日至嘉庆元年正月十四日	90 159.6	32 132.23	122 291.83	《宫中档朱批奏折·财政类·关税》，嘉庆四年正月初八日，吏部尚书署安徽巡抚朱珪折，档案号：04-01-35-0359-012
1797	嘉庆二年	嘉庆元年正月十五日至嘉庆二年正月十四日	90 159.6	16 558.599	106 718.199	《宫中档朱批奏折·财政类·关税》，嘉庆四年正月初八日，吏部尚书署安徽巡抚朱珪折，档案号：04-01-35-0359-012
		嘉庆二年正月十五日至嘉庆二年十二月十四日	90 159.6	17 644.697	107 804.297	《宫中档朱批奏折·财政类·关税》，嘉庆四年正月初八日，吏部尚书署安徽巡抚朱珪折，档案号：04-01-35-0359-012
1798	嘉庆三年	嘉庆二年十二月十五日至嘉庆三年十二月十四日	90 159.6	34 261.882	124 421.482	《宫中档朱批奏折·财政类·关税》，嘉庆四年正月初八日，吏部尚书署安徽巡抚朱珪折，档案号：04-01-35-0359-012
1799	嘉庆四年	嘉庆三年十二月十五日至嘉庆四年十二月十四日	90 159.6	24 841.975	115 001.575	《户科题本·税课类·关税》，嘉庆五年四月二十七日，安徽巡抚荆道乾折，档案号：02-01-04-18261-011
1800	嘉庆五年	嘉庆四年十二月十五日至嘉庆五年十一月十四日	90 159.6	24 335.776	114 495.376	《宫中档朱批奏折·财政类·关税》，嘉庆五年十二月初三日，管理凤阳关税务庐凤道珠隆阿折，档案号：04-01-35-0360-025

续表

公元	时间	关期	应征正额	实征盈余	实征总数	资料来源
1801	嘉庆六年	嘉庆五年十一月十五日至嘉庆六年十一月十四日	90 159.6		102 019.523	《户科题本·税课类·关税》，嘉庆七年四月十三日，安徽巡抚王汝璧折，档案号：02-01-04-18406-010
1802	嘉庆七年	嘉庆六年十一月十五日至嘉庆七年十一月十四日	90 159.6	15 316.615	105 476.215	《宫中档朱批奏折·财政类·关税》，嘉庆七年十二月初一日，管理凤阳关税务庐凤道珠隆阿折，档案号：04-01-35-0360-047
1803	嘉庆八年	嘉庆七年十一月十五日至嘉庆八年十月十四日	90 159.6	15 510.161	105 669.761	《宫中档朱批奏折·财政类·关税》，嘉庆八年十一月初一日，管理凤阳关庐凤道德庆折，档案号：04-01-35-0361-043
1804	嘉庆九年	嘉庆八年月十五日至嘉庆九年十月十四日	90 159.6	20 024.319	110 183.919	《宫中档朱批奏折·财政类·关税》，嘉庆九年十月二十八日，管理凤阳关庐凤道德庆折，档案号：04-01-35-0362-034
1805	嘉庆十年	嘉庆九年十月十五日至嘉庆十年九月十四日	90 159.6	17 207.312	107 366.912	《宫中档朱批奏折·财政类·关税》，嘉庆十年十月初一日，管理凤阳关庐凤道德庆折，档案号：04-01-35-0363-013
1806	嘉庆十一年	嘉庆十年九月十五日至嘉庆十一年九月十四日	90 159.6	5 222.987	95 382.587	《宫中档朱批奏折·财政类·关税》，嘉庆十一年十月初三日，管理凤阳关庐凤道德庆折，档案号：04-01-35-0363-054
1807	嘉庆十二年	嘉庆十一年九月十五日至嘉庆十二年九月十四日	90 159.6	19 845.799	110 005.399	《宫中档朱批奏折·财政类·关税》，嘉庆十二年十月初二日，管理凤阳关庐凤道广泰折，档案号：04-01-35-0364-051
1808	嘉庆十三年	嘉庆十二年九月十五日至嘉庆十三年八月十四日	90 159.6	28 944.755	119 104.355	《军机处录副奏折·嘉庆朝·财政类·关税项》，嘉庆十三年九月初十日，管理凤阳关庐凤道广泰折，档案号：03-1768-085
1809	嘉庆十四年	嘉庆十三年八月十五日至嘉庆十四年八月十四日	90 159.6	35 374.58	125 534.18	《军机处录副奏折·嘉庆朝·财政类·关税项》，嘉庆十四年九月初六日，管理凤阳关庐凤道广泰折，档案号：03-1769-020
1810	嘉庆十五年	嘉庆十四年八月十五日至嘉庆十五年八月十四日	90 159.6	18 817.686	108 977.286	《宫中档朱批奏折·财政类·关税》，嘉庆十五年九月初二日，管理凤阳关庐凤道四达色折，档案号：04-01-35-0365-045
1811	嘉庆十六年	嘉庆十五年八月十五日至嘉庆十六年七月十四日	90 159.6	17 067.495	107 227.095	《宫中档朱批奏折·财政类·关税》，嘉庆十六年八月初一日，管理凤阳关庐凤道四达色折，档案号：04-01-35-0366-022
1812	嘉庆十七年	嘉庆十六年七月十五日至嘉庆十七年七月十四日	90 159.6	5 329.22	95 488.826	《军机处录副奏折·嘉庆朝·财政类·关税项》，嘉庆十七年八月初一日，管理凤阳关庐凤道四达色折，档案号：03-1770-010

续表

公元	时间	关期	应征正额	实征盈余	实征总数	资料来源
1813	嘉庆十八年	嘉庆十七年七月十五日至嘉庆十八年七月十四日	90 159.6	21 411.13	111 570.73	《宫中档朱批奏折·财政类·关税》，嘉庆十八年八月二十二日，安徽巡抚胡克家折，档案号：04-01-35-0367-041
1814	嘉庆十九年	嘉庆十八年七月十五日至嘉庆十九年六月十四日	90 159.6	12 367.986	102 527.586	《军机处录副奏折·嘉庆朝·财政类·关税项》，嘉庆十九年七月初十日，管理凤阳关庐凤道札隆阿折，档案号：03-1770-090
1815	嘉庆二十年	嘉庆十九年六月十五日至嘉庆二十年六月十四日	90 159.6	12 141.889	102 301.489	《军机处录副奏折·嘉庆朝·财政类·关税项》，嘉庆二十年七月初五日，管理凤阳关庐凤道札隆阿折，档案号：03-1770-133
1816	嘉庆二十一年	嘉庆二十年六月十五日至嘉庆二十一年六月十四日	90 159.6		102 506.594	《户科题本·税课类·关税》，嘉庆二十一年十一月二十日，安徽巡抚康绍镛折，档案号：02-01-04-19630-027
1817	嘉庆二十二年	嘉庆二十一年六月十五日至嘉庆二十二年五月十四日	90 159.6		108 182.513	《户科题本·税课类·关税》，嘉庆二十二年九月初七日，安徽巡抚康绍镛折，档案号：02-01-04-19719-026
1818	嘉庆二十三年	嘉庆二十二年五月十五日至嘉庆二十三年五月十四日	90 159.6	27 099.203	117 258.803	《宫中档朱批奏折·财政类·关税》，嘉庆二十三年六月初七日，管理凤阳关庐凤道惠显折，档案号：04-01-35-0369-031
1819	嘉庆二十四年	嘉庆二十三年五月十五日至嘉庆二十四年闰四月十四日	90 159.6	18 251.561	108 411.161	《宫中档朱批奏折·财政类·关税》，嘉庆二十四年五月初六日，管理凤阳关庐凤道惠显折，档案号：04-01-35-0370-002
1820	嘉庆二十五年	嘉庆二十四年闰四月十五日至嘉庆二十五年四月十四日	90 159.6	14 113.792	104 273.392	《宫中档朱批奏折·财政类·关税》，嘉庆二十五年五月初八日，管理凤阳关庐凤道惠显折，档案号：04-01-35-0370-043
1821	道光元年	嘉庆二十五年四月十五日至道光元年四月十四日	90 159.6	19 894	110 053.6	《宫中档朱批奏折·财政类·关税》，道光元年五月初八日，管理凤阳关税务庐凤道惠显折，档案号：04-01-35-0371-025
1822	道光二年	道光元年四月十五日至道光二年闰三月十四日	90 159.6	17 231.909	107 391.509	《宫中档朱批奏折·财政类·关税》，道光二年四月初六日，管理凤阳关税务庐凤道戴聪折，档案号：04-01-35-0371-052
1823	道光三年	道光二年闰三月十五日至道光三年三月十四日	90 159.6	17 250.81	107 410.401	《宫中档朱批奏折·财政类·关税》，道光三年四月十八日，安徽巡抚陶澍折，档案号：04-01-35-0372-017

续表

公元	时间	关期	应征正额	实征盈余	实征总数	资料来源
1824	道光四年	道光三年三月十五日至道光四年三月十四日	90 159.6	17 702.166	107 861.766	《宫中档朱批奏折·财政类·关税》，道光四年四月二十二日，安徽巡抚陶澍折，档案号：04-01-35-0373-024
1825	道光五年	道光四年三月十五日至道光五年二月十四日	90 159.6	12 162.66	102 322.26	《宫中档朱批奏折·财政类·关税》，道光五年三月初十日，管理凤阳关税务庐凤道戴聪折，档案号：04-01-35-0373-056
1826	道光六年	道光五年二月十五日至道光六年二月十四日	90 159.6	12 301.53	102 461.13	《宫中档朱批奏折·财政类·关税》，道光六年三月初四日，凤阳关新授山西按察使戴聪折，档案号：04-01-35-0374-029
1827	道光七年	道光六年二月十五日至道光七年二月十四日	90 159.6	24 408.37	114 567.97	《抄档·清代关税收支报告表·常关》，道光七年三月二十二日，管理凤阳关税务庐凤道吴篪折
1828	道光八年	道光七年二月十四日至道光八年正月十四日	90 159.6	37 037.719	127 197.319	《抄档·清代关税收支报告表·常关》，道光八年二月十八日，管理凤阳关税务庐凤道吴篪折
1829	道光九年	道光八年正月十五日至道光九年正月十四日	90 159.6	38 470.747	128 567.347	《军机处录副奏折·道光朝·财政类·关税项》，道光九年二月初十日，管理凤阳关税务庐凤道蔡世松折，档案号：03-3160-001
1830	道光十年	道光九年正月十五日至道光十年正月十四日	90 159.6	34 879.123	125 038.723	《军机处录副奏折·道光朝·财政类·关税项》，道光十年正月初八日，管理凤阳关税务庐凤道蔡世松折，档案号：03-3160-040
		道光十年正月十五日至道光十年十二月十四日	90 159.6	32 740.27	122 899.87	《户科题本·税课类·关税》，道光十一年三月十六日，安徽巡抚邓廷桢折，档案号：02-01-04-20471-028
1831	道光十一年	道光十年十二月十五日至道光十一年十二月十四日	90 159.6	26 411.015	116 570.615	《军机处录副奏折·道光朝·财政类·关税项》，道光十二年正月初十日，管理凤阳关税务庐凤道蔡世松折，档案号：03-3163-005
1832	道光十二年	道光十一年十二月十五日至道光十二年十一月十四日	90 159.6	17 343.653	108 504.253	《军机处录副奏折·道光朝·财政类·关税项》，道光十二年十二月十三日，管理凤阳关税务庐凤道蔡世松折，档案号：03-3163-049

续表

公元	时间	关期	应征正额	实征盈余	实征总数	资料来源
1833	道光十三年	道光十二年十一月十五日至道光十三年十一月十四日	90 159.6	17 251.92	107 411.52	《宫中档朱批奏折·财政类·关税》，道光十三年十二月初一日，管理凤阳关税务庐凤道周天爵折，档案号：04-01-35-0377-037
1834	道光十四年	道光十三年十一月十五日至道光十四年十一月十四日	90 159.6	17 271.642	107 431.242	《军机处录副奏折·道光朝·财政类·关税项》，道光十四年十二月初二日，管理凤阳关税务庐凤道周天爵折，档案号：03-3164-007
1835	道光十五年	道光十四年十一月十五日至道光十五年十月十四日	90 159.6	17 305.806	107 465.406	《军机处录副奏折·道光朝·财政类·关税项》，道光十五年十二月初四日，护理巡抚佟景文折，档案号：03-9487-036
1836	道光十六年	道光十五年十月十五日至道光十六年十月十四日	90 159.6	26 045.92	116 205.52	《军机处录副奏折·道光朝·财政类·关税项》，道光十六年十一月初六日，管理凤阳关税务庐凤道胡调元折，档案号：03-9487-065
1837	道光十七年	道光十六年十月十五日至道光十七年十月十四日	90 159.6	18 248.316	108 407.916	《军机处录副奏折·道光朝·财政类·关税项》，道光十七年十一月初六日，管理凤阳关税务庐凤道胡调元折，档案号：03-9488-023
1838	道光十八年	道光十七年十月十五日至道光十八年九月十四日	90 159.6	18 331.129	108 490.729	《军机处录副奏折·道光朝·财政类·关税项》，道光十八年十月初三日，管理凤阳关税务庐凤道胡调元折，档案号：03-9488-036
1839	道光十九年	道光十八年九月十五日至道光十九年九月十四日	90 159.6	10 536.138	100 695.738	《军机处录副奏折·道光朝·财政类·关税项》，道光十九年十月初八日，管理凤阳关税务庐凤道郑家麟折，档案号：03-3165-066
1840	道光二十年	道光十九年九月十五日至道光二十年九月十四日	90 159.6	17 223.224	107 382.824	《军机处录副奏折·道光朝·财政类·关税项》，道光二十年十月初八日，管理凤阳关税务庐凤道郑家麟折，档案号：03-9488-068

续表

公元	时间	关期	应征正额	实征盈余	实征总数	资料来源
1841	道光二十一年	道光二十年九月十五日至道光二十一年八月十四日	90 159.6	17 015.5	107 175.1	《军机处录副奏折·道光朝·财政类·关税项》，道光二十一年九月十一日，管理凤阳关税务庐凤道郑家麟折，档案号：03-9489-024
1842	道光二十二年	道光二十一年八月十五日至道光二十二年八月十四日	90 159.6	6 271.6	96 431.1	《军机处录副奏折·道光朝·财政类·关税项》，道光二十二年九月十一日，管理凤阳关税务庐凤道郑家麟折，档案号：03-9489-057
1843	道光二十三年	道光二十二年八月十五日至道光二十三年闰七月十四日	90 159.6	38 229.877	128 389.477	《军机处录副奏折·道光朝·财政类·关税项》，道光二十三年八月十三日，管理凤阳关税务庐凤道郑家麟折，档案号：03-3166-044
1844	道光二十四年	道光二十三年闰七月十五日至道光二十四年七月十四日	90 159.6	25 884.956	116 044.556	《军机处录副奏折·道光朝·财政类·关税项》，道光二十四年八月初一日，管理凤阳关税务庐凤道周鸣銮折，档案号：03-3167-030
1845	道光二十五年	道光二十四年七月十五日至道光二十五年七月十四日	90 159.6	17 118.655	107 278.255	《抄档·清代关税收支报告表·常关》，道光二十五年八月二十六日，管理凤阳关税务庐凤道周鸣銮折
1846	道光二十六年	道光二十五年七月十五日至道光二十六年六月十四日	90 159.6	19 685.321	109 844.921	《军机处录副奏折·道光朝·财政类·关税项》，道光二十六年七月初四日，管理凤阳关税务庐凤道周鸣銮折，档案号：03-3168-031
1847	道光二十七年	道光二十六年六月十五日至道光二十七年六月十四日	90 159.6	20 485.958	110 645.558	《户科题本·税课类·关税》，道光二十八年六月二十二日，大学士潘世恩折，档案号：02-01-04-21403-029
1848	道光二十八年	道光二十七年六月十五日至道光二十八年六月十四日	90 159.6	9 325.15	99 484.75	《军机处录副奏折·道光朝·财政类·关税项》，道光二十八年七月十一日，管理凤阳关税务庐凤道舒梦龄折，档案号：03-3168-084

续表

公元	时间	关期	应征正额	实征盈余	实征总数	资料来源
1849	道光二十九年	道光二十八年六月十五日至道光二十九年五月十四日	90 159.6	16 144	106 303.6	《军机处录副奏折·道光朝·财政类·关税项》，道光二十九年六月初一日，管理凤阳关税务庐凤道舒梦龄折，档案号：03-3169-022
1850	道光三十年	道光二十九年五月十五日至道光三十年五月十四日	90 159.6	19 693.352	109 852.952	《军机处录副奏折·道光朝·财政类·关税项》，道光三十年六月初四日，管理凤阳关税务庐凤道奎绶折，档案号：03-3169-066

表 17　龙江西新关嘉庆道光年间征税表　　（单位：两）

公元	时间	关期	龙江关实收总数	龙江关实收盈余	西新关实收总数	西新关实收盈余	两关合计盈余	两关共收总数	资料来源
1796	嘉庆元年	乾隆六十年十一月二十日至嘉庆元年十一月二十七日	111 521.123	53 913.898	68 815.311	27 438.986	81 352.88	180 336.434	《军机处录副奏折·嘉庆朝·财政类·关税项》，嘉庆元年十二月初六日，江宁织造佛保折，档案号：03-1766-028
1797	嘉庆二年	嘉庆元年十一月二十八日至嘉庆二年十月二十七日	122 393.473	64 786.248	71 513.599	30 137.274	94 923.52	193 907.072	《军机处录副奏折·嘉庆朝·财政类·关税项》，嘉庆二年十月二十六日，江宁织造佛保折，档案号：03-1766-070
1798	嘉庆三年	嘉庆二年十月二十八日至嘉庆三年十月二十七日	118 003.203	57 607.225	75 148.744	33 772.419	91 379.64	193 151.947	《宫中档朱批奏折·财政类·关税》，嘉庆三年十二月初一日，江宁织造佛保折，档案号：04-01-35-0359-011
1799	嘉庆四年	嘉庆三年十月二十八日至嘉庆四年十月二十七日	118 462.761	60 855.536	75 637.217	34 260.892	95 116.43	194 099.978	《宫中档朱批奏折·财政类·关税》，嘉庆四年十一月初二日，江宁织造佛保折，档案号：04-01-35-0359-051

续表

公元	时间	关期	龙江关实收总数	龙江关实收盈余	西新关实收总数	西新关实收盈余	两关合计盈余	两关共收总数	资料来源
1800	嘉庆五年	嘉庆四年十月二十八日至嘉庆五年九月二十七日	126 669.592	61 962.367	66 422.581	25 046.256	87 008.62	193 092.173	《宫中档朱批奏折·财政类·关税》，嘉庆五年十月初六日，江宁织造佛保折，档案号：04-01-35-0360-021
1801	嘉庆六年	嘉庆五年九月二十八日至嘉庆六年九月二十七日	123 025.567		66 087.074	24 710.749		189 112.641	《户科题本·税课类·关税》，嘉庆七年九月二十六日，户部尚书禄康折，档案号：02-01-04-18407-015
1802	嘉庆七年	嘉庆六年九月二十八日至嘉庆七年九月二十七日	117 237.185		65 954.761	24 578.436		183 191.946	《户科题本·税课类·关税》，嘉庆八年三月十七日，江宁织造姚良折，档案号：02-01-04-18467-018
1803	嘉庆八年	嘉庆七年九月二十八日至嘉庆八年八月二十七日	120 694.134	63 086.909	64 589.828	23 213.503	86 300.41	185 283.962	《宫中档朱批奏折·财政类·关税》，嘉庆八年九月初七日，江宁织造姚良折，档案号：04-01-35-0361-035
1804	嘉庆九年	嘉庆八年八月二十八日至嘉庆九年八月二十七日	121 869.728	64 262.503	61 446.165	20 069.84	84 332.34	183 315.893	《宫中档朱批奏折·财政类·关税》，嘉庆九年九月初四日，江宁织造姚良折，档案号：04-01-35-0362-030
1805	嘉庆十年	嘉庆九年八月二十八日至嘉庆十年七月二十七日	124 778.3	67 170.805	53 343.05	11 966.725	79 137.53	178 121.08	《宫中档朱批奏折·财政类·关税》，嘉庆十年八月二十一日，江宁织造嵩年折，档案号：04-01-35-0363-007

续表

公元	时间	关期	龙江关实收总数	龙江关实收盈余	西新关实收总数	西新关实收盈余	两关合计盈余	两关共收总数	资料来源
1806	嘉庆十一年	嘉庆十年七月二十八日至嘉庆十一年七月二十七日	93 348.073	35 740.848	54 922.12	13 545.795	49 286.64	148 270.193	《宫中档朱批奏折・财政类・关税》，嘉庆十一年八月二十一日，江宁织造嵩年折，档案号：04-01-35-0363-051
1807	嘉庆十二年	嘉庆十一年七月二十八日至嘉庆十二年七月二十七日	128 258.724	70 651.499	59 752.797	18 376.472	89 027.97	188 011.521	《宫中档朱批奏折・财政类・关税》，嘉庆十二年八月二十一日，江宁织造嵩年折，档案号：04-01-35-0364-044
1808	嘉庆十三年	嘉庆十二年七月二十八日至嘉庆十三年六月二十七日	130 393.193	72 785.968	51 569.133	10 192.88	82 978.85	181 962.326	《军机处录副奏折・嘉庆朝・财政类・关税项》，嘉庆十三年七月二十日，江宁织造嵩年折，档案号：03-1768-081
1809	嘉庆十四年	嘉庆十三年六月二十八日至嘉庆十四年六月二十七日	133 207.226		54 291.903	12 915.578		187 499.129	《户科题本・税课类・关税》，嘉庆十四年十一月二十二日，江宁织造双德折，档案号：02-01-04-18928-031
1810	嘉庆十五年	嘉庆十四年六月二十八日至嘉庆十五年六月二十七日	130 114.272	72 507.047	57 181.604	15 805.279	88 312.33	187 295.876	《宫中档朱批奏折・财政类・关税》，嘉庆十五年七月二十五日，江宁织造雙德折，档案号：04-01-35-0365-042

续表

公元	时间	关期	龙江关实收总数	龙江关实收盈余	西新关实收总数	西新关实收盈余	两关合计盈余	两关共收总数	资料来源
1811	嘉庆十六年	嘉庆十五年六月二十八日至嘉庆十六年五月二十七日	134 428.554	76 821.329	52 888.576	11 512.251	88 333.58	187 317.13	《宫中档朱批奏折·财政类·关税》，嘉庆十六年六月二十七日，江宁织造雙德折，档案号：04-01-35-0366-021
1812	嘉庆十七年	嘉庆十六年五月二十八日至嘉庆十七年五月二十七日	135 371.996	77 764.771	51 969.912	10 593.587	88 358.36	187 341.908	《宫中档朱批奏折·财政类·关税》，嘉庆十七年六月二十六日，江宁织造雙德折，档案号：04-01-35-0366-052
1813	嘉庆十八年	嘉庆十七年五月二十八日至嘉庆十八年五月二十七日	133 984.46	76 377.235	53 234.925	11 856.6	88 233.84	187 219.385	《宫中档朱批奏折·财政类·关税》，嘉庆十八年六月二十八日，江宁织造雙德折，档案号：04-01-35-0367-037
1814	嘉庆十九年	嘉庆十八年五月二十八日至嘉庆十九年四月二十七日	134 185.581	76 578.356	47 944.389	6 568.064	83 146.42	182 129.97	《宫中档朱批奏折·财政类·关税》，嘉庆十九年五月二十七日，江宁织造雙德折，档案号：04-01-35-0368-013
1815	嘉庆二十年	嘉庆十九年四月二十八日至嘉庆二十年四月二十七日	122 827.915	65 220.69	45 177.502	3 801.177	69 021.87	168 004.896	《军机处录副奏折·嘉庆朝·财政类·关税项》，嘉庆二十年五月二十七日，江宁织造延隆折，档案号：03-1770-130

续表

公元	时间	关期	龙江关实收总数	龙江关实收盈余	西新关实收总数	西新关实收盈余	两关合计盈余	两关共收总数	资料来源
1816	嘉庆二十一年	嘉庆二十年四月二十八日至嘉庆二十一年四月二十七日	109 624.013	52 016.788	47 745.959	6 369.634	58 386.42	157 369.972	《宫中档朱批奏折·财政类·关税》，嘉庆二十一年五月二十七日，江宁织造延隆折，档案号：04-01-35-0368-039
1817	嘉庆二十二年	嘉庆二十一年四月二十八日至嘉庆二十二年三月二十七日	129 467.321	71 860.096	46 820.361	5 444.036	77 304.13	176 287.682	《宫中档朱批奏折·财政类·关税》，嘉庆二十二年四月二十六日，江宁织造延隆折，档案号：04-01-35-0368-054
1818	嘉庆二十三年	嘉庆二十二年三月二十八日至嘉庆二十三年三月二十七日	132 861.057	75 253.832	56 161.115	14 784.79	90 038.62	189 022.172	《宫中档朱批奏折·财政类·关税》，嘉庆二十三年四月十六日，江宁织造延隆折，档案号：04-01-35-0369-022
1819	嘉庆二十四年	嘉庆二十三年三月二十八日至嘉庆二十四年三月二十七日	133 457.457	75 850.232	54 850.962	13 474.637	89 324.87	188 308.419	《宫中档朱批奏折·财政类·关税》，嘉庆二十四年四月二十一日，江宁织造延隆折，档案号：04-01-35-0369-054
1820	嘉庆二十五年	嘉庆二十四年三月二十八日至嘉庆二十五年二月二十七日	106 428.794	48 821.569	52 922.023	11 545.698	60 367.27	159 350.817	《宫中档朱批奏折·财政类·关税》，嘉庆二十五年三月二十一日，江宁织造七十四折，档案号：04-01-35-0370-037
1821	道光元年	嘉庆二十五年二月二十八日至道光元年二月二十七日	141 903.633	84 296.408	56 702.559	15 326.234	99 622.64	198 606.192	《宫中档朱批奏折·财政类·关税》，道光元年三月十七日，江宁织造七十四折，档案号：04-01-30-0468-007

续表

公元	时间	关期	龙江关实收总数	龙江关实收盈余	西新关实收总数	西新关实收盈余	两关合计盈余	两关共收总数	资料来源
1822	道光二年	道光元年二月二十八日至道光二年二月二十七日	140 463.166	82 855.941	51 640.213	10 263.888	93 119.83	192 103.379	《宫中档朱批奏折·财政类·关税》，道光二年三月二十一日，江宁织造七十四折，档案号：04-01-35-0371-046
1823	道光三年	道光二年二月二十八日至道光三年正月二十七日	144 165.004	86 557.779	51 491.053	10 114.728	96 672.51	195 656.057	《宫中档朱批奏折·财政类·关税》，道光三年二月初三日，江宁织造七十四折，档案号：04-01-35-0372-012
1824	道光四年	道光三年正月二十八日至道光四年正月二十七日	123 637.69	66 030.465	50 790.439	9 414.114	75 444.58	174 428.129	《宫中档朱批奏折·财政类·关税》，道光四年二月二十一日，江宁织造广亮折，档案号：04-01-35-0373-008
		道光四年正月二十八日至道光四年十二月二十七日	139 272.245	81 665.02	47 947.499	6 571.174	88 236.19	187 219.744	《军机处录副奏折·道光朝·财政类·关税项》，道光五年正月二十六日，江宁织造广亮折，档案号：03-3159-004
1825	道光五年	道光四年十二月二十八日至道光五年十二月二十七日	115 246.582	57 639.357	47 984.63	6 608.305	64 247.66	163 231.212	《宫中档朱批奏折·财政类·关税》，道光六年正月二十四日，江宁织造广亮折，档案号：04-01-35-0374-027

续表

公元	时间	关期	龙江关实收总数	龙江关实收盈余	西新关实收总数	西新关实收盈余	两关合计盈余	两关共收总数	资料来源
1826	道光六年	道光五年十二月二十八日至道光六年十二月二十七日	115 021.543	57 414.318	52 702.081	11 325.756	68 740.07	167 723.624	《宫中档朱批奏折·财政类·关税》，道光七年正月二十四日，江宁织造彭年折，档案号：04-01-35-0374-045
1827	道光七年	道光六年十二月二十八日至道光七年十一月二十七日	137 695.624	80 088.399	51 189.561	9 813.236	89 901.64	188 885.185	《宫中档朱批奏折·财政类·关税》，道光七年十二月初七日，江宁织造彭年折，档案号：04-01-35-0375-006
1828	道光八年	道光七年十一月二十八日至道光八年十一月二十七日	142 936.392	85 329.167	45 382.224	4 005.899	89 335.07	188 318.616	《宫中档朱批奏折·财政类·关税》，道光八年十二月初五日，江宁织造彭年折，档案号：04-01-35-0375-041
1829	道光九年	道光八年十一月二十八日至道光九年十一月二十七日	139 611.811	82 004.586	47 687.977	6 311.652	88 316.24	187 299.788	《宫中档朱批奏折·财政类·关税》，道光九年十二月初六日，江宁织造彭年折，档案号：04-01-35-0375-067
1830	道光十年	道光九年十一月二十八日至道光十年十月二十七日	127 072.995	69 465.77	45 628.158	4 251.833	73 717.6	172 701.153	《军机处录副奏折·道光朝·财政类·关税项》，道光十年十一月初八日，江宁织造长良折，档案号：03-3160-075

续表

公元	时间	关期	龙江关实收总数	龙江关实收盈余	西新关实收总数	西新关实收盈余	两关合计盈余	两关共收总数	资料来源
1831	道光十一年	道光十年十月二十八日至道光十一年十月二十七日	118 015.672	60 408.447	45 303.348	3 927.023	64 335.47	163 319.02	《军机处录副奏折·道光朝·财政类·关税项》，道光十一年十一月十二日，江宁织造长良折，档案号：03-3162-040
1832	道光十二年	道光十一年十月二十八日至道光十二年闰九月二十七日	91 605.902	33 998.677	41 448.747	72.422	34 071.1	133 054.649	《军机处录副奏折·道光朝·财政类·关税项》，道光十二年十月初一日，江宁织造长良折，档案号：03-3163-038
1833	道光十三年	道光十二年闰九月二十八日至道光十三年九月二十七日	92 037.948	34 430.723	42 063.109	686.784	35 117.51	134 101.057	《户科题本·税课类·关税》，道光十三年十二月二十日，江宁织造克明额折，档案号：02-01-04-20603-037
1834	道光十四年	道光十三年九月二十八日至道光十四年九月二十七日	88 549.648	30 942.423	42 511.557	1 135.232	32 077.66	131 061.205	《宫中档朱批奏折·财政类·关税》，道光十四年十月二十一日，江宁织造克明额折，档案号：04-01-35-0377-068
1835	道光十五年	道光十四年九月二十八日至道光十五年八月二十七日	88 808.223	31 200.998	42 715.232	1 338.907	32 539.91	131 523.455	《宫中档朱批奏折·财政类·关税》，道光十五年九月初十日，江宁织造福泰折，档案号：04-01-35-0378-033

续表

公元	时间	关期	龙江关实收总数	龙江关实收盈余	西新关实收总数	西新关实收盈余	两关合计盈余	两关共收总数	资料来源
1836	道光十六年	道光十五年八月二十八日至道光十六年八月二十七日	114 645.111	57 037.886	41 449.941	73.616	57 111.5	156 095.052	《宫中档朱批奏折·财政类·关税》，道光十六年九月十六日，江宁织造明伦折，档案号：04-01-35-0378-061
1837	道光十七年	道光十六年八月二十八日至道光十七年八月二十七日	110 572.641	52 965.416	41 395.273	18.948	52 984.36	151 967.914	《宫中档朱批奏折·财政类·关税》，道光十七年九月二十六日，江宁织造明伦折，档案号：04-01-35-0379-012
1838	道光十八年	道光十七年八月二十八日至道光十八年八月二十七日	99 188.174	41 580.949	41 571.762	195.437	41 776.39	140 759.936	《军机处录副奏折·道光朝·财政类·关税项》，道光十八年八月二十二日，江宁织造苏章安折，档案号：03-9488-035
1839	道光十九年	道光十八年八月二十八日至道光十九年七月二十七日	90 229.87	32 622.645	43 172.667	1 796.342	34 418.99	133 402.537	《户科题本·税课类·关税》，道光十九年十月二十二日，江宁织造庆伦折，档案号：02-01-04-20995-003
1840	道光二十年	道光十九年七月二十八日至道光二十年七月二十七日	95 740.117	38 132.892	42 612.441	1 236.116	39 369.01	138 352.558	《军机处录副奏折·道光朝·财政类·关税项》，道光二十年八月十二日，江宁织造存住折，档案号：03-9488-064

续表

公元	时间	关期	龙江关实收总数	龙江关实收盈余	西新关实收总数	西新关实收盈余	两关合计盈余	两关共收总数	资料来源
1841	道光二十一年	道光二十年七月二十八日至道光二十一年六月二十七日	90 599.327	32 992.102	41 437.031	60.706	33 052.81	132 036.358	《军机处录副奏折·道光朝·财政类·关税项》，道光二十一年七月十二日，江宁织造存住折，档案号：03-9489-019
1842	道光二十二年	道光二十一年六月二十八日至道光二十二年六月二十七日	95 291.176	37 683.951	41 815.346	439.021	38 122.97	137 106.522	《军机处录副奏折·道光朝·财政类·关税项》，道光二十二年九月初二日，江宁织造乌明阿折，档案号：03-9489-055
1843	道光二十三年	道光二十二年六月二十八日至道光二十三年六月二十七日	74 232.103	16 624.878	34 390.449	-6 985.876	9 639.002	108 622.552	《军机处录副奏折·道光朝·财政类·关税项》，道光二十三年七月十五日，江宁织造乌明阿折，档案号：03-3166-039（英船入侵67天封关少征34799.716两）
1844	道光二十四年	道光二十三年六月二十八日至道光二十四年五月二十七日	100 900.416	43 293.191	41 481.435	105.11	43 398.3	142 381.851	《军机处录副奏折·道光朝·财政类·关税项》，道光二十四年六月二十二日，江宁织造瑞长折，档案号：03-3167-025
1845	道光二十五年	道光二十四年五月二十八日至道光二十五年五月二十七日	118 718.226	61 111.001	41 717.291	340.966	61 451.97	160 435.517	《户科题本·税课类·关税》，道光二十五年八月二十七日，江宁织造文谦折，档案号：02-01-04-21318-028

续表

公元	时间	关期	龙江关实收总数	龙江关实收盈余	西新关实收总数	西新关实收盈余	两关合计盈余	两关共收总数	资料来源
1846	道光二十六年	道光二十五年五月二十八日至道光二十六年五月二十七日	106 086.669	48 479.444	41 515.203	138.878	48 618.32	147 601.872	《军机处录副奏折·道光朝·财政类·关税项》，道光二十六年闰五月二十五日，江宁织造文谦折，档案号：03-3168-024
1847	道光二十七年	道光二十六年五月二十八日至道光二十七年四月二十七日	97 438.938	39 831.713	41 516.438	140.113	39 971.83	138 955.376	《户科题本·税课类·关税》，道光二十八年七月二十二日，大学士潘世恩折，档案号：02-01-04-21404-001
1848	道光二十八年	道光二十七年四月二十八日至道光二十八年四月二十七日	120 937.104	63 329.879	41 892.115	515.79	63 845.67	162 829.219	《宫中档朱批奏折·财政类·关税》，道光二十八年五月二十四日，江宁织造崇纶折，档案号：04-01-35-0380-067
1849	道光二十九年	道光二十八年四月二十八日至道光二十九年四月二十七日	98 670.955	41 063.73	41 547.975	171.65	41 235.38	140 218.93	《宫中档朱批奏折·财政类·关税》，道光二十九年闰四月十九日，江宁织造铭海折，档案号：04-01-35-0381-026
1850	道光三十年	道光二十九年四月二十八日至道光三十年三月二十七日	86 885.614	29 278.389	41 493.266	116.941	29 395.33	128 378.88	《宫中档朱批奏折·财政类·关税》，道光三十年四月二十五日，江宁织造兴保折，档案号：04-01-35-0381-060

表 18　九江关嘉庆道光年间征税表　　（单位：两）

公元	时间	关期	应征正额	火耗	实征盈余	实征总数	资料来源
1796	嘉庆元年	乾隆六十年十月初九日至嘉庆元年十月初八日	172 281.306	42 824.55		569 013.25	《军机处录副奏折·嘉庆朝·财政类·关税项》，嘉庆元年十月十九日，九江关监督全德折，档案号：03-1766-026.
1797	嘉庆二年	嘉庆元年十月初九日至嘉庆二年九月初八日	172 281.306	48 740.104		607 087.041	《军机处录副奏折·道光朝·财政类·关税项》，嘉庆二年九月十九日，九江关监督全德折，档案号：03-1766-068
1798	嘉庆三年	嘉庆二年九月初九日至嘉庆三年九月初八日	172 281.306	49 880.812		560 027.218	《军机处录副奏折·嘉庆朝·财政类·关税项》，嘉庆三年九月二十二日，九江关监督刘朴折，档案号：03-1767-015
1799	嘉庆四年	嘉庆三年九月初九日至嘉庆四年九月初八日	172 281.306	45 532.458		567 054.04	《宫中档朱批奏折·财政类·关税》，嘉庆四年九月二十四日，九江关监督阿林保折，档案号：04-01-35-0359-044
1800	嘉庆五年	嘉庆四年九月初九日至嘉庆五年八月初八日	172 281.306	45 345.537		567 821.206	《宫中档朱批奏折·财政类·关税》，嘉庆五年八月十九日，九江关监督阿克当阿折，档案号：04-01-35-0360-017
1801	嘉庆六年	嘉庆五年八月初九日至嘉庆六年八月初八日	172 281.306	44 608.13		565 973.428	《户科题本·税课类·关税》，嘉庆七年三月二十日，九江关监督阿克当阿折，档案号：02-01-04-18406-005
1802	嘉庆七年	嘉庆六年八月初九日至嘉庆七年年八月初八日	172 281.306	42 631.437		538 539.608	《军机处录副奏折·嘉庆朝·财政类·关税项》，嘉庆七年八月二十一日，九江关监督阿克当阿折，档案号：03-1767-037

续表

公元	时间	关期	应征正额	火耗	实征盈余	实征总数	资料来源
1803	嘉庆八年	嘉庆七年八月初九日至嘉庆八年七月初八日	172 281.306	41 545.614		513 948.156	《宫中档朱批奏折·财政类·关税》，嘉庆八年七月二十日，九江关监督阿克当阿折，档案号：04-01-35-0361-027
1804	嘉庆九年	嘉庆八年七月初九日至嘉庆九年七月初八日	172 281.306	41 737.091		542 951.302	《宫中档朱批奏折·财政类·关税》，嘉庆九年七月二十二日，九江关监督阿克当阿折，档案号：04-01-35-0362-024
1805	嘉庆十年	嘉庆九年七月初九日至嘉庆十年闰六月初八日	172 281.306	39 804.136		561 520.396	《宫中档朱批奏折·财政类·关税》，嘉庆十年闰六月二十六日，九江关监督阿克当阿折，档案号：04-01-35-0363-003
1806	嘉庆十一年	嘉庆十年闰六月初九日至嘉庆十一年六月初八日	172 281.306	35 098.246		492 187.103	《宫中档朱批奏折·财政类·关税》，嘉庆十一年六月二十一日，九江关监督广惠折，档案号：04-01-35-0363-048
1807	嘉庆十二年	嘉庆十一年六月初九日至嘉庆十二年六月初八日	172 281.306	39 221.492		528 760.309	《宫中档朱批奏折·财政类·关税》，嘉庆十二年六月二十一日，九江关监督广惠折，档案号：04-01-35-0364-039
1808	嘉庆十三年	嘉庆十二年六月初九日至嘉庆十三年闰五年初八日	172 281.306	38 960.23		500 753.53	《军机处录副奏折·嘉庆朝·财政类·关税项》，嘉庆十三年闰五月二十五日，九江关监督广惠折，档案号：03-1768-076
1809	嘉庆十四年	嘉庆十三年闰五月初九日至嘉庆十四年五月初八日	172 281.306	40 612.299		544 401.099	《军机处录副奏折·嘉庆朝·财政类·关税项》，嘉庆十四年五月二十五日，九江关监督广惠折，档案号：03-1769-013
1810	嘉庆十五年	嘉庆十四年五月初九日至嘉庆十五年五月初八日	172 281.306	41 362.424		552 154.465	《宫中档朱批奏折·财政类·关税》，嘉庆十五年五月二十二日，九江关监督广惠折，档案号：04-01-35-0365-037

续表

公元	时间	关期	应征正额	火耗	实征盈余	实征总数	资料来源
1811	嘉庆十六年	嘉庆十五年五月初九日至嘉庆十六年四月初八日	172 281.306	38 644.987		514 948.258	《宫中档朱批奏折·财政类·关税》，嘉庆十六年四月二十八日，九江关监督广惠折，档案号：04-01-35-0366-013
1812	嘉庆十七年	嘉庆十六年四月初九日至嘉庆十七年四月初八日	172 281.306	38 515.826		492 123.389	《宫中档朱批奏折·财政类·关税》，嘉庆十七年四月二十五日，九江关监督广惠折，档案号：04-01-35-0366-047
1813	嘉庆十八年	嘉庆十七年四月初九日至嘉庆十八年四月初八日	172 281.306	44 724.168		582 486.949	《宫中档朱批奏折·财政类·关税》，嘉庆十八年四月二十一日，九江关监督德泰折，档案号：04-01-35-0367-029
1814	嘉庆十九年	嘉庆十八年四月初九日至嘉庆十九年三月初八日	172 281.306	46 300.168		581 323.657	《宫中档朱批奏折·财政类·关税》，嘉庆十九年三月二十四日，九江关监督德泰折，档案号：04-01-35-0368-009
1815	嘉庆二十年	嘉庆十九年三月初九日至嘉庆二十年三月初八日	172 281.306	40 076.411		570 105.217	《军机处录副奏折·嘉庆朝·财政类·关税项》，嘉庆二十年三月二十五日，九江关监督德泰折，档案号：03-1770-124
1816	嘉庆二十一年	嘉庆二十年三月初九日至嘉庆二十一年三月初八日	172 281.306	37 322.596		496 809.991	《宫中档朱批奏折·财政类·关税》，嘉庆二十一年三月二十二日，九江关监督任兰祐折，档案号：04-01-35-0368-032
1817	嘉庆二十二年	嘉庆二十一年三月初九日至嘉庆二十二年二月初八日	172 281.306	40 146.14		520 566.741	《宫中档朱批奏折·财政类·关税》，嘉庆二十二年二月二十八日，九江关监督任兰祐折，档案号：04-01-35-0368-052

续表

公元	时间	关期	应征正额	火耗	实征盈余	实征总数	资料来源
1818	嘉庆二十三年	嘉庆二十二年二月初九日至嘉庆二十三年二月初八日	172 281.306	30 336.127		403 372.396	《宫中档朱批奏折·财政类·关税》，嘉庆二十三年二月二十七日，九江关监督任兰祐折，档案号：04-01-35-0369-019
1819	嘉庆二十四年	嘉庆二十三年二月初九日至嘉庆二十四年二月初八日	172 281.306	42 425.338		542 679.118	《宫中档朱批奏折·财政类·关税》，嘉庆二十四年二月二十一日，九江关监督广惠折，档案号：04-01-35-0369-051
1820	嘉庆二十五年	嘉庆二十四年二月初九日至嘉庆二十五年正月初八日	172 281.306	41 202.205		521 924.259	《宫中档朱批奏折·财政类·关税》，嘉庆二十五年正月二十六日，九江关监督广惠折，档案号：04-01-35-0370-031
1821	道光元年	嘉庆二十五年正月初九日至道光元年正月初八日	172 281.306	42 543.217		530 623.188	《宫中档朱批奏折·财政类·关税》，道光元年二月初三日，九江关监督常兴折，档案号：04-01-35-0371-016
1822	道光二年	道光元年正月初九日至道光二年正月初八日	172 281.306	45 657.02		584 565.218	《宫中档朱批奏折·财政类·关税》，道光二年正月二十五日，九江关监督常兴折，档案号：04-01-35-0371-044
		道光二年正月初九日至道光二年十二月初八日	172 281.306	45 279.789		584 687.079	《宫中档朱批奏折·财政类·关税》，道光二年十二月二十一日，九江关监督费履升折，档案号：04-01-35-0372-010

续表

公元	时间	关期	应征正额	火耗	实征盈余	实征总数	资料来源
1823	道光三年	道光二年十二月初九日至道光三年十二月初八日	172 281.306	44 318.795		579 403.747	《宫中档朱批奏折·财政类·关税》，道光三年十二月二十一日，九江关监督费履升折，档案号：04-01-35-372-053（含免米税 1754.8 两）
1824	道光四年	道光三年十二月初九日至道光四年十一月初八日	172 281.306	42 954.57		584 127.276	《宫中档朱批奏折·财政类·关税》，道光四年十一月二十七日，九江关监督郑祖琛折，档案号：04-01-35-0373-048
1825	道光五年	道光四年十一月初九日至道光五年十一月初八日	172 281.306	43 525.605		540 674.565	《宫中档朱批奏折·财政类·关税》，道光五年十一月二十五日，九江关监督克蒙额折，档案号：04-01-35-0374-023
1826	道光六年	道光五年十一月初九日至道光六年十一月初八日	172 281.306	41 816.007		523 121.571	《宫中档朱批奏折·财政类·关税》，道光六年十一月【缺日】，九江关监督克蒙额折，档案号：04-01-35-0374-040
1827	道光七年	道光六年十一月初九日至道光七年十月初八日	172 281.306	40 888.919		526 917.001	《宫中档朱批奏折·财政类·关税》，道光七年十月二十四日，九江关监督克蒙额折，档案号：04-01-35-0375-003
1828	道光八年	道光七年十月初九日至道光八年十月初八日	172 281.306	46 653.273		539 493.426	《宫中档朱批奏折·财政类·关税》，道光八年十月十七日，九江关监督祝麟折，档案号：04-01-35-0375-036
1829	道光九年	道光八年十月初九日至道光九年十月初八日	172 281.306	47 990.892 9		600 008.521	《宫中档朱批奏折·财政类·关税》，道光九年十月十五日，九江关监督祝麟折，档案号：04-01-35-0375-064

续表

公元	时间	关期	应征正额	火耗	实征盈余	实征总数	资料来源
1830	道光十年	道光九年十月初八日至道光十年九月初八日	172 281.306	40 562.175		541 493.922	《宫中档朱批奏折·财政类·关税》，道光十年九月二十五日，九江关监督祝麟折，档案号：04-01-35-0376-027
1831	道光十一年	道光十年九月初八日至道光十一年九月初八日	172 281.306			371 374.306	《宫中档朱批奏折·财政类·关税》，道光十一年【缺月日】，江西巡抚吴光悦折，档案号：04-01-35-0376-063
1832	道光十二年	道光十一年九月初九日至道光十二年九月初八日	172 281.306	33 719.262		463 842.086	《宫中档朱批奏折·财政类·关税》，道光十二年九月二十四日，九江关监督德顺折，档案号：04-01-35-0377-011
1833	道光十三年	道光十二年九月初九日至道光十三年八月初八日	172 281.306	38 094.509		505 509.704	《抄档·清代关税收支报告表·常关》，道光十三年九月二十九日，九江关监督德顺折
1834	道光十四年	道光十三年八月初九日至道光十四年八月初八日	172 281.306	36 550.257		522 468.632	《宫中档朱批奏折·财政类·关税》，道光十四年八月二十七日，九江关监督德顺折，档案号：04-01-35-0377-061
1835	道光十五年	道光十四年八月初九日至道光十五年七月初八日	172 281.306	41 743.733		531 621.97	《宫中档朱批奏折·财政类·关税》，道光十五年七月二十六日，九江关监督德顺折，档案号：04-01-35-0378-025
1836	道光十六年	道光十五年七月初九日至道光十六年七月初八日	172 281.306	48 425.799		599 670.298	《宫中档朱批奏折·财政类·关税》，道光十六年七月二十七日，九江关监督德顺折，档案号：04-01-35-0378-055

续表

公元	时间	关期	应征正额	火耗	实征盈余	实征总数	资料来源
1837	道光十七年	道光十六年七月初九日至道光十七年七月初八日	172 281.306	47 919.351		603 039.464	《宫中档朱批奏折·财政类·关税》，道光十七年七月二十二日，九江关监督德顺折，档案号：04-01-35-0379-007
1838	道光十八年	道光十七年七月初九日至道光十八年六月初八日	172 281.306	47 924.724		589 476.171	《军机处录副奏折·道光朝·财政类·关税项》，道光十八年六月二十四日，九江关监督德顺折，档案号：03-3165-014
1839	道光十九年	道光十八年六月初九日至道光十九年六月初八日	172 281.306	47 129.088		574 532.868	《户科题本·税课类·关税》，道光十九年十一月十二日，江西巡抚福泰折，档案号：02-01-04-20995-009
1840	道光二十年	道光十九年六月初九日至道光二十年六月初八日	172 281.306	44 152.933		562 932.167	《军机处录副奏折·道光朝·财政类·关税项》，道光二十年六月二十六日，九江关监督福泰折，档案号：03-9488-060
1841	道光二十一年	道光二十年六月初九日至道光二十一年五月初八日	172 281.306	42 004.905		536 816.25	《宫中档朱批奏折·财政类·关税》，道光二十一年六月初九日，江西巡抚钱宝琛折，档案号：04-01-35-0379-050
1842	道光二十二年	道光二十一年五月初九日至道光二十二年五月初八日	172 281.306	32 702.454		424 927.99	《军机处录副奏折·道光朝·财政类·关税项》道光二十二年五月二十六日，九江关监督普琳折，档案号：03-9489-044
1843	道光二十三年	道光二十二年五月初九日至道光二十三年五月初八日	172 281.306	30 959.899		398 116.298	《军机处录副奏折·道光朝·财政类·关税项》，道光二十三年五月二十六日，蒋方正折，档案号：03-9489-078

续表

公元	时间	关期	应征正额	火耗	实征盈余	实征总数	资料来源
1844	道光二十四年	道光二十三年五月初九日至道光二十四年四月初八日	172 281.306	34 099.279		451 740.571	《军机处录副奏折·道光朝·财政类·关税项》，道光二十四年四月二十六日，九江关监督图壁折，档案号：03-3167-017
1845	道光二十五年	道光二十四年四月初九日至道光二十五年四月初八日	172 281.306	43 649.809		583 025.9	《抄档·清代关税收支报告表·常关》，道光二十五年五月十三日，九江关监督图壁折
1846	道光二十六年	道光二十五年四月初九日至道光二十六年四月初八日	172 281.306	42 496.753		545 004.282	《军机处录副奏折·道光朝·财政类·关税项》，道光二十六年四月二十五日，九江关监督图壁折，档案号：03-3168-011
1847	道光二十七年	道光二十六年四月初九日至道光二十七年三月初八日	172 281.306	37 483.295		484 645.538	《军机处录副奏折·道光朝·财政类·关税项》，道光二十七年四月初七日，九江关监督士魁折，档案号：03-3168-069
1848	道光二十八年	道光二十七年三月初九日至道光二十八年三月初八日	172 281.306	45 635.29		585 089.778	《抄档·清代关税收支报告表·常关》，道光二十八年四月十九日，九江关监督士魁折
1849	道光二十九年	道光二十八年三月初九日至道光二十九年三月初八日	172 281.306	42 793.467		562 591.641	《军机处录副奏折·道光朝·财政类·关税项》，道光二十九年四月初二日，九江关监督士魁折，档案号：03-3169-015

续表

公元	时间	关期	应征正额	火耗	实征盈余	实征总数	资料来源
1850	道光三十年	道光二十九年三月初九日至道光三十年二月初八日	172 281.306	33 867.938		469 351.017	《军机处录副奏折·道光朝·财政类·关税项》，道光三十年三月初十日，九江关监督士魁折，档案号：03-3169-053

表 19　赣关嘉庆道光年间征税表

（单位：两）

公元	时间	关期	赣关实征	赣关正耗	临关实征	临关正耗	实征总数	资料来源
1796	嘉庆元年	乾隆六十年九月十六日至嘉庆元年九月十五日					103 394.095 2	《户科题本·税课类·关税》，嘉庆二年九月初八日，江西巡抚张诚基折，档案号：02-01-04-18037-017
1797	嘉庆二年	嘉庆元年九月十六日至嘉庆二年八月十五日		90 546.555		12 851.676 2	103 398.231 2	《户科题本·税课类·关税》，嘉庆二年九月初八日，江西巡抚张诚基折，档案号：02-01-04-18037-017
1798	嘉庆三年	嘉庆二年八月十六日至嘉庆三年八月十五日		90 549.763		12 852.813 6	103 402.576 2	《户科题本·税课类·关税》，嘉庆三年十二月十六日，大学士和珅折，档案号：02-01-04-18106-005
1799	嘉庆四年	嘉庆三年八月十六日至嘉庆四年八月十五日		90 547.496		12 853.705 7	103 401.201 2	《户科题本·税课类·关税》，嘉庆四年十二月十五日，户部尚书布颜达赉折，档案号：02-01-04-18185-038
1800	嘉庆五年	嘉庆四年八月十六日至嘉庆五年七月十五日		90 549.121		12 854.348 1	103 403.469 4	《户科题本·税课类·关税》，嘉庆六年正月二十日，江西巡抚张诚基折，档案号：02-01-04-18334-015

续表

公元	时间	关期	赣关实征	赣关正耗	临关实征	临关正耗	实征总数	资料来源
1801	嘉庆六年	嘉庆五年七月十六日至嘉庆六年七月十五日		92 753.451		12 867.874 8	105 621.325 7	《户科题本·税课类·关税》，嘉庆六年十一月十二日，江西巡抚张诚基折，档案号：02-01-04-18335-034
1802	嘉庆七年	嘉应六年七月十六日至嘉庆七年七月十五日		95 993.558		12 944.620 7	108 938.178 8	《户科题本·税课类·关税》，嘉庆七年九月初十日，江西巡抚张诚基折，档案号：02-01-04-18407-013
1804	嘉庆九年	嘉庆八年六月十六日至嘉庆九年六月十五日		108 287.47		13 195.882 7	121 483.349 9	《户科题本·税课类·关税》，嘉庆九年七月二十一日，江西巡抚秦承恩折，档案号：02-01-04-18518-004
1805	嘉庆十年	嘉庆九年六月十六日至嘉庆十年六月十五日	98 495.104	108 344.61	11 957.183	13 152.901 3	121 497.515 7	《户科题本·税课类·关税》，嘉庆十年闰六月十六日，江西巡抚秦承恩折，档案号：02-01-04-18562-028
1806	嘉庆十一年	嘉庆十年六月十六日至嘉庆十一年五月十五日	98 619.119	108 481.03	11 823.282	13 005.610 2	120 304.312 9	《户科题本·税课类·关税》，嘉庆十一年六月十九日，护理江西巡抚先福折，档案号：02-01-04-18641-003
1807	嘉庆十二年	嘉庆十一年五月十六日至嘉庆十二年五月十五日	99 339.182	109 273.1	11 691.76	12 860.936	120 964.860 2	《户科题本·税课类·关税》，嘉庆十三年闰五月初一日，大学士禄康折，档案号：02-01-04-18815-021
1808	嘉庆十三年	嘉庆十二年五月十六日至嘉庆十三年五月十五日	99 615.758	109 577.33	11 435.911	12 579.502 1	121 013.244 8	《户科题本·税课类·关税》，嘉庆十三年八月二十七日，江西巡抚金光悌折，档案号：02-01-04-18816-008

续表

公元	时间	关期	赣关实征	赣关正耗	临关实征	临关正耗	实征总数	资料来源
1809	嘉庆十四年	嘉庆十三年五月十六日至嘉庆十四年四月十五日	99 625.3	109 587.83	11 439.4	12 583.34	121 027.23	《户科题本·税课类·关税》，嘉庆十四年八月二十五日，护理江西巡抚袁秉直折，档案号：02-01-04-18928-013
1810	嘉庆十五年	嘉庆十四年四月十六日至嘉庆十五年四月十五日	99 870.874	109 857.96	11 192.786	12 312.064 6	121 050.747 4	《户科题本·税课类·关税》，嘉庆十五年五月二十六日，江西巡抚先福折，档案号：02-01-04-19046-028
1811	嘉庆十六年	嘉庆十五年四月十六日至嘉庆十六年闰三月十五日	99 000.981	108 901.08	12 032.045	13 235.249 5	120 933.124 1	《户科题本·税课类·关税》，嘉庆十六年五月十七日，江西巡抚先福折，档案号：02-01-04-19145-028
1812	嘉庆十七年	嘉庆十六年闰三月十六日至嘉庆十七年三月十五日	99 948.876	109 943.76	10 606.419	11 667.060 9	120 550.182 6	《户科题本·税课类·关税》，嘉庆十七年四月二十六日，江西巡抚先福折，档案号：02-01-04-19253-024
1813	嘉庆十八年	嘉庆十七年三月十六日至嘉庆十八年三月十五日	100 027.76	110 030.53	10 671.251	11 738.376 1	120 701.784 8	《户科题本·税课类·关税》，嘉庆十八年四月二十八日，江西巡抚先福折，档案号：02-01-04-19371-031
1814	嘉庆十九年	嘉庆十八年三月十六日至嘉庆十九年闰二月十五日	99 640.115	109 604.13	10 478.703	11 526.573 3	120 082.829 5	《户科题本·税课类·关税》，嘉庆十九年三月十七日，江西巡抚先福折，档案号：02-01-04-19462-022
1815	嘉庆二十年	嘉庆十九年闰二月十六日至嘉庆二十年二月十五日	99 758.159	109 733.97	10 444.776	11 489.253 6	120 178.750 9	《户科题本·税课类·关税》，嘉庆二十年三月二十日，江西巡抚阮元折，档案号：02-01-04-19546-013

续表

公元	时间	关期	赣关实征	赣关正耗	临关实征	临关正耗	实征总数	资料来源
1816	嘉庆二十一年	嘉庆二十年二月十六日至嘉庆二十一年二月十五日	99 983.228	109 981.55	10 297.815	11 327.596 5	120 279.365 8	《户科题本·税课类·关税》，嘉庆二十一年三月二十日，江西巡抚阮元折，档案号：02-01-04-19629-018
1817	嘉庆二十二年	嘉庆二十一年二月十六日至嘉庆二十二年正月十五日	100 248.35	110 273.18	10 016.696	11 018.365 6	120 289.878 8	《户科题本·税课类·关税》，嘉庆二十二年四月十二日，江西巡抚钱臻折，档案号：02-01-04-19719-005
1818	嘉庆二十三年	嘉庆二十二年正月十六日至嘉庆二十三年正月十五日	100 055.89	110 061.48	10 229.641	11 252.605 1	120 291.12	《户科题本·税课类·关税》，嘉庆二十三年三月初一日，江西巡抚钱臻折，档案号：02-01-04-19811-025
1819	嘉庆二十四年	嘉庆二十三年正月十六日至嘉庆二十四年正月十五日	100 106.18	110 116.8	10 172.76	11 190.036	120 289.560 2	《户科题本·税课类·关税》，嘉庆二十四年四月二十四日，江西巡抚钱臻折，档案号：02-01-04-19903-007
		嘉庆二十四年正月十六日至嘉庆二十四年十二月十五日	100 106.75	110 117.43	10 173.531	11 190.884 1	120 290.957 1	《户科题本·税课类·关税》，嘉庆二十五年二月十二日，江西巡抚陈臻折，档案号：02-01-04-19904-011
1820	嘉庆二十五年	嘉庆二十四年十二月十六日至嘉庆二十五年十二月十五日	100 087.55	110 096.31	10 172.4	11 189.64	120 268.705	《户科题本·税课类·关税》，道光元年正月二十二日，江西巡抚璐弼折，档案号：02-01-04-20015-005

续表

公元	时间	关期	赣关实征	赣关正耗	临关实征	临关正耗	实征总数	资料来源
1821	道光元年	嘉庆二十五年十二月十六日至道光元年十二月十五日	100 088.54	110 097.4	10 618.339	11 680.172 9	120 715.734 1	《户科题本・税课类・关税》，道光二年七月十三日，户部尚书英和折，档案号：02-01-04-20052-019
1823	道光三年	道光二年十一月十六日至道光三年十一月十五日					112 529.048	《户科题本・税课类・关税》，道光四年四月十五日，户部尚书英和折，档案号：02-01-04-20139-008
1824	道光四年	道光三年十一月十六日至道光四年十月十五日	100 072.88	110 080.17	10 178.614	11 196.475 4	120 258.782	《户科题本・税课类・关税》，道光四年十一月二十日，江西巡抚成格折，档案号：02-01-04-20140-002
1825	道光五年	道光四年十月十六日至道光五年十月十五日	100 071.98	110 079.18	10 179.676	11 197.643 6	120 258.851 8	《户科题本・税课类・关税》，道光五年十一月十四日，护理江西巡抚嵩溥折，档案号：02-01-04-20199-018
1827	道光七年	道光六年十月十六日至道光七年九月十五日	96 925.23	106 617.75	9 909.835	10 900.818 5	116 527.588	《户科题本・税课类・关税》，道光八年三月初十日，户部尚书禧恩折，档案号：02-01-04-20331-002
1828	道光八年	道光七年九月十六日至道光八年九月十五日	96 796.675	106 476.34	9 880.508	10 868.558 8	116 356.850 5	《户科题本・税课类・关税》，道光九年六月十三日，户部尚书禧恩折，档案号：02-01-04-20377-030
1829	道光道光九年	道光八年九月十六日至道光九年九月十五日	96 455.568	106 101.12	9 778.924	10 756.816 4	115 880.048 8	《户科题本・税课类・关税》，道光十年三月二十九日，户部尚书禧恩折，档案号：02-01-04-20430-012
1830	道光十年	道光九年九月十六日至道光十年八月十五日	95 317.702	104 849.47	9 578.591	10 536.450 1	114 428.063 2	《户科题本・税课类・关税》，道光十一年五月初七日，户部尚书禧恩折，档案号：02-01-04-20471-032

续表

公元	时间	关期	赣关实征	赣关正耗	临关实征	临关正耗	实征总数	资料来源
1831	道光十一年	道光十年八月十六日至道光十一年八月十五日	94 471.284	103 918.41	9 291.627	10 220.789 7	113 210.039 4	《户科题本·税课类·关税》，道光十二年四月十八日，户部尚书禧恩折，档案号：02-01-04-20532-010
1832	道光十二年	道光十一年八月十六日至道光十二年八月十五日	84 372.214	92 809.435	9 212.962	10 134.258 2	102 022.397 4	《户科题本·税课类·关税》，道光十二年十二月十五日，户部尚书禧恩折，档案号：02-01-04-20533-003
1833	道光十三年	道光十二年八月十六日至道光十三年七月十五日	80 853.331	88 938.664	9 296.572	10 226.229 2	98 235.236 1	《户科题本·税课类·关税》，道光十四年正月二十七日，大学士长龄折，档案号：02-01-04-20661-024
1834	道光十四年	道光十三年七月十六日至道光十四年七月十五日	79 761.249	87 737.374	9 419.072	10 360.979 2	97 156.445 9	《户科题本·税课类·关税》，道光十四年十二月初八日，大学士长龄折，档案号：02-01-04-20662-024
1835	道光十五年	道光十四年七月十六日至道光十五年闰六月十五日	79 413.776	87 355.154	9 610.779	10 571.856 9	96 965.932 6	《户科题本·税课类·关税》，道光十五年十一月二十九日，大学士潘世恩折，档案号：02-01-04-20724-032
1836	道光十六年	道光十五年闰六月十六日至道光十六年六月十五日	79 413.776	87 355.154	9 610.779	10 571.856 9	96 965.932 6	《户科题本·税课类·关税》，道光十六年七月二十二日，江西巡抚陈銮折，档案号：02-01-04-20806-006
1837	道光十七年	道光十六年六月十六日至道光十七年六月十五日	77 498.945	85 248.84	9 686.086	10 654.694 6	94 934.925 5	《户科题本·税课类·关税》，道光十七年七月二十六日，江西巡抚裕泰折，档案号：02-01-04-20872-019
1838	道光十八年	道光十七年六月十六日至道光十八年五月十五日	77 315.693	85 047.262	9 897.394	10 887.133 4	94 944.656 3	《户科题本·税课类·关税》，道光十九年五月初五日，大学士潘世恩折，档案号：02-01-04-20994-015

续表

公元	时间	关期	赣关实征	赣关正耗	临关实征	临关正耗	实征总数	资料来源
1839	道光十九年	道光十八年五月十六日至道光十九年五月十五日	76 596.3	84 255.93	8 854.1	9 739.51	93 110.03	《户科题本·税课类·关税》，道光十九年八月二十五日，江西巡抚钱宝琛折，档案号：02-01-04-20994-033
1840	道光二十年	道光十九年五月十六日至道光二十年五月十五日	76 088.91	83 697.801	8 500.731	9 350.804 1	92 198.532	《户科题本·税课类·关税》，道光二十年七月初三日，江西巡抚钱宝琛折，档案号：02-01-04-21060-008
1841	道光二十一年	道光二十年五月十六日至道光二十一年四月十五日	67 686	74 454.6	7 506	8 256.6	81 960.6	《军机处录副奏折·道光朝·财政类·关税项》，道光二十一年五月十二日，江西巡抚陈宝琛折，档案号：03-3165-090
1842	道光二十二年	道光二十一年四月十六日至道光二十二年四月十五日	76 645.903	84 310.493	7 941.042	8 735.146 2	92 251.535 3	《户科题本·税课类·关税》，道光二十二年五月二十五日，江西巡抚吴文镕折，档案号：02-01-04-21172-020
1843	道光二十三年	道光二十二年四月十六日至道光二十三年四月十五日	75 402.188	82 942.407	9 311.22	10 242.342	92 253.626 8	《户科题本·税课类·关税》，道光二十三年十二月十三日，大学士潘世恩折，档案号：02-01-04-21226-037
1844	道光二十四年	道光二十三年四月十六日至道光二十四年三月十五日	75 396.517	82 936.169	9 316.38	10 248.018	92 252.548 7	《户科题本·税课类·关税》，道光二十四年四月十二日，江西巡抚吴文镕折，档案号：02-01-04-21269-011

续表

公元	时间	关期	赣关实征	赣关正耗	临关实征	临关正耗	实征总数	资料来源
1845	道光二十五年	道光二十四年三月十六日至道光二十五年三月十五日	73 020.727	80 322.8	9 234.519	10 157.970 9	89 557.318 7	《户科题本·税课类·关税》，道光二十六年三月十八日，大学士潘世恩折，档案号：02-01-04-21353-005
1846	道光二十六年	道光二十五年三月十六日至道光二十六年三月十五日	67 936.646	74 730.311	9 023.458	9 925.803 8	83 753.768 6	《户科题本·税课类·关税》，道光二十六年五月二十二日，江西巡抚吴文镕折，档案号：02-01-04-21353-010
1847	道光二十七年	道光二十六年三月十六日至道光二十七年二月十五日	63 651.232	70 016.355	9 406.738	10 347.411 8	79 423.093 2	《户科题本·税课类·关税》，道光二十七年九月二十九日，大学士潘世恩折，档案号：02-01-04-21373-030
1848	道光二十八年	道光二十七年二月十六日至道光二十八年二月十五日	63 487.697	69 836.467	9 117.283	10 029.011 3	78 953.749 7	《户科题本·税课类·关税》，道光二十八年三月二十二日，江西巡抚吴文镕折，档案号：02-01-04-21403-013
1849	道光二十九年	道光二十八年二月十六日至道光二十九年二月十五日					93 771	王庆云：《石渠余纪》卷六《直省关税表》，台北：文海出版社，1966年，第536页
1850	道光三十年	道光二十九年二月十六日至道光三十年正月十五日	65 662.436	72 228.68	7 100.495	7 810.544 5	79 329.174 6	《户科题本·税课类·关税》，道光三十年十一月初二日，大学士卓秉恬折，档案号：02-01-04-21446-044

表 20　北新关嘉庆道光年间征税表

（单位：两）

公元	时间	关期	应征正额	实征盈余	实征总数	资料来源
1796	嘉庆元年	乾隆六十年五月初一日至嘉庆元年四月二十九日	123 053.65	72 695.757	195 749.407	《军机处录副奏折·嘉庆朝·财政类·关税项》，嘉庆元年五月初四日，浙江巡抚吉庆折，档案号：03-1766-017
1797	嘉庆二年	嘉庆元年五月初一日至嘉庆二年四月二十九日	123 053.65	72 877.435	195 931.085	《军机处录副奏折·嘉庆朝·财政类·关税项》，嘉庆二年五月初七日，浙江巡抚玉德折，档案号：03-1766-051
1798	嘉庆三年	嘉庆二年五月初一日至嘉庆三年三月三十日	123 053.65	72 990.33	196 043.98	《军机处录副奏折·嘉庆朝·财政类·关税项》，嘉庆三年四月十一日，浙江巡抚玉德折，档案号：03-1767-007
1799	嘉庆四年	嘉庆三年四月初一日至嘉庆四年三月三十日	123 053.65	73 128.788	196 182.438	《宫中档朱批奏折·财政类·关税》，嘉庆四年四月初十日，浙江巡抚玉德折，档案号：04-01-35-0359-024
1800	嘉庆五年	嘉庆四年四月初一至嘉庆五年三月三十日	123 053.65	73 361.429	196 415.079	《宫中档朱批奏折·财政类·关税》，嘉庆五年四月初八日，浙江巡抚阮元折，档案号：04-01-35-0360-001
1801	嘉庆六年	嘉庆五年四月初一日至嘉庆六年二月底	123 053.65	85 318.275	208 371.925	《宫中档朱批奏折·财政类·关税》，嘉庆六年三月初六日，浙江巡抚阮元折，档案号：04-01-35-0360-034
1802	嘉庆七年	嘉庆六年三月初一日至嘉庆七年二月底	123 053.65	95 066.27	218 119.92	《户科题本·税课类·关税》，嘉庆七年三月二十七日，浙江安抚阮元折，档案号：02-01-04-18406-007
1803	嘉庆八年	嘉庆七年三月初一日至嘉庆八年二月底	123 053.65	125 517.618	248 571.268	《宫中档朱批奏折·财政类·关税》，嘉庆八年闰二月初十日，浙江巡抚阮元折，档案号：04-01-35-0361-004
1804	嘉庆九年	嘉庆八年闰二月初一日至嘉庆九年正月三十日	123 053.65	125 604.695	248 658.345	《宫中档朱批奏折·财政类·关税》，嘉庆九年二月初八日，浙江巡抚阮元折，档案号：04-01-35-0362-004
1805	嘉庆十年	嘉庆九年二月初一日至嘉庆十年正月底	123 053.65	105 582.14	228 635.79	《宫中档朱批奏折·财政类·关税》，嘉庆十年二月十一日，浙江巡抚阮元折，档案号：04-01-35-0362-049
		嘉庆十年二月初一日至嘉庆十年十二月二十九日	123 053.65	78 270.997	201 324.647	《宫中档朱批奏折·财政类·关税》，嘉庆十一年正月十三日，浙江巡抚清安泰折，档案号：04-01-35-0363-030
1806	嘉庆十一年	嘉庆十一年正月初一日至嘉庆十一年十二月底	123 053.65	79 072.715	202 126.365	《宫中档朱批奏折·财政类·关税》，嘉庆十二年正月初九日，浙江巡抚清安泰折，档案号：04-01-35-0364-019

续表

公元	时间	关期	应征正额	实征盈余	实征总数	资料来源
1807	嘉庆十二年	嘉庆十二年正月初一至嘉庆十二年十二月底	123 053.65	79 584.601	202 638.251	《军机处录副奏折·嘉庆朝·财政类·关税项》，嘉庆十三年正月初十日，护理浙江巡抚布政使崇禄折，档案号：03-1768-063
1808	嘉庆十三年	嘉庆十三年正月初一日至嘉庆十三年十一月三十日	123 053.65	79 659.208	202 712.858	《军机处录副奏折·嘉庆朝·财政类·关税项》，嘉庆十三年十二月初四日，浙江巡抚阮元折，档案号：03-1769-001
1809	嘉庆十四年	嘉庆十三年十二月初一日至嘉庆十四年十一月底	123 053.65	69 093.935	192 147.585	《宫中档朱批奏折·财政类·关税》，嘉庆十四年十二月初五日，护理浙江巡抚布政使广厚折，档案号：04-01-35-0365-018
1810	嘉庆十五年	嘉庆十四年十二月初一日至嘉庆十五年十一月底	123 053.65	79 834.816	202 888.466	《宫中档朱批奏折·财政类·关税》，嘉庆十五年十二月十一日，浙江巡抚方维甸折，档案号：04-01-35-0365-056
1811	嘉庆十六年	嘉庆十五年十二月初一日至嘉庆十六年十月三十日	123 053.65	80 308.634	203 362.284	《宫中档朱批奏折·财政类·关税》，嘉庆十六年十一月初五日，工部右侍郎暂署浙江巡抚初彭龄折，档案号：04-01-35-0366-033
1812	嘉庆十七年	嘉庆十六年十一月初一日至嘉庆十七年十月三十日	123 053.65	77 071.741	200 125.391	《宫中档朱批奏折·财政类·关税》，嘉庆十七年十一月十六日，浙江巡抚高杞折，档案号：04-01-35-0367-013
1813	嘉庆十八年	嘉庆十七年十一月初一日至嘉庆十八年十月三十日	123 053.65	71 289.621	194 343.271	《宫中档朱批奏折·财政类·关税》，嘉庆十八年十一月十四日，浙江巡抚李奕畴折，档案号：04-01-35-0367-052
1814	嘉庆十九年	嘉庆十八年十一月初一日至嘉庆十九年九月三十日	123 053.65	71 350.087	194 403.737	《军机处录副奏折·嘉庆朝·财政类·关税项》，嘉庆十九年十月初十日，浙江巡抚颜检折，档案号：03-1770-106
1815	嘉庆二十年	嘉庆十九年十月初一日至嘉庆二十年九月二十九日	123 053.65	71 381.937	194 435.587	《宫中档朱批奏折·财政类·关税》，嘉庆二十年十月十三日，浙江巡抚颜检折，档案号：04-01-35-0368-017
1816	嘉庆二十一年	嘉庆二十年十月初一日至嘉庆二十一年八月三十日	123 053.65	71 323.606	194 377.256	《宫中档朱批奏折·财政类·关税》，嘉庆二十一年九月十二日，浙江巡抚杨頀折，档案号：04-01-35-0368-044
1817	嘉庆二十二年	嘉庆二十一年九月初一日至嘉庆二十二年八月三十日	123 053.65	71 481.737	194 535.387	《宫中档朱批奏折·财政类·关税》，嘉庆二十二年九月十三日，浙江巡抚杨頀折，档案号：04-01-35-0369-006

续表

公元	时间	关期	应征正额	实征盈余	实征总数	资料来源
1818	嘉庆二十三年	嘉庆二十二年九月初一日至嘉庆二十三年八月底	123 053.65	71 319.152	194 372.802	《宫中档朱批奏折·财政类·关税》，嘉庆二十三年九月初八日，闽浙总督兼署浙江巡抚董教增折，档案号：04-01-35-0369-041
1819	嘉庆二十四年	嘉庆二十三年九月初一日至嘉庆二十四年七月底	123 053.65	71 369.501	194 423.151	《宫中档朱批奏折·财政类·关税》，嘉庆二十四年八月初十日，浙江巡抚陈若霖折，档案号：04-01-35-0370-016
1820	嘉庆二十五年	嘉庆二十四年八月初一日至嘉庆二十五年七月二十九日	123 053.65	71 397.628	194 451.278	《宫中档朱批奏折·财政类·关税》，嘉庆二十五年八月初一日，浙江巡抚陈若霖折，档案号：04-01-35-0370-053
1821	道光元年	嘉庆二十五年八月初一日至道光元年七月底	123 053.65	71 421.642	194 475.292	《军机处录副奏折·道光朝·财政类·关税项》，道光元年八月初二日，杭州织造广泰折，档案号：03-3155-042
1822	道光二年	道光元年八月初一日至道光二年六月底	123 053.65	71 434.035	194 487.685	《宫中档朱批奏折·财政类·关税》，道光二年七月初四日，杭州织造福德折，档案号：04-01-35-0371-060
1823	道光三年	道光二年七月初一日至道光三年六月底	123 053.65	69 119.934	192 173.585	《宫中档朱批奏折·财政类·关税》，道光三年七月初四日，杭州织造福德折，档案号：04-01-35-0372-030
1824	道光四年	道光三年七月初一日至道光四年六月底	123 053.65	67 022.874	190 076.524	《宫中档朱批奏折·财政类·关税》，道光四年七月初六日，杭州织造福德折，档案号：04-01-35-0373-035
1825	道光五年	道光四年七月初一日至道光五年五月底	123 053.65	66 070.492	189 124.142	《军机处录副奏折·道光朝·财政类·关税项》，道光五年六月十三日，杭州织造普成折，档案号：03-3159-032
1826	道光六年	道光五年六月初一日至道光六年五月底	123 053.65	66 161.862	189 215.512	《军机处录副奏折·道光朝·财政类·关税项》，道光六年六月十六日，杭州织造普成折，档案号：03-3159-072
1827	道光七年	道光六年六月初一日至道光七年五月底	123 053.65	66 033.356	189 087.006	《户科题本·税课类·关税》，道光七年十二月初二日，户部尚书禧恩折，档案号：02-01-04-20296-024
1828	道光八年	道光七年闰五月初一日至道光八年四月底	123 053.65	65 117.175	188 170.825	《宫中档朱批奏折·财政类·关税》，道光八年五月初六日，杭州织造松龄折，档案号：04-01-35-0375-024
1829	道光九年	道光八年五月初一日至道光九年四月底	123 053.65	66 292.306	189 345.956	《宫中档朱批奏折·财政类·关税》，道光九年五月初四日，杭州织造松龄折，档案号：04-01-35-0375-055

续表

公元	时间	关期	应征正额	实征盈余	实征总数	资料来源
1830	道光十年	道光九年五月初一日至道光十年四月底	123 053.65	67 099.817	190 153.467	《宫中档朱批奏折·财政类·关税》，道光十年闰四月初三日，杭州织造松龄折，档案号：04-01-35-0376-015
1831	道光十一年	道光十年闰四月初一日至道光十一年三月底	123 053.65	65 826.499	188 880.149	《军机处录副奏折·道光朝·财政类·关税项》，道光十一年四月初八日，杭州织造阿灵阿折，档案号：03-3161-016
1832	道光十二年	道光十一年四月初一日至道光十二年三月底	123 053.65	65 230.997	188 284.647	《军机处录副奏折·道光朝·财政类·关税项》，道光十二年四月初九日，杭州织造阿灵阿折，档案号：03-3163-017
1833	道光十三年	道光十二年四月初一日至道光十三年二月底	123 053.65	66 129.351	189 183.001	《户科题本·税课类·关税》，道光十三年十月二十五日，大学士长龄折，档案号：02-01-04-20603-026
1834	道光十四年	道光十三年三月初一日至道光十四年二月底	123 053.65	39 528.334	162 581.984	《抄档·清代关税收支报告表·常关》，道光十四年三月三十日，杭州织造英裕折
1835	道光十五年	道光十四年三月初一日至道光十五年二月底	123 053.65	31 888.153	154 941.803	《军机处录副奏折·道光朝·财政类·关税项》，道光十五年三月十三日，杭州织造庆伦折，档案号：03-9487-020
1836	道光十六年	道光十五年三月初一日至道光十六年正月底	123 053.65	46 089.496	169 143.146	《军机处录副奏折·道光朝·财政类·关税项》，道光十六年二月十二日，杭州织造文蔚折，档案号：03-9487-043
1837	道光十七年	道光十六年二月初一日至道光十七年正月底	123 053.65	65 153.642	188 207.292	《军机处录副奏折·道光朝·财政类·关税项》，道光十七年二月十七日，杭州织造文蔚折，档案号：03-9488-004
1838	道光十八年	道光十七年二月初一日至道光十八年一月底	123 053.65	51 478.593	174 532.243	《军机处录副奏折·道光朝·财政类·关税项》，道光十八年二月二十一日，杭州织造普琳折，档案号：03-3165-005
		道光十八年二月初一日至道光十八年十二月底	123 053.65	40 025.512	163 079.162	《军机处录副奏折·道光朝·财政类·关税项》，道光十九年正月二十六日，杭州织造瑞廷折，档案号：03-3310-033
1839	道光十九年	道光十九年正月初一日至道光十九年十二月底	123 053.65	65 159.827	188 213.477	《宫中档朱批奏折·财政类·关税》，道光二十年正月初六日，杭州织造瑞廷折，档案号：04-01-35-0379-024
1840	道光二十年	道光二十年正月初一日至道光二十年十二月底	123 053.65	65 512.938	188 566.588	《宫中档朱批奏折·财政类·关税》，道光二十一年正月初十日，杭州织造富呢雅杭阿折，档案号：04-01-35-0379-039

续表

公元	时间	关期	应征正额	实征盈余	实征总数	资料来源
1841	道光二十一年	道光二十一年正月初一日至道光二十一年十一月底	123 053.65	65 165.069	188 218.719	《军机处录副奏折·道光朝·财政类·关税项》，道光二十一年十二月十八日，杭州织造富呢雅杭阿折，档案号：03-9489-037
1842	道光二十二年	道光二十一年十二月初一日至道光二十二年十一月底	123 053.65	47 093.657	170 147.307	《宫中档朱批奏折·财政类·关税》，道光二十二年十二月十六日，杭州织造松蔚折，档案号：04-01-35-0379-051
1843	道光二十三年	道光二十二年十二月初一日至道光二十三年十月底	123 053.65	61 216.578	185 270.228	《宫中档朱批奏折·财政类·关税》，道光二十三年十一月十六日，杭州织造福祥折，档案号：04-01-35-0380-011
1844	道光二十四年	道光二十三年十一月初一日至道光二十四年十月底	123 053.65	65 471.961	188 525.611	《宫中档朱批奏折·财政类·关税》，道光二十四年十一月二十六日，杭州织造恩吉折，档案号：04-01-35-0380-027
1845	道光二十五年	道光二十四年十一月初一日至道光二十五年十月底	123 053.65	65 748.382	188 802.032	《户科题本·税课类·关税》，道光二十六年正月二十八日，杭州织造明伦折，档案号：02-01-04-21353-001
1846	道光二十六年	道光二十五年十一月初一日至道光二十六年九月底	123 053.65	65 433.852	188 487.502	《军机处录副奏折·道光朝·财政类·关税项》，道光二十六年十月二十五日，杭州织造全福折，档案号：03-3168-045
1847	道光二十七年	道光二十六年十月初一日至道光二十七年九月底	123 053.65	56 792.17	179 845.82	《宫中档朱批奏折·财政类·关税》，道光二十七年十月十二日，杭州织造毓祺折，档案号：04-01-35-0380-048
1848	道光二十八年	道光二十七年十月初一日至道光二十八年九月底	123 053.65	65 445.207	188 498.857	《宫中档朱批奏折·财政类·关税》，道光二十八年十月初八日，杭州织造福善折，档案号：04-01-35-0381-010
1849	道光二十九年	道光二十八年十月初一日至道光二十九年八月底	123 053.65	65 204.162	188 257.812	《宫中档朱批奏折·财政类·关税》，道光二十九年九月十七日，杭州织造文谦折，档案号：04-01-35-0381-040
1850	道光三十年	道光二十九年九月初一日至道光三十年八月底	123 053.65	65 238.504	188 292.154	《宫中档朱批奏折·财政类·关税》，道光三十年九月十八日，杭州织造惠龄折，档案号：04-01-35-0381-068

表 21　南新关嘉庆道光年间征税表　　（单位：两）

公元	时间	关期	应征总数	实征总数	资料来源
1796	嘉庆元年	乾隆六十年闰二月十八日至嘉庆元年二月十七日	30 247.5	25 430.494	《军机处录副奏折・嘉庆朝・财政类・关税项》，嘉庆元年二月二十日，浙江巡抚吉庆折，档案号：03-1766-007
1797	嘉庆二年	嘉庆元年二月十八日至嘉庆二年二月十七日	30 247.5	26 128.866	《军机处录副奏折・嘉庆朝・财政类・关税项》，嘉庆二年二月二十七日，浙江巡抚玉德折，档案号：03-1766-039
1798	嘉庆三年	嘉庆二年二月十八日至嘉庆三年正月十七日	30 247.5	28 602.879	《军机处录副奏折・嘉庆朝・财政类・关税项》，嘉庆三年正月二十一日，浙江巡抚玉德折，档案号：03-1766-083
1799	嘉庆四年	嘉庆三年正月十八日至嘉庆四年正月十七日	30 247.5	28 765.639	《宫中档朱批奏折・财政类・关税》，嘉庆四年正月二十七日，浙江巡抚玉德折，档案号：04-01-35-359-017
1800	嘉庆五年	嘉庆四年正月十八日至嘉庆五年正月十七日	30 247.5		
		嘉庆五年正月十八日至嘉庆五年十二月十七日	30 247.5	29 215.878	《宫中档朱批奏折・财政类・关税》，嘉庆五年十二月二十三日，浙江巡抚阮元折，档案号：04-01-30-0468-009
1802	嘉庆七年	嘉庆六年十二月十八日至嘉庆七年十二月十七日	30 247.5	29 345.549	《宫中档朱批奏折・财政类・关税》，嘉庆七年十二月二十四日，浙江巡抚阮元折，档案号：04-01-35-0360-054
1803	嘉庆八年	嘉庆七年十二月十八日至嘉庆八年十一月十七日	30 247.5	29 414.345	《宫中档朱批奏折・财政类・关税》，嘉庆八年十一月十八日，浙江巡抚阮元折，档案号：04-01-35-0361-046
1804	嘉庆九年	嘉庆八年十一月十八日至嘉庆九年十一月十七日	30 247.5	29 452.569	《宫中档朱批奏折・财政类・关税》，嘉庆九年十一月十八日，浙江巡抚阮元折，档案号：04-01-35-0551-018
1805	嘉庆十年	嘉庆九年十一月十八日至嘉庆十年十月十七日	30 247.5	29 509.174	《宫中档朱批奏折・财政类・关税》，嘉庆十年十月二十三日，浙江巡抚清安泰折，档案号：04-01-35-0363-019
1806	嘉庆十一年	嘉庆十年十月十八日至嘉庆十一年十月十七日	30 247.5	29 454.234	《宫中档朱批奏折・财政类・关税》，嘉庆十一年十月二十九日，浙江巡抚清安泰折，档案号：04-01-35-0364-006
1807	嘉庆十二年	嘉庆十一年十月十八日至嘉庆十二年十月十七日	30 247.5	29 344.339	《宫中档朱批奏折・财政类・关税》，嘉庆十二年十月十九日，浙江巡抚清安泰折，档案号：04-01-35-0364-053

续表

公元	时间	关期	应征总数	实征总数	资料来源
1808	嘉庆十三年	嘉庆十二年十月十八日至嘉庆十三年九月十七日	30 247.5	29 571.354	《军机处录副奏折·嘉庆朝·财政类·关税项》，嘉庆十三年九月二十八日，浙江巡抚阮元折，档案号：03-1768-092
1810	嘉庆十五年	嘉庆十四年九月十八日至嘉庆十五年九月十七日	30 247.5	29 354.119	《宫中档朱批奏折·财政类·关税》，嘉庆十五年九月二十九日，浙江巡抚蒋攸铦折，档案号：04-01-35-0365-051
1811	嘉庆十六年	嘉庆十五年九月十八日至嘉庆十六年八月十七日	30 247.5	29 444.939	《宫中档朱批奏折·财政类·关税》，嘉庆十六年八月二十六日，浙江巡抚蒋攸铦折，档案号：04-01-35-0366-025
1812	嘉庆十七年	嘉庆十六年八月十八日至嘉庆十七年八月十七日	30 247.5	29 474.059	《宫中档朱批奏折·财政类·关税》，嘉庆十七年八月二十二日，浙江巡抚高杞折，档案号：04-01-35-0367-004
1813	嘉庆十八年	嘉庆十七年八月十八日至嘉庆十八年八月十七日	30 247.5	29 485.159	《宫中档朱批奏折·财政类·关税》，嘉庆十八年八月二十五日，署浙江巡抚江苏布政使庆保折，档案号：04-01-35-0367-045
1814	嘉庆十九年	嘉庆十八年八月十八日至嘉庆十九年七月十七日	30 247.5	29 061.457	《军机处录副奏折·嘉庆朝·财政类·关税项》，嘉庆十九年八月初五日，浙江巡抚陈预折，档案号：03-1770-102
1815	嘉庆二十年	嘉庆十九年七月十八日至嘉庆二十年七月十七日	30 247.5	28 844.876	《军机处录副奏折·嘉庆朝·财政类·关税项》，嘉庆二十年八月初十日，浙江巡抚颜检折，档案号：03-1771-010
1816	嘉庆二十一年	嘉庆二十年七月十八日至嘉庆二十一年闰六月十七日	30 247.5	28 864.836 2	《宫中档朱批奏折·财政类·关税》，嘉庆二十一年七月十六日，护理浙江巡抚布政使额特布折，档案号：04-01-35-0368-041
1817	嘉庆二十二年	嘉庆二十一年闰六月十八日至嘉庆二十二年六月十七日	30 247.5	28 953.765	《宫中档朱批奏折·财政类·关税》，嘉庆二十二年七月初二日，浙江巡抚杨頀折，档案号：04-01-35-0369-002
1818	嘉庆二十三年	嘉庆二十二年六月十八日至嘉庆二十三年六月十七日	30 247.5	28 725.974	《军机处录副奏折·嘉庆朝·财政类·关税项》，嘉庆二十三年七月十七日，浙江巡抚杨頀折，档案号：03-1771-040
1819	嘉庆二十四年	嘉庆二十三年六月十八日至嘉庆二十四年五月十七日	30 247.5	28 715.534	《宫中档朱批奏折·财政类·关税》，嘉庆二十四年六月十二日，浙江巡抚陈若霖折，档案号：04-01-35-0370-013
1820	嘉庆二十五年	嘉庆二十四年五月十八日至嘉庆二十五年五月十七日	30 247.5	28 757.542	《宫中档朱批奏折·财政类·关税》，嘉庆二十五年五月二十日，浙江巡抚陈若霖折，档案号：04-01-35-0370-047

续表

公元	时间	关期	应征总数	实征总数	资料来源
1821	道光元年	嘉庆二十五年五月十八日至道光元年五月十七日	30 247.5	28 824.251	《军机处录副奏折·道光朝·财政类·关税项》，道光元年五月二十三日，杭州织造广泰折，档案号：03-3155-025
1822	道光二年	道光元年五月十八日至道光二年四月十七日	30 247.5	30 215.482	《宫中档朱批奏折·财政类·关税》，道光二年四月二十四日，杭州织造福森折，档案号：04-01-35-0371-053
1823	道光三年	道光二年四月十八日至道光三年四月十七日	30 247.5	30 172.269	《宫中档朱批奏折·财政类·关税》，道光三年四月二十七日，杭州织造福德折，档案号：04-01-35-0372-025
1824	道光四年	道光三年四月十八日至道光四年四月十七日	30 247.5	29 444.949	《宫中档朱批奏折·财政类·关税》，道光四年四月二十六日，杭州织造福德折，档案号：04-01-35-0373-027
1825	道光五年	道光四年四月十八日至道光五年三月十七日	30 247.5	20 553.813	《军机处录副奏折·道光朝·财政类·关税项》，道光五年三月二十八日，杭州织造普成折，档案号：03-3159-016
1826	道光六年	道光五年三月十八日至道光六年三月十七日	30 247.5	30 056.31	《抄档·清代关税收支报告表·常关》，道光六年四月十六日，杭州织造普成折
1827	道光七年	道光六年三月十八日至道光七年三月十七日	30 247.5	29 843.21	《抄档·清代关税收支报告表·常关》，道光七年四月十七日，杭州织造普成折
1828	道光八年	道光七年三月十八日至道光八年二月十七日	30 247.5	30 059.319	《宫中档朱批奏折·财政类·关税》，道光八年二月十九日，杭州织造松龄折，档案号：04-01-35-0375-011
1829	道光九年	道光八年二月十八日至道光九年二月十七日	30 247.5	29 714.683	《宫中档朱批奏折·财政类·关税》，道光九年二月二十二日，杭州织造松龄折，档案号：04-01-35-0375-044
1830	道光十年	道光九年二月十八日至道光十年二月十七日	30 247.5	30 014.683	《宫中档朱批奏折·财政类·关税》，道光十年二月二十一日，杭州织造松龄折，档案号：04-01-35-0376-001
1831	道光十一年	道光十年二月十八日至道光十一年正月十七日	30 247.5	30 088.174	《军机处录副奏折·道光朝·财政类·关税项》，道光十一年正月二十五日，杭州织造阿灵阿折，档案号：03-3161-004
1832	道光十二年	道光十一年正月十八日至道光十二年正月十七日	30 247.5	30 056.687	《军机处录副奏折·道光朝·财政类·关税项》，道光十二年二月初一日，杭州织造阿灵阿折，档案号：03-3163-009

续表

公元	时间	关期	应征总数	实征总数	资料来源
		道光十二年正月十八日至道光十二年十二月十七日	30 247.5	30 097.119	《抄档·清代关税收支报告表·常关》，道光十三年正月初九日，杭州织造英裕折
1833	道光十三年	道光十二年十二月十八日至道光十三年十二月十七日	30 247.5	28 882.974	《抄档·清代关税收支报告表·常关》，道光十四年正月十三日，杭州织造英裕折
1834	道光十四年	道光十三年十二月十八日至道光十四年十二月十七日	30 247.5	30 095.937	《军机处录副奏折·道光朝·财政类·关税项》，道光十四年十二月二十一日，杭州织造庆伦折，档案号：03-9487-015
1835	道光十五年	道光十四年十二月十八日至道光十五年十一月十七日	30 247.5	30 085.715	《军机处录副奏折·道光朝·财政类·关税项》，道光十五年十一月二十五日，杭州织造文蔚折，档案号：03-9487-035
1836	道光十六年	道光十五年十一月十八日至道光十六年十一月十七日	30 247.5	29 798.18	《抄档·清代关税收支报告表·常关》，道光十六年十二月初十日，杭州织造文蔚折
1837	道光十七年	道光十六年十一月十八日至道光十七年十一月十七日	30 247.5	30 160.389	《宫中档朱批奏折·财政类·关税》，道光十七年十一月二十五日，浙江巡抚乌尔恭额折，档案号：04-01-35-0379-018
1838	道光十八年	道光十七年十一月十八日至道光十八年十月十七日	30 247.5	29 885.57	《抄档·清代关税收支报告表·常关》，道光十八年十月二十二日，杭州织造普琳折
1839	道光十九年	道光十八年十月十八日至道光十九年十月十七日	30 247.5	30 157.873	《军机处录副奏折·道光朝·财政类·关税项》，道光十九年十一月初十日，杭州织造瑞廷折，档案号：03-3165-067
1840	道光二十年	道光十九年十月十八日至道光二十年十月十七日	30 247.5	30 072.092	《宫中档朱批奏折·财政类·关税》，道光二十年十月十八日，杭州织造富呢雅杭阿折，档案号：04-01-35-0379-034
1841	道光二十一年	道光二十年十月十八日至道光二十一年九月十七日	30 247.5	28 961.169	《军机处录副奏折·道光朝·财政类·关税项》，道光二十一年九月二十一日，杭州织造富呢雅杭阿折，档案号：03-9489-025
1842	道光二十二年	道光二十一年九月十八日至道光二十二年九月十七日	30 247.5	28 435.18	《军机处录副奏折·道光朝·财政类·关税项》，道光二十二年九月二十五日，杭州织造松蔚折，档案号：03-9489-058
1843	道光二十三年	道光二十二年九月十八日至道光二十三年八月十七日	30 247.5	30 070.603 7	《军机处录副奏折·道光朝·财政类·关税项》，道光二十三年八月二十七日，浙江巡抚署杭州织造管遹群折，档案号：03-3166-054

续表

公元	时间	关期	应征总数	实征总数	资料来源
1844	道光二十四年	道光二十三年八月十八日至道光二十四年八月十七日	30 247.5	28 568.219	《军机处录副奏折·道光朝·财政类·关税项》，道光二十四年八月二十二日，杭州织造福祥折，档案号：03-3167-035
1845	道光二十五年	道光二十四年八月十八日至道光二十五年八月十七日	30 247.5	30 116.195	《抄档·清代关税收支报告表·常关》，道光二十五年九月十九日，杭州织造明伦折
1846	道光二十六年	道光二十五年八月十八日至道光二十六年七月十七日	30 247.5	29 910.393 2	《军机处录副奏折·道光朝·财政类·关税项》，道光二十六年七月二十四日，杭州织造福祥折，档案号：03-3168-032
1847	道光二十七年	道光二十六年七月十八日至道光二十七年七月十七日	30 247.5	30 049.389	《抄档·清代关税收支报告表·常关》，道光二十七年八月二十日，杭州织造毓祺折
1848	道光二十八年	道光二十七年七月十八日至道光二十八年七月十七日	30 247.5	30 157.932	《宫中档朱批奏折·财政类·关税》，道光二十八年七月十一日，杭州织造福善折，档案号：04-01-35-0381-005
1849	道光二十九年	道光二十八年七月十八日至道光二十九年六月十七日	30 247.5	30 123.754	《宫中档朱批奏折·财政类·关税》，道光二十九年六月二十八日，杭州织造文谦折，档案号：04-01-35-0381-034
1850	道光三十年	道光二十九年六月十八日至道光三十年六月十七日	30 247.5	28 935.6	《宫中档朱批奏折·财政类·关税》，道光三十年七月初三日，杭州织造惠龄折，档案号：04-01-35-0381-064

表 22　荆州关嘉庆道光年间征税表

（单位：两）

公元	时间	关期	应征正额	实征盈余	共征总数	资料来源
1796	嘉庆元年	乾隆六十年闰二月初六日至嘉庆元年二月初五日	17 687.156	17 190.45	34 877.601	《宫中档朱批奏折·财政类·关税》，嘉庆三年五月初九日，湖广总督景安折，档案号：04-01-35-0359-006
1797	嘉庆二年	嘉庆元年二月初六日至嘉庆二年二月初五日	17 687.156	9 537.446	27 224.601 5	《宫中档朱批奏折·财政类·关税》，嘉庆三年五月初九日，湖广总督景安折，档案号：04-01-35-0359-006
1798	嘉庆三年	嘉庆二年二月初六日至嘉庆三年正月初五日	17 687.156	8 850.252	26 537.408 2	《宫中档朱批奏折·财政类·关税》，嘉庆三年九月初二日，湖广总督景安折，档案号：04-01-35-0359-010

续表

公元	时间	关期	应征正额	实征盈余	共征总数	资料来源
1799	嘉庆四年	嘉庆三年正月初六日至嘉庆四年正月初五日	17 687.156	6 104.063 8	23 791.219 8	《宫中档朱批奏折·财政类·关税》，嘉庆四年十月初六日，湖广总督倭什布折，档案号：04-01-35-0359-050
1800	嘉庆五年	嘉庆四年正月初六日至嘉庆五年正月初五日	17 687.156	12 132.351 4	29 819.507 4	《宫中档朱批奏折·财政类·关税》，嘉庆五年五月初四日，湖广总督姜晟折，档案号：04-01-35-0360-004
		嘉庆五年正月初六日至嘉庆五年十二月初五日	17 687.156	11 088.872 3	28 776.028 3	《军机处录副奏折·嘉庆朝·财政类·关税项》，嘉庆六年三月二十五日，协办大学士湖广总督书麟折，档案号：03-1767-025
1801	嘉庆六年	嘉庆五年十二月初六日至嘉庆六年十二月初五日	17 687.156	10 843.952 4	28 531.108 4	《军机处录副奏折·嘉庆朝·财政类·关税项》，嘉庆七年三月二十三日，湖广总督吴熊光折，档案号：03-1767-032
1802	嘉庆七年	嘉庆六年十二月初六日至嘉庆七年十二月初五日	17 687.156	7 843.612 5	25 530.768 5	《宫中档朱批奏折·财政类·关税》，嘉庆八年闰二月二十二日，湖广总督吴熊光折，档案号：04-01-35-0361-007
1803	嘉庆八年	嘉庆七年十二月初六日至嘉庆八年十一月初五日	17 687.156	13 010.355	30 697.511	《军机处录副奏折·嘉庆朝·财政类·关税项》，嘉庆九年正月十七日，湖广总督吴熊光折，档案号：03-1767-058
1804	嘉庆九年	嘉庆八年十一月初六日至嘉庆九年十一月初五日	17 687.156	13 020.598	30 707.754	《宫中档朱批奏折·财政类·关税》，嘉庆十年正月十八日，湖广总督吴熊光折，档案号：04-01-35-0362-047
1805	嘉庆十年	嘉庆九年十一月初六日至嘉庆十年十月初五日	17 687.156	13 008.161	30 695.317	《宫中档朱批奏折·财政类·关税》，嘉庆十年十二月二十八日，兼署湖广总督湖北巡抚瑚图礼折，档案号：04-01-35-0363-027
1806	嘉庆十一年	嘉庆十年十月初六日至嘉庆十一年十月初五日	17 687.156	9 349.54	27 036.696	《宫中档朱批奏折·财政类·关税》，嘉庆十二年二月初五日，湖广总督汪志伊折，档案号：04-01-35-0364-020
1807	嘉庆十二年	嘉庆十一年十月初六日至嘉庆十二年十月初五日	17 687.156	6 548.804	24 235.96	《军机处录副奏折·嘉庆朝·财政类·关税项》，嘉庆十三年二月十三日，湖广总督汪志伊折，档案号：03-1768-066
1808	嘉庆十三年	嘉庆十二年十月初六日至嘉庆十三年九月初五日	17 687.156	6 553.514	24 240.67	《军机处录副奏折·嘉庆朝·财政类·关税项》，嘉庆十四年正月十九日，湖广总督汪志伊折，档案号：03-1769-004

续表

公元	时间	关期	应征正额	实征盈余	共征总数	资料来源
1809	嘉庆十四年	嘉庆十三年九月初六日至嘉庆十四年九月初五日	17 687.156	5 867.776	23 554.932	《宫中档朱批奏折·财政类·关税》，嘉庆十四年十二月十六日，湖广总督汪志伊折，档案号：04-01-35-0365-020
1810	嘉庆十五年	嘉庆十四年九月初六日至嘉庆十五年九月初五日	17 687.156	8 982.389	26 669.545	《宫中档朱批奏折·财政类·关税》，嘉庆十五年十二月二十四日，调任浙江巡抚湖北巡抚兼湖广总督同兴折，档案号：04-01-35-0365-057
1811	嘉庆十六年	嘉庆十五年九月初六日至嘉庆十六年八月初五日	17 687.156	10 527.022	28 214.178	《宫中档朱批奏折·财政类·关税》，嘉庆十六年十二月初三日，湖广总督马慧裕折，档案号：04-01-35-0366-036
1812	嘉庆十七年	嘉庆十六年八月初六日至嘉庆十七年八月初五日	17 687.156	6 265.732	23 952.888	《宫中档朱批奏折·财政类·关税》，嘉庆十七年十二月二十六日，湖广总督马慧裕折，档案号：04-01-35-0367-017
1813	嘉庆十八年	嘉庆十七年八月初六日至嘉庆十八年八月初五日	17 687.156	8 147.257	25 834.413	《宫中档朱批奏折·财政类·关税》，嘉庆十九年二月初二日，湖广总督马慧裕折，档案号：04-01-35-0368-002
1814	嘉庆十九年	嘉庆十八年八月初六日至嘉庆十九年七月初五日	17 687.156	4 896.118	22 583.274	《军机处录副奏折·嘉庆朝·财政类·关税项》，嘉庆二十年二月初九日，湖北巡抚张映汉折，档案号：03-1735-083
1815	嘉庆二十年	嘉庆十九年七月初六日至嘉庆二十年七月初五日	17 687.156	4 382.702	22 069.858	《宫中档朱批奏折·财政类·关税》，嘉庆二十年十一月二十三日，湖广总督马慧裕折，档案号：04-01-35-0368-021
1817	嘉庆二十二年	嘉庆二十一年闰六月初六日至嘉庆二十二年六月初五日	17 687.156	11 133.581	28 820.737	《宫中档朱批奏折·财政类·关税》，嘉庆二十二年十二月二十一日，湖广总督庆保折，档案号：04-01-35-0369-014
1818	嘉庆二十三年	嘉庆二十二年六月初六日至嘉庆二十三年六月初五日	17 687.156	6 913.799	24 600.955	《宫中档朱批奏折·财政类·关税》，嘉庆二十四年正月十九日，湖广总督庆保折，档案号：04-01-35-0369-049
1819	嘉庆二十四年	嘉庆二十三年六月初六日至嘉庆二十四年五月初五日	17 687.156	6 976.445	24 663.601	《宫中档朱批奏折·财政类·关税》，嘉庆二十四年十二月初四日，湖广总督庆保折，档案号：04-01-35-0370-027
1820	嘉庆二十五年	嘉庆二十四年五月初六日至嘉庆二十五年五月初五日	17 687.156	9 537.177	27 224.333	《户科题本·税课类·关税》，道光元年正月二十二日，湖广总督张映汉折，档案号：02-01-04-20015-003
1821	道光元年	道光二十五年五月初六日至道光元年五月初五日	17 687.156	12 062.295	29 749.451	《宫中档朱批奏折·财政类·关税》，道光元年十一月十八日，湖广总督陈若霖折，档案号：04-01-35-0371-041

续表

公元	时间	关期	应征正额	实征盈余	共征总数	资料来源
1822	道光二年	道光元年五月初六日至道光二年四月初五日	17 687.156	12 288.962	29 976.118	《宫中档朱批奏折·财政类·关税》，道光二年十月二十二日，兼署湖广总督湖北巡抚杨懋恬折，档案号：04-01-35-0372-004
1823	道光三年	道光二年四月初六日至道光三年四月初五日	17 687.156	12 415.912 4	30 103.068 4	《宫中档朱批奏折·财政类·关税》，道光三年九月十八日，湖广总督李鸿宾折，档案号：04-01-35-0372-036
1824	道光四年	道光三年四月初六日至道光四年四月初五日	17 687.156	13 001.917	30 689.073	《宫中档朱批奏折·财政类·关税》，道光四年九月十四日，湖广总督李鸿宾折，档案号：04-01-35-0373-041
1825	道光五年	道光四年四月初六日至道光五年三月初五日	17 687.156	13 003.339	30 690.495	《军机处录副奏折·道光朝·财政类·关税项》，道光五年七月初一日，湖广总督李鸿宾折，档案号：03-3159-033
1826	道光六年	道光五年三月初六日至道光六年三月初五日	17 687.156	13 000.071	30 687.227	《宫中档朱批奏折·财政类·关税》，道光六年八月二十四日，湖广总督嵩孚折，档案号：04-01-35-0374-039
1830	道光十年	道光九年二月初六日至道光十年二月初五日			30 687.295	《户科题本·税课类·关税》，道光十年九月二十日，湖广总督嵩孚折，档案号：02-01-04-20430-024
1837	道光十七年	道光十六年十一月初六日至道光十七年十一月初五日			30 687.374	《户科题本·税课类·关税》，道光十八年十一月二十九日，湖北巡抚伍长华折，档案号：02-01-04-20929-034
1846	道光二十六年	道光二十五年八月初六日至道光二十六年七月初五日			30 687.282	《户科题本·税课类·关税》，道光二十七年十二月二十一日，湖广总督裕泰折，档案号：02-01-04-21374-013

表 23　夔关嘉庆道光年间征税表　（单位：两）

公元	时间	关期	杂税银	米税银	实征	又兑出平余银	合计	资料来源
1796	嘉庆元年						188 961.701	《户科题本·税课类·关税》，嘉庆二年十一月初二日，大学士和珅折，档案号：02-01-04-18037-028

续表

公元	时间	关期	杂税银	米税银	实征	又兑出平余银	合计	资料来源
1797	嘉庆二年		115 435.683	17 643.853	133 079.536	346	133 425.536	《户科题本·税课类·关税》，嘉庆三年七月二十六日，四川总督勒保折，档案号：02-01-04-18104-039
1798	嘉庆三年						90 446	《宫中档朱批奏折·财政类·关税》，嘉庆四年七月初四日，四川布政使林儁折，档案号：04-01-35-0359-037
1799	嘉庆四年						113 403.292	《宫中档朱批奏折·财政类·关税》，嘉庆五年七月初七日，四川布政使杨揆折，档案号：04-01-35-0360-011
1800	嘉庆五年						142 324.38	《宫中档朱批奏折·财政类·关税》，嘉庆六年四月初九日，四川布政使杨揆折，档案号：04-01-35-0360-035
1801	嘉庆六年		144 068.815	10 410.297	154 479.112	401.64	154 880.752	《户科题本·税课类·关税》，嘉庆七年八月二十九日，四川总督勒保折，档案号：02-01-04-18407-011
1802	嘉庆七年		160 545.041	22 942.901	183 487.942	477.065	183 965.007	《户科题本·税课类·关税》，嘉庆八年八月二十一日，四川总督勒保折，档案号：02-01-04-18468-005
1804	嘉庆九年	嘉庆八年十二月初一日至嘉庆九年十一月底	164 515.164	19 010.38	183 525.544	477.17	184 002.714	《户科题本·税课类·关税》，嘉庆十年十一月初三日，户部尚书禄康折，档案号：02-01-04-18563-006
1805	嘉庆十年	嘉庆九年十二月初一日至嘉庆十年十月底	162 945.574	15 591.634	178 537.208	477.2	184 014.408	《户科题本·税课类·关税》，嘉庆十一年六月二十五日，四川总督勒保折，档案号：02-01-04-18641-005

续表

公元	时间	关期	杂税银	米税银	实征	又兑出平余银	合计	资料来源
1806	嘉庆十一年	嘉庆十年十一月初一日至嘉庆十一年十月底	167 526.676	16 015.623	183 542.299	477.21	184 019.509	《户科题本·税课类·关税》，嘉庆十二年十月二十二日，大学士禄康折，档案号：02-01-04-18727-001
1808	嘉庆十三年	嘉庆十二年十一月初一日至嘉庆十三年九月底	163 664.105	19 880.944	183 545.049	477.22	184 022.269	《户科题本·税课类·关税》，嘉庆十四年五月二十八日，四川总督勒保折，档案号：02-01-04-18928-003
1809	嘉庆十四年	嘉庆十三年十月初一日至嘉庆十四年九月底	167 585.19	15 961.983	183 547.173	477.22	184 024.393	《户科题本·税课类·关税》，嘉庆十五年七月十七日，大学士庆桂折，档案号：02-01-04-19047-003
1810	嘉庆十五年	嘉庆十四年十月初一日至嘉庆十五年九月底	165 924.264	17 624.114	183 548.378	477.22	184 025.598	《户科题本·税课类·关税》，嘉庆十六年六月初九日，大学士庆桂折，档案号：02-01-04-19145-032
1811	嘉庆十六年	嘉庆十五年十月初一日至嘉庆十六年八月底	168 779.333	14 773.147	183 552.48	477.24	184 029.72	《户科题本·税课类·关税》，嘉庆十七年四月二十七日，四川总督常明折，档案号：02-01-04-19253-026
1812	嘉庆十七年	嘉庆十六年九月初一日至嘉庆十七年八月底	167 237.863	16 319.612	183 557.475	487.25	184 034.825	《户科题本·税课类·关税》，嘉庆十八年二月二十七日，四川总督常明折，档案号：02-01-04-19371-018
1814	嘉庆十九年	嘉庆十八年九月初一日至嘉庆十九年七月底	172 585.32	10 977.473	183 562.793	477.26	184 040.053	《户科题本·税课类·关税》，嘉庆二十年三月初五日，四川总督常明折，档案号：02-01-04-19552-006
1815	嘉庆二十年	嘉庆十九年八月初一日至嘉庆二十年七月底	167 248.134	16 320.054		477.28	184 045.468	《户科题本·税课类·关税》，嘉庆二十年三月初五日，四川总督常明折，档案号：02-01-04-19629-014

续表

公元	时间	关期	杂税银	米税银	实征	又兑出平余银	合计	资料来源
1817	嘉庆二十二年	嘉庆二十一年七月初一日至嘉庆二十二年六月底	167 656.196	15 956.205	183 612.401	477.39	184 089.791	《户科题本・税课类・关税》，嘉庆二十三年十二月初三日，大学士托津折，档案号：02-01-04-19813-009
1818	嘉庆二十三年	嘉庆二十二年七月初一日至嘉庆二十三年六月底	169 759.267	13 869.885	183 629.152	477.44	184 106.592	《户科题本・税课类・关税》，嘉庆二十四年五月初八日，大学士托津折，档案号：02-01-04-19903-015
1819	嘉庆二十四年	嘉庆二十三年七月初一日至嘉庆二十四年五月底	172 512.114	11 119.098	183 631.212	477.44	184 108.652	《户科题本・税课类・关税》，嘉庆二十五年七月十八日，大学士托津折，档案号：02-01-04-19982-011
1820	嘉庆二十五年	嘉庆二十四年六月初一日至嘉庆二十五年五月底	170 544.848	13 091.838	183 636.686	477.46	184 114.146	《户科题本・税课类・关税》，道光元年正月十九日，署四川总督德英阿折，档案号：02-01-04-20015-001
1822	道光二年	道光元年六月初一日至道光二年四月底	168 670.398	14 969.654	183 640.052	477.46	184 117.512	《户科题本・税课类・关税》，道光三年三月十七日，四川总督陈若霖折，档案号：02-01-04-20093-015
1823	道光三年	道光二年五月初一日至道光三年四月底	171 002.367	12 639.204	183 641.571	477.47	184 119.041	《户科题本・税课类・关税》，道光四年七月初七日，户部尚书英和折，档案号：02-01-04-20139-022
1828	道光八年	道光七年四月初一日至道光八年二月底	176 406.32	7 257.146	183 663.466	477.52	184 140.986	《户科题本・税课类・关税》，道光九年二月十四日，四川总督戴三锡折，档案号：02-01-04-20377-019
1829	道光九年	道光八年三月初一日至道光九年二月底	174 991.86	8 675.549	183 667.409	477.54	184 144.95	《户科题本・税课类・关税》，道光十年三月二十七日，四川总督琦善折，档案号：02-01-04-20432-025

续表

公元	时间	关期	杂税银	米税银	实征	又兑出平余银	合计	资料来源
1830	道光十年	道光九年三月初一日至道光十年二月底	173 133.31	10 540.728	183 674.038	477.55	184 151.588	《户科题本·税课类·关税》，道光十一年三月初八日，署四川总督那彦宝折，档案号：02-01-04-20471-026
1831	道光十一年	道光十年三月初一日至道光十一年正月底	171 311.355	12 375.255	183 686.61	477.59	184 164.2	《户科题本·税课类·关税》，道光十二年二月二十八日，四川总督鄂山折，档案号：02-01-04-20532-003
1832	道光十二年	道光十一年二月初一日至道光十二年正月底	148 615.916	35 074.228	183 690.144	477.59	184 167.734	《户科题本·税课类·关税》，道光十三年二月十七日，四川总督鄂山折，档案号：02-01-04-20606-037
		道光十二年二月初一日至年底	141 996.895	41 699.926	183 696.821	477.61	184 174.431	《户科题本·税课类·关税》，道光十四年七月二十一日，大学士长龄折，档案号：02-01-04-20662-005
1834	道光十四年	道光十四年正月初一日至年底	163 083.163	20 617.628	183 700.791	477.72	184 178.411	《户科题本·税课类·关税》，道光十六年九月初九日，大学士潘世恩折，档案号：02-01-04-20806-013
1836	道光十六年	道光十五年十二月初一日至道光十六年十一月底	161 141.235	22 563.849	183 705.084	477.63	184 182.714	《户科题本·税课类·关税》，道光十八年五月二十九日，四川总督鄂山折，档案号：02-01-04-20929-012
1837	道光十七年	道光十六年十二月初一日至道光十七年十一月底	171 108.735	12 597.92	183 706.655	477.63	184 184.285	《户科题本·税课类·关税》，道光十八年十二月初二日，署四川总督苏廷玉折，档案号：02-01-04-20935-003
1838	道光十八年	道光十七年十二月初一日至道光十八年十月底	173 115.013	10 592.923	183 707.936	477.64	184 185.576	《户科题本·税课类·关税》，道光二十年正月十九日，四川总督宝兴折，档案号：02-01-04-21059-025

续表

公元	时间	关期	杂税银	米税银	实征	又兑出平余银	合计	资料来源
1839	道光十九年	道光十八年十一月初一日至道光十九年十月底	172 059.049	11 650.406	183 709.455	477.64	184 187.095	《户科题本·税课类·关税》，道光二十年十二月十四日，四川总督宝兴折，档案号：02-01-04-21060-028
1840	道光二十年	道光十九年十月初一日道光二十年十月底	175 626.531	8 084.139	183 710.67	477.64	184 188.31	《户科题本·税课类·关税》，道光二十二年十一月十一日，大学士潘世恩折，档案号：02-01-04-21172-039
1841	道光二十一年	道光二十年十一月初一日至道光二十一年九月底	175 957.443	7 755.396	183 712.839	477.65	184 190.489	《户科题本·税课类·关税》，道光二十三年四月初五日，大学士潘世恩折，档案号：02-01-04-21226-013
1844	道光二十四年	道光二十三年九月初一日至道光二十四年八月底	173 905.335	9 818.648	183 723.983	477.68	184 201.663	《户科题本·税课类·关税》，道光二十六年五月初二日，四川总督宝兴折，档案号：02-01-04-21353-008
1848	道光二十八年	道光二十七年八月初一日至道光二十八年七月底	172 816.234	10 926.04	183 742.274	477.73	184 220.004	《户科题本·税课类·关税》，道光二十九年十一月二十四日，大学士潘世恩折，档案号：02-01-04-21430-016
1849	道光二十九年	道光二十八年八月初一日至道光二十九年六月底	169 990.945	13 752.334	183 743.279	477.73	184 221.009	《户科题本·税课类·关税》，咸丰元年四月十四日，大学士赛尚阿折，档案号：02-01-04-21471-014
1850	道光三十年	道光二十九年七月初一日至道光三十年六月底	171 668.201	12 083.061	183 751.262	477.53	184 229.015	《户科题本·税课类·关税》，咸丰元年七月初三日，四川总督徐泽醇折，档案号：02-01-04-21474-011

表 24　渝关嘉庆道光年间征税表

（单位：两）

公元	时间	关期	应征正额	实征盈余	实征总数	资料来源
1796	嘉庆元年		5000	183.522	5183.522	《户科题本·税课类·关税》，嘉庆二年闰六月二十一日，四川总督宜绵折，档案号：02-01-04-18037-013
1797	嘉庆二年		5000		5120	《户科题本·税课类·关税》，嘉庆二年闰六月二十一日，四川总督宜绵折，档案号：02-01-04-18037-013
1798	嘉庆三年		5000		5120	《军机处录副奏折·嘉庆朝·财政类·关税项》，嘉庆十一年十月二十九日，四川总督勒保折，档案号：03-1768-025
1799	嘉庆四年		5000		5120	《军机处录副奏折·嘉庆朝·财政类·关税项》，嘉庆十一年十月二十九日，四川总督勒保折，档案号：03-1768-026
1800	嘉庆五年		5000		5120	《军机处录副奏折·嘉庆朝·财政类·关税项》，嘉庆十一年十月二十九日，四川总督勒保折，档案号：03-1768-027
1801	嘉庆六年		5000		5120	《军机处录副奏折·嘉庆朝·财政类·关税项》，嘉庆十一年十月二十九日，四川总督勒保折，档案号：03-1768-028
1802	嘉庆七年		5000		5120	《军机处录副奏折·嘉庆朝·财政类·关税项》，嘉庆十一年十月二十九日，四川总督勒保折，档案号：03-1768-029
1803	嘉庆八年		5000		5120	《军机处录副奏折·嘉庆朝·财政类·关税项》，嘉庆十一年十月二十九日，四川总督勒保折，档案号：03-1768-030
1804	嘉庆九年		5000		5120	《军机处录副奏折·嘉庆朝·财政类·关税项》，嘉庆十一年十月二十九日，四川总督勒保折，档案号：03-1768-031
1805	嘉庆十年		5000		5120	《军机处录副奏折·嘉庆朝·财政类·关税项》，嘉庆十一年十月二十九日，四川总督勒保折，档案号：03-1768-032
1806	嘉庆十一年	嘉庆十年十月初一日至嘉庆十一年十月底	5000	121.09	5121.09	《军机处录副奏折·嘉庆朝·财政类·关税项》，嘉庆十一年十月二十九日，四川总督勒保折，档案号：03-1768-033
1839	道光十九年	道光十八年十一月初一日至道光十九年十月底	5000	121.177	5121.177	《户科题本·税课类·关税》，道光二十年十二月十四日，四川总督宝兴折，档案号：02-01-04-21065-008

表 25 临清户关嘉庆道光年间征税表

（单位：两）

公元	时间	关期	应征正额	实收盈余	实征总数	又征耗银	合计收银	资料来源
1796	嘉庆元年	乾隆六十年七月初四日至嘉庆元年七月初三日	37 376.313	13 111.07	50 487.313	5 048.73	55 536.043	《军机处录副奏折·嘉庆朝·财政类·关税项》，户部折，清单，档案号：03-1767-077
1797	嘉庆二年	嘉庆元年七月初四日至嘉庆二年闰六月初三日	37 376.313	13 113.8	50 489.313	5 049.01	55 538.323	《户科题本·税课类·关税》，嘉庆二年十二月初七日，山东巡抚伊江阿折，档案号：02-01-04-18037-035
1798	嘉庆三年	嘉庆二年闰六月初四日至嘉庆三年六月初三日	37 376.313	13 115.66	50 491.398	5 049.19	55 540.588	《户科题本·税课类·关税》，嘉庆三年七月十八日，山东巡抚伊江阿折，档案号：02-01-04-18104-035
1799	嘉庆四年	嘉庆三年六月初四日至嘉庆四年六月初三日	37 376.313	0	35 498.84	3 549.88	39 048.72	《户科题本·税课类·关税》，嘉庆五年二月二十一日，护理山东巡抚全保折，档案号：02-01-04-18261-006
1800	嘉庆五年	嘉庆四年六月初四日至嘉庆五年五月初三日	37 376.313	0	33 205.78	3 320.578	36 526.358	《户科题本·税课类·关税》，嘉庆六年五月初七日，户部尚书成德折，档案号：02-01-04-18335-003
1801	嘉庆六年	嘉庆五年五月初四日至嘉庆六年五月初三日	37 376.313	0	36 742.31	3 674.23	40 416.54	《户科题本·税课类·关税》，嘉庆七年四月初三日，山东巡抚和宁折，档案号：02-01-04-18406-008
1802	嘉庆七年	嘉庆六年五月初四日至嘉庆七年五月初三日	37 376.313	11 011.25	48 387.57	4 838.75	53 226.32	《户科题本·税课类·关税》，嘉庆七年六月初一日，山巡抚和宁折，档案号：02-01-04-18406-023
1803	嘉庆八年	嘉庆七年五月初四日至嘉庆八年四月初三日	37 376.313	25 496.12	62 872.43	6 287.243	69 159.673	《户科题本·税课类·关税》，嘉庆九年七月初十日，户部尚书禄康折，档案号：02-01-04-18518-002

续表

公元	时间	关期	应征正额	实收盈余	实征总数	又征耗银	合计收银	资料来源
1804	嘉庆九年	嘉庆八年四月初四日至嘉庆九年四月初三日	37 376.313	0	35 142.27	3 514.22	38 656.49	《户科题本·税课类·关税》，嘉庆九年十二月十三日，山东巡抚铁保折，档案号：02-01-04-18518-012
1805	嘉庆十年	嘉庆九年四月初四日至嘉庆十年四月初三日	37 376.313	0	34 857.8	3 485.78	38 343.58	《户科题本·税课类·关税》，嘉庆十一年八月二十七日，户部尚书禄康折，档案号：02-01-04-18641-015
1806	嘉庆十一年	嘉庆十年四月初四日至嘉庆十一年三月初三日	37 376.313	8 860.947	46 237.26	4 623.726	50 860.986	《宫中档朱批奏折·财政类·关税》，嘉庆十一年四月二十一日，山东巡抚长龄折，档案号：04-01-35-0363-044
1807	嘉庆十二年	嘉庆十一年三月初四日至嘉庆十二年三月初三日	37 376.313	11 084.72	48 461.04	4 846.1	53 307.14	《户科题本·税课类·关税》，嘉庆十二年九月十二日，大学士禄康折，档案号：02-01-04-18726-026
1808	嘉庆十三年	嘉庆十二年三月初四日至嘉庆十三年三月初三日	37 376.313	37449	79663	7 242.14	86 905.14	《军机处录副奏折·嘉庆朝·财政类·关税项》，嘉庆十三年三月十八日，山东巡抚吉纶折，档案号：03-1768-068
1809	嘉庆十四年	嘉庆十三年三月初四日至嘉庆十四年二月初三日	37 376.313	23 367.66	66 295.296	6 035.93	72 331.226	《军机处录副奏折·嘉庆朝·财政类·关税项》，嘉庆十四年二月二十八日，山东巡抚吉纶折，档案号：03-1769-005
1810	嘉庆十五年	嘉庆十四年二月初四日至嘉庆十五年二月初三日	37 376.313	27 375.73	70 524.234	6 411.29	76 935.524	《户科题本·税课类·关税》，嘉庆十五年十二月十七日，大学士庆桂折，档案号：02-01-04-19047-033
1811	嘉庆十六年	嘉庆十五年二月初四日至嘉庆十六年二月初三日		0	32 285.42	3 228.54	35 513.96	《宫中档朱批奏折·财政类·关税》，嘉庆十六年二月十八日，山东巡抚吉纶折，档案号：04-01-35-0366-003

续表

公元	时间	关期	应征正额	实收盈余	实征总数	又征耗银	合计收银	资料来源
1812	嘉庆十七年	嘉庆十六年二月初四日至嘉庆十七年正月初三日	37 376.313	0	33 151.01	3 315.101	36 466.111	《宫中档朱批奏折·财政类·关税》，嘉庆十七年二月二十八日，山东巡抚同兴折，档案号：04-01-35-0366-043
1813	嘉庆十八年	嘉庆十七年正月初四日至嘉庆十八年正月初三日	37 376.313	0	30 286.19	3 028.6	33 314.79	《宫中档朱批奏折·财政类·关税》，嘉庆十八年四月初六日，山东巡抚同兴折，档案号：04-01-35-0367-028
1814	嘉庆十九年	嘉庆十八年正月初四日至嘉庆十九年正月初三日	37 376.313	1 137.377	38 513.69	3 851.369	42 365.059	《军机处录副奏折·嘉庆朝·财政类·关税项》，嘉庆十九年六月十四日，山东巡抚同兴折，档案号：03-1770-089
		嘉庆十九年正月初四日至嘉庆十九年十二月初三日	37 376.313	30 714.73	68 091.038	6 625.138	74 716.176	《户科题本·税课类·关税》，嘉庆二十年七月初四日，山东巡抚陈预折，档案号：02-01-04-19546-021
1815	嘉庆二十年	嘉庆十九年十二月初四日至嘉庆二十年十二月初三日	37 376.313	45 551.9	72 929.208	6 629.92	79 559.128	《户科题本·税课类·关税》，嘉庆二十一年八月二十四日，山东巡抚陈预折，档案号：02-01-04-19630-014
1816	嘉庆二十一年	嘉庆二十年十二月初四日至嘉庆二十一年十一月初三日	37 376.313	9 810.567	46 186.88	4 618.68	50 805.56	《户科题本·税课类·关税》，嘉庆二十二年五月十八日，山东巡抚陈预折，档案号：02-01-04-19719-009
1817	嘉庆二十二年	嘉庆二十一年十月初四日至嘉庆二十二年十一月初三日	37 376.313	19 201.88	56 578.196	5 643.026	62 221.222	《宫中档朱批奏折·财政类·关税》，嘉庆二十三年正月二十一日，山东巡抚陈预折，档案号：04-01-35-0369-018
1818	嘉庆二十三年	嘉庆二十二年十一月初四日至嘉庆二十三年十一月初三日	37 376.313	20 140.68	57 516.991	5 729.091	63 246.082	《宫中档朱批奏折·财政类·关税》，嘉庆二十四年正月十八日，山东巡抚和舜武折，档案号：04-01-35-0369-048

续表

公元	时间	关期	应征正额	实收盈余	实征总数	又征耗银	合计收银	资料来源
1819	嘉庆二十四年	嘉庆二十三年十一月初四日至嘉庆二十四年十月初三日	37 376.313	16 340.97	53 717.28	5 371.728	59 089.008	《宫中档朱批奏折·财政类·关税》，嘉庆二十五年正月初四日，山东巡抚程国仁折，档案号：04-01-35-0370-028
1820	嘉庆二十五年	嘉庆二十四年十月初四日至嘉庆二十五年十月初三日	37 376.313	0	24 683.56	2 468.356	27 151.916	《户科题本·税课类·关税》，道光元年十二月十三日，户部尚书英和折，档案号：02-01-04-20016-018
1821	道光元年	嘉庆二十五十月初四日至道光元年十月初三日	37 376.313	0	17 650.3	1 765.03	19 415.33	《户科题本·税课类·关税》，道光四年三月二十三日，户部尚书英和折，档案号：02-01-04-20139-006
1822	道光二年	道光元年十月初四日至道光二年九月初三日	37 376.313	0	21 193.84	2 119.384	23 313.224	《宫中档朱批奏折·财政类·关税》，道光三年二月十五日，护理山东巡抚布政使杨健折，档案号：04-01-35-0372-013
1823	道光三年	道光二年九月初四日至道光三年九月初三日	37 376.313	0	30 818.25	3 081.825	33 900.075	《户科题本·税课类·关税》，道光四年十二月十二日，户部尚书英和折，档案号：02-01-04-20140-010
1824	道光四年	道光三年九月初三日至道光四年八月初三日	37 376.313	16 319.91	58 045.548	5 276.86	63 322.408	《户科题本·税课类·关税》，道光五年五月初四日，山东巡抚琦善折，档案号：02-01-04-20198-018
1825	道光五年	道光四年八月初四日至道光五年八月初三日	37 376.313	6 644.217	44 020.53	4 402.053	48 422.583	《宫中档朱批奏折·财政类·关税》，道光五年十月十一日，山东巡抚武隆阿折，档案号：04-01-35-0374-021
1826	道光六年	道光五年八月初四日至道光六年八月初三日	37 376.313	9 946.567	47 322.88	4 732.288	52 055.168	《户科题本·税课类·关税》，道光七年八月初一日，户部尚书禧恩折，档案号：02-01-04-20296-008

续表

公元	时间	关期	应征正额	实收盈余	实征总数	又征耗银	合计收银	资料来源
1827	道光七年	道光六年八月初四日至道光七年七月初三日	37 376.313	8 483.127	45 859.44	4 585.944	50 445.384	《宫中档朱批奏折·财政类·关税》，道光七年九月初十日，护理山东巡抚布政使贺长龄折，档案号：04-01-35-0375-001
1828	道光八年	道光七年七月初四日至道光八年七月初三日	37 376.313	11 492.39	48 868.7	4 886.87	53 755.57	《宫中档朱批奏折·财政类·关税》，道光八年九月初二日，山东巡抚琦善折，档案号：04-01-35-0375-034
1829	道光九年	道光八年七月初四日至道光九年七月初三日	37 376.313	768.087	38 144.4	3 814.44	41 958.84	《宫中档朱批奏折·财政类·关税》，道光九年九月初八日，山东巡抚讷尔经额折，档案号：04-01-35-0375-060
1830	道光十年	道光九年七月初四日至道光十年六月初三日	37 376.313	5 425.597	42 801.91	4 280.191	47 082.101	《宫中档朱批奏折·财政类·关税》，道光十年八月二十八日，山东巡抚讷尔经额折，档案号：04-01-35-0376-026
1831	道光十一年	道光十年六月初四日至道光十一年六月初三日	37 376.313	15 870.75	53 247.062	4 840.642	58 087.704	《宫中档朱批奏折·财政类·关税》，道光十一年八月三十日，山东巡抚讷尔经额折，档案号：04-01-35-0376-055
1832	道光十二年	道光十一年六月初四日至道光十二年六月初三日	37 376.313	11 147.57	48 523.88	4 852.388	53 376.268	《宫中档朱批奏折·财政类·关税》，道光十二年八月初四日，山东巡抚讷尔经额折，档案号：04-01-35-0377-009
1833	道光十三年	道光十二年六月初四日至道光十三年五月初三日	37 376.313	11 002.44	48 378.75	3 325.575	51 704.325	《宫中档朱批奏折·财政类·关税》，道光十三年九月二十四日，山东巡抚钟祥折，档案号：04-01-35-0377-034
1834	道光十四年	道光十三年五月初四日至道光十四年五月初三日	37 376.313		19 060.156	1 906.015 6	20 966.171 6	《宫中档朱批奏折·财政类·关税》，道光十四年十月初一日，山东巡抚钟祥折，档案号：04-01-35-0377-067

续表

公元	时间	关期	应征正额	实收盈余	实征总数	又征耗银	合计收银	资料来源
1835	道光十五年	道光十四年五月初四日至道光十五年五月初三日	37 376.313	6 035.377	43 411.69	4 341.16	47 752.85	《宫中档朱批奏折·财政类·关税》，道光十五年七月二十七日，山东巡抚钟祥折，档案号：04-01-35-0378-028
1836	道光十六年	道光十五年五月初四日至道光十六年四月初三日	37 376.313	17 306.43	54 682.74	5 468.274	60 151.014	《户科题本·税课类·关税》，道光十七年十月二十三日，大学士潘世恩折，档案号：02-01-04-20872-025
1837	道光十七年	道光十六年四月初四日至道光十七年四月初三日	37 376.313	14 504.23	51 880.54	5 188.054	57 068.594	《宫中档朱批奏折·财政类·关税》，道光十七年九月二十九日，山东巡抚经额布折，档案号：04-01-35-0379-015
1838	道光十八年	道光十七年四月初四日至道光十八年四月初三日	37 376.313	2 008.567	39 384.88	3 938.488	43 323.368	《抄档·清代关税收支报告表·常关》，道光十八年九月三十日，山东巡抚经额布折
1839	道光十九年	道光十八年四月初四日至道光十九年三月初三日	37 376.313	1 311.287	38 687.6	3 868.76	42 556.36	《军机处录副奏折·道光朝·财政类·关税项》，道光十九年九月初六日，护理山东巡抚布政使杨庆琛折，档案号：03-3165-060
1840	道光二十年	道光十九年三月初四日至道光二十年三月初三日	37 376.313	11 546.17	48 922.48	3 690.189	52 612.669	《户科题本·税课类·关税》，道光二十一年十一月十一日，大学士潘世恩折，档案号：02-01-04-21115-031
1841	道光二十一年	道光二十年三月初四日至道光二十一年三月初三日	37 376.313	12 710.17	50 086.48	5 008.64	55 095.12	《户科题本·税课类·关税》，道光二十三年四月十七日，大学士潘世恩折，档案号：02-01-04-21226-016
1842	道光二十二年	道光二十一年三月初四日至道光二十二年二月初三日	37 376.313	0	23 124.2	2 312.4	25 436.6	《军机处录副奏折·道光朝·财政类·关税项》，道光二十三年正月二十八日，署山东巡抚王笃折，档案号：03-9489-067

续表

公元	时间	关期	应征正额	实收盈余	实征总数	又征耗银	合计收银	资料来源
1843	道光二十三年	道光二十二年二月初四日至道光二十三年二月初三日	37 376.313	0	32 483.18	3 248.31	35 731.49	《宫中档朱批奏折·财政类·关税》，道光二十三年六月十三日，山东巡抚梁宝常折，档案号：04-01-35-0379-058
1844	道光二十四年	道光二十三年二月初四日至道光二十四年正月初三日	37 376.313	6 293.327	43 669.64	4 366.964	48 036.604	《军机处录副奏折·道光朝·财政类·关税项》，道光二十四年十一月十七日，护理山东巡抚布政使王笃折，档案号：03-3167-046
1845	道光二十五年	道光二十四年正月初四日至道光二十五年正月初三日	37 376.313	16 931.96	54 308.27	5 430.827	59 739.097	《抄档·清代关税收支报告表·常关》，道光二十五年十一月初四日，山东巡抚觉罗崇恩折
1846	道光二十六年	道光二十五年正月初四日至道光二十六年正月初三日	37 376.313	11 630.85	49 007.16	4 900.716	53 907.876	《军机处录副奏折·道光朝·财政类·关税项》，道光二十六年十月二十八日，山东巡抚崇恩折，档案号：03-3168-044
		道光二十六年正月初四日至道光二十六年十二月初三日	37 376.313	2 858.837	40 235.15	4 023.515	44 258.665	《宫中档朱批奏折·财政类·关税》，道光二十七年十二月初十日，山东巡抚张沣中折，档案号：04-01-35-0380-053
1847	道光二十七年	道光二十六年十二月初四日至道光二十七年十二月初三日	37 376.313	683.097	38 059.41	3 805.941	41 865.351	《宫中档朱批奏折·财政类·关税》，道光二十八年十月十三日，山东巡抚徐泽醇折，档案号：04-01-35-0381-011
1848	道光二十八年	道光二十七年十二月初四日至道光二十八年十二月初三日	37 376.313	40 297.44	77 673.75	7 767.375	85 441.125	《军机处录副奏折·道光朝·财政类·关税项》，道光二十九年十一月二十五日，署理山东巡抚布政使刘源灏折，档案号：03-3169-039
1849	道光二十九年	道光二十八年十二月初四日至道光二十九年十一月初三日	37 376.313	22 008.22	57 404.53	5 740.453	63 144.983	《军机处录副奏折·道光朝·财政类·关税项》，道光三十年十一月初四日，山东巡抚陈庆偕折，档案号：03-3169-083

续表

公元	时间	关期	应征正额	实收盈余	实征总数	又征耗银	合计收银	资料来源
1850	道光三十年	道光二十九年十一月初四日至道光三十年十一月初三日	37 376.313	0	31 940.22	3 194.022	35 134.242	《军机处录副奏折·咸丰朝·财政类·关税项》，咸丰元年九月二十四日，山东巡抚陈庆偕折，档案号：03-4375-026

表 26　临清工关嘉庆道光年间征税表

（单位：两）

公元	时间	关期	应征正额	实征盈余	实征总数	又征耗银	合计银数	资料来源
1799	嘉庆四年	嘉庆四年正月二十三日至嘉庆四年十一月十六日	4 572.74	398.89	4 971.23	497.123	5 468.353	《军机处录副奏折·嘉庆朝·财政类·关税项》，嘉庆五年三月二十一日【朱批时间】，山东巡抚蒋兆奎折，档案号：03-1767-022
1801	嘉庆六年	开河至封河	4 572.74	289.64	4 862.04	486.204	5 348.244	《宫中档朱批奏折·财政类·关税》，嘉庆八年三月二十一日，山东巡抚铁保折，档案号：04-01-35-0361-009
1802	嘉庆七年	嘉庆七年正月十三日至嘉庆七年十二月十五日	4 572.74	3 160.85	7733	773.3	8 506.3	《宫中档朱批奏折·财政类·关税》，嘉庆八年三月二十一日，山东巡抚铁保折，档案号：04-01-35-0361-009
1803	嘉庆八年	嘉庆八年二月初九日至嘉庆八年十二月底	4 572.74	1 127.74	5 700.48	570.048	6 270.528	《宫中档朱批奏折·财政类·关税》，嘉庆九年三月初十日，山东巡抚铁保折，档案号：04-01-35-0362-008
1805	嘉庆十年	嘉庆十年正月十八日至嘉庆十年十月三十日	4 572.74	2 706.72	7 279.46	727.946	8 007.406	《宫中档朱批奏折·财政类·关税》，嘉庆十一年三月十九日，山东巡抚长龄折，档案号：04-01-35-0363-037
1806	嘉庆十一年	嘉庆十一年正月十三日至嘉庆十一年十二月二十九日	4 572.74	1 829.31	6 402.05	640.205	7 042.255	《宫中档朱批奏折·财政类·关税》，嘉庆十二年二月二十九日，山东巡抚长龄折，档案号：04-01-35-0364-023

续表

公元	时间	关期	应征正额	实征盈余	实征总数	又征耗银	合计银数	资料来源
1807	嘉庆十二年	嘉庆十二年正月初四日至嘉庆十二年十二月三十日	4 572.74	5 466.26	10039	1 003.9	11 042.9	《军机处录副奏折·嘉庆朝·财政类·关税项》，嘉庆十三年三月十八日，山东巡抚吉纶折，档案号：03-1768-068
1808	嘉庆十三年	嘉庆十三年正月十九日至嘉庆十三年十二月二十九日	4 572.74	2 420.12	6 992.86	699.286	7 692.146	《军机处录副奏折·嘉庆朝·财政类·关税项》，嘉庆十四年二月二十日，山东巡抚吉纶折，档案号：03-1819-033
1809	嘉庆十四年	嘉庆十四年正月初七日至嘉庆十四年十二月三十日	4 572.74	2 761.26	7334	733.4	8 067.4	《宫中档朱批奏折·财政类·关税》，嘉庆十五年二月初六日，山东巡抚吉纶折，档案号：04-01-35-0365-025
1810	嘉庆十五年	嘉庆十五年正月二十五日至嘉庆十五年十二月三十日	4 572.74	252.39	4 825.13	482.513	5 307.643	《宫中档朱批奏折·财政类·关税》，嘉庆十六年二月十八日，山东巡抚吉纶折，档案号：04-01-35-0366-003
1811	嘉庆十六年	嘉庆十六年二月十三日至嘉庆十六年十二月三十日	4 572.74	0	4 375.3	437.5	4 812.8	《宫中档朱批奏折·财政类·关税》，嘉庆十七年二月二十八日，山东巡抚同兴折，档案号：04-01-35-0366-043
1812	嘉庆十七年	嘉庆十七年正月十六日至嘉庆十七年十二月二十九日	4 572.74	584.53	5 157.27	515.727	5 672.997	《宫中档朱批奏折·财政类·关税》，嘉庆十八年四月初六日，山东巡抚同兴折，档案号：04-01-35-0367-028
1813	嘉庆十八年	嘉庆十八年正月十一日至嘉庆十八年十二月二十九日	4 572.74	1 083.96	5 656.7	565.67	6 222.37	《军机处录副奏折·嘉庆朝·财政类·关税项》，嘉庆十九年六月十四日，山东巡抚同兴折，档案号：03-1770-089
1814	嘉庆十九年	嘉庆十九年二月初三日至嘉庆十九年十二月三十日	4 572.74	2 539.33	7 112.07	711.207	7 823.277	《军机处录副奏折·嘉庆朝·财政类·关税项》，嘉庆二十年四月十一日，山东巡抚陈预折，档案号：03-1770-125

续表

公元	时间	关期	应征正额	实征盈余	实征总数	又征耗银	合计银数	资料来源
1815	嘉庆二十年	嘉庆二十年正月二十四日至嘉庆二十年十二月三十日	4 572.74	2 290.018	7 700.033	770.003	8 470.036	《宫中档朱批奏折·财政类·关税》，嘉庆二十一年正月十二日，山东巡抚陈预折，档案号：04-01-35-0368-027
1816	嘉庆二十一年	嘉庆二十一年正月二十日至嘉庆二十一年十二月三十日	4 572.74	776.8	5 349.54	534.954	5 884.494	《宫中档朱批奏折·财政类·关税》，嘉庆二十二年二月十一日，山东巡抚陈预折，档案号：04-01-35-0368-050
1817	嘉庆二十二年	嘉庆二十二年正月初一日至嘉庆二十二年十二月二十九日	4 572.74	1 926.33	6 499.07	649.9	7 148.97	《宫中档朱批奏折·财政类·关税》，嘉庆二十三年正月二十一日，山东巡抚陈预折，档案号：04-01-35-0369-018
1818	嘉庆二十三年	嘉庆二十三年正月二十六日至嘉庆二十三年十二月三十日	4 572.74	992.35	5 565.09	556.509	6 121.599	《户科题本·税课类·关税》，嘉庆二十三年四月二十四日，山东巡抚陈预折，档案号：02-01-04-19812-005
1819	嘉庆二十四年	嘉庆二十四年正月二十二日至嘉庆二十四年十二月二十九日	4 572.74	1 241.95	5 814.69	581.469	6 396.159	《宫中档朱批奏折·财政类·关税》，嘉庆二十五年二月初三日，山东巡抚程国仁折，档案号：04-01-35-0370-034
1820	嘉庆二十五年	嘉庆二十五年正月二十四日至嘉庆二十五年十二月三十日	4 572.74	0	4 178.92	417.892	4 596.812	《宫中档朱批奏折·财政类·关税》，道光元年二月十一日，山东巡抚钱臻折，档案号：04-01-35-0371-019
1821	道光元年	道光元年正月十四日至道光元年十二月底	4 572.74	0	4 002.33	400.23	4 402.56	《户科题本·税课类·关税》，道光二年十一月初六日，山东巡抚琦善折，档案号：02-01-04-20052-029
1822	道光二年	道光二年二月初十日至道光二年十二月底	4 572.74	0	4 231.48	423.148	4 654.628	《宫中档朱批奏折·财政类·关税》，道光三年二月十五日，护理山东巡抚布政使杨健折，档案号：04-01-35-0372-013

续表

公元	时间	关期	应征正额	实征盈余	实征总数	又征耗银	合计银数	资料来源
1823	道光三年	道光三年正月初六日至道光三年十二月底	4 572.74	0	4 032.23	403.223	4 435.453	《宫中档朱批奏折·财政类·关税》，道光四年二月二十一日，署山东巡抚琦善折，档案号：04-01-35-0373-010
1824	道光四年	道光四年正月十三日至道光四年十二月底	4 572.74	1 770.86	6 343.6	634.36	6 977.96	《宫中档朱批奏折·财政类·关税》，道光五年二月十三日，护理山东巡抚布政使讷尔经额折，档案号：04-01-35-0373-055
1825	道光五年	道光五年正月初六日至道光五年十二月底	4 572.74	436.15	5 008.89	500.88	5 509.77	《户科题本·税课类·关税》，道光六年四月二十一日，山东巡抚武隆阿折，档案号：02-01-04-20250-007
1826	道光六年	道光六年正月二十日至道光六年十二月底	4 572.74	1 261.83	5 834.57	583.457	6 418.027	《宫中档朱批奏折·财政类·关税》，道光七年二月初五日，署山东巡抚程含章折，档案号：04-01-35-0374-048
1827	道光七年	道光七年正月二十日至道光七年十二月底	4 572.74	1 782.19	6 354.93	635.493	6 990.423	《宫中档朱批奏折·财政类·关税》，道光八年二月十二日，山东巡抚琦善折，档案号：04-01-35-0375-010
1828	道光八年	道光八年正月十八日至道光八年十二月底	4 572.74	1 051.79	5 624.53	562.453	6 186.983	《宫中档朱批奏折·财政类·关税》，道光九年正月二十二日，山东巡抚琦善折，档案号：04-01-35-0375-043
1829	道光九年	道光九年正月二十六日至道光九年十二月底	4 572.74	809.86	5 382.6	538.26	5 920.86	《宫中档朱批奏折·财政类·关税》，道光十年三月二十六日，山东巡抚讷尔经额折，档案号：04-01-35-0376-008
1830	道光十年	道光十年开河至封河	4 572.74	4 141.12	8 713.86	871.386	9 585.246	《宫中档朱批奏折·财政类·关税》，道光十一年二月十六日，山东巡抚讷尔经额折，档案号：04-01-35-0376-039

续表

公元	时间	关期	应征正额	实征盈余	实征总数	又征耗银	合计银数	资料来源
1831	道光十一年	道光十一年正月十七日至道光十一年十二月底	4 572.74	1 315.09	5 887.83	588.783	6 476.613	《宫中档朱批奏折·财政类·关税》，道光十二年四月初三日，山东巡抚讷尔经额折，档案号：04-01-35-0376-071
1832	道光十二年	道光十二年二月十一日至道光十二年十二月底	4 572.74	2 128.33	6 701.07	670.1	7 371.17	《宫中档朱批奏折·财政类·关税》，道光十三年二月二十九日，山东巡抚钟祥折，档案号：04-01-35-0377-026
1833	道光十三年	道光十三年正月初四日至道光十三年十二月底	4 572.74	2 384.01	6 956.75	695.675	7 652.425	《宫中档朱批奏折·财政类·关税》，道光十四年三月十五日，山东巡抚钟祥折，档案号：04-01-35-0377-043（含免运米船料 99.11 两）
1834	道光十四年	道光十四年正月二十四日至道光十四十二月底	4 572.74	0	4 230.68	423.068	4 653.748	《宫中档朱批奏折·财政类·关税》，道光十五年三月初五日，山东巡抚钟祥折，档案号：04-01-35-0378-005
1835	道光十五年	道光十五年正月十一日至道光十五年十二月底	4 572.74	2 107.95	6 680.69	668.069	7 348.759	《宫中档朱批奏折·财政类·关税》，道光十六年三月十六日，山东巡抚钟祥折，档案号：04-01-35-0378-044
1836	道光十六年	道光十六年正月初八日至道光十六年十二月底	4 572.74	1 395.32	5 968.06	596.8	6 564.86	《户科题本·税课类·关税》，道光十七年十一月初一日，山东巡抚经额布折，档案号：02-01-04-20872-029
1837	道光十七年	道光十七年正月二十二日至道光十七年十二月底	4 572.74	0	4 037.31	403.731	4 441.041	《军机处录副奏折·道光朝·财政类·关税项》，道光十八年闰四月二十五日，山东巡抚经额布折，档案号：03-3165-008
1838	道光十八年	道光十八年二月初五日至道光十八年十二月底	4 572.74	305.63	4 878.37	487.837	5 366.207	《军机处录副奏折·道光朝·财政类·关税项》，道光十九年五月十七日，山东巡抚经额布折，档案号：03-3165-043

续表

公元	时间	关期	应征正额	实征盈余	实征总数	又征耗银	合计银数	资料来源
1839	道光十九年	道光十九年正月十九日至道光十九年十二月底	4 572.74	535.93	5 108.67	510.867	5 619.537	《军机处录副奏折·道光朝·财政类·关税项》，道光二十年五月十九日，山东巡抚托浑布折，档案号：03-3165-077
1840	道光二十年	道光二十年正月二十七日至道光二十年十二月底	4 572.74	1 053.78	5 626.52	562.652	6 189.172	《军机处录副奏折·道光朝·财政类·关税项》，道光二十一年三月初二日，山东巡抚托浑布折，档案号：03-3165-088
1841	道光二十一年	道光二十一年二月初七日至道光二十一年十二月底	4 572.74	0	3 827.1	382.71	4 209.81	《军机处录副奏折·道光朝·财政类·关税项》，道光二十二年九月二十日，山东巡抚托浑布折，档案号：03-3166-013
1842	道光二十二年	道光二十二年正月十七日至道光二十二年十二月底	4 572.74	0	3 730.77	373.077	4 103.847	《宫中档朱批奏折·财政类·关税》，道光二十三年七月初一日，山东巡抚梁宝常折，档案号：04-01-35-0379-062
1843	道光二十三年	道光二十三年正月二十四日至道光二十三年十二月底	4 572.74	0	4 310.54	431.054	4 741.594	《军机处录副奏折·道光朝·财政类·关税项》，道光二十四年十一月二十七日，护理山东巡抚布政使王笃折，档案号：03-3167-049
1844	道光二十四年	道光二十四年正月初九日至道光二十四年十二月底	4 572.74	0	4 188.79	418.879	4 607.669	《抄档·清代关税收支报告表·常关》，道光二十五年十一月二十二日，山东巡抚觉罗崇恩折
1845	道光二十五年	开河至封河	4 572.74		7271	727.1	7 998.1	王庆云：《石渠余纪》卷六《直省关税表》，台北：文海出版社，1966年，第541页
1846	道光二十六年	道光二十六年正月二十日至道光二十六年十二月底	4 572.74	0	3 438.12	343.812	3 781.932	《宫中档朱批奏折·财政类·关税》，道光二十七年十二月初十日，山东巡抚张沣中折，档案号：04-01-35-0380-054

续表

公元	时间	关期	应征正额	实征盈余	实征总数	又征耗银	合计银数	资料来源
1847	道光二十七年	道光二十七年正月二十四日至道光二十七年十二月底	4 572.74	0	2 622.25	262.225	2 884.475	《宫中档朱批奏折·财政类·关税》，道光二十八年十月十三日，山东巡抚徐泽醇折，档案号：04-01-35-0381-011
1848	道光二十八年	道光二十八年正月十九日至道光二十八年十二月底	4 572.74	1 437.32	6 010.6	601.06	6 611.66	《军机处录副奏折·道光朝·财政类·关税项》，道光二十九年十一月二十五日，署理山东巡抚布政使刘源灏折，档案号：03-3169-039
1849	道光二十九年	道光二十九年正月十五日至道光二十九年十二月底	4 572.74	407.1	4 979.74	497.974	5 477.714	《军机处录副奏折·道光朝·财政类·关税项》，道光三十年十一月初四日，山东巡抚陈庆偕折，档案号：03-3169-083
1850	道光三十年	道光三十年正月十四日至道光三十年十二月底	4 572.74	0	3 076.21	307.621	3 383.831	《军机处录副奏折·咸丰朝·财政类·关税项》，咸丰元年九月二十四日，山东巡抚陈庆偕折，档案号：03-4375-034

表 27　天津关嘉庆道光年间征税表

（单位：两）

公元	时间	关期	应征正额	实征总数	免通州粮剥及土宜银	额外盈余银	合计	资料来源
1796	嘉庆元年	乾隆六十年十二月十八日至嘉庆元年十二月十七日	48 156.312 5	91 074.833	0	12 209.44	103 284.273	《军机处录副奏折·嘉庆朝·财政类·关税项》，嘉庆二年正月二十七日，长芦盐政董椿折，档案号：03-1766-033、076
1797	嘉庆二年	嘉庆元年十二月十八日至嘉庆二年十一月十七日	48 156.312 5	95 769.823	0	12 222.38	107 992.203	《军机处录副奏折·嘉庆朝·财政类·关税项》，嘉庆二年十二月初八日，长芦盐政董椿折，档案号：03-1766-076、077

续表

公元	时间	关期	应征正额	实征总数	免通州粮剥及土宜银	额外盈余银	合计	资料来源
1798	嘉庆三年	嘉庆二年十一月十八日至嘉庆三年十一月十七日	48 156.312 5	91 206.783	0			《军机处录副奏折·嘉庆朝·财政类·关税项》，嘉庆三年十二月初二日，长芦盐政董椿折，档案号：03-1767-017
1799	嘉庆四年	嘉庆三年十一月十八日至嘉庆四年十一月十七日	48 156.312 5	95 792.603	0	12 330.1		《宫中档朱批奏折·财政类·关税》，嘉庆四年十一月二十四日，长芦盐政观豫折，档案号：04-01-35-0359-052、053
1800	嘉庆五年	嘉庆四年十一月十八日至嘉庆五年十月十七日	48 156.312 5	99 375.333	3 158.15	12 341.17	114 874.653	《宫中档朱批奏折·财政类·关税》，嘉庆五年十一月初九日，长芦盐政那苏图折，档案号：04-01-35-0360-022、023
1801	嘉庆六年	嘉庆五年十月十八日至嘉庆六年十月十七日	48 156.312 5	92 631.043	2 236.27			《户科题本·税课类·关税》，嘉庆七年八月初三日，户部尚书禄康折，档案号：02-01-04-18407-005
1803	嘉庆八年	嘉庆七年十月十八日至嘉庆八年九月十七日	48 156.312 5	85 045.203	1 813.28	12 341.96	99 200.443	《宫中档朱批奏折·财政类·关税》，嘉庆八年九月二十一日，长芦盐政赛尚阿折，档案号：04-01-35-0361-036、037
1804	嘉庆九年	嘉庆八年九月十八日至嘉庆九年九月十七日	48 156.312 5	87 996.973	1 813.28	12 348.74	102 158.993	《宫中档朱批奏折·财政类·关税》，嘉庆九年九月十九日，长芦盐政珠隆阿折，档案号：04-01-35-0362-031、032
1805	嘉庆十年	嘉庆九年九月十八日至嘉庆十年八月十七日	48 156.312 5	86 585.363	740.06	12 340.79	99 666.213	《宫中档朱批奏折·财政类·关税》，嘉庆十年八月二十六日，长芦盐政额勒布折，档案号：04-01-35-0363-009、010
1806	嘉庆十一年	嘉庆十年八月十八日至嘉庆十一年八月十七日	48 156.312 5	86 805.383	1 017.97	12 343.7	100 167.053	《军机处录副奏折·嘉庆朝·财政类·关税项》，嘉庆十一年八月二十五日，长芦盐政李如枚折，档案号：03-1768-011、012

续表

公元	时间	关期	应征正额	实征总数	免通州粮剥及土宜银	额外盈余银	合计	资料来源
1807	嘉庆十二年	嘉庆十一年八月十八日至嘉庆十二年八月十七日	48 156.312 5	87 401.613	393.4	12 345.97	100 140.983	《宫中档朱批奏折·财政类·关税》，嘉庆十二年八月二十八日，长芦盐政李如枚折，档案号：04-01-35-0364-047
1808	嘉庆十三年	嘉庆十二年八月十八日至嘉庆十三年七月十七日	48 156.312 5	83 704.43	229.56	12 343.07	96 277.06	《军机处录副奏折·嘉庆朝·财政类·关税项》，嘉庆十四年八月初一日，长芦盐政额勒布折，档案号：03-1769-016；《户科题本·税课类·关税》，嘉庆十四年九月二十六日，长芦盐政嵩年折，档案号：02-01-04-18928-017
1809	嘉庆十四年	嘉庆十三年七月十八日至嘉庆十四年七月十七日	48 156.312 5	82 166.623	229.56	7 626.67	90 022.853	《军机处录副奏折·嘉庆朝·财政类·关税项》，嘉庆十四年八月初一日，长芦盐政额勒布折，档案号：03-1769-016；《户科题本·税课类·关税》，嘉庆十四年九月二十六日，长芦盐政嵩年折，档案号：02-01-04-18928-017
1810	嘉庆十五年	嘉庆十四年七月十八日至嘉庆十五年七月十七日	48 156.312 5	83 898.173	882.15	12 345.36	97 125.683	《宫中档朱批奏折·财政类·关税》，嘉庆十五年七月二十五日，长芦盐政嵩年折，档案号：04-01-35-0365-043、044
1811	嘉庆十六年	嘉庆十五年七月十八日至嘉庆十六年六月十七日	48 156.312 5	83 942.023	300.21	12 349.81	96 592.043	《宫中档朱批奏折·财政类·关税》，嘉庆十六年六月二十三日，长芦盐政嵩年折，档案号：04-01-35-0366-019、020
1812	嘉庆十七年	嘉庆十六年六月十八日至嘉庆十七年六月十七日	48 156.312 5	82 533.863		12 350.72		《宫中档朱批奏折·财政类·关税》，嘉庆十七年六月二十九日，长芦盐政祥绍折，档案号：04-01-35-0366-053；《军机处录副奏折·道光朝·财政类·关税项》，嘉庆十七年六月二十九日，长芦盐政祥绍折，档案号：03-1770-007

续表

公元	时间	关期	应征正额	实征总数	免通州粮剥及土宜银	额外盈余银	合计	资料来源
1813	嘉庆十八年	嘉庆十七年六月十八日至嘉庆十八年六月十七日	48 156.312 5	82 262.933	327	12 351.84	94 941.773	《宫中档朱批奏折·财政类·关税》，嘉庆十八年七月初一日，长芦盐政广惠折，档案号：04-01-35-0367-038、039
1814	嘉庆十九年	嘉庆十八年六月十八日至嘉庆十九年五月十七日	48 156.312 5	83 425.343	0	12 357.93	95 783.273	《军机处录副奏折·嘉庆朝·财政类·关税项》，嘉庆十九年六月初四日，长芦盐政广惠折，档案号：03-1770-086、087
1815	嘉庆二十年	嘉庆十九年五月十八日至嘉庆二十年五月十七日	48 156.312 5	82 724.563	0			《军机处录副奏折·嘉庆朝·财政类·关税项》，嘉庆二十年五月二十七日，长芦盐政广惠折，档案号：03-1770-128
1816	嘉庆二十一年	嘉庆二十年五月十八日至嘉庆二十一年五月十七日	48 156.312 5	82 860.293	0			《户科题本·税课类·关税》，嘉庆二十一年十一月二十一日，大学士托津折，档案号：02-01-04-19630-028
1817	嘉庆二十二年	嘉庆二十一年五月十八日至嘉庆二十二年四月十七日	48 156.312 5	83 055.813	0			《户科题本·税课类·关税》，嘉庆二十二年六月初一日，长芦盐政嵩年折，档案号：02-01-04-19719-010
1818	嘉庆二十三年	嘉庆二十二年四月十八日至嘉庆二十三年四月十七日	48 156.312 5	83 101.253	0			《宫中档朱批奏折·财政类·关税》，嘉庆二十三年四月二十四日，长芦盐政嵩年折，档案号：04-01-35-0369-024
1819	嘉庆二十四年	嘉庆二十三年四月十八日至嘉庆二十四年四月十七日	48 156.312 5	83 533.513	0	12 367.44	95 900.953	《宫中档朱批奏折·财政类·关税》，嘉庆二十四年四月二十一日，长芦盐政延丰折，档案号：04-01-35-0369-055、056
1820	嘉庆二十五年	嘉庆二十四年四月十八日至嘉庆二十五年三月十七日	48 156.312 5	82 756.013	0	12 370.07	95 126.083	《宫中档朱批奏折·财政类·关税》，嘉庆二十五年三月二十八日，长芦盐政常显折，档案号：04-01-35-0370-038、039

续表

公元	时间	关期	应征正额	实征总数	免通州粮剥及土宜银	额外盈余银	合计	资料来源
1821	道光元年	嘉庆二十五年三月十八日至道光元年三月十七日	48 156.312 5	83 502.593	0	12 371.81	95 874.403	《宫中档朱批奏折·财政类·关税》，道光元年四月二十六日，长芦盐政福森折，档案号：04-01-35- 0371-022、023
1822	道光二年	道光元年三月十八日至道光二年三月十七日	48 156.312 5	85 718.093	0	12 371.81	98 089.903	《宫中档朱批奏折·财政类·关税》，道光二年闰三月初十日，长芦盐政福森折，档案号：04-01-35- 0371-048、049
1823	道光三年	道光二年三月十八日至道光三年二月十七日	48 156.312 5	84 461.883	0	12 371.81	96 833.693	《宫中档朱批奏折·财政类·关税》，道光三年二月二十四日，长芦盐政阿尔邦阿折，档案号：04-01-35-0372-013、014
1824	道光四年	道光三年二月十八日至道光四年二月十七日	48 156.312 5	84 493.813	0	12 371.81	96 865.623	《宫中档朱批奏折·财政类·关税》，道光四年三月初二日，长芦盐政阿尔邦阿折，档案号：04-01-35-0373-013、014
1825	道光五年	道光四年二月十八日至道光五年正月十七日	48 156.312 5	82 439.343	0	12 371.81	94 811.153	《军机处录副奏折·道光朝·财政类·关税项》，道光五年正月二十七日，长芦盐政福珠隆阿折，档案号：03-3159-002、003
1826	道光六年	道光五年正月十八日至道光六年正月十七日	48 156.312 5	82 335.303	0	12 371.81	94 707.113	《军机处录副奏折·道光朝·财政类·关税项》，道光六年正月二十四日，长芦盐政福珠隆阿折，档案号：03-3159-053、054
1827	道光七年	道光六年正月十八日至道光七年正月十七日	48 156.312 5	82 619.473	0	12 376.81	94 996.283	《宫中档朱批奏折·财政类·关税》，道光七年二月初五日，长芦盐政阿扬阿折，档案号：04-01-35-0374-049、050
		道光七年正月十八日至道光七年十二月十七日	48 156.312 5	83 340.753	0	12 380.81	95 721.563	《宫中档朱批奏折·财政类·关税》，道光七年十二月二十一日，长芦盐政阿扬阿折，档案号：04-01-35-0375-007、008

续表

公元	时间	关期	应征正额	实征总数	免通州粮剥及土宜银	额外盈余银	合计	资料来源
1828	道光八年	道光七年十二月十八日至道光八年十二月十七日	48 156.312 5	83 155.233	0	12 380.81	95 536.043	《军机处录副奏折·道光朝·财政类·关税项》，道光八年十二月二十二日，长芦盐政阿扬阿折，档案号：03-3159-094
1829	道光九年	道光八年十二月十八日至道光九年十二月十七日	48 156.312 5	83 360.063	0	12 380.81	95 740.873	《宫中档朱批奏折·财政类·关税》，道光九年十二月二十一日，长芦盐政阿扬阿折，档案号：04-01-35-0375-069、070
1830	道光十年	道光九年十二月十八日至道光十年十一月十七日	48 156.312 5	82 843.723	0			《宫中档朱批奏折·财政类·关税》，道光十年十一月二十三日，长芦盐政阿扬阿折，档案号：04-01-35-0376-033、034
1831	道光十一年	道光十年十一月十八日至道光十一年十一月十七日	48 156.312 5	83 369.053	0	12 380.81	95 749.863	《宫中档朱批奏折·财政类·关税》，道光十一年十一月二十日，长芦盐政钟灵折，档案号：04-01-35-0376-061、062
1832	道光十二年	道光十一年十一月十八日至道光十二年十月十七日	48 156.312 5	83 241.563	0	12 380.81	95 622.373	《宫中档朱批奏折·财政类·关税》，道光十二年十月二十三日，长芦盐政祝麟折，档案号：04-01-35-0377-017、018
1833	道光十三年	道光十二年十月十八日至道光十三年十月十七日	48 156.312 5	83 366.633	0	12 380.81	95 747.443	《户科题本·税课类·关税》，道光十三年十一月十五日，长芦盐政祝麟折，档案号：02-01-04-20603-033
1834	道光十四年	道光十二年十月十八日至道光十四年十月十七日	48 156.312 5	92 653.473	0	12 380.81	105 034.283	《户科题本·税课类·关税》，道光十四年十月二十四日，长芦盐政祝麟折，档案号：02-01-04-20661-026
1835	道光十五年	道光十四年十月十八日至道光十五年九月十七日	48 156.312 5	83 473.453	0	12 380.81	95 854.263	《宫中档朱批奏折·财政类·关税》，道光十五年九月二十六日，长芦盐政钟灵折，档案号：04-01-35-0378-035、036

续表

公元	时间	关期	应征正额	实征总数	免通州粮剥及土宜银	额外盈余银	合计	资料来源
1836	道光十六年	道光十五年九月十八日至道光十六年九月十七日	48 156.312 5	83 495.753	0	12 380.81	95 876.563	《宫中档朱批奏折·财政类·关税》，道光十六年九月二十六日，长芦盐政钟灵折，档案号：04-01-35-0378-062、063
1837	道光十七年	道光十六年九月十八日至道光十七年九月十七日	48 156.312 5	83 507.393	0	12 380.81	95 888.203	《宫中档朱批奏折·财政类·关税》，道光十七年九月二十八日，长芦盐政钟灵折，档案号：04-01-35-0379-013、014
1838	道光十八年	道光十七年九月十八日至道光十八年八月十七日	48 156.312 5	83 517.893	0	12 380.81	95 898.703	《宫中档朱批奏折·财政类·关税》，道光十八年八月二十七日，长芦盐政钟灵折，档案号：04-01-35-0379-020、021
1839	道光十九年	道光十八年八月十八日至道光十九年八月十七日	48 156.312 5	83 717.893	0	12 380.81	96 098.703	《户科题本·税课类·关税》，道光二十年五月十八日，大学士潘世恩折，档案号：02-01-04-21064-009
1840	道光二十年	道光十九年八月十八日至道光二十年八月十七日	48 156.312 5	83 618.953	0	12 380.81	95 999.763	《宫中档朱批奏折·财政类·关税》，道光二十年八月二十六日，长芦盐政德顺折，档案号：04-01-35-0379-032、033
1841	道光二十一年	道光二十年八月十八日至道光二十一年七月十七日	48 156.312 5	83 248.933	0	12 380.81	95 629.743	《军机处录副奏折·道光朝·财政类·关税项》，道光二十一年七月二十八日，长芦盐政德顺折，档案号：03-3165-092、03-9489-018
1842	道光二十二年	道光二十一年七月十八日至道光二十二年七月十七日	48 156.312 5	74 002.903	0	无征	74 002.903	《军机处录副奏折·道光朝·财政类·关税项》，道光二十二年七月二十二日，长芦盐政德顺折，档案号：03-9489-050
1843	道光二十三年	道光二十二年七月十八日至道光二十三年七月十七日	48 156.312 5	82 431.673	0	12 380.81	94 812.483	《宫中档朱批奏折·财政类·关税》，道光二十三年闰七月二十五日，长芦盐政德顺折，档案号：04-01-35-0380-001、002

续表

公元	时间	关期	应征正额	实征总数	免通州粮剥及土宜银	额外盈余银	合计	资料来源
1844	道光二十四年	道光二十三年七月十八日至道光二十四年六月十七日	48 156.312 5	82 528.173	0	12 380.81	94 908.983	《军机处录副奏折·道光朝·财政类·关税项》，道光二十四年七月二十八日，长芦盐政应顺折，档案号：03-3167-029
1845	道光二十五年	道光二十四年六月十八日至道光二十五年六月十七日	48 156.312 5	82 611.693	0	12 380.81	94 992.503	《户科题本·税课类·关税》，道光二十五年九月二十六日，长芦盐政普琳折，档案号：02-01-04-21318-031
1846	道光二十六年	道光二十五年六月十八日至道光二十六年闰五月十七日	48 156.312 5	82 643.913	0	12 380.81	95 024.723	《军机处录副奏折·道光朝·财政类·关税项》，道光二十六年六月二十七日，长芦盐政士魁折，档案号：03-3168-027、028
1847	道光二十七年	道光二十六年闰五月十八日至道光二十七年五月十八日	48 156.312 5	82 460.983	0	12 380.81	94 841.793	《户科题本·税课类·关税》，道光二十八年二月二十四日，大学士潘世恩折，档案号：02-01-04-21403-010
1848	道光二十八年	道光二十七年五月十八日至道光二十八年五月十七日	48 156.312 5	81 746.773	0	12 380.81	94 127.583	《宫中档朱批奏折·财政类·关税》，道光二十八年六月初七日，长芦盐政沈拱辰折，档案号：04-01-35-0381-002、003
1849	道光二十九年	道光二十八年五月十八日至道光二十九年闰四月十七日	48 156.312 5	82 772.463	0	12 380.81	95 153.273	《宫中档朱批奏折·财政类·关税》，道光二十九年五月二十五日，长芦盐政崇纶折，档案号：04-01-35-0381-032、033
1850	道光三十年	道光二十九年闰四月十八至道光三十年四月十七日	48 156.312 5	82 935.153	0	12 380.81	95 315.963	《宫中档朱批奏折·财政类·关税》，道光三十年五月二十二日，长芦盐政崇纶折，档案号：04-01-35-0381-061、062

表 28　天津海关嘉庆道光年间征税表

（单位：两）

公元	时间	关期	应征总数	实征盈余	实征总数	资料来源
1807	嘉庆十二年		40 000	11 941.6	37 941.6	《宫中档朱批奏折·财政类·关税》，嘉庆十二年十二月二十八日，署直隶总督温承惠折，档案号：04-01-35-0364-022
1808	嘉庆十三年		40 000	27 050.6	53 050.6	《军机处录副奏折·嘉庆朝·财政类·关税项》，嘉庆十三年十二月二十七日，直隶总督温承惠折，档案号：03-1769-002
1809	嘉庆十四年		40 000	43 220	69 220	《军机处录副奏折·嘉庆朝·财政类·关税项》，嘉庆十四年十二月二十八日，直隶总督温承惠折，档案号：03-1769-031
1810	嘉庆十五年		40 000	38 137.76	64 137.76	《宫中档朱批奏折·财政类·关税》，【缺奏报时间】，直隶总督温承惠折，档案号：04-01-35-0371-004
1811	嘉庆十六年		40 000	20 500	47 500	《军机处录副奏折·嘉庆朝·财政类·关税项》，嘉庆十六年十二月二十三日，直隶总督温承惠折，档案号：03-1769-119
1812	嘉庆十七年		40 000	24 119	50 119	《宫中档朱批奏折·财政类·关税》，嘉庆十八年正月初八日，直隶总督温承惠折，档案号：04-01-35-0367-020
1813	嘉庆十八年		40 000	27 418	53 418	《宫中档朱批奏折·财政类·关税》，嘉庆十八年十二月十八日，吏部尚书署直隶总督章煦折，档案号：04-01-35-0367-055
1814	嘉庆十九年		40 000	25 517	51 517	《军机处录副奏折·嘉庆朝·财政类·关税项》，嘉庆十九年十二月十七日【朱批时间】，直隶总督那彦成折，档案号：03-1770-110
1815	嘉庆二十年		40 000	13 102	39 102	《宫中档朱批奏折·财政类·关税》，嘉庆二十年十二月十七日，直隶总督那彦成折，档案号：04-01-35-0368-023

续表

公元	时间	关期	应征总数	实征盈余	实征总数	资料来源
1816	嘉庆二十一年		40 000	9 644	35 643	《宫中档朱批奏折·财政类·关税》，嘉庆二十一年十二月二十日，直隶总督方受畴折，档案号：04-01-35-0368-048
1817	嘉庆二十二年		40 000	14 154	40 154	《宫中档朱批奏折·财政类·关税》，嘉庆二十三年正月初六日，直隶总督方受畴折，档案号：04-01-35-0369-017
1818	嘉庆二十三年		40 000	17 664	43 664	《宫中档朱批奏折·财政类·关税》，嘉庆二十四年正月十六日，直隶总督方受畴折，档案号：04-01-35-0369-047
1819	嘉庆二十四年		40 000	18 023	44 023	《宫中档朱批奏折·财政类·关税》，嘉庆二十五年正月初七日，直隶总督方受畴折，档案号：04-01-35-0370-029
1820	嘉庆二十五年		40 000	15 615	41 615	《军机处录副奏折·嘉庆朝·财政类·关税项》嘉庆二十五年十二月二十四日，直隶总督方受畴折，档案号：03-1771-128
1821	道光元年		40 000	16 034	42 034	《宫中档朱批奏折·财政类·关税》，道光二年正月初四日，直隶总督温承惠折，档案号：04-01-35-0371-042
1822	道光二年	道光二年开河至十月二十九日	40 000	16 752	42 752	《军机处录副奏折·道光朝·财政类·关税项》，道光二年十二月二十二日，直隶总督颜检折，档案号：03-3156-042
1823	道光三年		40 000	17 102	43 102	《军机处录副奏折·道光朝·财政类·关税项》，道光三年十二月二十日，直隶总督蒋攸铦折，档案号：03-3157-051
1824	道光四年	道光四年二月初十日至十一月二十日	40 000	17 016.82	43 016.82	《宫中档朱批奏折·财政类·关税》，道光四年十二月十二日，协办大学士直隶总督蒋攸铦折，档案号：04-01-35-0373-052
1825	道光五年		40 000	16 344.53	42 344.53	《军机处录副奏折·道光朝·财政类·关税项》，道光五年十二月二十日，直隶总督那彦成折，档案号：03-3159-049
1826	道光六年	道光六年二月初六日至十一月十九日	40 000	15 543.8	41 543.8	《宫中档朱批奏折·财政类·关税》，道光六年十二月初十日，直隶总督那彦成折，档案号：04-01-35-0374-042

续表

公元	时间	关期	应征总数	实征盈余	实征总数	资料来源
1827	道光七年		40 000	16 416.58	42 416.58	《宫中档朱批奏折·财政类·关税》，道光七年十二月初七日，护理直隶总督屠之申折，档案号：04-01-35-0556-040
1828	道光八年		40 000	16 030.39	42 030.39	《宫中档朱批奏折·财政类·关税》，道光八年十一月二十八日，护理直隶总督屠之申折，档案号：04-01-35-0375-040
1829	道光九年		40 000	14 094.49	40 094.49	《军机处录副奏折·道光朝·财政类·关税项》，道光九年十二月十五日，直隶总督那彦成折，档案号：03-3160-031
1830	道光十年		40 000	14 042.89	40 042.89	《军机处录副奏折·道光朝·财政类·关税项》，道光十年十二月初八日，直隶总督那彦成折，档案号：03-3160-077
1831	道光十一年		40 000	14 195.09	40 195.09	《宫中档朱批奏折·财政类·关税》，道光十一年十二月二十五日，直隶总督琦善折，档案号：04-01-35-0376-065
1832	道光十二年	道光十二年二月十八日至十一月二十日	40 000		21 056.01	《宫中档朱批奏折·财政类·关税》，道光十二年十二月十一日，直隶总督琦善折，档案号：04-01-35-0377-022（未含免税数字）
1833	道光十三年	道光十三年二月初六日至十一月十五日	40 000		20 105.33	《抄档·清代关税收支报告表·常关》，道光十三年十二月初七，直隶总督琦善折（未含免税数字）
1834	道光十四年	道光十四年二月二十日至十一月十五日	40 000	14 050.78	40 050.78	《宫中档朱批奏折·财政类·关税》，道光十四年十二月初六日，直隶总督琦善折，档案号：04-01-35-0377-071
1835	道光十五年	道光十五年二月二十五日至十月二十八日	40 000	14 123.46	40 123.46	《宫中档朱批奏折·财政类·关税》，道光十五年十二月初七日，直隶总督琦善折，档案号：04-01-35-0378-037
1836	道光十六年	道光十六年二月二十日至十月二十四日	40 000	14 213.56	40 213.56	《宫中档朱批奏折·财政类·关税》，道光十六年十一月初八日，协办大学士直隶总督琦善折，档案号：04-01-35-0378-064

续表

公元	时间	关期	应征总数	实征盈余	实征总数	资料来源
1837	道光十七年	道光十七年二月初七日至十一月初八日	40 000	15 235.4	41 235.4	《宫中档朱批奏折·财政类·关税》，道光十七年十一月二十三日，协办大学士直隶总督琦善折，档案号：04-01-35-0379-016
1838	道光十八年	道光十八年二月二十五日至十月二十八日	40 000	14 213.4	40 213.4	《军机处录副奏折·道光朝·财政类·关税项》，道光十八年十一月二十一日，署直隶总督琦善折，档案号：03-9488-039
1839	道光十九年	道光十九年二月十一日至十一月十六日	40 000		24 350.62	《军机处录副奏折·道光朝·财政类·关税项》，道光十九年十二月初五日，直隶总督琦善折，档案号：03-3165-071（未含免税数字）
1840	道光二十年	道光二十年二月初一日至十二月二十六日	40 000		20 766.92	《军机处录副奏折·道光朝·财政类·关税项》，道光二十一年二月十八日，直隶总督讷尔经额折，档案号：03-3165-085
1841	道光二十一年	道光二十一年开河至道光二十二年三月三十日	40 000		25 031.3	《军机处录副奏折·道光朝·财政类·关税项》，道光二十二年五月初二日，直隶总督讷尔经额折，档案号：03-3166-008
1842	道光二十二年	无	无征	无征		无征
1843	道光二十三年	道光二十二年四月初一日至道光二十三年三月底	40 000		9 191.524	《军机处录副奏折·道光朝·财政类·关税项》，道光二十三年四月二十六日，直隶总督讷尔经额折，档案号：03-3166-030（未含免税数字）
1844	道光二十四年	道光二十三年四月初一日至道光二十四年三月底	40 000	2 045.165	28 045.17	《军机处录副奏折·道光朝·财政类·关税项》，道光二十四年五月十三日，直隶总督讷尔经额折，档案号：03-3167-014
1845	道光二十五年	道光二十四年四月初一日至道光二十五年三月底	40 000	3 053.845	29 053.85	《抄档·清代关税收支报告表·常关》，道光二十五年四月二十八日，直隶总督讷尔经额折

续表

公元	时间	关期	应征总数	实征盈余	实征总数	资料来源
1846	道光二十六年	道光二十五年四月初一日至道光二十六年三月底	40 000	4 311.286	30 311.29	《军机处录副奏折·道光朝·财政类·关税项》，道光二十六年五月初九日，直隶总督讷尔经额折，档案号：03-3168-009
1847	道光二十七年	道光二十六年四月初一日至道光二十七年三月底	40 000	7 863.167	33 863.17	《军机处录副奏折·道光朝·财政类·关税项》，道光二十七年四月十六日，直隶总督讷尔经额折，档案号：03-3168-068
1849	道光二十九年	道光二十八年四月初一日至道光二十九年三月底	40 000	13 676.45	39 676.45	《军机处录副奏折·道光朝·财政类·关税项》，道光二十九年五月初二日，直隶总督讷尔经额折，档案号：03-3169-017
1850	道光三十年	道光二十九年四月初一日至道光三十年三月底	40 000	13 587.44	39 587.44	《军机处录副奏折·道光朝·财政类·关税项》，道光三十年六月二十九日，直隶总督讷尔经额折，档案号：03-3169-068

表 29　江海关嘉庆道光年间征税表

（单位：两）

公元	时间	关期	应征正额	实征盈余	实征总数	资料来源
1796	嘉庆元年	乾隆六十年四月初一日至嘉庆元年三月底	23 980.33	48 954	72 934.33	《军机处录副奏折·嘉庆朝·财政类·关税项》，户部折，清单，档案号：03-1767-077
1797	嘉庆二年	嘉庆元年四月初一日至嘉庆二年三月底	23 980.33	48 954.109	72 934.439	《户科题本·税课类·关税》，嘉庆二年十一月二十五日，江苏巡抚费淳折，档案号：02-01-04-18037-034
1798	嘉庆三年	嘉庆二年四月初一日至嘉庆三年二月底	23 980.33	48 960.503	72 940.833	《户科题本·税课类·关税》，嘉庆三年四月十八日，江苏巡抚费淳折，档案号：02-01-04-18104-019
1799	嘉庆四年	嘉庆三年三月初一日至嘉庆四年二月底	23 980.33	48 973.972	72 954.302	《宫中档朱批奏折·财政类·关税》，嘉庆四年五月初九日，江苏巡抚宜兴折，档案号：04-01-35-0359-028

续表

公元	时间	关期	应征正额	实征盈余	实征总数	资料来源
1800	嘉庆五年	嘉庆四年三月初一日至嘉庆五年二月底	23 980.33	48 977.194	72 957.524	《宫中档朱批奏折·财政类·关税》，嘉庆五年四月十九日，江苏巡抚岳起折，档案号：04-01-35-0360-002
1801	嘉庆六年	嘉庆五年三月初一日至嘉庆六年正月底	23 980.33	49 032.205	73 012.535	《宫中档朱批奏折·财政类·关税》，嘉庆六年四月十九日，江苏巡抚岳起折，档案号：04-01-35-0360-036
1802	嘉庆七年	嘉庆六年二月初一日至嘉庆七年正月初一日	23 980.33	49 350	73 330.33	《户科题本·税课类·关税》，嘉庆七年八月初十日，江苏巡抚岳起折，档案号：02-01-04-18407-008
1803	嘉庆八年	嘉庆七年二月初一日至嘉庆八年正月底	23 980.33	49 403.236	73 383.566	《宫中档朱批奏折·财政类·关税》，嘉庆八年三月十二日，江苏巡抚岳起折，档案号：04-01-35-0361-008
		嘉庆八年二月初一日至十二月底	23 980.33	49 574.356	73 554.686	《宫中档朱批奏折·财政类·关税》，嘉庆九年二月二十五日，江苏巡抚汪志伊折，档案号：04-01-35-0362-007
1804	嘉庆九年	嘉庆九年正月初一日至十二月底	23 980.33	49 576.245	73 556.575	《宫中档朱批奏折·财政类·关税》，嘉庆十年三月十八日，江苏巡抚汪志伊折，档案号：04-01-35-0362-050
1805	嘉庆十年	嘉庆十年正月初一日至嘉庆十年十一月底	23 980.33	49 581.252	73 561.582	《宫中档朱批奏折·财政类·关税》，嘉庆十一年三月十三日，江苏巡抚汪志伊折，档案号：04-01-35-0363-036
1806	嘉庆十一年	嘉庆十年十二月初一日至嘉庆十一年十一月底	23 980.33	49 593.492	73 573.822	《宫中档朱批奏折·财政类·关税》，嘉庆十二年三月十二日，江苏巡抚汪日章折，档案号：04-01-35-0364-026
1807	嘉庆十二年	嘉庆十一年十二月初一日至嘉庆十二年十月底	23 980.33	49 599.18	73 579.51	《军机处录副奏折·嘉庆朝·财政类·关税项》，嘉庆十三年二月二十二日，江苏巡抚汪日章折，档案号：03-1768-067
1808	嘉庆十三年	嘉庆十二年十一月初一日至嘉庆十三年十月底	23 980.33	49 602.493	73 582.823	《军机处录副奏折·嘉庆朝·财政类·关税项》，嘉庆十四年正月十六日，江苏巡抚汪日章折，档案号：03-1769-003
1809	嘉庆十四年	嘉庆十三年十一月初一日至嘉庆十四年十月底	23 980.33	49 606.402	73 586.732	《宫中档朱批奏折·财政类·关税》，嘉庆十五年正月二十日，护理江苏巡抚布政使庆保折，档案号：04-01-35-0365-024
1810	嘉庆十五年	嘉庆十四年十一月初一日至嘉庆十五年十月底	23 980.33	49 612.58	73 592.91	《宫中档朱批奏折·财政类·关税》，嘉庆十六年正月二十七日，江苏巡抚章煦折，档案号：04-01-35-0366-002

续表

公元	时间	关期	应征正额	实征盈余	实征总数	资料来源
1811	嘉庆十六年	嘉庆十五年十一月初一日至嘉庆十六年九月底	23 980.33	49 626.305	73 606.635	《宫中档朱批奏折·财政类·关税》，嘉庆十七年正月初四日，江苏巡抚章煦折，档案号：04-01-35-0366-039
1812	嘉庆十七年	嘉庆十六年十月初一日至嘉庆十七年九月底	23 980.33	49 632.437	73 612.767	《宫中档朱批奏折·财政类·关税》，嘉庆十七年十二月二十六日，江苏巡抚朱理折，档案号：04-01-35-0367-018
1813	嘉庆十八年	嘉庆十七年十月初一日至嘉庆十八年九月底	23 980.33	49 639.299	73 619.629	《宫中档朱批奏折·财政类·关税》，嘉庆十八年十二月二十八日，江苏巡抚朱理折，档案号：04-01-35-0367-056
1814	嘉庆十九年	嘉庆十八年十月初一日至嘉庆十九年八月底	23 980.33	49 648.666	73 628.996	《军机处录副奏折·嘉庆朝·财政类·关税项》，嘉庆十九年十二月二十七日，江苏巡抚张师诚折，档案号：03-1770-115
1815	嘉庆二十年	嘉庆十九年九月初一日至嘉庆二十年八月底	23 980.33	49 652.353	73 632.683	《宫中档朱批奏折·财政类·关税》，嘉庆二十年十二月二十八日，江苏巡抚张师诚折，档案号：04-01-35-0368-025
1816	嘉庆二十一年	嘉庆二十年九月初一日至嘉庆二十一年七月底	23 980.33	49 656.865	73 637.195	《宫中档朱批奏折·财政类·关税》，嘉庆二十一年十二月二十六日，江苏巡抚胡克家折，档案号：04-01-35-0368-049
1817	嘉庆二十二年	嘉庆二十一年八月初一日至嘉庆二十二年七月底	23 980.33	49 660.321	73 640.651	《宫中档朱批奏折·财政类·关税》，嘉庆二十二年十二月十九日，两江总督署江苏巡抚孙玉庭折，档案号：04-01-35-0369-013
1818	嘉庆二十三年	嘉庆二十二年八月初一日至嘉庆二十三年七月底	23 980.33	49 663.534	73 643.864	《宫中档朱批奏折·财政类·关税》，嘉庆二十三年十一月二十日，江苏巡抚陈桂生折，档案号：04-01-35-0369-043
1819	嘉庆二十四年	嘉庆二十三年八月初一日至嘉庆二十四年六月底	23 980.33	49 666.749	73 647.079	《宫中档朱批奏折·财政类·关税》，嘉庆二十四年十月二十四日，江苏巡抚陈桂生折，档案号：04-01-35-0370-017
1820	嘉庆二十五年	嘉庆二十四年七月初一日至嘉庆二十五年六月底	23 980.33	49 670.639	73 650.969	《军机处录副奏折·嘉庆朝·财政类·关税项》，嘉庆二十五年九月初七日，江苏巡抚陈桂生折，档案号：03-1771-119
1821	道光元年	嘉庆二十五年七月初一日至道光元年六月底	23 980.33	49 676.349	73 656.679	《宫中档朱批奏折·财政类·关税》，道光元年七月二十六日，江苏巡抚魏元煜折，档案号：04-01-35-0371-039

续表

公元	时间	关期	应征正额	实征盈余	实征总数	资料来源
1822	道光二年	道光元年七月初一日至道光二年五月底	23 980.33	49 680.869	73 661.199	《宫中档朱批奏折·财政类·关税》，道光二年六月二十八日，江苏巡抚魏元煜折，档案号：04-01-35-0371-059
1823	道光三年	道光二年六月初一日至道光三年五月底	23 980.33	49 684.259	73 664.589	《宫中档朱批奏折·财政类·关税》，道光三年七月十三日，江苏巡抚韩文绮折，档案号：04-01-35-0372-031
1824	道光四年	道光三年六月初一日至道光四年五月底	23 980.33	49 686.314	73 666.644	《宫中档朱批奏折·财政类·关税》，道光四月七月二十八日，江苏巡抚韩文绮折，档案号：04-01-35-0373-037
1825	道光五年	道光四年六月初一日至道光五年四月底	23 980.33	49 689.024	73 669.354	《宫中档朱批奏折·财政类·关税》，道光五年六月十五日，江苏巡抚调任安徽巡抚张师诚折，档案号：04-01-35-0374-016
1826	道光六年	道光五年五月初一日至道光六年四月底	23 980.33	47 404.457	71 384.787	《宫中档朱批奏折·财政类·关税》，道光六年六月二十九日，江苏巡抚陶澍折，档案号：04-01-35-0374-038
1827	道光七年	道光六年五月初一日至道光七年四月底	23 980.33	49 691.033	73 671.363	《宫中档朱批奏折·财政类·关税》，道光七年闰五月十一日，江苏巡抚陶澍折，档案号：04-01-35-0374-061
1828	道光八年	道光七年五月初一日至道光八年三月底	23 980.33	49 692.183	73 672.513	《宫中档朱批奏折·财政类·关税》，道光八年五月初八日，江苏巡抚陶澍折，档案号：04-01-35-0375-027
1829	道光九年	道光八年四月初一日至道光九年三月底	23 980.33	49 693.023	73 673.353	《宫中档朱批奏折·财政类·关税》，道光九年五月二十九日，江苏巡抚陶澍折，档案号：04-01-35-0375-056
1830	道光十年	道光九年四月初一日至道光十年三月底	23 980.33	49 693.958	73 674.288	《宫中档朱批奏折·财政类·关税》，道光十年四月二十八日，江苏巡抚陶澍折，档案号：04-01-35-0376-014
1831	道光十一年	道光十年四月初一日至道光十一年二月底	23 980.33	49 694.861	73 675.191	《宫中档朱批奏折·财政类·关税》，道光十一年四月初七日，江苏巡抚程祖洛折，档案号：04-01-35-0376-044
1832	道光十二年	道光十一年三月初一日至道光十二年二月底	23 980.33	49 695.822	73 676.152	《宫中档朱批奏折·财政类·关税》，道光十二年三月二十六日，护理江苏巡抚梁章钜折，档案号：04-01-35-0376-070
1833	道光十三年	道光十二年三月初一日至道光十三年正月底	23 980.33	49 696.887	73 677.217	《户科题本·税课类·关税》，道光十三年十一月初一日，大学士长龄折，档案号：02-01-04-20603-029

续表

公元	时间	关期	应征正额	实征盈余	实征总数	资料来源
1834	道光十四年	道光十三年二月初一日至道光十四年正月底	23 980.33	49 697.895	73 678.225	《户科题本·税课类·关税》，道光十四年五月初七日，江苏巡抚林则徐折，档案号：02-01-04-20661-029
1835	道光十五年	道光十四年二月初一日至道光十五年正月底	23 980.33	49 699.116	73 679.446	《军机处录副奏折·道光朝·财政类·关税项》，道光十五年二月二十八日，江苏巡抚林则徐折，档案号：03-3164-017
		道光十五年二月初一日至道光十五年十二月底	23 980.33	49 699.996	73 680.326	《宫中档朱批奏折·财政类·关税》，道光十六年二月初二日，护理江苏巡抚布政使陈銮折，档案号：04-01-35-0378-043
1836	道光十六年	道光十六年正月初一日至十二月底	23 980.33	49 700.916	73 681.246	《军机处录副奏折·道光朝·财政类·关税项》，道光十七年二月十三日，护理江苏巡抚怡良折，档案号：03-9488-003
1837	道光十七年	道光十七年正月初一日至十二月底	23 980.33	49 701.925	73 682.255	《军机处录副奏折·道光朝·财政类·关税项》，道光十八年二月二十日，江苏巡抚陈銮折，档案号：03-9488-030
1838	道光十八年	道光十八年正月初一至十一月底	23 980.33	49 702.955	73 683.285	《户科题本·税课类·关税》，道光十九年四月二十四日，署江苏巡抚牛鑑折，档案号：02-01-04-20994-013
1839	道光十九年	道光十八年十二月初一日至道光十九年十一月底	23 980.33	49 704.059	73 684.389	《宫中档朱批奏折·财政类·关税》，道光二十一年三月十三日，两江总督伊里布、署理江苏巡抚苏州布政使程楙采折，档案号：04-01-35-0379-042
1840	道光二十年	道光十九年十二月初一日至道光二十年十一月底	23 980.33	33 066.175	57 046.505	《宫中档朱批奏折·财政类·关税》，道光二十一年三月十三日，两江总督伊里布、署理江苏巡抚苏州布政使程楙采折，档案号：04-01-35-0379-042（鸦片战争曾封关）
1841	道光二十一年	道光二十年十二月初一日至道光二十一年十月底	23 980.33	49 705.205	73 685.535	《军机处录副奏折·道光朝·财政类·关税项》，道光二十一年十二月十一日，江苏巡抚程楙采折，档案号：03-9489-035
1842	道光二十二年	道光二十一年十一月初一日至道光二十二年十月底	23 980.33	8 641.14	32 621.47	《军机处录副奏折·道光朝·财政类·关税项》，道光二十三年二月二十七日，江苏巡抚孙善宝折，档案号：03-9489-069

续表

公元	时间	关期	应征正额	实征盈余	实征总数	资料来源
1843	道光二十三年	道光二十二年十一月初一日至道光二十三年九月底	23 980.33	49 705.727	73 686.057	《军机处录副奏折·道光朝·财政类·关税项》，道光二十三年十二月初五日，江苏巡抚孙善宝折，档案号：03-3166-067
1844	道光二十四年	道光二十三年十月初一日至道光二十四年九月底	23 980.33	55 841.459	79 821.789	《军机处录副奏折·道光朝·财政类·关税项》，道光二十四年十二月初九日，江苏巡抚孙善宝折，档案号：03-3167-052（含征收运赴奉天、天津、山东等处茶税计新增银 9398.455 两）
1845	道光二十五年	道光二十四年十月初一日至道光二十五年九月底	23 980.33	55 807.694	79 788.024	《户科题本·税课类·关税》，道光二十七年十二月初四日，大学士潘世恩折，档案号：02-01-04-21374-008（含征收运赴奉天、天津、山东等处茶税计新增银 9175.307 两）
1846	道光二十六年	道光二十五年十月初一日至道光二十六年八月底	23 980.33	50 310.811	74 291.141	《军机处录副奏折·道光朝·财政类·关税项》，道光二十六年十一月初三日，署江苏巡抚漕运总督程楙采折，档案号：03-3168-046（含征收运赴奉天、天津、山东等处茶税计新增银 3557.113 两）
1847	道光二十七年	道光二十六年九月初一日至道光二十七年八月底	23 980.33	57 913.198	81 893.528	《抄档·清代关税收支报告表·常关》，道光二十七年十一月十三日，江苏巡抚陆建瀛折（含免征税银 5130.786 两，外加征收运赴奉天、天津、山东等处茶税计新增银 7713.151 两）
1848	道光二十八年	道光二十七年九月初一日至道光二十八年八月底	23 980.33	53 816.125	77 796.455	《军机处录副奏折·道光朝·财政类·关税项》，道光二十八年十二月二十六日，江苏巡抚陆建瀛折，档案号：03-3169-001（含免征税银 7234.938 两，外加征收运赴奉天、天津、山东等处茶税计新增银 7016.786 两）
1849	道光二十九年	道光二十八年九月初一日至道光二十九年七月底	23 980.33	51 751.55	75 731.88	《宫中档朱批奏折·财政类·关税》，道光二十九年十一月二十一日，江苏巡抚傅绳勋折，档案号：04-01-35-0381-044（含征收运赴奉天、天津、山东等处茶税计新增银 6112.676 两）

续表

公元	时间	关期	应征正额	实征盈余	实征总数	资料来源
1850	道光三十年	道光二十九年八月初一日至道光三十年七月底	23 980.33	49 771.979	73 752.309	《宫中档朱批奏折·财政类·关税》，道光三十年十月初四日，江苏巡抚傅绳勋折，档案号：04-01-35-0382-001（含征收运赴奉天、天津、山东等处茶税计新增银6283.695两）

表30　浙海关嘉庆道光年间征税表

（单位：两）

公元	时间	关期	应征正额	实征盈余	实征总数	资料来源
1796	嘉庆元年	乾隆六十年七月初九日至嘉庆元年七月初八日	35 908.23	23 315.842	59 224.072	《军机处录副奏折·嘉庆朝·财政类·关税项》，嘉庆元年七月二十一日，浙江巡抚吉庆折，档案号：03-1766-022
1797	嘉庆二年	嘉庆元年七月初九日至嘉庆二年闰六月初八日	35 908.23	20 561.13	56 469.36	《军机处录副奏折·嘉庆朝·财政类·关税项》，嘉庆二年七月十八日，浙江巡抚玉德折，档案号：03-1766-060
1798	嘉庆三年	嘉庆二年闰六月初九日至嘉庆三年六月初八日	35 908.23	44 465.058	80 373.288	《军机处录副奏折·嘉庆朝·财政类·关税项》，嘉庆三年七月二十六日，浙江巡抚玉德折，档案号：03-1767-010
1799	嘉庆四年	嘉庆三年六月初九日至嘉庆四年六月初八日	35 908.23	39 215.074	75 123.304	《宫中档朱批奏折·财政类·关税》，嘉庆四年七月初九日，浙江巡抚玉德折，档案号：04-01-35-0359-038
1800	嘉庆五年	嘉庆四年六月初九日至嘉庆五年五月初八日	35 908.23	30 789.684	66 697.914	《宫中档朱批奏折·财政类·关税》，嘉庆五年六月十六日，浙江巡抚阮元折，档案号：04-01-35-0360-008
1801	嘉庆六年	嘉庆五年五月初九日至嘉庆六年五月初八日	35 908.23	39 223.235	75 131.465	《宫中档朱批奏折·财政类·关税》，嘉庆六年六月十六日，浙江巡抚阮元折，档案号：04-01-35-0360-042
1802	嘉庆七年	嘉庆六年五月初九日至嘉庆七年五月初八日	35 908.23	39 224.4	75 132.63	《户科题本·税课类·关税》，嘉庆七年十一月十四日，户部尚书禄康折，档案号：02-01-04-18407-021
1803	嘉庆八年	嘉庆七年五月初九日至嘉庆八年四月初八日	35 908.23	41 226.47	77 134.7	《宫中档朱批奏折·财政类·关税》，嘉庆八年五月二十五日，浙江巡抚阮元折，档案号：04-01-35-0361-014
1804	嘉庆九年	嘉庆八年四月初九日至嘉庆九年四月初八日	35 908.23	41 227.45	77 135.275	《宫中档朱批奏折·财政类·关税》，嘉庆九年五月十六日，浙江巡抚阮元折，档案号：04-01-35-0362-019

续表

公元	时间	关期	应征正额	实征盈余	实征总数	资料来源
1805	嘉庆十年	嘉庆九年四月初九日至嘉庆十年四月初八日	35 908.23	43 139.39	79 047.62	《宫中档朱批奏折·财政类·关税》，嘉庆十年五月初八日，浙江巡抚阮元折，档案号：04-01-35-0362-053
1806	嘉庆十一年	嘉庆十年四月初九日至嘉庆十一年三月初八日	35 908.23	37 830.504	73 738.734	《宫中档朱批奏折·财政类·关税》，嘉庆十一年四月十六日，浙江巡抚清安泰折，档案号：04-01-35-0363-043
1807	嘉庆十二年	嘉庆十一年三月初九日至嘉庆十二年三月初八日	35 908.23	37 980.999	73 889.229	《宫中档朱批奏折·财政类·关税》，嘉庆十二年四月二十八日，浙江巡抚清安泰折，档案号：04-01-35-0364-033
1808	嘉庆十三年	嘉庆十二年三月初九日至嘉庆十三年三月初八日	35 908.23	44 010	79 918.23	《户科题本·税课类·关税》，嘉庆十三年五月初十日，浙江巡抚阮元折，档案号：02-01-04-18815-015
1809	嘉庆十四年	嘉庆十三年三月初九日至嘉庆十四年二月初八日	35 908.23	44 019.75	79 927.98	《军机处录副奏折·嘉庆朝·财政类·关税项》，嘉庆十四年三月十二日，浙江巡抚阮元折，档案号：03-1769-006
1810	嘉庆十五年	嘉庆十四年二月初九日至嘉庆十五年二月初八日	35 908.23	44 026.825	79 935.055	《宫中档朱批奏折·财政类·关税》，嘉庆十五年三月十二日，浙江巡抚蒋攸銛折，档案号：04-01-35-0365-028
1811	嘉庆十六年	嘉庆十五年二月初九日至嘉庆十六年二月初八日	35 908.23	44 034.925	79 943.155	《宫中档朱批奏折·财政类·关税》，嘉庆十六年三月二十八日，浙江巡抚蒋攸銛折，档案号：04-01-35-0366-009
1812	嘉庆十七年	嘉庆十六年二月初九日至嘉庆十七年正月初八日	35 908.23	44 044.25	79 952.48	《宫中档朱批奏折·财政类·关税》，嘉庆十七年二月二十七日，浙江巡抚高杞折，档案号：04-01-35-0366-042
1813	嘉庆十八年	嘉庆十七年正月初九日至嘉庆十八年正月初八日	35 908.23	44 052.279	79 960.509	《宫中档朱批奏折·财政类·关税》，嘉庆十八年三月初九日，浙江巡抚高杞折，档案号：04-01-35-0367-027
1814	嘉庆十九年	嘉庆十八年正月初九日至嘉庆十九年正月初八日	35 908.23	44 063.701	79 971.931	《宫中档朱批奏折·财政类·关税》，嘉庆十九年闰二月十二日，浙江巡抚李奕畴折，档案号：04-01-35-0368-006
		嘉庆十九年正月初九日至嘉庆十九年十二月初八日	35 908.23	44 074.917	79 983.147	《军机处录副奏折·嘉庆朝·财政类·关税项》，嘉庆二十年十二月十八日，浙江巡抚颜检折，档案号：03-1770-119
1815	嘉庆二十年	嘉庆十九年十二月初九日至嘉庆二十年十二月初八日	35 908.23	44 085.618	79 993.848	《宫中档朱批奏折·财政类·关税》，嘉庆二十一年二月二十日，护理浙江巡抚布政使额特布折，档案号：04-01-35-0368-031

续表

公元	时间	关期	应征正额	实征盈余	实征总数	资料来源
1816	嘉庆二十一年	嘉庆二十年十二月初九日至嘉庆二十一年十一月初八日	35 908.23	44 105.902	80 014.132	《宫中档朱批奏折·财政类·关税》，嘉庆二十一年十二月十九日，浙江巡抚杨頀折，档案号：04-01-38-0368-046
1817	嘉庆二十二年	嘉庆二十一年十一月初九日至嘉庆二十二年十一月初八日	35 908.23	43 113.556	79 021.786	《宫中档朱批奏折·财政类·关税》，嘉庆二十二年十二月二十三日，浙江巡抚杨頀折，档案号：04-01-35-0369-015
1818	嘉庆二十三年	嘉庆二十二年十一月初九日至嘉庆二十三年十一月初八日	35 908.23	44 116.159	80 024.389	《军机处录副奏折·嘉庆朝·财政类·关税项》，嘉庆二十三年十二月十六日，浙江巡抚程国仁折，档案号：03-1771-044
1819	嘉庆二十四年	嘉庆二十三年十一月初九日至嘉庆二十四年十月初八日	35 908.23	44 131.068	80 039.298	《宫中档朱批奏折·财政类·关税》，嘉庆二十四年十月二十八日，浙江巡抚陈若霖折，档案号：04-01-35-0370-019
1820	嘉庆二十五年	嘉庆二十四年十月初九日至嘉庆二十五年十月初八日	35 908.23	44 145.551	80 053.781	《宫中档朱批奏折·财政类·关税》，嘉庆二十五年十一月十五日，浙江巡抚陈若霖折，档案号：04-01-35-0371-002
1821	道光元年	嘉庆二十五年十月初九日至道光元年十月初八日	35 908.23	43 249.593	79 157.823	《军机处录副奏折·道光朝·财政类·关税项》，道光元年十一月二十二日，浙江巡抚帅承瀛折，档案号：03-3155-047
1822	道光二年	道光元年十月初九日至道光二年九月初八日	35 908.23	44 155.276	80 063.506	《宫中档朱批奏折·财政类·关税》，道光二年十月二十八日，浙江巡抚帅承瀛折，档案号：04-01-35-0372-006
1823	道光三年	道光二年九月初九日至道光三年九月初八日	35 908.23	44 164.961	80 073.191	《宫中档朱批奏折·财政类·关税》，道光三年十月二十八日，浙江巡抚帅承瀛折，档案号：04-01-35-0372-047
1824	道光四年	道光三年九月初九日至道光四年八月初八日	35 908.23	43 207.348	79 115.578	《宫中档朱批奏折·财政类·关税》，道光四年十月初七日，署浙江巡抚黄鸣傑折，档案号：04-01-35-0373-043
1825	道光五年	道光四年八月初九日至道光五年八月初八日	35 908.23	43 279.178	79 187.408	《宫中档朱批奏折·财政类·关税》，道光五年十月初八日，浙江巡抚程含章折，档案号：04-01-35-0374-020
1826	道光六年	道光五年八月初九日至道光六年八月初八日	35 908.23	43 047.168	78 955.398	《军机处录副奏折·道光朝·财政类·关税项》，道光六年九月十三日，浙江巡抚程含章折，档案号：03-3159-077

续表

公元	时间	关期	应征正额	实征盈余	实征总数	资料来源
1827	道光七年	道光六年八月初九日至道光七年七月初八日	35 908.23	43 099.419	79 007.649	《宫中档朱批奏折·财政类·关税》，道光七年九月十六日，署浙江巡抚刘彬士折，档案号：04-01-35-0375-002
1828	道光八年	道光七年七月初九日至道光八年七月初八日	35 908.23	43 275.355	79 183.585	《宫中档朱批奏折·财政类·关税》，道光八年八月二十七日，浙江巡抚刘彬士折，档案号：04-01-35-0375-032
1829	道光九年	道光八年七月初九日至道光九年七月初八日	35 908.23	43 393.447	79 301.677	《宫中档朱批奏折·财政类·关税》，道光九年八月初六日，浙江巡抚刘彬士折，档案号：04-01-35-0375-057
1830	道光十年	道光九年七月初九日至道光十年六月初八日	35 908.23	43 444.584	79 352.814	《宫中档朱批奏折·财政类·关税》，道光十年八月初一日，浙江巡抚刘彬士折，档案号：04-01-35-0376-023
1831	道光十一年	道光十年六月初九日至道光十一年六月初八日	35 908.23	43 518.148	79 426.378	《宫中档朱批奏折·财政类·关税》，道光十一年七月初五日，浙江巡抚富呢扬阿折，档案号：04-01-35-0376-049
1832	道光十二年	道光十一年六月初九日至道光十二年六月初八日	35 908.23	43 529.921	79 438.151	《宫中档朱批奏折·财政类·关税》，道光十二年七月十三日，浙江巡抚富呢扬阿折，档案号：04-01-35-0377-005
1833	道光十三年	道光十二年六月初九日至道光十三年五月初八日	35 908.23	43 595.884	79 504.114	《户科题本·税课类·关税》，道光十三年十一月十三日，大学士长龄折，档案号：02-01-04-20603-032
1834	道光十四年	道光十三年五月初九日至道光十四年五月初八日	35 908.23	43 597.286	79 505.516	《宫中档朱批奏折·财政类·关税》，道光十四年六月十三日，浙江巡抚富呢扬阿折，档案号：04-01-35-0377-054
1835	道光十五年	道光十四年五月初九日至道光十五年五月初八日	35 908.23	43 598.069	79 506.299	《宫中档朱批奏折·财政类·关税》，道光十五年六月二十七日，浙江巡抚乌尔恭额折，档案号：04-01-35-0378-022
1836	道光十六年	道光十五年五月初九日至道光十六年四月初八日	35 908.23	43 598.505	79 506.735	《宫中档朱批奏折·财政类·关税》，道光十六年五月二十五日，浙江巡抚乌尔恭额折，档案号：04-01-35-0378-049
1837	道光十七年	道光十六年四月初九日至道光十七年四月初八日	35 908.23	43 601.886	79 510.116	《军机处录副奏折·道光朝·财政类·关税项》，道光十七年五月二十五日，浙江巡抚乌尔恭额折，档案号：03-9488-006
1838	道光十八年	道光十七年四月初九日至道光十八年四月初八日	35 908.23	43 602.22	79 510.45	《军机处录副奏折·道光朝·财政类·关税项》，道光十八年五月初十日，浙江巡抚乌尔恭额折，档案号：03-9488-033

续表

公元	时间	关期	应征正额	实征盈余	实征总数	资料来源
1839	道光十九年	道光十八年四月初九日至道光十九年三月初八日	35 908.23	43 606.127	79 514.357	《户科题本·税课类·关税》，道光二十年六月二十一日，大学士潘世恩折，档案号：02-01-04-21060-007
1840	道光二十年	道光十九年三月初九日至道光二十年三月初八日	35 908.23	43 598.058	79 506.288	《宫中档朱批奏折·财政类·关税》，道光二十年四月二十一日，浙江巡抚乌尔恭额折，档案号：04-01-35-0379-027
1841	道光二十一年	道光二十年三月初九日至道光二十一年六月十九日	35 908.23	43 603.911	79 512.141	《军机处录副奏折·道光朝·财政类·关税项》，道光二十一年八月十二日，浙江巡抚刘韵珂折，档案号：03-9489-021（关期因鸦片战争于二十年六月初八日至十月二十日封港，有所延长）
1842	道光二十二年	道光二十一年六月二十日至道光二十二年十月初七日	35 908.23		0	封港无征
1843	道光二十三年	道光二十二年十月初八日至道光二十三年九月初七日	35 908.23	42 117.525	78 025.755	《军机处录副奏折·道光朝·财政类·关税项》，道光二十三年十一月初七日，浙江巡抚蒋文庆折，档案号：03-3166-063（本年定海无征银 1496.725 两）
1844	道光二十四年	道光二十三年九月初八日至道光二十四年九月初七日	35 908.23	41 129.326	77 037.556	《宫中档朱批奏折·财政类·关税》，道光二十四年十一月初九日，浙江巡抚梁宝常折，档案号：04-01-35-0380-026（本年定海无征银 1496.725 两）
1845	道光二十五年	道光二十四年九月初八日至道光二十五年九月初七日	35 908.23	42 110.302	78 018.532	《户科题本·税课类·关税》，道光二十五年十二月十五日，浙江巡抚梁宝常折，档案号：02-01-04-21318-043（本年定海无征银 1496.725 两）
1846	道光二十六年	道光二十五年九月初八日至道光二十六年八月初七日	35 908.23	42 111.797	78 020.027	《军机处录副奏折·道光朝·财政类·关税项》，道光二十六年十月初一日，浙江巡抚梁宝常折，档案号：03-3168-043（本年定海无征银 1496.725 两）
1847	道光二十七年	道光二十六年八月初六日至道光二十七年八月初七日	35 908.23	40 634.086	76 542.316	《宫中档朱批奏折·财政类·关税》，道光二十七年十月初八日，浙江巡抚梁宝常折，档案号：04-01-35-0380-047（本年定海于八月十九日始行征收）

续表

公元	时间	关期	应征正额	实征盈余	实征总数	资料来源
1848	道光二十八年	道光二十七年八月初八日至道光二十八年八月初七日	35 908.23	42 357.709	78 265.939	《宫中档朱批奏折·财政类·关税》，道光二十八年十月十八日，浙江巡抚吴文镕折，档案号：04-01-35-0381-012
1849	道光二十九年	道光二十八年八月初八日至道光二十九年七月初七日	35 908.23	42 468.635	78 376.865	《宫中档朱批奏折·财政类·关税》，道光二十九年十月初五日，浙江巡抚吴文镕折，档案号：04-01-35-0381-042
1850	道光三十年	道光二十九年七月初八日至道光三十年七月初七日	35 908.23	40 638.474	76 546.704	《宫中档朱批奏折·财政类·关税》，道光三十年十月十二日，浙江巡抚吴文镕折，档案号：04-01-35-0382-002

表 31 闽海关嘉庆道光年间征税表

（单位：两）

公元	时间	关期	应征正额	实征盈余	实征总数	资料来源
1796	嘉庆元年	乾隆六十年七月十六日至嘉庆元年七月十五日	73 549.547		192 849.872	《宫中档朱批奏折·财政类·关税》，嘉庆三年七月十五日，闽浙总督兼闽海关监督魁伦折，档案号：04-01-35-0359-008
1797	嘉庆二年	嘉庆元年七月十六日至嘉庆二年闰六月十五日	73 549.547		198 507.178	《宫中档朱批奏折·财政类·关税》，嘉庆三年七月十五日，闽浙总督兼闽海关监督魁伦折，档案号：04-01-35-0359-008
1798	嘉庆三年	嘉庆二年闰六月十六日至嘉庆三年六月十五日	73 549.547	125 614.4	199 163.909	《宫中档朱批奏折·财政类·关税》，嘉庆三年七月十五日，闽浙总督兼闽海关监督魁伦折，档案号：04-01-35-0359-008
1799	嘉庆四年	嘉庆三年六月十六日至嘉庆四年六月十五日	73 549.547	154 090.1	227 639.643	《宫中档朱批奏折·财政类·关税》，嘉庆四年七月十一日，福州将军兼闽海关监督庆霖折，档案号：04-01-35-0359-039
1800	嘉庆五年	嘉庆四年六月十六日至嘉庆五年五月十五日	73 549.547	122 425.2	195 974.72	《宫中档朱批奏折·财政类·关税》，嘉庆五年六月十三日，福州将军兼闽海关监督庆霖折，档案号：04-01-35-0360-007
1801	嘉庆六年	嘉庆五年五月十六日至嘉庆六年五月十五日	73 549.547	128 603.2	202 152.777	《宫中档朱批奏折·财政类·关税》，嘉庆六年六月初二日，闽浙总督兼署闽海关印务玉德折，档案号：04-01-35-0360-039
1802	嘉庆七年	嘉庆六年五月十六日至嘉庆七年五月十五日	73 549.547	145 701.5	219 251	《户科题本·税课类·关税》，嘉庆九年二月二十日，户部尚书禄康折，档案号：02-01-04-18517-018

续表

公元	时间	关期	应征正额	实征盈余	实征总数	资料来源
1803	嘉庆八年	嘉庆七年五月十六日至嘉庆八年四月十五日	73 549.547	127 971.4	201 520.972	《宫中档朱批奏折·财政类·关税》，嘉庆八年五月初九日，福州将军兼闽海关监督庆霖折，档案号：04-01-35-0361-012
1804	嘉庆九年	嘉庆八年四月十六日至嘉庆九年四月十五日	73 549.547	125 302.4	198 851.942	《宫中档朱批奏折·财政类·关税》，嘉庆九年五月初二日，福州将军兼闽海关监督庆霖折，档案号：04-01-35-0362-017
1805	嘉庆十年	嘉庆九年四月十六日至嘉庆十年四月十五日	73 549.547	88 335.25	171 884.795	《宫中档朱批奏折·财政类·关税》，嘉庆十年五月十二日，福州将军兼闽海关监督阳春折，档案号：04-01-35-0362-054
1806	嘉庆十一年	嘉庆十年四月十六日至嘉庆十一年三月十五日	73 549.547	102 170.4	175 719.961	《宫中档朱批奏折·财政类·关税》，嘉庆十一年四月初九日，福州将军兼闽海关监督阳春折，档案号：04-01-35-0363-041
1807	嘉庆十二年	嘉庆十三年三月十六日至嘉庆十二年三月十五日	73 549.547	95 373.79	168 923.337	《宫中档朱批奏折·财政类·关税》，嘉庆十二年四月十六日，闽浙总督兼闽海关印务阿林保折，档案号：04-01-35-0364-030
1808	嘉庆十三年	嘉庆十二年三月十六日至嘉庆十三年三月十五日	73 549.547	113 303.3	186 852.864	《军机处录副奏折·嘉庆朝·财政类·关税项》，嘉庆十三年四月十三日，闽浙总督兼闽海关印务阿林保折，档案号：03-1768-072
1809	嘉庆十四年	嘉庆十三年三月十六日至嘉庆十四年二月十五日	73 549.547	119 871.6	193 421.124	《军机处录副奏折·嘉庆朝·财政类·关税项》，嘉庆十四年三月初十日，闽浙总督兼闽海关印务阿林保折，档案号：03-1769-007
1810	嘉庆十五年	嘉庆十四年二月十六日至嘉庆十五年二月十五日	73 549.547	113 067.9	186 617.484	《宫中档朱批奏折·财政类·关税》，嘉庆十五年三月十二日，福州将军兼闽海关监督庆成折，档案号：04-01-35-0365-029
1811	嘉庆十六年	嘉庆十五年二月十六日至嘉庆十六年二月十五日	73 549.547	113 511.5	187 060.997	《宫中档朱批奏折·财政类·关税》，嘉庆十六年三月十八日，福州将军兼闽海关监督庆成折，档案号：04-01-35-0366-005
1812	嘉庆十七年	嘉庆十六年二月十六日至嘉庆十七年正月十五日	73 549.547	115 989.5	189 539	《宫中档朱批奏折·财政类·关税》，嘉庆十七年二月二十日，福州将军兼闽海关监督庆成折，档案号：04-01-35-0366-040
1813	嘉庆十八年	嘉庆十七年正月十六日至嘉庆十八年正月十五日	73 549.547	137 928.3	211 477.862	《宫中档朱批奏折·财政类·关税》，嘉庆十八年二月十五日，福建巡抚暂署闽海关印务张师诚折，档案号：04-01-35-0367-023

续表

公元	时间	关期	应征正额	实征盈余	实征总数	资料来源
1814	嘉庆十九年	嘉庆十八年正月十六日至嘉庆十九年正月十五日	73 549.547	142 706.7	216 256.263	《宫中档朱批奏折·财政类·关税》，嘉庆十九年二月十二日，福州将军兼闽海关监督扎拉芬折，档案号：04-01-35-0368-004
		嘉庆十九年正月十六日至嘉庆十九年十二月十五日	73 549.547	141 101.2	214 650.711	《军机处录副奏折·嘉庆朝·财政类·关税项》，嘉庆二十年正月十三日，福州将军兼闽海关监督扎拉芬折，档案号：03-1770-116
1815	嘉庆二十年	嘉庆十九年十二月十六日至嘉庆二十年十二月十五日	73 549.547	136 123	209 672.543	《宫中档朱批奏折·财政类·关税》，嘉庆二十一年正月十二日，福州将军兼闽海关监督扎拉芬折，档案号：04-01-35-0368-028
1816	嘉庆二十一年	嘉庆二十年十二月十六日至嘉庆二十一年十一月十五日	73 549.547	132 295.2	205 844.721	《宫中档朱批奏折·财政类·关税》，嘉庆二十一年十二月初十日，暂署福州将军副都统庆保折，档案号：04-01-35-0368-045
1817	嘉庆二十二年	嘉庆二十一年十一月十六日至嘉庆二十二年十一月十五日	73 549.547	162 316.4	235 865.941	《宫中档朱批奏折·财政类·关税》，嘉庆二十二年十二月十二日，福州将军兼闽海关监督扎拉芬折，档案号：04-01-35-0369-011
1818	嘉庆二十三年	嘉庆二十二年十一月十六日至嘉庆二十三年十一月十五日	73 549.547	123 306	196 855.579	《宫中档朱批奏折·财政类·关税》，嘉庆二十三年十二月十二日，福州将军兼闽海关监督扎拉芬折，档案号：04-01-35-0369-045
1819	嘉庆二十四年	嘉庆二十三年十一月十六日至嘉庆二十四年十月十五日	73 549.547	119 912.9	193 462.448	《宫中档朱批奏折·财政类·关税》，嘉庆二十四年十一月十四日，署福州将军副都统胡松额折，档案号：04-01-35-0370-022
1820	嘉庆二十五年	嘉庆二十四年十月十六日至嘉庆二十五年十月十五日	73 549.547	121 730.9	195 280.471	《宫中档朱批奏折·财政类·关税》，嘉庆二十五年十一月十二日，福州将军兼闽海关监督祥保折，档案号：04-01-35-0371-001
1821	道光元年	嘉庆二十五年十月十六日至道光元年十月十五日	73 549.547	119 138.9	192 688.456	《军机处录副奏折·道光朝·财政类·关税项》，道光元年十一月十四日，福州将军兼闽海关监督和世泰折，档案号：03-3155-048

续表

公元	时间	关期	应征正额	实征盈余	实征总数	资料来源
1822	道光二年	道光元年十月十六日至道光二年九月十五日	73 549.547	113 228.5	186 778.082	《宫中档朱批奏折·财政类·关税》，道光二年十月十三日，福州将军兼闽海关监督和世泰折，档案号：04-01-35-0372-002
1823	道光三年	道光二年九月十六日至道光三年九月十五日	73 549.547	113 217.4	186 766.905	《宫中档朱批奏折·财政类·关税》，道光三年十月十四日，福州将军兼闽海关监督萨秉阿折，档案号：04-01-35-0372-040
1824	道光四年	道光三年九月十六日至道光四年八月十五日	73 549.547	113 221.2	186 770.706	《宫中档朱批奏折·财政类·关税》，道光四年九月十四日，福州将军兼闽海关监督萨秉阿折，档案号：04-01-35-0373-040
1825	道光五年	道光四年八月十六日至道光五年八月十五日	73 549.547	113 209.6	186 759.121	《宫中档朱批奏折·财政类·关税》，道光五年九月十三日，福州将军兼闽海关监督萨秉阿折，档案号：04-01-35-0374-017
1826	道光六年	道光五年八月十六日至道光六年八月十五日	73 549.547	114 889.3	188 438.861	《军机处录副奏折·道光朝·财政类·关税项》，道光六年九月十三日，福州将军兼闽海关监督萨秉阿折，档案号：03-2578-039
1827	道光七年	道光六年八月十六日至道光七年七月十五日	73 549.547	115 363.7	188 913.237	《宫中档朱批奏折·财政类·关税》，道光七年八月十四日，福州将军兼闽海关监督果齐斯欢折，档案号：04-01-35-0374-064
1828	道光八年	道光七年七月十六日至道光八年七月十五日	73 549.547	115 842	189 391.577	《宫中档朱批奏折·财政类·关税》，道光八年八月十四日，福州将军兼闽海关监督普泰折，档案号：04-01-35-0375-029
1829	道光九年	道光八年七月十六日至道光九年七月十五日	73 549.547	114 048	187 597.518	《宫中档朱批奏折·财政类·关税》，道光九年八月十四日，福州将军兼闽海关监督普泰折，档案号：04-01-35-0375-058
1830	道光十年	道光九年七月十六日至道光十年六月十五日	73 549.547	113 323.6	186 873.108	《宫中档朱批奏折·财政类·关税》，道光十年七月十三日，福州将军兼闽海关监督萨秉阿折，档案号：04-01-35-0376-019
1831	道光十一年	道光十年六月十六日至道光十一年六月十五日	73 549.547	113 694	187 243.562	《宫中档朱批奏折·财政类·关税》，道光十一年七月十二日，福州将军兼闽海关监督萨秉阿折，档案号：04-01-35-0376-050

续表

公元	时间	关期	应征正额	实征盈余	实征总数	资料来源
1832	道光十二年	道光十一年六月十六日至道光十二年六月十五日	73 549.547	113 184.4	186 733.947	《宫中档朱批奏折·财政类·关税》，道光十二年七月十二日，福州将军兼闽海关监督萨秉阿折，档案号：04-01-35-0377-004
1833	道光十三年	道光十二年六月十六日至道光十三年五月十五日	73 549.547	79 389.82	152 939.367	《户科题本·税课类·关税》，道光十四年正月二十四日，大学士长龄折，档案号：02-01-04-20661-023
1834	道光十四年	道光十三年五月十六日至道光十四年五月十五日	73 549.547	103 275.6	176 825.187	《宫中档朱批奏折·财政类·关税》，道光十四年六月十四日，福州将军兼闽海关监督乐善折，档案号：04-01-35-0377-055
1835	道光十五年	道光十四年五月十六日至道光十五年五月十五日	73 549.547	113 364.4	186 913.993	《宫中档朱批奏折·财政类·关税》，道光十五年六月十三日，福州将军兼闽海关监督乐善折，档案号：04-01-35-0378-019
1836	道光十六年	道光十五年五月十六日至道光十六年四月十五日	73 549.547	110 545.7	184 095.276	《宫中档朱批奏折·财政类·关税》，道光十六年五月十三日，署福州将军副都统张仙保折，档案号：04-01-35-0378-048
1837	道光十七年	道光十六年四月十六日至道光十七年四月十五日	73 549.547	115 337.1	188 886.639	《军机处录副奏折·道光朝·财政类·关税项》，道光十七年五月十五日，闽浙总督兼福州将军钟祥折，档案号：03-9488-007
1838	道光十八年	道光十七年四月十六日至道光十八年四月十五日	73 549.547	118 115.5	191 665.077	《军机处录副奏折·道光朝·财政类·关税项》，道光十八年闰四月十五日，福州将军兼闽海关监督嵩溥折，档案号：03-9488-031
1839	道光十九年	道光十八年四月十六日至道光十九年三月十五日	73 549.547	117 841.5	191 391.013	《户科题本·税课类·关税》，道光十九年六月二十四日，福州将军兼闽海关监督嵩溥折，档案号：02-01-04-20994-027
1840	道光二十年	道光十九年三月十六日至道光二十年三月十五日	73 549.547	113 351.4	186 900.942	《宫中档朱批奏折·财政类·关税》，道光二十年三月二十四日，福州将军兼闽海关监督嵩溥折，档案号：04-01-35-0379-025

续表

公元	时间	关期	应征正额	实征盈余	实征总数	资料来源
1841	道光二十一年	道光二十年三月十六日至道光二十一年三月十五日	73 549.547	107 901.5	181 451.093	《宫中档朱批奏折·财政类·关税》，道光二十一年闰三月十二日，福州将军兼闽海关监督保昌折，档案号：04-01-35-0379-044
1842	道光二十二年	道光二十一年三月十六日至道光二十二年二月十五日	73 549.547	42 403.86	115 953.403	《军机处录副奏折·道光朝·财政类·关税项》，道光二十二年三月十七日，福州将军兼闽海关监督保昌折，档案号：03-3166-006（厦门自二十一年七月初十日后未能开关）
1843	道光二十三年	道光二十二年二月十六日至道光二十三年二月十五日	73 549.547	12 510.13	86 059.68	《宫中档朱批奏折·财政类·关税》，道光二十三年三月十八日，福州将军兼闽海关监督保昌折，档案号：04-01-35-0379-054（本关期厦门口无征）
1844	道光二十四年	道光二十三年二月十六日至道光二十四年正月十五日	73 549.547	54 020.28	127 569.825	《宫中档朱批奏折·财政类·关税》，道光二十四年二月十四日，福州将军兼闽海关监督保昌折，档案号：04-01-35-0380-014（含厦门关二十三年七月初三日至十二月二十五日共征 34890 两零）
1845	道光二十五年	道光二十四年正月十六日至道光二十五年正月十五日	73 549.547	17 913.34	91 462.89	《宫中档朱批奏折·财政类·关税》，道光二十五年二月十六日，福州将军兼闽海关监督敬敫折，档案号：04-01-35-0380-030（含南台口免征木植银 1380 余两）
1846	道光二十六年	道光二十五年正月十六日至道光二十六年正月十五日	73 549.547	80 964.36	154 513.907	《宫中档朱批奏折·财政类·关税》，道光二十六年二月十五日，福州将军兼闽海关监督敬敫折，档案号：04-01-35-0380-038
		道光二十六年正月十六日至道光二十七年十二月十五日	73 549.547	77 868.74	151 418.282	《军机处录副奏折·道光朝·财政类·关税项》，道光二十七年正月十二日，福州将军兼闽海关监督敬敫折，档案号：03-3168-053
1847	道光二十七年	道光二十六年十二月十六日至道光二十七年十二月十五日	73 549.547	72 868.3	146 417.842	《宫中档朱批奏折·财政类·关税》，道光二十八年正月十五日，福州将军兼闽海关监督壁昌折，档案号：04-01-35-0380-055

续表

公元	时间	关期	应征正额	实征盈余	实征总数	资料来源
1848	道光二十八年	道光二十七年十二月十六日至道光二十八年十二月十五日	73 549.547	79 630.05	153 179.599	《宫中档朱批奏折·财政类·关税》，道光二十九年正月十三日，代理福州将军副都统东纯折，档案号：04-01-35-0381-016（含免征银 536.068 两）
1849	道光二十九年	道光二十八年十二月十六日至道光二十九年十一月十五日	73 549.547	77 281.22	150 830.767	《宫中档朱批奏折·财政类·关税》，道光二十九年十二月初十日，福州将军兼闽海关监督裕瑞折，档案号：04-01-35-0381-046
1850	道光三十年	道光二十九年十一月十六日至道光三十年十一月十五日	73 549.547	82 542.4	156 091.946	《军机处录副奏折·道光朝·财政类·关税项》，道光三十年十二月十三日，福州将军兼闽海关监督裕瑞折，档案号：03-9490-002

表 32　粤海关嘉庆道光年间征税表　　（单位：两）

公元	时间	关期	应征正额	实征盈余	实征总数	资料来源
1796	嘉庆元年	乾隆六十年七月二十六日至嘉庆元年七月二十五日	43 564		981 186.69	《军机处录副奏折·嘉庆朝·财政类·关税项》，嘉庆元年八月二十八日，粤海关监督书鲁折，档案号：03-1766-024
1797	嘉庆二年	嘉庆元年七月二十六日至嘉庆二年闰六月二十五日	43 564		973 172.975	《宫中档朱批奏折·财政类·关税》，嘉庆三年七月二十六日，粤海关监督常福折，档案号：04-01-35-0359-009
1798	嘉庆三年	嘉庆二年闰六月二十六日至嘉庆三年六月二十五日	43 564		1 035 757.477	《宫中档朱批奏折·财政类·关税》，嘉庆三年七月二十六日，粤海关监督常福折，档案号：04-01-35-0359-009
1799	嘉庆四年	嘉庆三年六月二十六日至嘉庆四年六月二十五日	43 564	893 509	937 073	《宫中档朱批奏折·财政类·关税》，嘉庆四年七月二十五日，两广总督兼署粤海关监督吉庆折，档案号：04-01-35-0359-041
1800	嘉庆五年	嘉庆四年六月二十六日至嘉庆五年五月二十五日	43 564	1 157 683	1 201 246.537	《宫中档朱批奏折·财政类·关税》，嘉庆五年六月二十一日，粤海关监督佶山折，档案号：04-01-35-0360-009
1801	嘉庆六年	嘉庆五年五月二十六日至嘉庆六年五月二十五日	43 564	1 292 608	1 336 171.831	《宫中档朱批奏折·财政类·关税》，嘉庆六年六月二十二日，粤海关监督佶山折，档案号：04-01-35-0360-043

续表

公元	时间	关期	应征正额	实征盈余	实征总数	资料来源
1802	嘉庆七年	嘉庆六年五月二十六日至嘉庆七年五月二十五日	43 564	1 497 209	1 540 773.092	《宫中档朱批奏折·财政类·关税》，嘉庆七年十二月初九日，粤海关监督三义助折，档案号：04-01-35-0360-050
1803	嘉庆八年	嘉庆七年五月二十六日至嘉庆八年四月二十五日	43 564	1 651 825	1 695 389.03	《宫中档朱批奏折·财政类·关税》，嘉庆八年五月十七日，粤海关监督三义助折，档案号：04-01-35-0361-013
1804	嘉庆九年	嘉庆八年四月二十六日至嘉庆九年四月二十五日	43 564	1 512 022	1 555 586.405	《宫中档朱批奏折·财政类·关税》，嘉庆九年五月十九日，粤海关监督三义助折，档案号：04-01-35-0362-020
1805	嘉庆十年	嘉庆九年四月二十六日至嘉庆十年四月二十五日	43 564	1 598 408	1 641 971.768	《宫中档朱批奏折·财政类·关税》，嘉庆十年五月十九日，粤海关监督延丰折，档案号：04-01-35-0362-055
1806	嘉庆十一年	嘉庆十年四月二十六日至嘉庆十一年三月二十五日	43 564	1 577 812	1 621 375.998	《宫中档朱批奏折·财政类·关税》，嘉庆十一年四月二十五日，粤海关监督阿克当阿折，档案号：04-01-35-0363-045
1807	嘉庆十二年	嘉庆十一年三月二十六日至嘉庆十二年三月二十五日	43 564	1 620 266	1 663 830.048	《宫中档朱批奏折·财政类·关税》，嘉庆十二年四月二十二日，两广总督暂管粤海关吴熊光折，档案号：04-01-35-0364-032
1808	嘉庆十三年	嘉庆十二年三月二十六日至嘉庆十三年三月二十五日	43 564	1 426 896	1 470 460.226	《军机处录副奏折·嘉庆朝·财政类·关税项》，嘉庆十三年四月十六日，粤海关监督常显折，档案号：03-1768-073
1809	嘉庆十四年	嘉庆十三年三月二十六日至嘉庆十四年二月二十五日	43 564	1 413 638	1 457 201.777	《宫中档朱批奏折·财政类·关税》，嘉庆十四年十月初四日，粤海关监督常显折，档案号：04-01-35-0365-013
1810	嘉庆十五年	嘉庆十四年二月二十六日至嘉庆十五年二月二十五日	43 564	1 365 078	1 408 641.864	《宫中档朱批奏折·财政类·关税》，嘉庆十五年三月二十四日，粤海关监督常显折，档案号：04-01-35-0365-031
1811	嘉庆十六年	嘉庆十五年二月二十六日至嘉庆十六年二月二十五日	43 564	1 121 699	1 165 263.126	《宫中档朱批奏折·财政类·关税》，嘉庆十六年三月二十日，粤海关监督常显折，档案号：04-01-35-0366-007
1812	嘉庆十七年	嘉庆十六年二月二十六日至嘉庆十七年正月二十五日	43 564	1 304 373	1 347 936.891	《宫中档朱批奏折·财政类·关税》，嘉庆十七年二月二十二日，粤海关监督德庆折，档案号：04-01-35-0366-041
1813	嘉庆十八年	嘉庆十七年正月二十六日至嘉庆十八年正月二十五日	43 564	1 203 144	1 246 708.16	《宫中档朱批奏折·财政类·关税》，嘉庆十八年二月二十一日，粤海关监督德庆折，档案号：04-01-35-0367-024
1814	嘉庆十九年	嘉庆十八年正月二十六日至嘉庆十九年正月二十五日	43 564	1 191 694	1 235 257.698	《宫中档朱批奏折·财政类·关税》，嘉庆十九年二月十七日，粤海关监督祥绍折，档案号：04-01-35-0368-005

续表

公元	时间	关期	应征正额	实征盈余	实征总数	资料来源
		嘉庆十九年正月二十六日至嘉庆十九年十二月二十五日	43 564	1 141 898	1 185 461.826	《军机处录副奏折・嘉庆朝・财政类・关税项》，嘉庆二十年正月二十一日，粤海关监督祥绍折，档案号：03-1770-118
1815	嘉庆二十年	嘉庆十九年十二月二十六日至嘉庆二十年十二月二十五日	43 564	1 287 676	1 331 239.86	《宫中档朱批奏折・财政类・关税》，嘉庆二十一年正月二十日，粤海关监督祥绍折，档案号：04-01-35-0368-029
1816	嘉庆二十一年	嘉庆二十年十二月二十六日至嘉庆二十一年十一月二十五日	43 564	1 403 416	1 446 979.965	《宫中档朱批奏折・财政类・关税》，嘉庆二十一年十二月二十日，粤海关监督祥绍折，档案号：04-01-35-0368-047
1817	嘉庆二十二年	嘉庆二十一年十一月二十六日至嘉庆二十二年十一月二十五日	43 564	1 377 740	1 421 303.799	《宫中档朱批奏折・财政类・关税》，嘉庆二十二年十二月十九日，粤海关监督祥绍折，档案号：04-01-35-0369-012
1818	嘉庆二十三年	嘉庆二十二年十一月二十六日至嘉庆二十三年十一月二十五日	43 564	1 259 347	1 302 910.999	《宫中档朱批奏折・财政类・关税》，嘉庆二十三年十二月十九日，粤海关监督阿尔邦阿折，档案号：04-01-35-0369-046
1819	嘉庆二十四年	嘉庆二十三年十一月二十六日至嘉庆二十四年十月二十五日	43 564	1 336 533	1 380 097.088	《宫中档朱批奏折・财政类・关税》，嘉庆二十四年十一月十五日，粤海关监督阿尔邦阿折，档案号：04-01-35-0370-023
1820	嘉庆二十五年	嘉庆二十四年十月二十六日至嘉庆二十五年十月二十五日	43 564	1 436 256	1 479 820.102	《宫中档朱批奏折・财政类・关税》，嘉庆二十五年十一月十九日，粤海关监督阿尔邦阿折，档案号：04-01-35-0371-003
1821	道光元年	嘉庆二十五年十月二十六日至道光元年十月二十五日	43 564	1 453 458	1 497 022.492	《宫中档朱批奏折・财政类・关税》，道光二年四月二十四日，粤海关监督达三折，档案号：04-01-35-0371-055
1822	道光二年	道光元年十月二十六日至道光二年九月二十五日	43 564	1 441 583	1 485 146.83	《宫中档朱批奏折・财政类・关税》，道光二年十月十五日，粤海关监督达三折，档案号：04-01-35-0372-003
1823	道光三年	道光二年九月二十六日至道光三年九月二十五日	43 564	1 361 349	1 404 913.16	《宫中档朱批奏折・财政类・关税》，道光三年十月十九日，粤海关监督达三折，档案号：04-01-35-0372-043

续表

公元	时间	关期	应征正额	实征盈余	实征总数	资料来源
1824	道光四年	道光三年九月二十六日至道光四年八月二十五日	43 564	1 400 759	1 444 322.616	《宫中档朱批奏折·财政类·关税》，道光四年九月二十日，粤海关监督七十四折，档案号：04-01-35-0373-042
1825	道光五年	道光四年八月二十六日至道光五年八月二十五日	43 564	1 255 265	1 298 828.962	《宫中档朱批奏折·财政类·关税》，道光五年九月二十四日，粤海关监督达三折，档案号：04-01-35-0374-019
1826	道光六年	道光五年八月二十六日至道光六年八月二十五日	43 564	1 533 073	1 576 637.162	《宫中档朱批奏折·财政类·关税》，道光七年三月二十九日，粤海关监督文连折，档案号：04-01-35-0374-052
1827	道光七年	道光六年八月二十六日至道光七年七月二十五日	43 564	1 806 482	1 850 045.992	《宫中档朱批奏折·财政类·关税》，道光七年八月二十五日，粤海关监督文连折，档案号：04-01-35-0374-065
1828	道光八年	道光七年七月二十六日至道光八年七月二十五日	43 564	1 398 361	1 441 924.596	《宫中档朱批奏折·财政类·关税》，道光八年八月二十六日，粤海关监督延隆折，档案号：04-01-35-0375-030
1829	道光九年	道光八年七月二十六日至道光九年七月二十五日	43 564	1 456 017	1 499 580.743	《宫中档朱批奏折·财政类·关税》，道光九年九月初二日，两广总督兼署粤海关监督李鸿宾折，档案号：04-01-35-0375-059
1830	道光十年	道光九年七月二十六日至道光十年六月二十五日	43 564	1 620 071	1 663 634.978	《宫中档朱批奏折·财政类·关税》，道光十年七月二十六日，粤海关监督中祥折，档案号：04-01-35-0376-021
1831	道光十一年	道光十年六月二十六日至道光十一年六月二十五日	43 564	1 418 242	1 461 806.163	《宫中档朱批奏折·财政类·关税》，道光十一年七月二十六日，粤海关监督中祥折，档案号：04-01-35-0376-052
1832	道光十二年	道光十一年六月二十六日至道光十二年六月二十五日	43 564	1 489 369	1 532 933.249	《宫中档朱批奏折·财政类·关税》，道光十二年七月二十八日，粤海关监督中祥折，档案号：04-01-35-0377-006
1833	道光十三年	道光十二年六月二十六日至道光十三年五月二十五日	43 564	1 434 282	1 477 846.265	《户科题本·税课类·关税》，道光十三年十二月十九日，粤海关监督中祥折，档案号：02-01-04-20603-036
1834	道光十四年	道光十三年五月二十六日至道光十四年五月二十五日	43 564	1 626 149	1 669 712.641	《宫中档朱批奏折·财政类·关税》，道光十四年九月二十五日，粤海关监督彭年折，档案号：04-01-35-0377-065
1835	道光十五年	道光十四年五月二十六日至道光十五年五月二十五日	43 564	1 381 380	1 424 944.169	《宫中档朱批奏折·财政类·关税》，道光十五年六月二十六日，粤海关监督彭年折，档案号：04-01-35-0378-020
1836	道光十六年	道光十五年五月二十六日至道光十六年四月二十五日	43 564	1 631 288	1 674 851.728	《宫中档朱批奏折·财政类·关税》，道光十六年五月二十六日，粤海关监督文祥折，档案号：04-01-35-0378-050

续表

公元	时间	关期	应征正额	实征盈余	实征总数	资料来源
1837	道光十七年	道光十六年四月二十六日至道光十七年四月二十五日	43 564	1 745 860	1 789 424.322	《宫中档朱批奏折·财政类·关税》，道光十七年八月二十一日，粤海关监督文祥折，档案号：04-01-35-0379-010
1838	道光十八年	道光十七年四月二十六日至道光十八年四月二十五日	43 564	1 198 480	1 242 044.215	《军机处录副奏折·道光朝·财政类·关税项》，道光十八年闰四月二十四日，粤海关监督文祥折，档案号：03-3165-010
1839	道光十九年	道光十八年四月二十六日至道光十九年三月二十五日	43 564	1 404 995	1 448 558.993	《军机处录副奏折·道光朝·财政类·关税项》，道光十九年四月二十日，粤海关监督豫堃折，档案号：03-3165-042
1840	道光二十年	道光十九年三月二十六日至道光二十年三月二十五日	43 564	1 142 988	1 186 551.857	《宫中档朱批奏折·财政类·关税》，道光二十年四月二十一日，粤海关监督豫堃折，档案号：04-01-35-0379-028
1841	道光二十一年	道光二十年三月二十六日至道光二十一年三月二十五日	43 564	820 668.2	864 232.169	《宫中档朱批奏折·财政类·关税》，道光二十一年六月初八日，粤海关监督克明额折，档案号：04-01-35-0379-049
1842	道光二十二年	道光二十一年三月二十六日至道光二十二年二月二十五日	43 564	1 072 178	1 115 742.362	《军机处录副奏折·道光朝·财政类·关税项》，道光二十二年五月十二日，粤海关监督文丰折，档案号：03-3166-009
1843	道光二十三年	道光二十二年二月二十六日至道光二十三年二月二十五日	43 564	1 138 925	1 182 488.993	《宫中档朱批奏折·财政类·关税》，道光二十三年三月二十六日，粤海关监督文丰折，档案号：04-01-35-0379-055
1844	道光二十四年	道光二十三年二月二十六日至道光二十四年正月二十五日	43 564	1 986 979	2 030 543.108	《宫中档朱批奏折·财政类·关税》，道光二十四年二月二十九日，粤海关监督文丰折，档案号：04-01-35-0380-017
1845	道光二十五年	道光二十四年正月二十六日至道光二十五年正月二十五日	43 564	2 317 268	2 360 832.158	《宫中档朱批奏折·财政类·关税》，道光二十五年二月二十八日，粤海关监督文丰折，档案号：04-01-35-0380-035
1846	道光二十六年	道光二十五年正月二十六日至道光二十六年正月二十五日	43 564	2 142 966	2 186 530.442	《军机处录副奏折·道光朝·财政类·关税项》，道光二十六年二月二十一日，粤海关监督恩吉折，档案号：03-3168-005

续表

公元	时间	关期	应征正额	实征盈余	实征总数	资料来源
		道光二十六年正月二十六日至道光二十六年十二月二十五日	43 564	1 928 526	1 972 089.803	《宫中档朱批奏折·财政类·关税》，道光二十七年二月初一日，粤海关监督基溥折，档案号：04-01-35-0380-043
1847	道光二十七年	道光二十六年十二月二十六日至道光二十七年十二月二十五日	43 564	1 781 659	1 825 223.055	《宫中档朱批奏折·财政类·关税》，道光二十八年二月初九日，粤海关监督基溥折，档案号：04-01-35-0380-058
1848	道光二十八年	道光二十七年十二月二十六日至道光二十八年十二月二十五日	43 564	1 380 482	1 424 045.916	《宫中档朱批奏折·财政类·关税》，道光二十九年二月十二日，粤海关监督基溥折，档案号：04-01-35-0381-021
1849	道光二十九年	道光二十八年十二月二十六日至道光二十九年十一月二十五日	43 564	1 427 754	1 471 318.476	《宫中档朱批奏折·财政类·关税》，道光二十九年十二月二十一日，粤海关监督明善折，档案号：04-01-35-0381-049
1850	道光三十年	道光二十九年十一月二十六日至道光三十年十一月二十五日	43 564	1 433 304	1 476 867.971	《宫中档朱批奏折·财政类·关税》，道光三十年十二月二十一日，粤海关曾维折，档案号：04-01-35-0382-005

索　　引

B

C

D

E

F

G

N

Q

S

T

W

X

Y

Z

参考文献

一、档案、官书、政书、资料汇编、方志

（清）蔡家本等纂：光绪《天津府志》，上海：上海古籍出版社，1995年。

（清）戴衢亨等修：《清朝文献通考》，杭州：浙江古籍出版社，2000年。

（清）冯照等：光绪《凤阳府志》，南京：江苏古籍出版社，1998年。

故宫博物院文献馆编：《史料旬刊》，1930年。

关宝瑜修、庞友兰纂：《阜宁县新志》，台北：成文出版社，1975年。

（清）杜琳等：《淮关统志》，台北：成文出版社，1970年。

（清）贺长龄等编：《清经世文编》，北京：中华书局，1992年。

户部纂修：《户部则例》，清光绪年间刻本。

户部纂修：《户部则例》，清咸丰年间刻本。

（清）黄德溥等纂：《赣县志》，清同治十一年刻本。

（清）黄彭年等撰：《畿辅通志》，石家庄：河北人民出版社，1985年。

（清）昆冈等纂：《大清会典》（光绪朝），清光绪三十四年石印本，北京：中华书局，1990年。

（清）李繁迪著：《太平府志》，台北：成文出版社，1985年。

（清）李鸿章等纂：《大清会典事例》（光绪朝），清光绪三十四年石印本，上海：商务印书馆，1909年。

（清）梁廷枏：《粤海关志》，广州：广东人民出版社，2002年。

（清）林述训等著：《韶州府志》，台北：华文书局股份有限公司，1976年。

（清）凌寿棋纂：《浒墅关志》，南京：江苏古籍出版社，1992年。

（清）刘锦藻：《清朝续文献通考》，上海：商务印书馆，1936年。

（清）刘坤一等修：《江西通志》影印本，扬州：江苏广陵古籍出版社，1987年。

（清）刘铭传撰：《朔平府志》，清雍正十一年刊本。

（清）吕调元等撰：《湖北通志》，上海：上海古籍出版社，1990年。

（清）欧阳焘、黄凤楼纂：《九江府志》，清同治十三年刻本。

《清仁宗实录》，影印本，北京：中华书局，1986年。

《清宣宗实录》，影印本，北京：中华书局，1986年。

（清）阮元等撰：《广东通志》，台北：华文书局，1968年。

（清）孙云锦修：《淮安府志》，南京：江苏古籍出版社，1991年。

太平天国历史博物馆编：《吴煦档案选编》，南京：江苏人民出版社，1983年。

（清）陶澍等修：《安徽通志》，清道光十年刻本。

（清）托津等纂：《大清会典事例》（嘉庆朝），台北：文海出版社，1991年。

（清）王庆云：《石渠余纪》，台北：文海出版社，1966年。

（清）王有庆等修纂：道光《泰州志》，南京：江苏古籍出版社，1991年。

（清）魏源：《魏源集》，北京：中华书局，1976年。
（清）文庆等：《道光朝筹办夷务始末》，上海：上海古籍出版社，2007年。
（清）吴存礼修，陆茂腾纂：《通州志》，上海：上海书店，2002年。
（清）吴九龄修：《梧州府志》，台北：成文出版社，1967年。
（清）席裕福等纂：《皇朝政典类纂》，清光绪二十九年铅印本，上海：上海图书集成局，1902年。
（清）薛应旗等撰：《浙江通志》，台北：成文出版社，1983年。
（清）姚明辉辑：《蒙古志》，台北：成文出版社，1968年。
（清）姚元之：《竹叶亭杂记》，北京：中华书局，1997年。
（清）尹继善等修：《江南通志》，台北：京华书局，1967年。
（清）英和：《恩福堂笔记》，清道光十七年刻本。
（清）曾道维修、葛荫南等纂：清光绪《寿州志》，南京：江苏古籍出版社，1998年。
（清）曾国荃等撰：《湖南通志》，上海：上海古籍出版社，1990年。
（清）张晋生等编：《四川通志》，雍正十一年刻本。
中国第一历史档案馆编：《嘉庆道光两朝上谕档》，桂林：广西师范大学出版社，2000年。
中国第一历史档案馆藏：《宫中档朱批奏折·财政类·关税》、《军机处录副奏折·财政类·关税项》、《户科题本·税课类·关税》。
中国社会科学院经济研究所藏：《清代关税收支报告表（第六册）》。
（清）钟泰等纂修：光绪《亳州志》，南京：江苏古籍出版社，1998年。
（清）周家楣等纂：光绪《顺天府志》，清光绪十二年刻本。
（清）朱肇基、陆纶著：乾隆《太平府志》，南京：江苏古籍出版社，1998年。

二、专著

陈诗启：《中国近代海关史》，北京：人民出版社，1993年。
戴一峰：《近代中国海关与中国财政》，厦门：厦门大学出版社，1993年。
邓亦兵：《清代前期关税制度研究》，北京：北京燕山出版社，2008年。
郭蕴静：《清代商业史》，沈阳：辽宁人民出版社，1994年。
何泉达选编：《清实录江浙沪地区经济资料选》，上海：上海社会科学院出版社，1989年。
黄国盛：《鸦片战争前的东南四省海关》，福州：福建人民出版社，2000年。
蒋建平：《清代前期米谷贸易研究》，北京：北京大学出版社，1992年。
马寅初：《中国关税问题》，北京：商务印书馆，1933年。
彭雨新：《清代关税制度》，武汉：湖北人民出版社，1956年。
彭泽益：《中国近代手工业史资料（1840—1949），北京：中华书局，1962年。
彭泽益：《十九世纪后半期的中国财政与经济》，北京：人民出版社1983年。
祁美琴：《清代榷关制度研究》，呼和浩特：内蒙古大学出版社，2004年。
（日）加藤原：《中国经济史考证》，北京：商务印书馆，1973年。
申学锋：《晚清财政支出政策研究》，北京：中国人民大学出版社，2006年。
史志宏主编《中国经济发展史（第3分册）》，北京：中国经济出版社，1999年。
孙文学：《中国关税史》，北京：中国财经出版社，2003年。
孙栩刚主：《中国赋税史》，北京：中国财政经济出版社，1996年。
吴承明：《中国的现代化：市场与社会》，北京：生活·读书·新知三联书店，2001年。

吴兆莘：《中国税制史》，北京：商务印书馆，1998 年。
许檀：《明清时期山东商品经济的发展》，北京：中国社会科学出版社，1998 年。
殷崇浩：《中国税收通史》，北京：光明日报出版社，1993 年。
（英）莱特著，姚曾宾译：《中国关税沿革史》，北京：商务印书馆，1963 年。
周育民：《晚清财政与社会变迁》，上海：上海人民出版社，2000 年。

三、论文

岑大利：《清代京城崇文门税务总局初探》，《清史研究》2001 年第 1 期。
陈慈玉：《从清代前期的淮安关功能论官商的关系》，《近代中国初期历史研讨会论文集》，台北："中央研究院"近代史研究所，1988 年。
陈联：《明清时期的芜湖榷关》，《安徽师范大学学报》2000 年第 1 期。
戴和：《清代粤海关税收的考核与报解》，《海交史研究》1988 年第 1 期。
戴一峰：《论清末海关兼管常关》，《历史研究》1989 年第 6 期。
邓亦兵：《清代前期的粮食运销和市场》，《历史研究》1995 年第 4 期。
邓亦兵：《清代前期的中央关与地方关》，《首都师范大学学报》2006 年第 6 期。
邓亦兵：《清代前期关税的附加税》，《清华大学学报》2007 年第 6 期。
邓亦兵：《清代前期内陆粮食运输量及变化趋势》，《中国经济史研究》1994 年第 3 期。
邓亦兵：《清代前期税关设置》，《清史研究》2007 年第 2 期。
邓亦兵：《清代前期税官的考核标准》，《中国社会经济史研究》2007 年第 2 期。
邓亦兵：《清代前期税则制度的变迁》，《中国史研究》2003 年第 3 期。
范毅军：《走私、贪污、关税制度与明清国内货物流通税的征收——明清时期关税资料性质的检讨》，《中央研究院近代史研究所集刊》1993 年第 22 期。
何本方：《淮安榷关简述》，《淮北煤炭师院学报》1988 年第 2 期。
何本方：《清代的榷关与内务府》，《故宫博物院院刊》1985 年第 2 期。
何本方：《清代户部诸关初探》，《南开学报》1984 年第 3 期。
何本方：《清代商税制度刍议》，《社会科学研究》1987 年第 1 期。
黄国盛、李森林：《清代闽海关沿革》，《文史知识》1995 年第 4 期。
黄国盛、谢必震：《清代闽海关重要史实考略》，《海交史研究》1990 年第 1 期。
黄启臣：《清代前期海外贸易的发展》，《历史研究》1986 年第 4 期。
赖惠敏：《清乾隆朝的税关与皇室财政》，《中央研究院近代史研究所集刊》，2004 年第 46 期。
李伯重：《"道光萧条"与"癸未大水"——经济衰退、气候剧变及 19 世纪的危机在松江》，《社会科学》2007 年第 6 期。
李真锦：《清代广州独口对外通商及其影响》，《广东社会科学》1986 年第 2 期。
廖声丰、黄志繁：《清代芜湖关的设置及其管理体制的演变》，《历史档案》2004 年第 4 期。
廖声丰：《清代赣关税收变化与大庾岭商路的商品流通》，《历史档案》2001 年第 4 期。
廖声丰：《清代前期北方边疆地区的榷关》，《贵州社会科学》2007 年第 10 期。
廖声丰：《试论清代前期凤阳关的管理制度》，《淮南师范学院学报》2004 年第 1 期。
鲁子健：《清代四川的榷关》，《中国社会经济史研究》1987 年第 3 期。
马永山：《论清初榷关定额报解制度的改革》，《内蒙古民族学院学报》1993 年第 3 期。
倪玉平：《〈汇核嘉庆十七年各直省钱粮出入清单〉所载关税额辨析》，《历史研究》2008 年第 5 期；

倪玉平:《王庆云〈石渠余纪〉所载道光关税额辨析》,《近代史研究》2008 年第 5 期。
彭泽益:《论鸦片战争赔款》,《经济研究》1962 年第 12 期。
彭泽益:《清初四榷关地点和贸易量的考察》,《社会科学战线》1984 年第 3 期。
祁美琴:《关于清代榷关“差官”问题的考察》,《清史研究》2003 年第 4 期。
祁美琴:《清代地方榷关考述》,《清史论集》紫禁城出版社 2003 年。
(日)岸本美绪: The Kangxi Depression and Early Qing Local Markets, Modern China, 10.2, 1984.
(日)岸本美绪:《康熙年間の穀賤についての——清初經濟思想一側面》,《东洋文化研究所纪要》第 89 册, 1981 年。
(日)香坂昌纪:《清代における關税贏餘銀兩の制定について》,《东洋学集刊》第 14 号, 1965 年。
(日)香坂昌纪:《清代の北新關と杭州》,《东北学院大学论集》第 22 号, 1990 年。
(日)香坂昌纪:《清代中期の杭州と商品流通——北新關を中心として》,《东洋史研究》, 第 51 卷第 1 号, 1992 年。
(日)香坂昌纪:《论清朝嘉庆年间的国家财政与关税收入》,《社会科学辑刊》1993 年第 3 期。
(日)松浦章:《清代の揚州關について》, 关西大学《文学论集》第 43 卷第 2 号, 1993 年。
王业键、黄莹珏:《清代中国气候变迁、自然灾害与粮价的初步考察》,《中国经济史研究》1999 年第 1 期。
乌云格日勒:《清代边城多伦诺尔的地位及其兴衰》,《中国边疆史地研究》2000 年第 2 期。
吴吉远:《清代打箭炉城的川藏贸易的产生和发展》,《中国边疆史地研究》1994 年第 3 期
吴建雍:《清前期榷关及其管理制度》,《中国史研究》1984 年第 1 期。
吴义雄:《鸦片战争前粤海关税费问题与战后海关税则谈判》,《历史研究》2005 年第 1 期。
许檀、经君健:《清代前期商税问题新探》,《中国经济史研究》1990 年第 2 期。
许檀:《明清时期的临清商业》,《中国经济史研究》1986 年第 2 期。
许檀:《明清时期运河的商品流通》,《历史档案》1992 年第 1 期。
许檀:《明清时期中国经济发展轨迹探讨》,《天津师范大学学报》2002 年第 2 期。
许檀:《清代前期北方商城张家口的崛起》,《北方论丛》1998 年第 5 期。
许檀:《清代前期的九江关及其商品流通》,《历史档案》1999 年第 1 期。
许檀:《清代前期的山海关与东北的沿海贸易》,《清史论丛》2002 年号。
许檀:《清代前期的山海关与东北沿海港口》,《中国经济史研究》2001 年第 4 期。
许檀:《清代前期流通格局的变化》,《清史研究》1999 年第 3 期。
许檀:《清代前中期的沿海贸易与山东岛经济的发展》,《中国社会经济史研究》1998 年第 2 期。

姚梅林:《明代的九江钞关》, 江西师范学院 1982 年历史系学士论文。
廖声丰:《清代常关与区域经济》, 上海师范大学 2006 年博士学位论文。